カラー口絵

淡路

洲本城

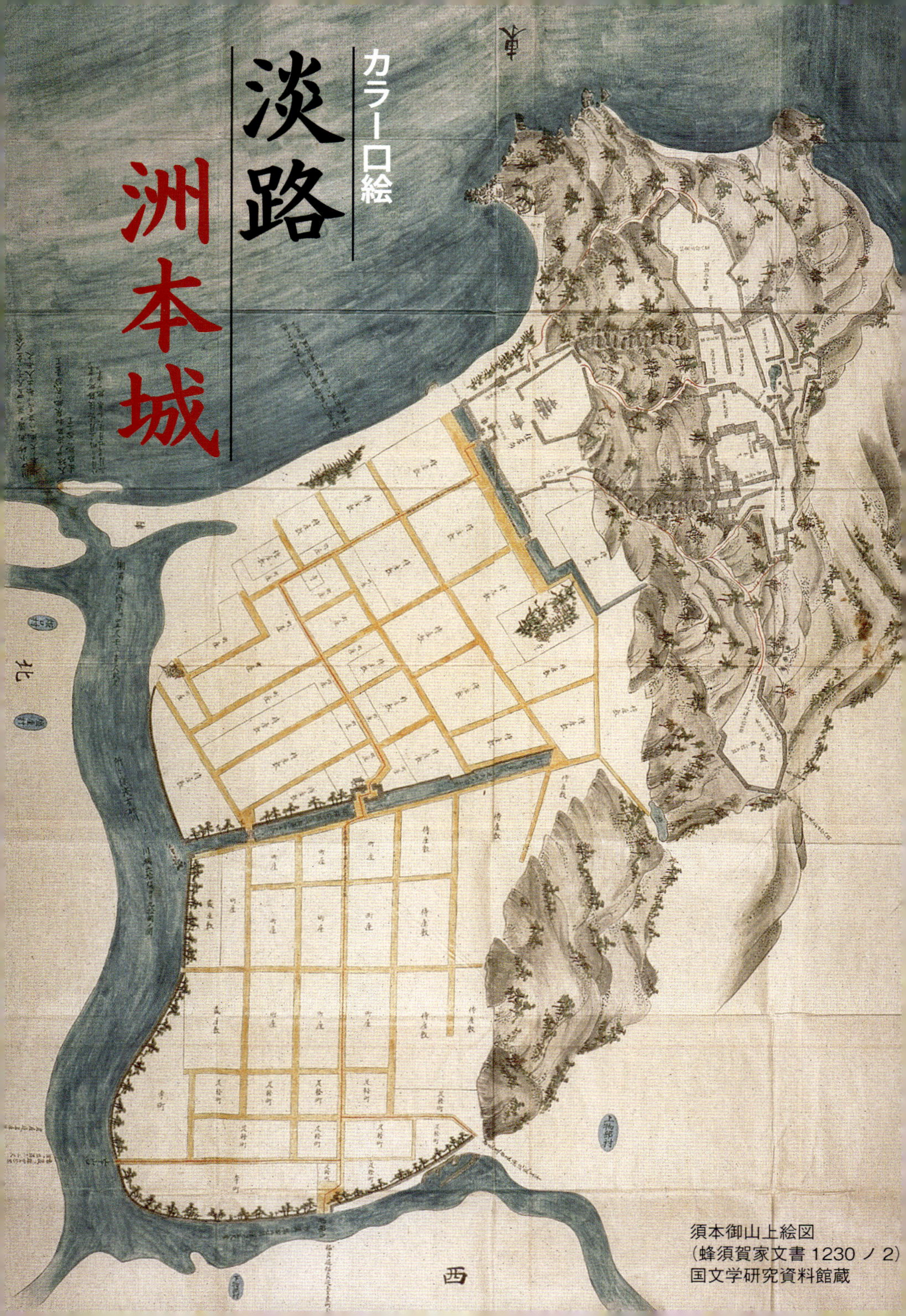

須本御山上絵図
（蜂須賀家文書 1230 ノ 2）
国文学研究資料館蔵

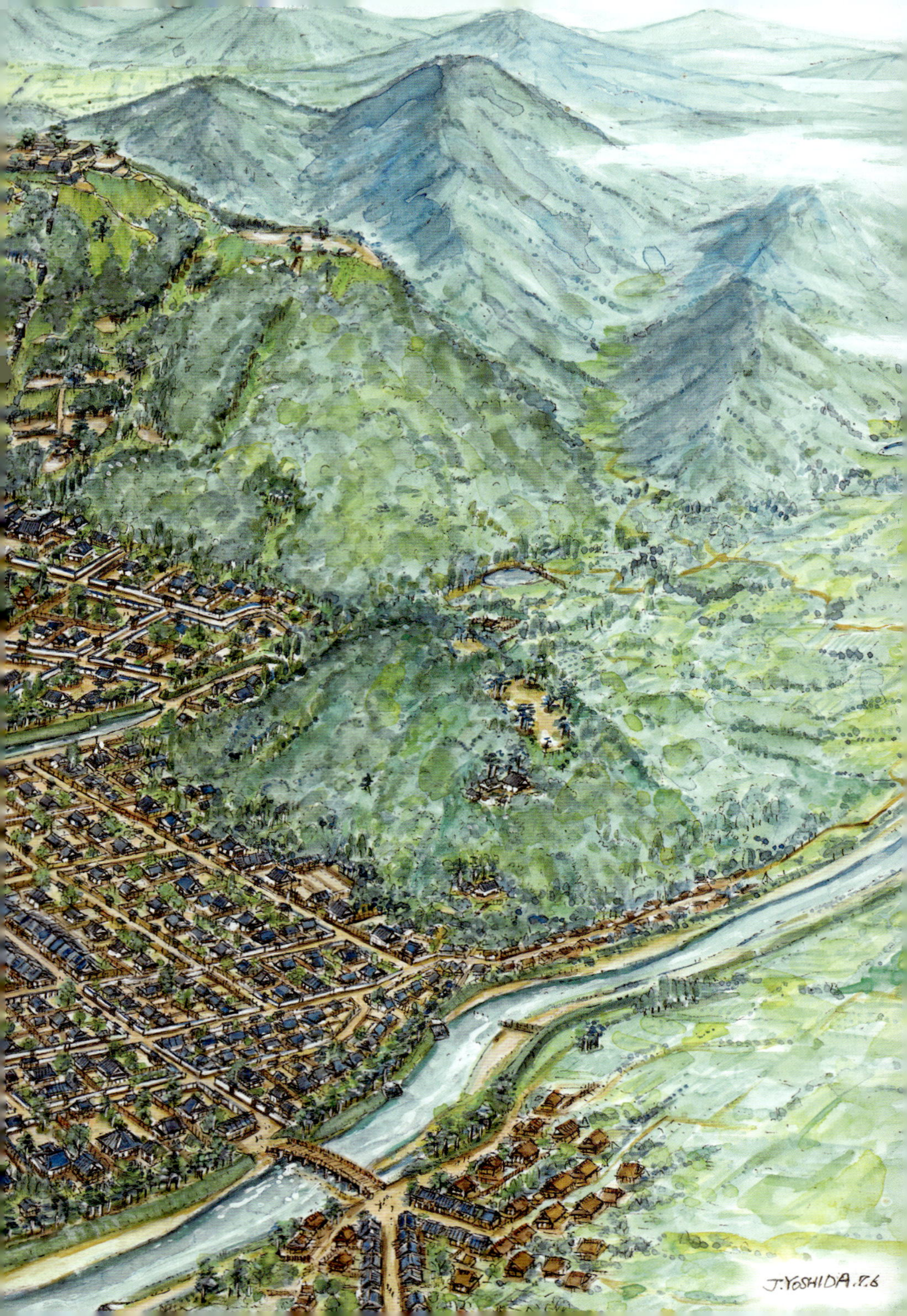
J.YOSHIDA.7.6

洲本城の城下町の復元図
作画：吉田順一（以下、同）

本丸復元図

全体復元図
J.YOSHIDA '97

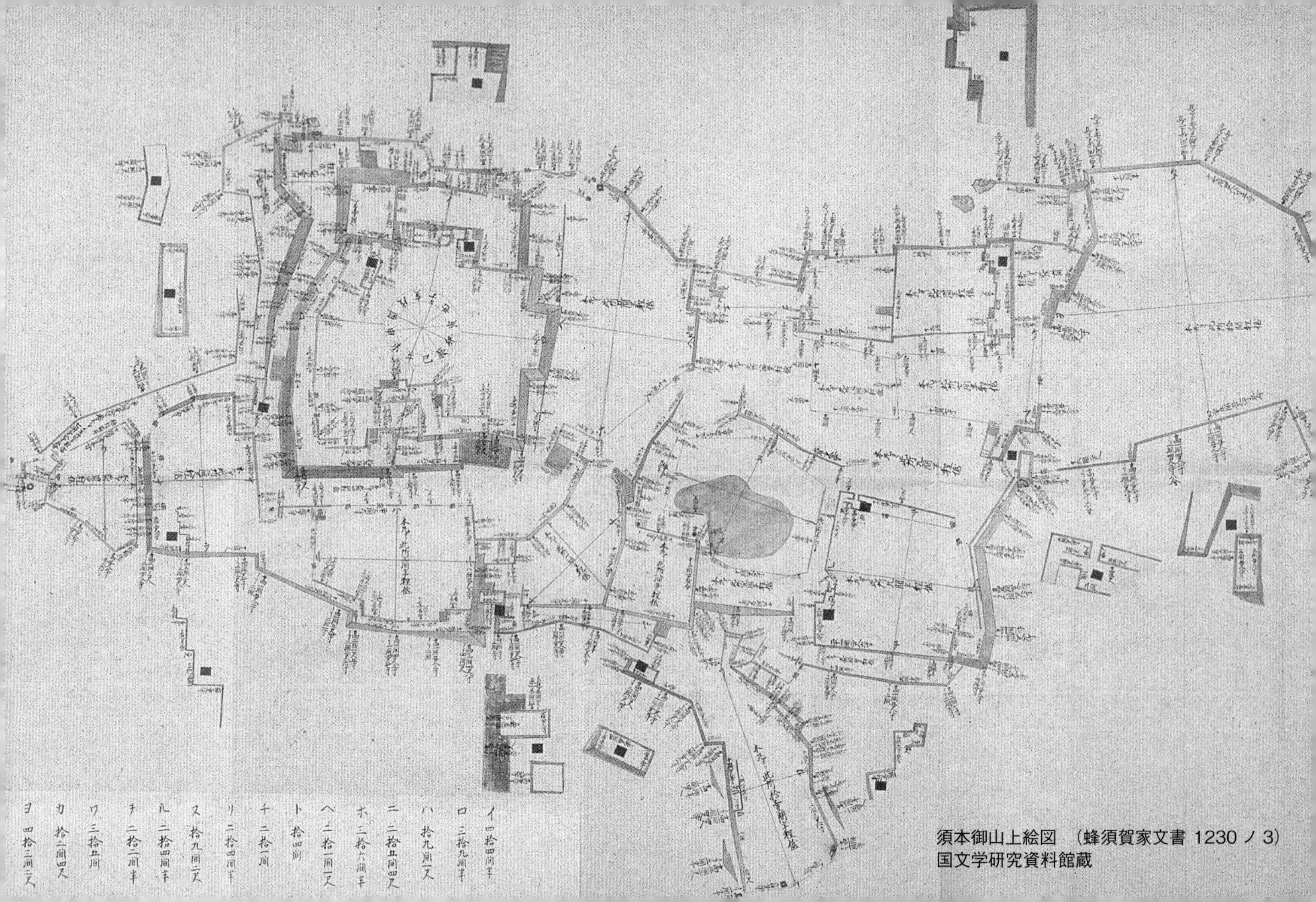

須本御山上絵図　（蜂須賀家文書 1230ノ3）
国文学研究資料館蔵

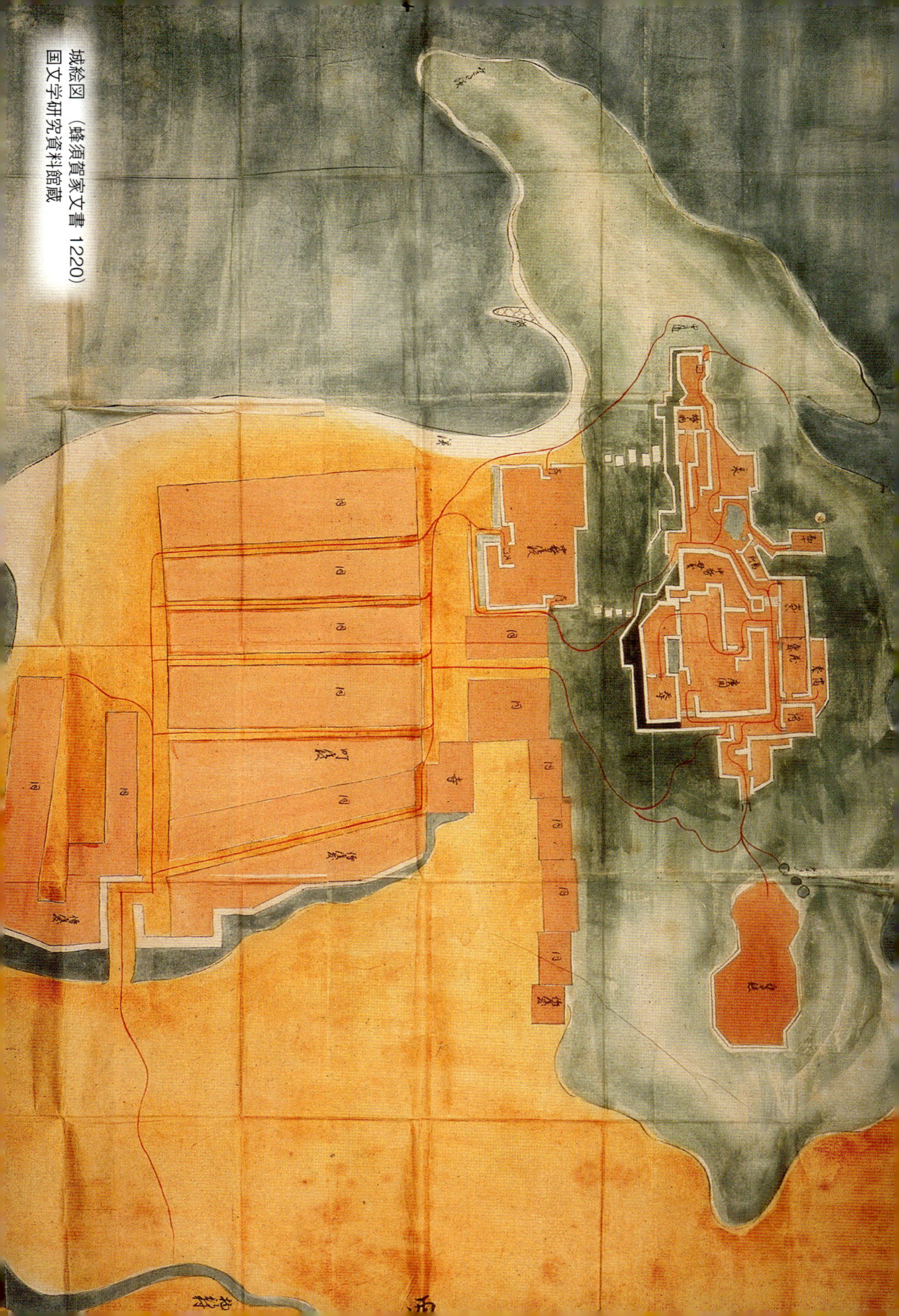

城絵図（蜂須賀家文書 1220）
国文学研究資料館蔵

洲本八幡神社金天閣　上段・帳台構（第二章—Ⅰ参照）　写真提供：上下とも髙田 徹

洲本八幡神社金天閣　上段の折上格天井

洲本城を歩く

撮影　谷本進

洲本城の本丸模擬天守　北西より

洲本城の本丸模擬天守と大阪湾　南西より

本丸の西虎口　南西より

本丸の西側石垣　南より

模擬天守から見た洲本の城下町　南より

本丸の表門跡　南東より

本丸の南虎口　南東より

本丸の西南隅石垣　南より

天守台の北西隅石垣　西より

山下ノ城の山麓付け根部分の石垣　北より

東ノ丸曲輪の東虎口　東より

東ノ丸曲輪の日月池　南より

東ノ丸曲輪の日月井

天守台南西隅の石垣　南より

本丸南西隅の石垣　南西より

シリーズ
城郭研究の新展開 2

大阪湾を見下ろす総石垣の山城

淡路洲本城

城郭談話会 編

戎光祥出版

新版の刊行にあたって

洲本城は、山上・山腹・山麓に、特徴的な遺構である竪石垣（登り石垣）、水の手となる日月池、連立式を想起させる天守台等の城郭遺構を残している。また、積み方に違いのある石垣を広範囲に残している。山上に当時の作事（建物）は残っていないが、軒平・軒丸瓦や脇坂家の「輪違い」紋の鬼瓦が出土する。

洲本城の縄張り、石垣、瓦等を検討することにより、それらが築かれた（製作された）時期がおよそ判明する。具体的に言えば、山上の城郭や竪石垣は、天正十三年（一五八五）から慶長十四年（一六〇九）の間に、城主であった脇坂安治によって築かれたと考えられる。一方、山麓の城郭は、寛永八年（一六三一）以降に徳島藩主蜂須賀氏によって築かれたと考えられる。こうした年代観は、現在定説化しているが、地元では以前、山上の石垣遺構が整備されたのは主に寛永八年以降とする見方が支配的であった。こうした見方に対し、遺構・遺物論から山上城郭は寛永八年以前の脇坂氏による整備説を提唱したのが、旧版『淡路洲本城』である。

旧版は在庫切れとなって久しいが、このたび戎光祥出版のご厚意により、新稿を加えて復刊することができた。旧版の刊行によって、山上の城郭は脇坂期に整備されたことは確定的になったと言えるが、他の部分では今日までの間、それほど調査・研究が進んだとは言いがたい。依然として、問題点や不明な点は少なくないのである。直ちに解決できる問題ばかりではないが、約二十年前に記された旧版の各論考、また、今回加えた新稿には、今後の洲本城研究を進展させるヒントが散りばめられているように思われる。本書の刊行をきっかけに、洲本城の調査・研究・保存・整備が進展することを願ってやまない。

二〇一七年二月

城郭談話会

はじめに（旧版）――『淡路洲本城』発刊の経緯と趣旨

「城郭談話会」では、一九九一年に『但馬竹田城』、一九九三年に『播磨利神城』という城郭研究論文集を発行してまいりました。今回発刊の運びとなりました『淡路洲本城』は、個別城郭に焦点を絞っての研究成果発表ということでは、三冊目にあたります。

私たちは城郭愛好者がごく自然に集まってできた集団であり、「城郭研究とは、いろんな角度から城を見る、いわば総合科学であり、誰もがそれぞれのエキスパティーズを適用して研究する」ことを提案し続けてまいりました。一冊目、二冊目の本を読んでいただいて、「自分は歴史や地理には不得手であるが、面白そうなので城郭研究をはじめてみました」、という嬉しい御連絡もいただいております。また逆に、「同じ城郭についての研究であるのに、研究者によって結論が異なっていることに素朴な疑問を持ってしまった」、という厳しい御批判も受け賜っております。城郭研究がようやく市民権を得ようとしている段階において、私たち自身も未熟で、方法論的にも模索の段階にありますので、至らない点も多々あることと思いますがなにとぞご容赦願います。

さて、今回「淡路洲本城」をテーマとして選んだ理由としては、①先の「但馬竹田城」や「播磨利神城」が、織豊期および江戸時代初頭の比較的短期間にしか機能しなかった城郭でしかなかったので、今度は明治維新まで機能した、重厚な歴史を有する城郭にトライしてみたい、すなわち、徳川時代という安定期における山城の存在形態を知りたい。②「淡路国」は大阪湾の海上交通の要衝にありながら、ついに一国として独立しえなかった理由を考えてみたい、例えば、淡路独自といえる城郭が存在したか否かを知りたい。③明石架橋の完成に近づいて、土地開発も活発化しており、中世城館跡遺構を再確認しておきたい。④私たちのメンバーの中で、最も声の大きい人が大声で提案した（?）、などが挙げられると思います。

また、「淡路洲本城」はこれまでの場合と違って、すでに、地元淡路に在住されている岡本稔・山本幸夫の両氏による『洲本城案内』という城郭研究図書や、波毛康宏氏をはじめとする淡路考古学研究会の皆さんによる研究報告など、優れたものがあります。諸先輩の偉業を前にして、はたして自分たちがどれほどのことをなしうるか、あえて挑戦してみたいと思います。

本書に対しましても、御意見、御批判などいただければ幸いです。

一九九五年十月

城郭談話会

凡　例

一、本書は、平成七年十二月に城郭談話会より刊行された『淡路洲本城』に新稿三本（第五章　進展した洲本城研究）を加えた改訂新版である。
一、本書では「洲本城」のみ取り上げたため、旧版の第二部「淡路の城」は掲載していない。
一、改訂新版の発行にあたり、B５版であった旧版の判型をA５版に改め、適宜ルビを加えた。
一、本文の内容は基本的に旧版のままとしたが、一部本文の改稿と図版・写真の差し替え、追加を行った。
一、改訂新版の刊行に際し、新たにカラー口絵頁を作成した。
一、旧版の巻末に掲載されていた「図版」については、中井均、黒田慶一論文の写真は該当する論文の頁に組み込んだ。そのほかは「洲本城を歩く」とタイトルを改め、一部の写真を口絵頁にモノクロで掲載するとともに、新たな写真を追加した。
一、図版の作成者は、特記をしていないものは各論文執筆者と同じであり、それぞれの著作権は執筆者に帰属する。
一、図版は原則として上方を北としたが、やむをえない場合はその限りではない。
一、本書の編集にあたって、表記や記載内容・考察等は各執筆者の意志に委ねた。したがって、各論文の文責は各論文の執筆者に帰属する。
一、提供者の氏名が記載されている写真以外は、論文の執筆者、あるいは当社提供の写真である。

目次

第一章　遺構面からの研究

写真提供：谷本 進（以下、同）

Ⅰ　洲本城の遺構調査から

本田　昇

はじめに

図1の洲本城図は、一九七〇年七月三十日と、七三年四月二十一日から二十三日にかけて調査した図面に、一九九一年九月二十四日、一九九四年五月七日、一九九五年一月十五日と十六日に調査した結果をもとに加筆改訂したものである。

最初に作図してから二十五年の歳月が流れ、その間、洲本城の遺構をとりまく環境も大きく変化した。城の南側にあった植物園は廃園となり、替わって東南部の外側の公園整備が進み、大きな駐車場もできた。道路も拡張され、さらに西方の谷を縦断して西側へ降りる道路が造られている途中である。大手付近の石垣も、崩れている部分の修復が進み、城の保存整備も手が着けられたようであるが、反面では最近、池の付近が公園風に改修され、景観がかなり変わってしまったのは惜しいことである。

山下の部分も、筆者が記憶している最も古い形態は市営球場であった。大浜海岸に面した部分にも、たしか商店などの背後に馬踏み石垣が顔を覗かせていたように思う。最初の作図が完成したころには、球場は移転し、跡地は観光ホテルや工場になっていた。その後、ホテルの部分は市に買収されて「洲本市立淡路文化史料館」になったのは喜ばしいことであるが、その南側の土地は分譲されて、新しい住宅街になってしまった。また、裁判所、税務署などの部分は一見あまり変わっていないように思えるが、建物は建て替えられ、境界を区画していた石垣は完全に撤去されてしまうなど、地形はずいぶん変わっている。

歳月の流れは、城山の植生にも変化を与えた。以前、雑木が繁茂して調査が難しかった場所が、今回は楽に調査できたとか、また、その逆もあったように思う。こうしたことは、場所によっては先の調査の粗雑さを、今回の調査で補うことができたが、反面、先の調査に頼らざるをえないようなことも起こった。

今回、洲本城図の改訂版を作製するにあたり、最初は新たに作図することを考えたが、周囲の地形が大きく改変されてしまっている現在、二十五年前の姿を示しておくことにも意義があると考えた。また、先の図面が七三年四月に完成してから一度も公に発表したことがなく、研究仲間などに複写図面を配布しただけになっていた。こうしたことから、今回は先の図面に新しい調査結果を加筆修正することにした。

したがって、この図面に現れている道路や地形は二十五年前のものであるが、遺構の姿は一九九五年までの筆者の調査結果が盛り込まれている。一方で、現在破壊されてしまって残っていない部分も描いてあるが、実線で描いている部分は筆者が実地に見たものである。このように、本図は年代の定まらない現況図になってしまっていることをご了解願いたい。

洲本城の地形と占地

洲本城は、別名「三熊山城《みつくまやま》」とも呼ばれている。これは、洲本城の周辺に熊の名が付く山が三ヶ所あることからきている。通称西の丸の部分を「高熊山《たかくま》」、その南方の峰を「乙熊山《おとくま》」、その南側の小さい山を「虎熊山《とらくま》」と呼び、これらを含む山塊の総称が三熊山というわけである。もっとも、この山塊のうち最も高い峰三ヶ所に熊の名が付けられたのではないようで、標高は虎熊山よりも洲本城のほうが高い位置にある。この名称は、おそらく西方から見たときに三つの尖った峰が連なって見えることから名付けられたのであろう。西から見ると、洲本城は高熊山（西の丸）に隠れて

淡路洲本城

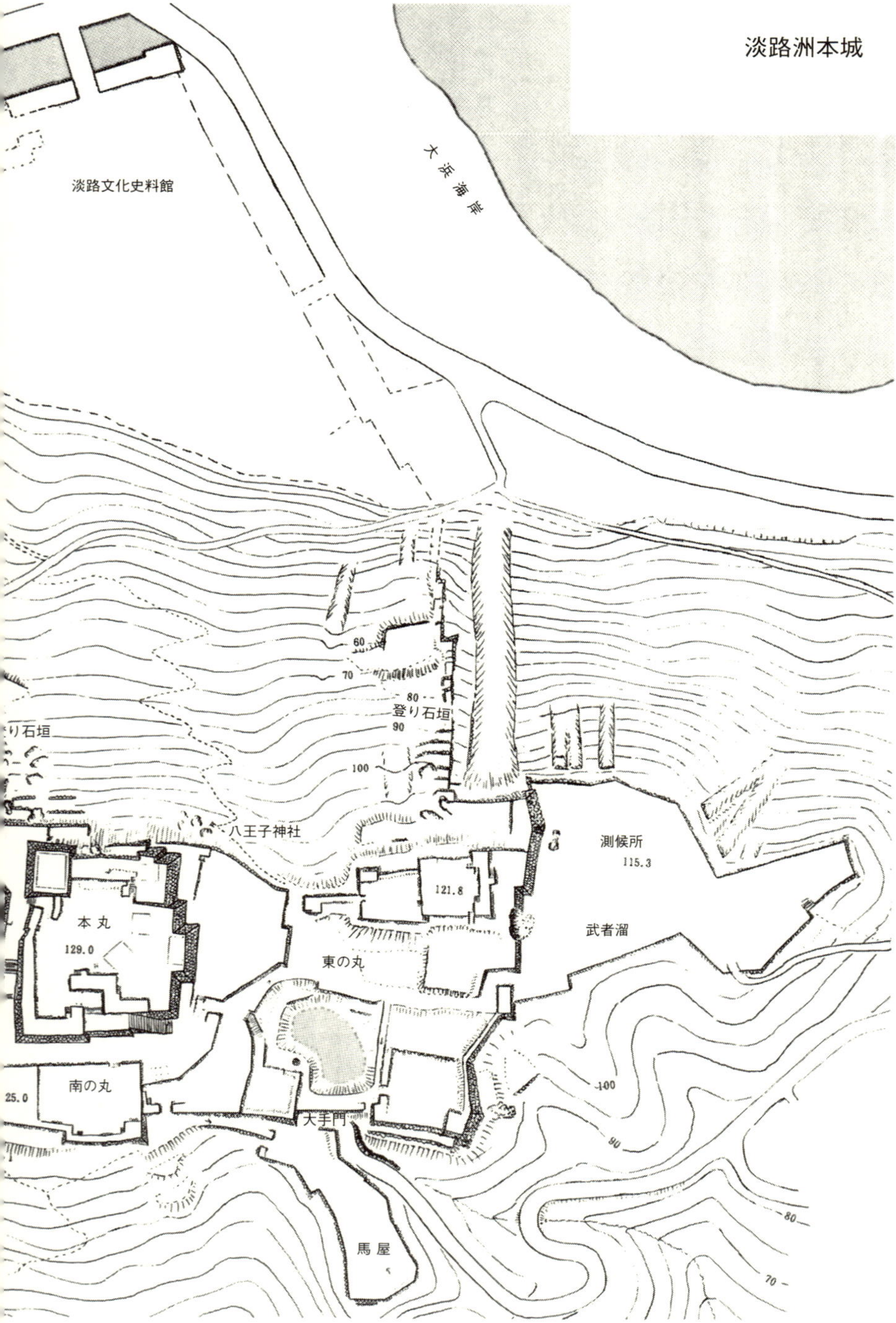

大浜海岸
淡路文化史料館
60
70
80
登り石垣
90
100
八王子神社
測候所
115.3
121.8
本丸
129.0
武者溜
東の丸
南の丸
大手門
馬屋
100
90
80
70

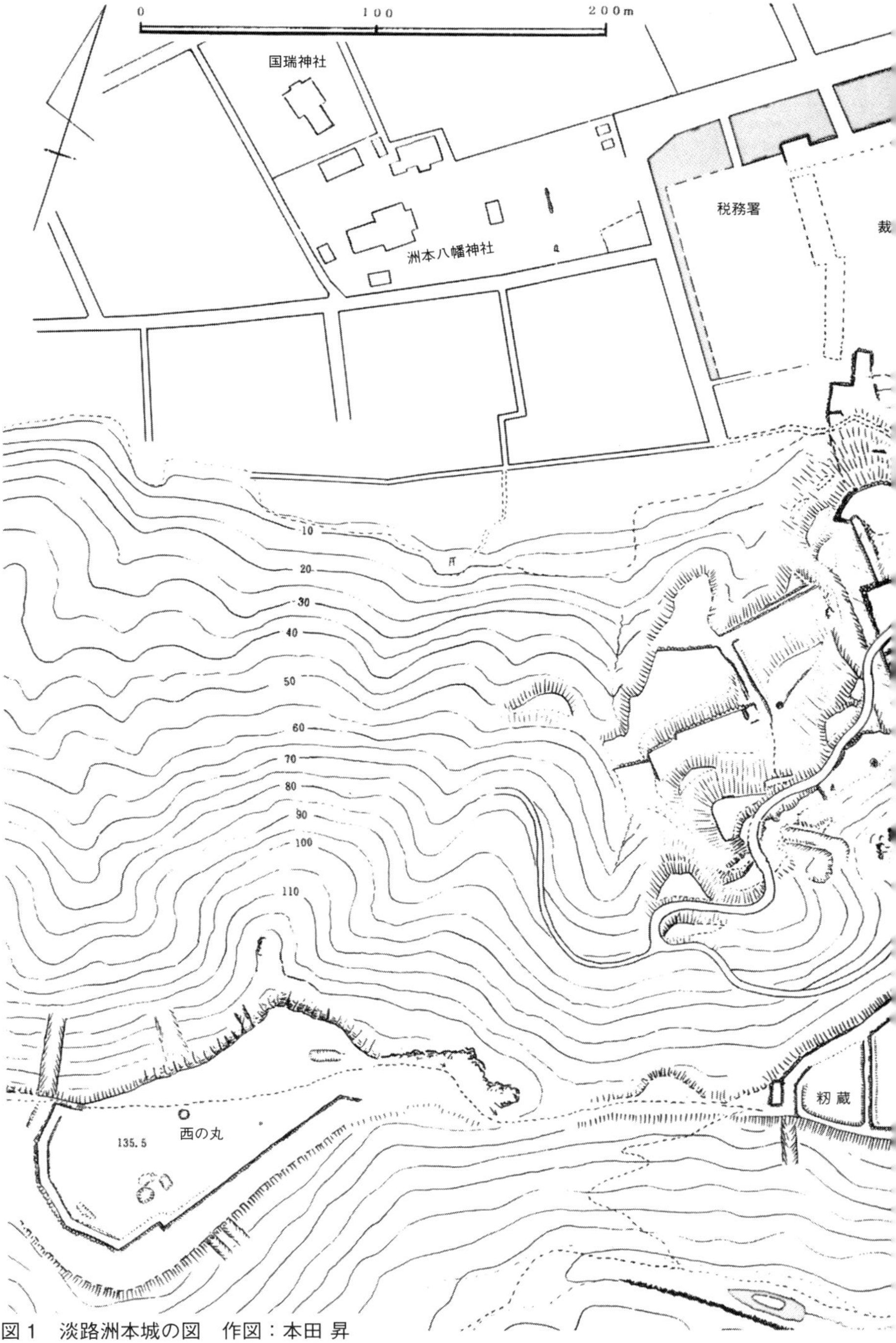

図１　淡路洲本城の図　作図：本田 昇

しまう。

本丸の天守台の標高は一三二・六m、西の丸が一三五・五mである。これに対して、乙熊山の最高所は一五二・二五mであり、最も高い位置にある。これらの峰の中でも低い場所に城の中心部が築かれた理由は、この位置が最も大阪湾への眺望がいいこと、洲本平野を一望に見渡せること、洲本平野とともに洲本港も見渡せること、山上部に比較的広い平地が確保できたこと、そして何よりも、三熊山の北側に展開する急崖を天然の要害として利用できたことであろう。

山の地質は、和泉砂岩層群に属する砂岩《さがん》と礫岩《れきがん》からなり、とくにこの付近の礫岩は大粒の礫を含んでいる。

洲本城周辺の地形は、北側斜面の急傾斜とは対照的に、南側と東南側で非常に傾斜が緩くなっている。とくに東南側は広い緩斜面が展開し、現在は駐車場や公園になっているが、以前は競馬場なども設けられていた。洲本城は、こうした緩斜面の欠点を補うために本丸を西北の隅に設け、東南方面に対して数重に防禦線を設けている。

三熊山の西側には、千種川とその支流の竹原川が南から北へ流れ、乙熊山の南側はいったん低くなってから南の山に連なっている。こうしたことから、乙熊山にも見張り台か何らかの施設があったと考えられる。また、洲本城の東側の少し離れた所にも突起があり、城下絵図の中には「赤土遠見場」と記しているものもある。しかし、いずれもさしたる遺構はないようである。

洲本城はまた、南東の由良《ゆら》城（洲本市）と密接な関係があると考えられる。歴史的に見ると、安宅《あたぎ》氏・脇坂安治《わきさかやすはる》が洲本城を淡路支配の拠点とし、その後、池田忠雄《ただかつ》・蜂須賀《はちすか》氏の城番稲田氏が由良城に移転したが、寛永八年（一六三一）に由良引けによって再び洲本城が淡路支配の中心となった。このことから、一般に両城は時代的に両立しないという考え方が通用しているようであるが、実際は、両城は連繫して守備するように築かれていると考えられる。由良城は海上に浮かんでいるとはいえ、由良の港や城下を陸上の攻撃から守っているのは洲本城であり、陸上から見れば、由良城は洲本城の詰城のような位置にある。領国支配についても、洲本城を通じて淡路支配ができたからこそ、由良のような僻遠の地での城郭の維持が可能であったと考えられる。また一方では、海上支配の拠点としての由良城の存在は、洲本城の防禦を補強している。当時の洲本の港がどのようなものであったかよくわからないが、洲本城にいた安宅氏や脇坂氏も、水軍の主力は由良に置いていたと考えなければならない。このように、両城は深く関連していたことを念頭に置く必要があろう。

洲本城の構造

洲本城の北側に展開する急斜面は、西の丸よりもはるか西方から始まって、東は大阪湾まで達している。その延長は一・五㎞にも及ぶ。斜面は多数の岩盤が露出していて、場所によっては崖状になっている。この地形の成因についてはよくわからないが、この細長い急斜面のほぼ中間に洲本城があり、城の防禦にとって重要な役目を果たしている。また、江戸時代の史料ではあるが、『味地草《みちくさ》』にある「天文年中城下略図」、『淡路草《あわじぐさ》』にある「天文中安宅隠岐守城下略図」等によると、山下の城の付近あるいは現在の山下の城の堀付近に細長い入り江が描かれている。地図が簡単なため正確な形状はわからないが、当時の水軍の舟溜まりとして利用された可能性のあるもので、あるいは現在の堀は、この入江を利用して造ったものかもしれない。この入江も、城の北側の防禦に役立ったと推定される。

このため、本城部分は主として南から南東部分を重点的に防禦するように築かれていることは先に触れた。実際に攻城戦になった場合に、この方面が主戦場になるであろうし、その場合に最も効果的に機能するように築かれていると考えられる。このことは、数重に設けられた防禦線とか、石垣の高さ、馬場と呼ばれる張り出し遺構、大手門と呼ばれている門虎口《こぐち》がこちらに向いていることなどからも推測される。

現在、洲本城各部の遺構にはそれぞれ名称が付され、本丸・南の丸・東の丸・武者溜・西の丸・馬屋・籾蔵・下の城・

西の登り石垣・東の登り石垣などと呼ばれている。また、門虎口についても大手門・八王子木戸・東一の門・東二の門などと呼ばれている。しかし、これらの名称が在城当時まで遡るとは思えない。南の丸は数段に分かれ、東の丸などは多数の曲輪《くるわ》群の総称であり、多分に後世の命名のように思えるが、『味地草』など江戸時代の書物にも現れるので、ここではその名称に従った。

本丸については、享和二年（一八〇二）作成の一分一間図「須本御山上絵図[1]」に「本丸ヨリ此所四間半程低」といった記載があるので、藩でも公式に本丸と呼んでいたことは確かである。このほか、城下絵図の中には「西之御丸」と記しているものが見られる。また、ほとんどすべての城下絵図が下の城を単に「御城」と記している。

従来、各種の研究でもこれらの名称を踏襲してきている。ただし、山下の城は、山上の城と混同しないように下の城、これに対して山城部分を上の城としている研究が多い。本稿でも、混乱を避けるため名称はなるべくこれらの通例に従った。

洲本城の石垣

山上の石垣の石質は、すべて地山で産出する和泉砂岩と礫岩である。和泉砂岩層は、もともと砂岩が主であるが、この付近はとくに礫岩が多く、地山の石質をそのまま反映してか、石垣にも礫岩の比率が高い。

石垣の高さは、場所によって高い部分と低い部分の差が大きい。高い石垣の部分は、おおむね天端《てんば》の線が糸巻き状になっているが、低い所では直線的である。隅石垣の折れの角度も矩形のものは少なく、鈍角の部分が多い。石垣の積み方はほとんどが野面《のづら》積みであり、隅石垣など一部に打ち込みはぎを用いて算木《さんき》積みにするなど新しい手法が見られる。また、扇の勾配らしいものも若干見られる。山上部の石垣は、たいていの場合、その下の斜面との間に武者走りが設けられている。拡張による積み足しなども部分的に見られ、石垣の崩れた部分の内側に、さらに古い石垣が顔を覗かせているところもある。

一方、下の城の石垣は、他の地方から運搬してきた花崗岩《かこうがん》質の石材で、打ち込みはぎから切り込みはぎに近い、整然とした積み方をしている。石垣の傾斜角度も急で、天端の線も直線的であり、すべての点で山上の石垣と比べて対照的である。ただし、表から見えない、あるいは見えにくい場所では、地山の和泉砂岩と礫岩等も使用されている。

洲本城の構築年代と拡張について

城郭は、存続している限り、常に拡張と修復を重ねていたと考えなければならない。洲本城は、中世の安宅氏時代の創建以来、蜂須賀氏時代の城代城として幕末まで長い年月にわたって使用されてきた。現在の遺構の状況から見ると、全面的に近世城郭に改修された姿をとどめているので、脇坂安治入城以前の姿はわからない。脇坂氏以前にも、天正十年（一五八二）から十三年まで、豊臣秀吉股肱の臣仙石久秀《せんごくひでひさ》が在城するが、仙石氏がどのような改修をしたのかは定かではない。仙石氏は、後に讃岐一国を与えられて聖通寺《しょうつうじ》城（香川県坂出市）に移っているが、同城もさしたる遺構が見られないところを見ると、洲本城についても仙石氏の石垣などが残っているとは考えにくい。

その後、入城した脇坂安治の在城期間はきわめて長く、天正十三年（一五八五）から、関ヶ原の合戦をはさんで慶長十四年（一六〇九）まで二十四年間にわたっている。これは、近世城郭の草創期から発展期にあたる期間である。とくに関ヶ原の合戦以降、脇坂氏の洲本城は大坂城包囲網の一環としての役割を担ったと考えられる。

慶長十五年（一六一〇）から淡路を領有したのは、池田輝政《てるまさ》である。輝政は最初、岩屋城を築城し、慶長十八年に輝政の三男、忠雄が由良城を修築して居城にしているため、この間に洲本城を支城として利用したかもしれないが、改修はほとんどなかったものと考えられる。

元和元年（一六一五）に淡路一国を加増された蜂須賀氏は、最初、池田氏の由良城に城番を置いたが、寛永八年

（一六三二）に、いわゆる「由良引け」によって由良城を廃止して洲本城に移った。しかし、この時代は「元和一国一城令」の発せられた後でもあり、蜂須賀氏の改修には限度があったものと考えねばならない。このときの蜂須賀氏は、主として下の城の構築に主力を注いだと見られるので、山上の改修はなおさらである。なお、蜂須賀氏による改修は寛永十二年ごろに完成したと考えられている。

洲本城の遺構を調査していると、天正期から慶長期、そしてそれ以降の蜂須賀氏時代の遺構が入り交じっていることがわかる。しかし、それらは複雑に絡み合って全体遺構を構成しているため、個々の年代についての考察は容易ではない。石垣の積み方も、高い所とか重要な場所は大きい石を用いてていねいに積んでいるが、低い場所は小さい石を用いていて、さほどていねいではない。また、門虎口など主要な部分と、そうでない部分では積み方に精粗があり、登り石垣とか北斜面など足場が悪い部分は積み方が非常に悪い。

このように、遺構の形態や石垣の積み方は、時代とともに平均的に発展しているわけではないが、注意深く見てゆくと、洲本城の遺構を数段階に分類できそうである。

ここで、少し大胆に洲本城の拡張過程についての推論を試みてみよう。初期の洲本城は本丸の築造から始め、南の丸、東の丸と拡張し、山上の本城部分の形態がほぼでき上がった後で、下の城と登り石垣、竪堀《たてぼり》などが造られた。その後、天守台を含む本丸の大改修が行われ、これと前後して西の丸の新規築造とか、東の丸東側の高石垣など防禦の要所の拡張・改修をしたのではなかろうか。

最初の洲本城の形態を前期洲本城とするならば、天正十三年から関ヶ原合戦まで、その後の大改修を中期洲本城とすれば、慶長五年以降から同十四年の脇坂氏の転封までであろう。城内のうち、東の丸の北側の二段になった小曲輪とか、南丸の一部、籾倉、池の周辺の内側石垣など部分的に低く小規模な石垣が見られる部分は、脇坂氏が改修半ばにして転封してしまったため初期の形態が残った、いわば未改修部分と考えられる。さらに、蜂須賀氏時代の改修を後期洲本城とすれば、下の城の大改修と、それを山城に連結するために登り石垣や竪堀なども改修したであろう。蜂須賀氏時代にも山上を改修した可能性はないとは言えないが、その形跡は、現在のところ見い出せないように思う。また、本国の徳島城と規模を比較しても、洲本城は広大であり、蜂須賀氏が山上まで大改修をしたとは考えられない。

今、試みに築造時期を三段階に分けてみたが、当時の築城技術は日進月歩の時代であり、同じ前期・中期といえども、数年違えば築き方も変化している。石垣の築き方も同様である。しかし、それらを詳しく検証することは、現状遺構の表面調査からは無理である。ここでは、遺構調査の課程でとくに気が付いたことを記載するにとどめた。

洲本城各部の遺構

[本丸]　本丸の周囲の石垣はとくに高い。北側に小天守を連結した天守台があり、大天守台の隅石垣などは算木積みになっていて、相当念入りに築かれている。かなり重力のある建物を想定して築いていることは明らかである。扇の勾配とまでは言えないが、若干そうした傾向が見られ、天端の線はいわゆる「糸巻き石垣」（※輪取り）で、隅には隅柱を建てるための切り込みも見られる。

本丸の南側の虎口は大きな枡形《ますがた》になっていて、周囲の石垣も高く、やはり扇の勾配が見られる。枡形の外の石段も、洲本城の中で最も広いものである。本丸の格式を意識した造りであり、こちらが表であることを示している。

一方、本丸の西側には若干古い石垣が見られる。この方面は、下にも石垣があり、その下が斜面であるためか、石垣の高さもやや低い。

[南の丸]　本丸南側の通路を隔てて一段高くなったところに数区画の曲輪があり、南東の隅に小規模な櫓台《やぐらだい》がある。この曲輪の南側は、さほど高くない石垣が続き、防禦の面で物足りなさを感じるところである。本丸と南の丸の間の通路が低くなっているのは、本丸の南側の石垣を高くするために、人工的に掘り下げたものであろう。この通路の西

北端に、北側斜面に降りてゆくための虎口がある。

なお、この曲輪と本丸の東側の曲輪も同一平面上にあり、その東側へ出る門戸口で東の丸と区画されているので、これも南の丸に含めるべきものであろう。全体に初期の遺構がよく残っている部分である。

［籾蔵］　南の丸西端の一段下がった曲輪である。広い意味で南の丸の一部である。本城部分の最西端にあり、西の丸方面を防禦する部分である。この付近も石垣が低く、南の丸の石垣に接する部分は斜面が残っているなど、初期の遺構を残していると考えられる。西端の虎口は、この城の西方を守る重要な場所であるが、虎口の構造は貧弱である。西方に西の丸があるとはいえ、その防備は心もとない。

［東の丸］　この丸は、多数の小曲輪からなっている。東の丸と総称できるようなものではないが、ここでは通例に従っておく。この部分の特徴は、北側の二段になった方形の小曲輪と、南側の用水池である。もともと和泉砂岩は保水性が悪いので、単に浅い谷を堰止めただけではなく、水が漏れないように入念な土木工事を施していると思われる。この池に接して日月井戸と呼ばれる井戸もあり、洲本城が籠城戦になったときの重要な曲輪である。池の東側および周囲の各所にある小区画は、南の丸の区画と同様に、上級家臣団の屋敷として計画されたものと推定される。

北方の二段の小曲輪は、初期洲本城がまだ小規模であったころ、この小突起を城内に取り込むための出丸《でまる》として築かれたものではなかろうか。この付近や池の周囲の石垣などは、初期の遺構が残っているが、東方を南北に画する石垣は中期の改修であろう。きわめて大規模である。この石垣の延長南端には櫓台があり、東方へのにらみを利かしている。山麓の「下の城」からの登り道も、この曲輪に通じている。八王子神社があるので八王子木戸と呼ばれている。

［馬屋と大手門］　この馬屋は「月見台」ともいわれている。自然に突出した尾根をそのまま曲輪にしたもので、形状も自然地形に沿っている。しかも、突端のほうが少し高くなっているので、東方への眺望もよい。この曲輪を設けることで、大手門への通路は左右から挟撃でき、防禦上、非常に有効な曲輪である。この部分も石垣が低く、初期の遺

構を残していると考えられる。しかし、自動車道路が作られて、大手門の石垣が一部破壊されているのが惜しまれる。

［武者溜］　測候所のある部分で、非常に広い曲輪である。山上では最大であろう。石垣の高さはさほどではないが、石も大きめで、曲輪の天端の線もゆったりしている。西の丸とともに、きわめて大胆な造りである。初期のうちでも最後のほうの築造か、あるいは中期のものであろう。以前、西方の一画を発掘したことがあったが、遺構の検出はなかったと伝えられている。このとき、東の丸の斜面を削り下ろした跡が確認できたという。この曲輪の西北部は、現在でも大きな地山石が点在している。

［西の丸］　籾蔵の西側にある虎口から西方約二〇〇m離れた所にある。洲本城では唯一の独立した曲輪で、武者溜についで大規模な曲輪である。南方の乙熊山方面からの攻撃に対する防禦として築かれたものであろう。この曲輪は南面から西面にかけて石垣を巡らしていて、北側は先に触れた急斜面をそのまま利用している。西側には虎口があるが、東側の本城に面した部分は何もない。しかも、ここから本城までの尾根筋には全く遺構はなく、防禦の面から見ても不備な感じのする曲輪である。

この付近の石垣の積み方は、直線的で傾斜も急な、非常に洗練されたものであり、山上部分の最後の築造と思われる。しかも、場所によっては石垣の天端がない所があり、曲輪の内部も完全に整地されていないので、あるいは脇坂氏が築造途中で転封になり、築造を止めてしまったものかもしれない。

［南方の防備］　城の東南側斜面の傾斜は緩くなっているが、洲本城は、それなりに東南方を重点的に守るように縄張りされている。これに対して城の南側の斜面は、西の丸の南側から南の丸の下まで、おしなべてさほど急ではないにもかかわらず、本城部分と西の丸をつなぐ尾根には何ら遺構はない。南側斜面は、さらに高い乙熊山が谷の対岸にあるだけに、洲本城の欠点と言えよう。

この欠点を補うために、南側の谷筋を堰止めて水堀状に加工した部分があったのではないかと推測される。筆者は以前、この斜面に植物園が開設されていた頃に、この谷中に細い溜池があって水生植物などが栽培されていたのを憶えている。このときすでに地形は改変されていたが、池の南側の岸は山の斜面を急傾斜に削り取ってあったのを記憶している。現在、この谷中を二車線の自動車道路が東西に通じていて、今となってはこの谷をどのように防禦に利用していたのか不明である。

なお、この谷に、こうした池を設けることができるほど水量があることは、往時は城の用水として利用していたことを裏づけている。「淡路国須本之御城絵図(2)」によると、この付近に三ヶ所井戸の印が見られる。

［竪堀群］　武者溜の北側斜面に沿って数条の連続竪堀群がある。この竪堀は、石垣の直下からではなく石垣下の犬走りの下から始まっている。しかも、堀が雨水で浸食されても上の石垣に影響が及ばないように、竪堀の最上部は土止め石垣が築かれているという念の入れようである。場所によっては二段の石垣が見られる。また、竪堀はある程度雨水による浸食で変形しているが、もともと同じ間隔でもなければ同じ幅でもないようである。この竪堀の用途は、武者溜の東側から斜面に沿って敵が回り込むのを防ぐためのものであろう。

これらの竪堀とは少し趣が違うのが、東の登り石垣を守備するための大竪堀である。この竪堀は幅も広く、登り石垣の外側に沿って山上から麓まで達している。おそらく、自然の谷を利用して築造したものであろうが、その規模は壮観である。なお、西側の登り石垣の外側に竪堀列が見られないのは、西方に西の丸があり、斜面に沿って敵が回り込むには、あまりにもふところが深いためであろう。

［登り石垣］　洲本城は、上の城と下の城を連結するために、東西二ヶ所の登り石垣がある。この石垣は、それぞれ下の城を囲む石垣と連結していたことが、数種の城下絵図などからわかる。しかし、現在では下の城の石垣の大部分が取り払われてしまったため、どのように連結していたのか、わかりにくい。本図では、「須本御城指図(3)」などをもとに、おおよその推定線を記してみた。

『味地草』などによると、西の登り石垣は二十二段、東は三十段と記しているが、現在は崩れている場所があり、それだけの段数は確認できない。この登り石垣は階段状に積まれているが、間隔は斜面の傾斜角度などにより一定していない。場所によっては途中に平地が設けられている。岩が多く急傾斜の場所であるだけに、その築造は相当難工事であったと考えられる。石垣の石も小さく、積み方も荒っぽいものである。階段状になっているのは、その上に兵士を配置して防禦するためであろうが、階段状になっていても、なおかつ石垣上は平坦にはなっていない場所もある。また、斜面の傾斜が急なため、兵士が上下に移動するのは相当困難である。

東の登り石垣の裾のほうでは、一部、花崗岩質の石材が見られ、この登り石垣が下の城と同時期のものであることがわかる。この石垣は、下方では崩されて何かに転用されたらしく、途中から石がほとんどなくなっているが、残った石から見て、この付近から下はかなり花崗岩質の石材が用いられていたようである。

西の登り石垣は天守台の下から伸びていて、尾根を利用している所もあって、多数の階段状の平地が設けられている。花崗岩質の石材はほとんど発見できない。こちらの石垣の外側には、東側ほど広いものではないが、斜面の下方に竪堀が設けられている。そして、竪堀が小規模な代わりに、内側と外側の山腹に多数の曲輪が配置されている。このうち外側のものは、「古屋敷」と呼ばれている。

〔下の城〕　蜂須賀氏時代に政庁として築かれた部分である。「天分年中淡路諏本町並図」[4]と呼ばれる絵図には、安宅氏時代にすでにここに居館があったかのように描かれているが、この図は安宅氏時代に仮託して幕末に描かれたものであり、その内容は蜂須賀氏時代の城の姿に引きずられていると見なければならない。また、脇坂氏時代の洲本城も、山上に家臣団屋敷らしい区画まであることから、おそらく初期には、山麓にはこのような城はなかったと推定される。脇坂氏が城下町の整備にも着手したことは推測されるが、その頃から下の城の築造にも着手したのであろう。具体的な築造年代は不明だが、脇坂氏の転封する慶長十四年までには完成していたと考えられる。このことは「城絵図」[5]からもわかるが、蜂須賀氏時代の大改修によって、それ以前の姿を止めていないので、詳しい形態はわからない。しかし、同図によると蜂須賀氏時代の東・西・北の三ヶ所の虎口の位置が似通っているので、濠幅とか石垣の規模は別として、下の城の広さと形状は蜂須賀氏時代と同程度であったと考えられる。

この下の城は、寛永八年の由良引け以降、同十二年頃までの間に蜂須賀氏によって大改修され、藩政時代には「御殿」とも称されていた。現在は北側の石垣と水堀が残っているだけであり、東西の隅に張り出した櫓台がある。絵図などによると、この城を囲むように東・北・西にも馬踏石垣が巡らされていたことが知られ、東側の石垣の途中にも二ヶ所張り出した櫓台が描かれている。

石垣の石質は花崗岩系統のものであり、非常にていねいに加工された「切り込みはぎ」で、山上部分とは石質・加工の程度とも格段の相違を感じさせる。しかし、この見事な石垣は、主として正面の表側の飾りとして用いられていたようであり、馬踏石垣の内側には山上部分と同様の砂岩・礫岩の石も見られる。『洲本城案内』(6)に、東側の石垣の撤去中に、蜂須賀氏の家紋「卍」紋の刻印のある石が発見されたことを紹介しているが、この石も砂岩であった。

北側のほぼ中央に、大手門に相当する虎口があって、橋が設けられていた。この橋の北側は土橋で、南側の一部が木橋になっていたことが絵図などから知られる。現在は、堀が埋められて土橋で連結してしまっている。「須本御城指図」によると、この虎口は典型的な枡形になっていて、正面には高麗門を設けるための袖石垣もあった。また、現在では淡路文化史料館や検察庁の正面にも土橋があるが、これらは後世に造られたものである。門虎口はこのほか東側と西側に一ヶ所ずつあったことが知られている。

また、城内の南東の一角にも石垣に囲まれた曲輪を描いている絵図があるが、絵図によって規模や位置もまちまちで、「須本御城指図」など描いていない図もある。現在、この付近は破壊されてしまい、その規模などは不明である。

北側の水堀は、現在は税務署の北側で止まっているが、各種の城下絵図によると、ここから少し南へ折れ曲がったあと、八幡宮の本殿南側付近まで達していた。本来ならば、この水堀は下の城の防禦線に沿って西面を南へ折れ曲がらなければならない。しかし、そのまま西に延びていることは、もともと自然の入江であったものを改修して水堀に利用した可能性が高いと見なければならない。

おわりに

本文は、洲本城調査のいわば概論である。遺構を詳しく調査して作図する課程で、色々と思いついたこと、考えたことなどをまとめたものである。本来ならばこれらを基にしてさらに考察をすすめるべきであるが、本書はそれぞれ分野別に多数の人々が執筆しているので、細かい部分はそれらの方々に委ねたい。

【註】

（1）国文学研究資料館所蔵「阿波蜂須賀家文書」の「須本御山上絵図」（二四Ａ―一二三〇―二：口絵参照。本図は享和二年成立一分一間絵図）。

（2）国文学研究資料館所蔵「阿波蜂須賀家文書」の「淡路国須本之御城絵図」（二七Ａ―一二一七―二：第二章―Ⅰ参照）。なお、この井戸は『浅野文庫蔵諸国当城之図』（一九八二年十二月、新人物往来社刊）など、他の城図にも見られる。

（3）洲本市立淡路文化史料館蔵「須本御城指図」は、明治初期成立と推定される。なお、同図は同館編『おいでてはいりょ見てはいりょ城下町洲本展』（一九八八年七月、同館刊）、に収められている。

（4）前掲書所収「天分年中淡路諏本町並図」同図には、安宅摂津守の居城として、当時はありえないはずの白壁造りの櫓等が描かれている。成立年代は不詳だか、嘉永六丑年八月写とあり、幕末成立と推定される。

（5）国文学研究資料館所蔵「阿波蜂須賀家文書」の「城絵図」（二七Ａ―一二二〇：口絵参照）年代の記載はないが、脇坂安治の居館を指すと思われる「中務屋敷」などの記載があり、由良引けを計画していた蜂須賀氏が、検討資料として作成したものかと推測される。

（6）岡本稔・山本幸夫共著『洲本城案内』（ＢＯＯＫＳ成錦堂、一九八二年刊）。

Ⅱ
洲本城の構造と形態

谷本　進

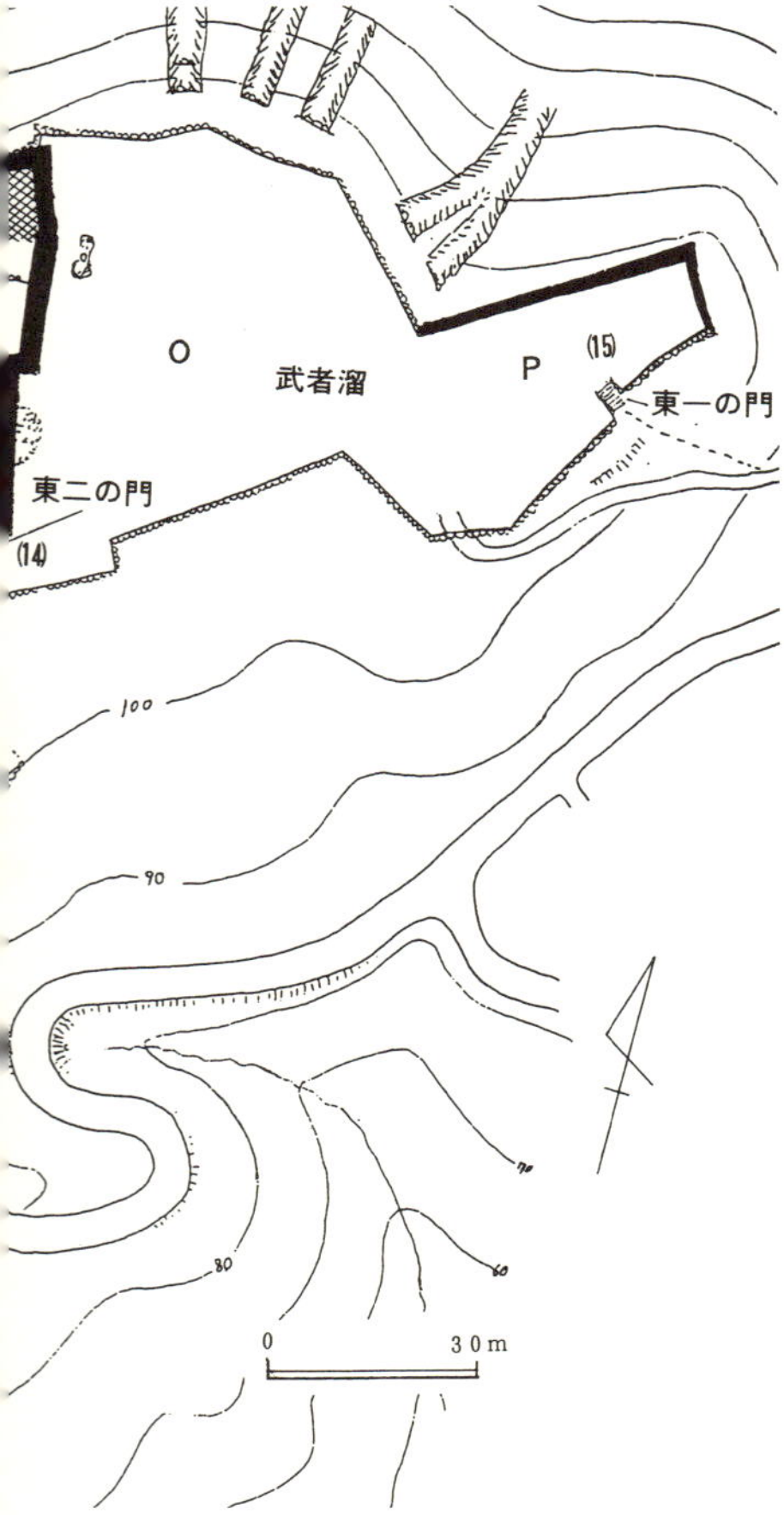

はじめに

検討にはいる前に、洲本城の曲輪の位置と名称を確認しておきたい。図1に便宜的に、A～Pまで十六の曲輪と⑴～⒂までの十五の虎口を示し、曲輪の通称名を書きくわえた。

通称名は、『日本城郭大系』十二巻「洲本城」（山本幸夫）と、『洲本城案内』（岡本稔・山本幸夫）に書かれているものである。Aは天守台で、東方向に石塁で小天守台に続く。Bは本丸。DとEは南の丸、Fは籾蔵、H～Mが東の丸、Nが馬場（または月見台）、O・Pが武者溜となっている。また、Kには明月池がある。

虎口では⑻が八王子木戸、⑿が大手門、⒁が東二の門、⒂が東一の門である。とくに通称名の根拠となった古文書などを確認していないが、明記しておきたい。

なお、今回使用する洲本城の縄張

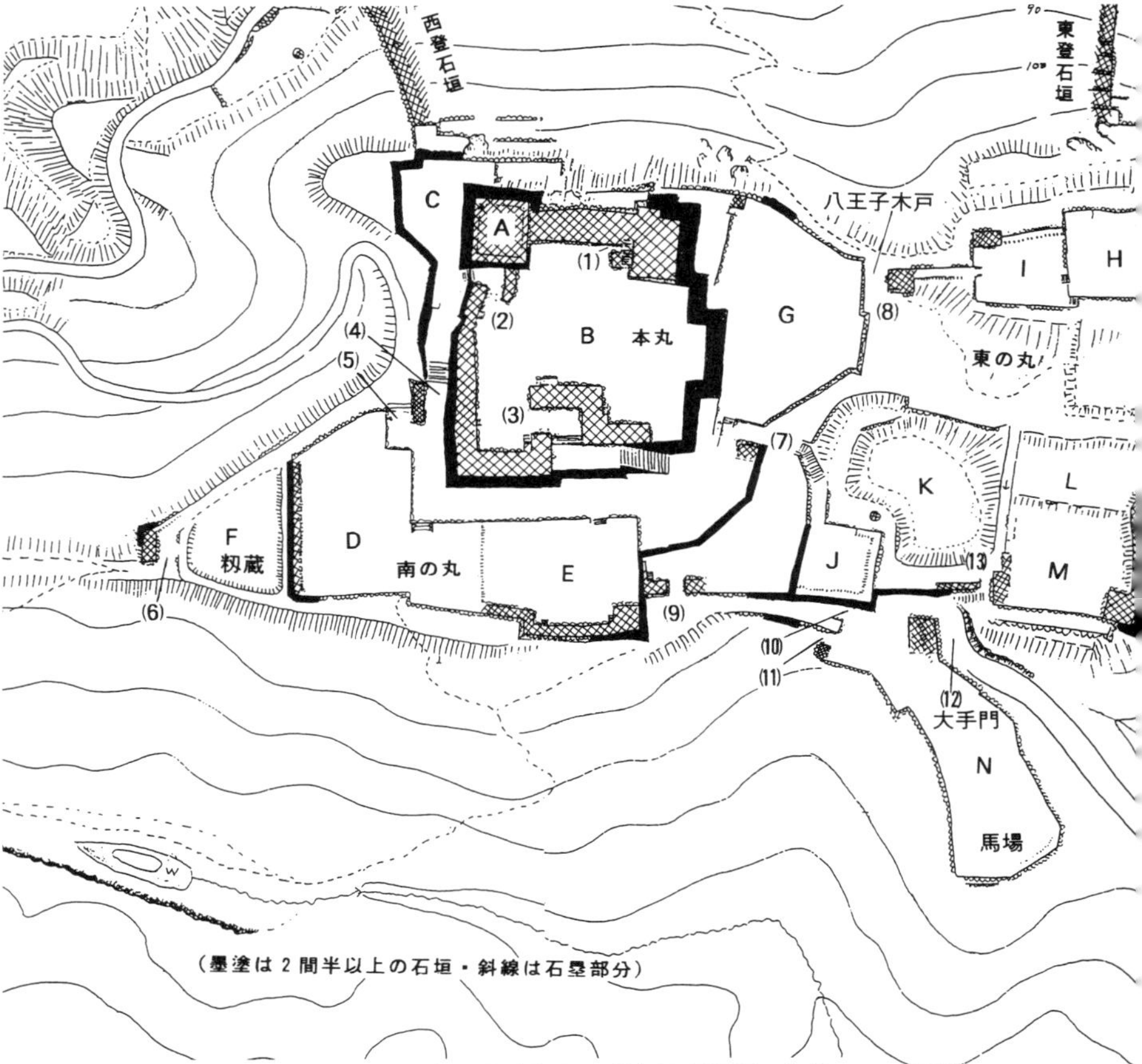

図1　洲本城の曲輪と虎口番号図　本田昇氏作図の洲本城現況図に加筆

り図は、本田昇氏が調査された淡路洲本城現況図（一九七三年四月調査）を基本とする。洲本城の測量図が作られていない状況のなかで、洲本城の全体構造を千分の一の縮尺で丁寧に書き込んでいる。

洲本城は、総石垣によって作られた山城である。最高所に位置する第一の曲輪が本丸であり、本丸全体が高石垣で取り囲まれた正方形のプランをつくる。そして、東側を除いた三面を石塁が取り囲んで防御を固め、本丸の一段下の位置には本丸を補強する南の丸がある。第二は本丸の東側にある曲輪で、コの字形プランで構成される東の丸である。第三の曲輪が、東の丸に続く武者溜の曲輪となっている。

つまり、洲本城は正方形プランを

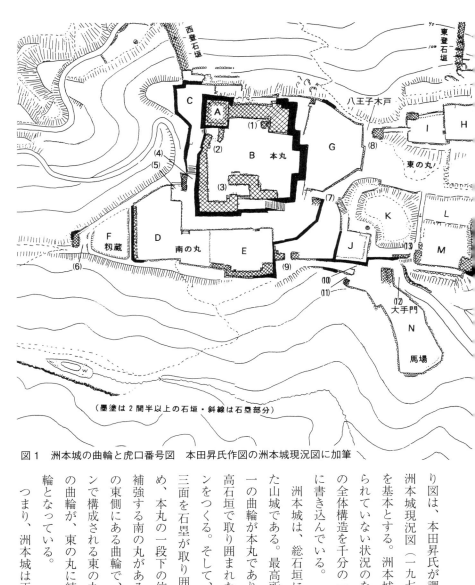

もつ本丸を中心において、南の丸で補完し、東側へむかって大阪湾につきでるように続く尾根上に東の丸、武者溜を配置する縄張りをとっている。本丸を西の最高所において連郭式に曲輪を配置するもので、一二三《ひいふうみ》の三段構えを作っている。

これを機能面からまとめてみると、本丸地区（A～E・G）、二の丸地区（H～M）、三の丸地区（O・P）で構成されたものと理解できる。本丸地区に接するが、F曲輪はD曲輪からは四m以上も低く、曲輪の切岸や石垣そのものも低い。また、N曲輪も東の丸の外側にあり、六m以上も低い。つまり、石垣の平面構成からみるかぎり、F・N曲輪は前述した三地区に従属する下位の付属する曲輪と位置づけられる。

本論にはいる前に、洲本城主を確認しておこう。天正十三年（一五八五）に脇坂安治が三万石で洲本城に入り、志《し》知《ち》城（兵庫県南あわじ市）の加藤嘉明《よしあきら》（一万五千石）とともに、淡路を治めた。脇坂安治は慶長十四年（一六〇九）、伊予大洲《おおず》城（愛媛県大洲市）に五万三千石で移るまで、二十四年間にわたって淡路国を支配した。この間の慶長五年に起こった関ケ原の合戦では、小早川秀秋《ひであき》らとともに西軍から東軍に寝返って本領を安堵されている。慶長十四年には藤堂高虎《たかとら》が淡路を領有するが、翌年の慶長十五年には池田輝政の三男、忠雄に淡路一国が与えられ、岩屋城（絵島ケ丘）を新築する。そして忠雄は、慶長十八年に由良成山に新城を作って移る。大坂夏の陣が終了した元和元年（一六一五）、池田忠雄は備前に去って、阿波の蜂須賀至鎮《よししげ》が領主となって由良城に在番を置いた。由良城代となった稲葉示植《しげたね》は、寛永七年（一六三〇）から十二年に由良城を取り壊わして洲本城へ移転した。これを「由良引け」といい、このときに洲本城（山上の城・山下の城）と城下町が大改修され、現在の形に整備されたという。

淡路はもともと水軍の地である。天正十二年の四国攻めには、岩屋城と洲本城が前線基地として使われ、天正十八年の小田原攻め、文禄元年（一五九二）から始まる文禄・慶長の役には脇坂安治が水軍をひきいて参戦している。また、慶長十五年、播磨一国を領有し淡路一国も実質的に支配した池田輝政は、明石海峡を監視するために岩屋城を新築する。そして慶長十八年には、友ケ島水道を監視するために、由良港の対岸にある小島に成山城を築いて移った。慶長六年以後、岩屋城・成山城・洲本城は大阪湾の制海権に直結した重要拠点として、相次いで改修が加えられたのである。

洲本城絵図からの検討

手元にある資料を検討する意味で、最初に『復元大系日本の城』6に掲載されている洲本城絵図（国文学研究資料館所蔵の淡路国須本之御城絵図）を、解読して図2としてみた。この図でわかるのは、曲輪の規模よりも石垣の高さを丁寧に記録していることである。この数値から判断して、二間半未満を低石垣、二間半以上を中石垣、四間以上を高石垣と見なして論を進めたい。

石垣の高さが四間ないし五間で曲輪が作られているのは、図1でいうA～C曲輪であり、部分的にはE南東部・J南部・H外側東部・M南東部の四ヶ所だけに限られている。次の三間ないし二間半の石垣は、図1(6)虎口を西端として、東端にあるP曲輪北隅角まで城の全域に広がる。(7)虎口からE曲輪の東面にかけてと、東の丸の東面および南面などで、石垣が連続して続いている。図1に石垣を黒色で塗り潰した場所が、高さ二間半以上の石垣の部分である。また、石塁になっている部分には格子状に線を引いた。D曲輪の西端は土塁のようにみえるが、内側の下部に石列が残っているので石塁と表現した。

図に石垣を黒く塗って表示した部分は中石垣～高石垣の部分および、格子状の網で示した石塁をもつ曲輪が、洲本城でも防御の固い重要地点である。

洲本城の本丸裏門の石塁石垣　南より

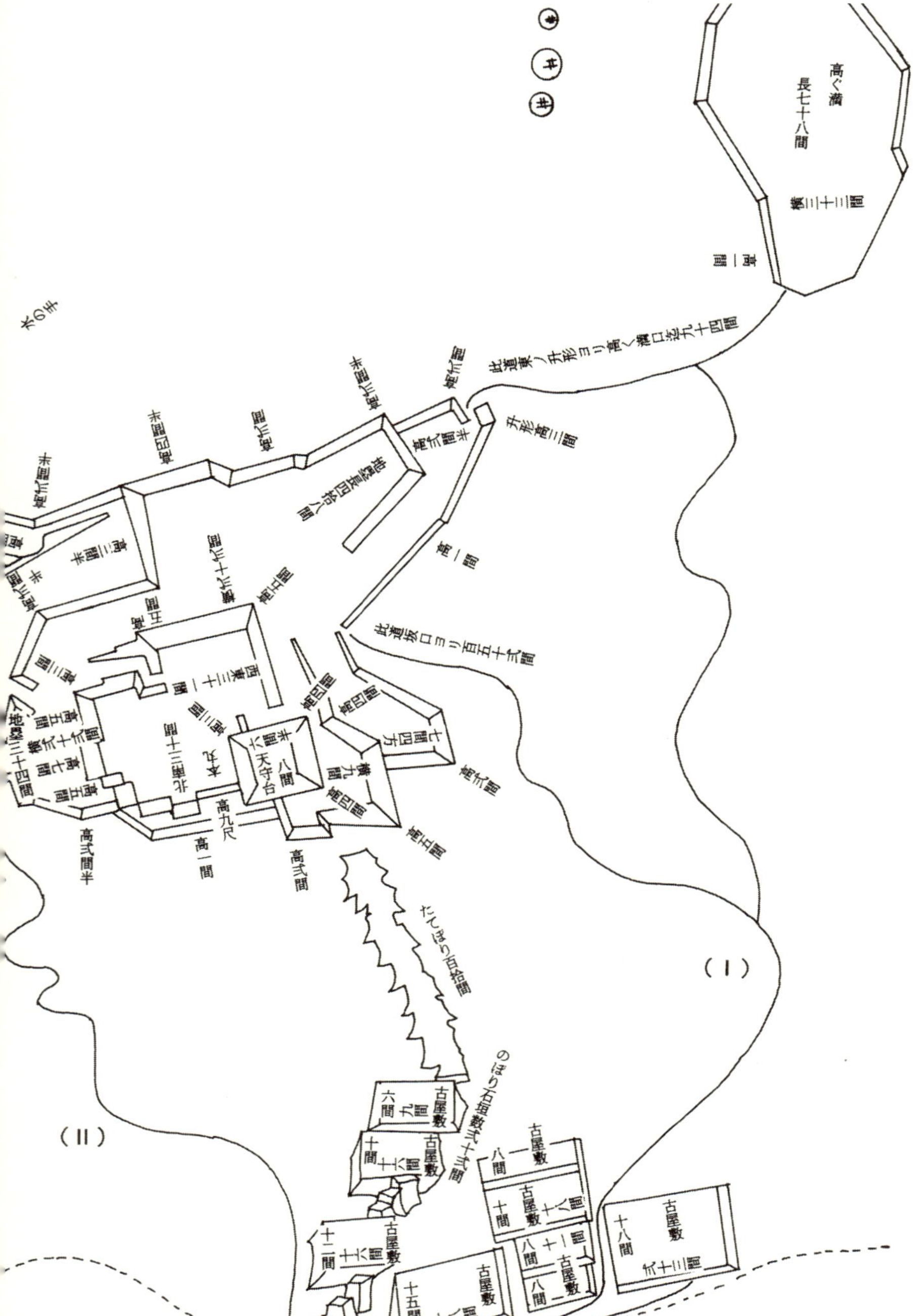

高ぐ濠
長七十八間
横三十三間
此道東ノ升形ヨリ高く濠口迄九十四間
升形高三間
高一間
地蔵臺四拾八間
此道坂口ヨリ百五十弐間
七間四方
高弐間
八間
天守台
高五間
高九尺
高一間
高弐間
たてぼり百拾間
古屋敷
(Ⅰ)
(Ⅱ)
水の手

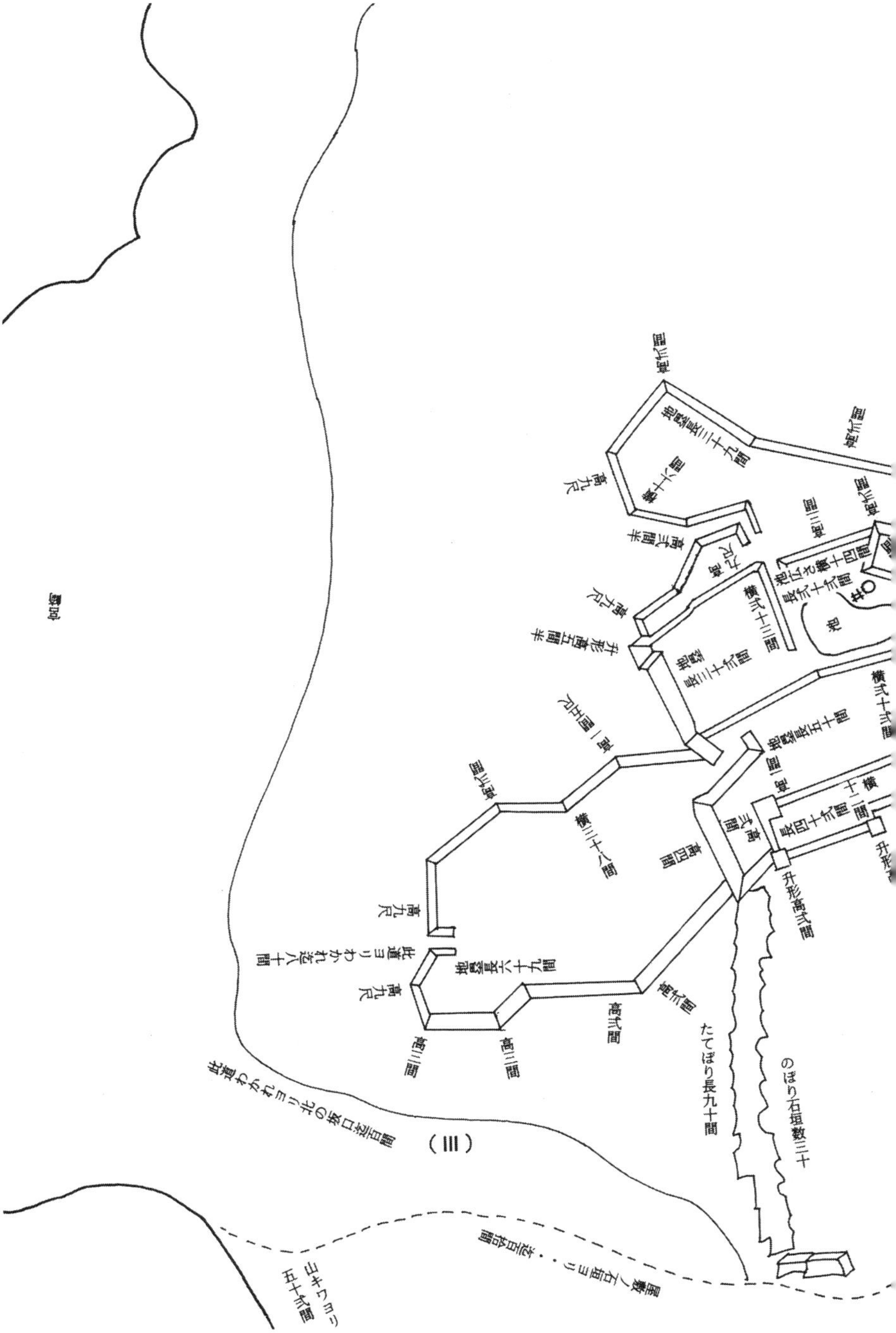

図２　洲本城絵図の解読図　作図：谷本 進

公園化によって破壊をうけた洲本城の日月池

つまり、この図で見るかぎり、高石垣と幅の広い石塁で守られて最も防御が固い曲輪が本丸となっている。

本丸を除いた場所では、防御の中心はE曲輪の南辺部から東の丸南辺部、さらに東の丸東辺部から東登石垣へと続くラインである。これらの曲輪の隅《ぐう》角部《かくぶ》は高石垣による算木積みを形成し、Eの南東隅・Mの南東隅・Hの東辺部・Hの東外側の北東角には櫓台を備えたと思われる。逆に、防御の弱い部分はO・P曲輪の南面で、高さ二間までの低石垣で石塁も作らない。N曲輪の石垣も高さ二間までの低石垣である。F曲輪も低い石垣である。つまり、城郭としてはF曲輪からP曲輪までの総石垣で囲まれた城域であるが、実際の防御の要は本丸を中心に、D曲輪（南の丸）からH・M曲輪（東の丸）までとなっている。

次に、図2にある井戸の位置に注目したい。高ぐ満（高熊）曲輪の左外側に井戸の記号が三つあり、南の丸外側にも水の手の書き込みがある。これまでに調査した播磨利神《りかん》城（兵庫県佐用町）、但馬竹田城（兵庫県朝来市）などの井戸は城外にあるのが普通であった。このため、絵図にあるこれらの井戸も織豊期的な色彩をもっている。一方で、東の丸には城内最大の水の手として日月池と日月井がある。城内にある井戸は、慶長六年以後に改修された丹波篠山城（兵庫県篠山市）や姫路城（兵庫県姫路市）などで多く、江戸期的な色彩をもつ。また、図2には登石垣とセットで竪堀が書かれ、西登石垣の外側にたてぼり百拾間（一九九m）、東登石垣の外側にたてぼり長九十間（一六三m）と記載されている。竹田城や利神城では、山城と山下の城館を一体化して防御するために、大きな長竪堀を作っている。竹田城には三本の長竪堀があり、長さは一五〇～二五〇mで、利神城では一本で長さ二八〇ｍあった。つまり、洲本城では登石垣が注目されているが、長竪堀の重要性は大きい。

次に、登城ルートを検証したい。図2に実線で書いたラインが登城路であり、古図には朱書されている。そこでは、（Ⅰ）山下の城の西門を出て、古屋敷を通って本丸の西側から南側にいたるもの。（Ⅱ）西登石垣が山下の城の西面石垣と連結する位置、登石垣の内側を直登して八王子木戸にいたるもの。（Ⅲ）山下の城の東門を出て掛牛岬地区へ続く道沿いに進み、尾根筋で分かれて東一の門に入るもの。この三ルートが示されている。

一般的には、（Ⅲ）が中世城郭でよくみられる主尾根上を階段状に登るルート、（Ⅰ）が山裾の屋敷群を中央突破して斜面を直登するルートで、近江八幡城（滋賀県近江八幡市）などの織豊系城郭でみられるもの、（Ⅱ）が登石垣と竪堀で守られた内側の斜面を直登するルートで、韓国の倭城《わじょう》や利神城などにも採用された近世城郭にも多いルートである。山城への登城ルートを発達史的に整理してみると、（Ⅲ）より（Ⅰ）、（Ⅰ）より（Ⅱ）という形で進歩的な要素を備えている。洲本城が中世城郭から近世城郭へと改修される過程で、それぞれの登城ルートが改修をくわえられながらも機能しつづけた可能性を指摘しておきたい。

また、（Ⅰ）ルートは分岐して高ぐ満へも続いている。本丸の後方に広い曲輪をもつ例として、但馬有子山城（兵庫県豊岡市）の千畳敷・近江八幡城の出丸などがある。洲本城の高ぐ満曲輪も、織豊系城郭でよくみられる本丸の後方に作られた千畳敷曲輪に起源をもつと思われる。

大手ルートと搦手ルートの検証

次に、洲本城の虎口を検討してみたい。図3に虎口や通路階段などの幅を巻き尺を使って測定し、通路幅を示した。合計で三十三ヶ所を測定した。これは石垣長や虎口幅などが間尺によって決められたと仮定すると、二間とか二間半などの換算値が判断できると考えたからである。しかし、一間は一般的には三種類あり、どの一間なのかを判断する

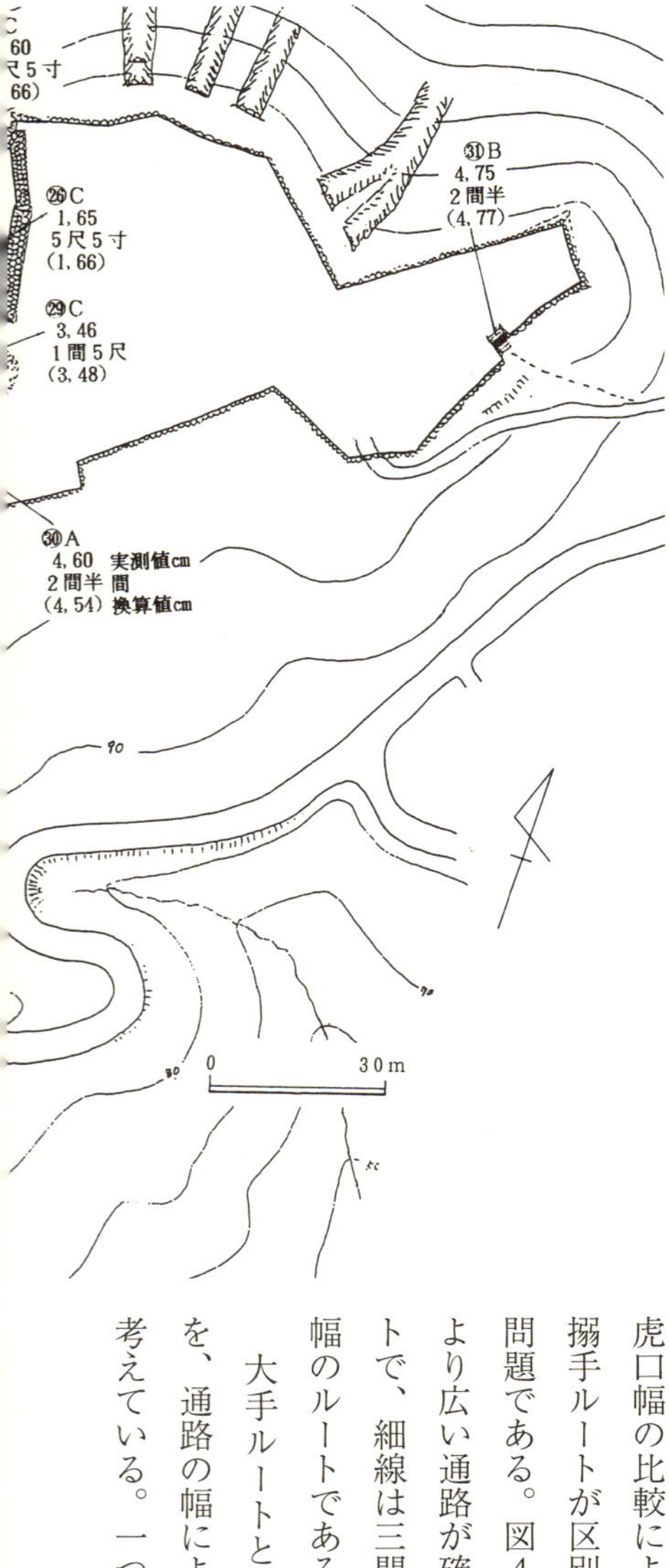

必要がある。一間の値は六尺、六尺三寸、六尺五寸の三種類がある。江戸時代に土地の測量に使われるのが一間六尺(A)、太閤検《たいこうけん》地《ち》などで豊臣時代に使ったのが一間六尺三寸(B)、豊臣時代から建物の建築に使うのが一間六尺五寸(C)である。図3に、これをそれぞれABCで示した。なお、一尺は三〇・三cmで計算した。

図3には虎口番号を数字に○印で囲って示し、その横にABCの解釈を示した。そして、cmによる実測値、間でみた長さ、間からcmへの換算値を三段にならべた。たとえば①の場合はBで、一間を六尺三寸と判断した。実測値は五m六〇cm、間に読みかえると三間、一間を六尺三寸として考えると三間は五m七二cmで、実測値との間には一二cmの誤差がある。こういうデータを示している。しかし、これをAと判断すると一間を六尺として三間になり、五m四五cmの換算値の可能性もあるわけで、ABCの判断はあくまでも相対的な解釈である。そのため、新しい事実によって解釈が変更される余地があることをお断りしておく。

こうしたデータを模式図にしたのが図4である。ここで、いくつかの注目すべき問題点が出てきている。第一は、虎口幅の比較によって大手ルートと搦手ルートが区別できないかという問題である。図4の太線は、三間幅より広い通路が確保されているルートで、細線は三間未満の虎口や通路幅のルートである。

大手ルートと搦手ルートの区別を、通路の幅によって解釈できると考えている。一つの城跡において相

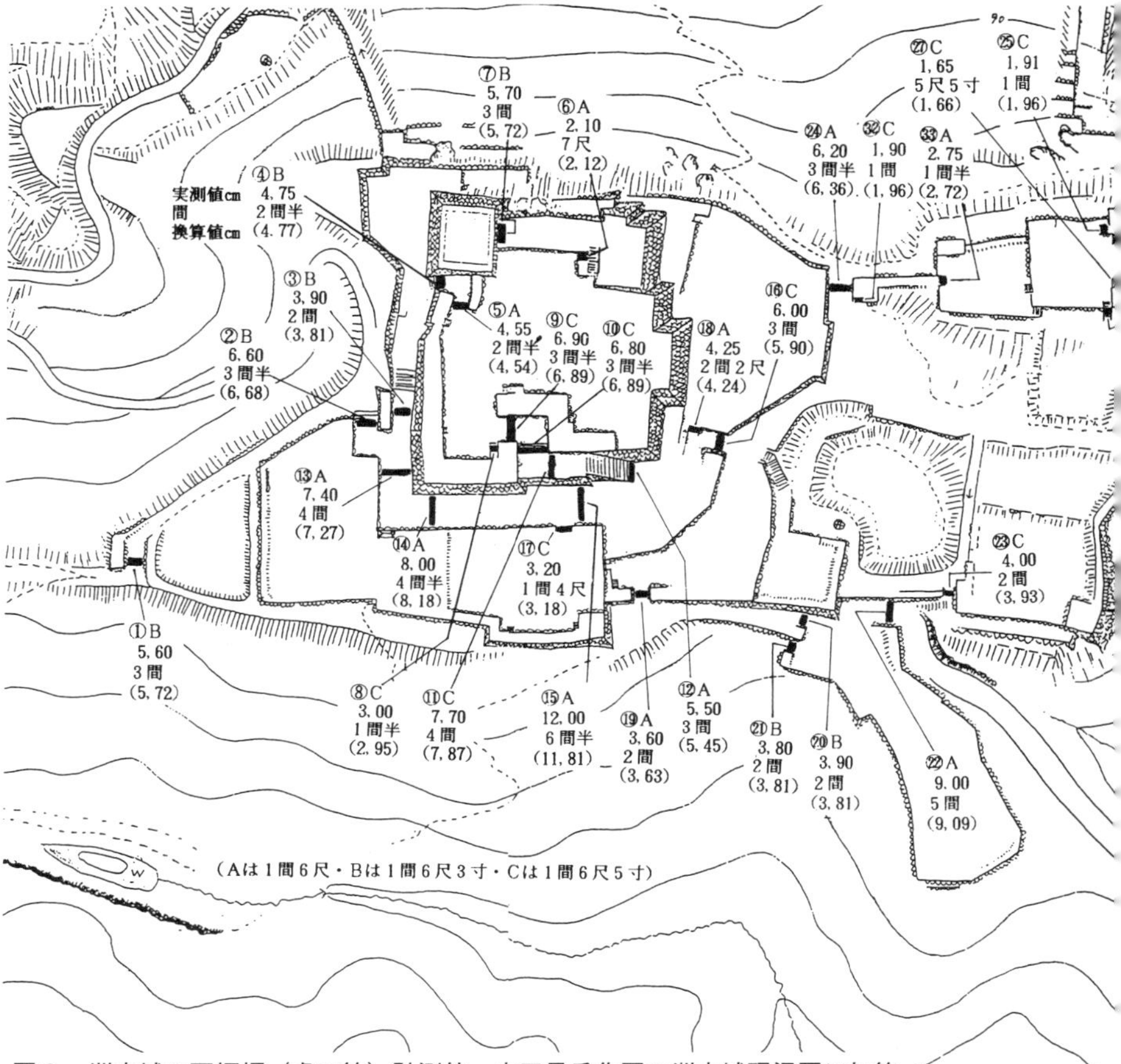

図3　洲本城の石垣幅（虎口等）計測値　本田昇氏作図の洲本城現況図に加筆

対的に幅の広い虎口が連続するルートが大手ルートであり、幅の狭い虎口が連続するルートが搦手ルートである。こうした視点から、虎口幅や通路幅を検証してみたい。本丸へ至る主要なルートは、次の四ルートである。

図4をみながら説明したい。

(1)古屋敷から上がってきて②虎口から城内に入り、本丸南側の通路⑬⑭⑮を通って、⑫⑪を通り、本丸の南門の⑩⑨から本丸の曲輪内にはいるルート。

(2)登石垣に挟まれた中央部を上がってきて㉔から⑯へ入り、⑫⑪⑩⑨と続くルート。(1)(2)の通路幅は三間から三間半であるが、(1)のほうが幅が広い。

(3)㉛から㉚⑯を通って⑫⑪・本丸

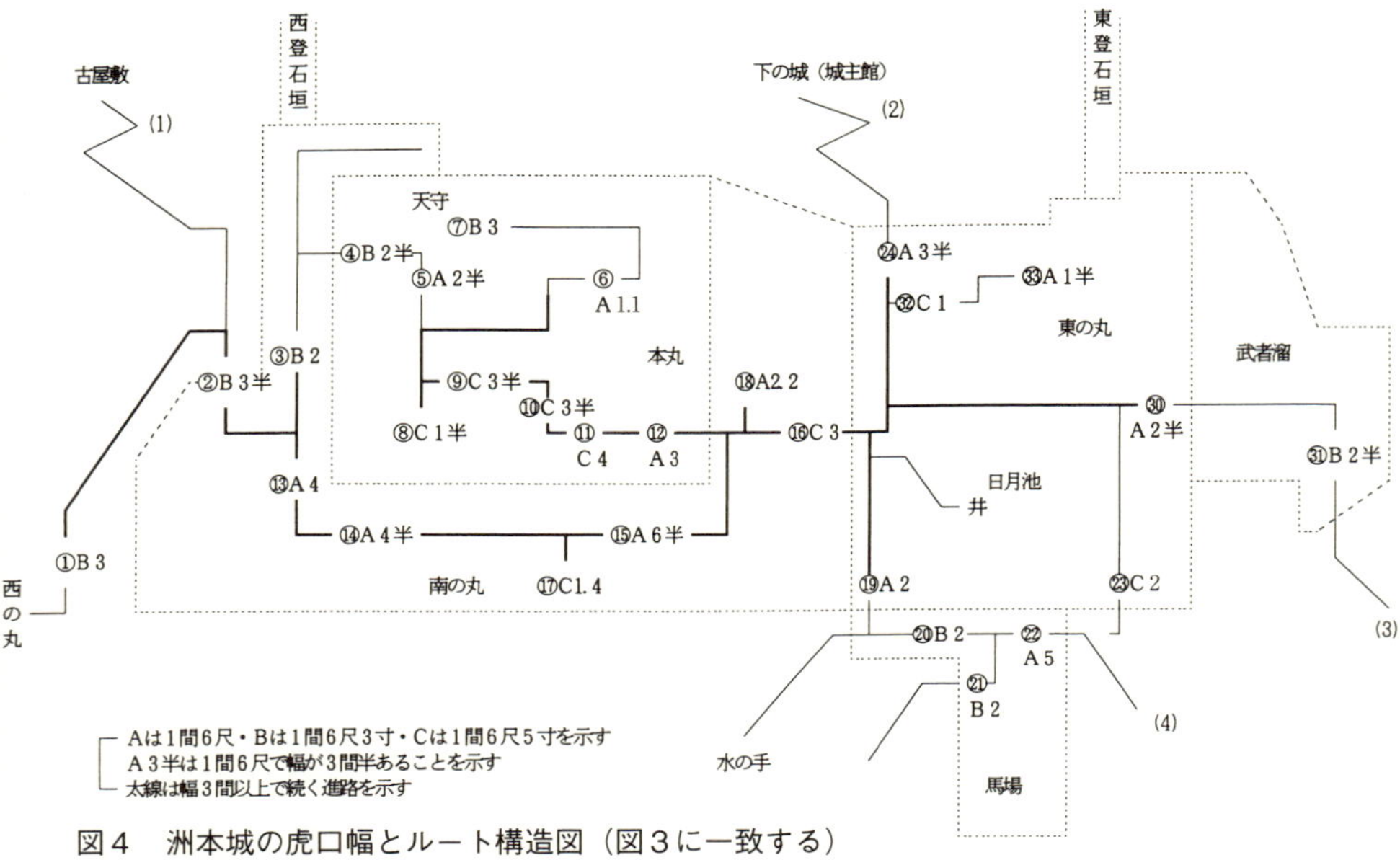

図４　洲本城の虎口幅とルート構造図（図３に一致する）

位置	実測値cm	種類	間	換算値cm	位置	実測値cm	種類	間	換算値cm
①	560	B	3間	572	⑰	320	A	1間4尺	318
②	660	B	3間半	668	⑱	425	A	2間2尺	424
③	390	B	2間	381	⑲	360	A	2間	363
④	475	B	2間半	477	⑳	390	B	2間	381
⑤	455	A	2間半	454	㉑	380	B	2間	381
⑥	210	A	1間1尺	212	㉒	900	A	5間	909
⑦	570	B	3間	572	㉓	400	C	2間	393
⑧	300	A	1間半	295	㉔	620	A	3間半	636
⑨	690	C	3間半	689	㉕	191	C	1間	196
⑩	680	C	3間半	689	㉖	165	C	5尺5寸	166
⑪	770	A	4間	787	㉗	165	C	5尺5寸	166
⑫	550	A	3間	363	㉘	160	C	5尺5寸	166
⑬	740	A	4間	727	㉙	346	C	1間5尺	348
⑭	800	A	4間半	818	㉚	464	A	2間半	454
⑮	1200	A	6間半	1181	㉛	475	B	2間半	477
⑯	600	C	3間	590					

（A：1間6尺　B：1間6尺3寸　C：1間6尺5寸　⑮の1/2が㉔と考える）

表１　洲本城の虎口等の計算値と換算値（図３・４に一致する）

へ入るルートで、㉛㉚の幅は二間半である。

(4)㉒から⑳⑲へと進んで、⑯⑫⑪から本丸にいたるルートで、⑳⑲の幅は二間となっている。

つまり、洲本城の虎口幅や通路幅から考えた大手ルートは(1)ないし(2)であり、搦手ルートは虎口幅が最も狭い(4)であろう。そして、⑫〜⑮、⑲㉔㉚はAが多くて江戸期に大きな改修をうけたと解釈できる。

㉒の外側が大手門といわれているが、車道の拡張によって虎口が破壊され、虎口幅が計測できない。しかし、⑳⑲の虎口が二間であることや、城郭の背後にあたる位置を考えると大手ではなく、搦手の要素が濃いと考えて間違いない。つまり、大手は三間半ないし三間、搦手は二間の通路幅を採用していると考える。ちなみに、但馬竹田城では大手ルートが三間、搦手ルートが一間半になっている。

第二の問題点は、ABCの評価である。慶長十四年に作られた図5の丹波篠山城では、石垣の基底部はAで解釈し、石塁上に建物がのる部分ではCで解釈している。Bは文禄期から慶長五年ごろまで利用され、慶長六年からはAが一般化すると考えているが、Cは文禄期から江戸時代にも続く。洲本城では、①②③④㉑⑳㉛などにBの記号がみえる。最初の前提でお断りしたように、計測誤差として、Aであっても Bと判断される場合もある。しかし、①②③④というルートが連続してBである事実がある。また、ほかのBの部分も城郭の最も外端であることが共通している。つまり、慶長初年から同五年ごろの脇坂時代に、こうした通路が作られた可能性を考えたい。図2の登城ルート（Ⅰ）は、古屋敷を中央突破するルートであり、近江八幡城などの織豊系城郭でみられるものと指摘した。このルートが図4の②にいたり、さらに③④とBが続いて本丸に入る。これを慶長五年頃の脇坂時代の登城ルートを踏襲したものと考えてみたい。

第三に、洲本城の虎口の形態に注意してみたい。一般に、外枡形系虎口は攻撃的な作りで大手ルートに使い、内枡形系虎口や平虎口は防御的な機能をもって搦手ルートに使うものといわれる。結論をいうと、外枡形系虎口が大変少ないことが洲本城の特色である。

洲本城の中で、外枡形系虎口は図1⑹と⑿の二ヶ所だけである。いずれも二つの門によって閉鎖空間を作る完成した枡形虎口ではなく、門は一つで背後に通路空間を確保するタイプである。洲本城の二ヶ所の外枡形系虎口は、いずれも慶長五年以前に作られた竹田城にある手法であり、形式的に古式の外枡形系虎口である。そのほかでは、石塁による平虎口が図1⑻⑼⑽⑾⒀の四ヶ所、階段を上がるだけの平虎口が⒂で、合計五ヶ所ある。石塁を組んで曲げた内枡形虎口は本丸にある⑵⑶のほか、⑸⒁の五ヶ所にある。⑶が最も完成度が高い。これらは慶長六年以後、寛永年間までみられる手法である。つまり、洲本城の主要な虎口は内枡形虎口ないし石塁を使った平虎口で作られているが、完成した枡形空間をもつ外枡形虎口は作らない。これは、現在の洲本城を改修した目的が、籠城することにあるからであり、江戸時代の時代的な特徴でもあろう。

ここでは、慶長五年で廃城になった但馬竹田城で使われている虎口と共通するもの、あるいは江戸時代に多く作られる虎口の二種類をみた。こうした虎口や通路の配置から考えると、現段階の洲本城の防御ラインは、本丸・南の丸・東の丸の曲輪に主眼が置かれており、登城ルートや登石垣の位置を考えても、武者溜曲輪の役割は弱い。また、馬場は東の丸の防御ラインを南側に補強する意味で温存された曲輪であり、敵が城の背後である南の丸方向に尾根を横伝いするのを防ぐ効果をもっている。武者溜曲輪や馬場曲輪は、慶長六年以後にも改修を加えているが多角形の曲輪で、慶長五年以前に作られた曲輪の形態を踏襲している可能性が高いと考える。

一方の本丸・南の丸・東の丸は、慶長五年以後に盛行する正方形プランによる改修がなされている。この正方形プランにこだわれば、洲本城は本丸地区（南の丸を含む）と東の丸地区の二郭構成で機能する城郭であり、たとえば福《ふく》知山《ちやま》城（京都府福知山市）で本丸と二の丸だけが総石垣で作られたり、萩《はぎ》城（山口県萩市）の詰めの丸が本丸と二の丸だけであることと共通する時代的傾向ではないかと思われる。

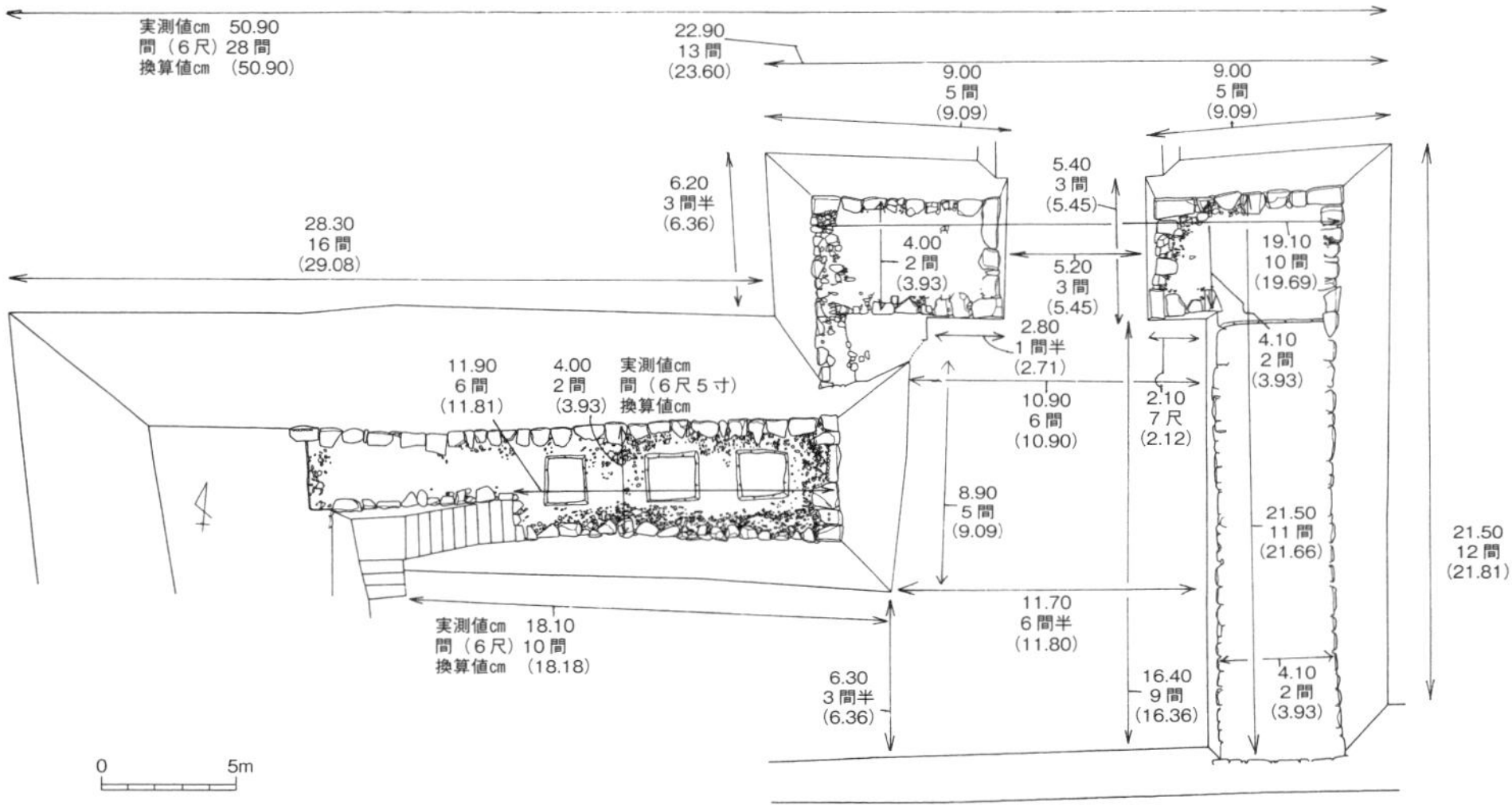

図５　篠山城二の丸表門石垣の計測値（石塁上は１間６尺５寸・石垣下は１間６尺）

本丸

それでは次に、洲本城の問題点について個別的に曲輪を検討してみたい。まずは本丸とその周辺部について、現在みえる石垣の根元部分を巻き尺で計測してみた。結果は図6のとおりである。これは、図3・4の虎口幅の計測値とも共通する。城の石垣を間と尺の単位で設計したと仮定して、その数値を読みとるものである。

図5は、慶長十四年に作られた丹波篠山城の二の丸表門石垣の実測図である。石垣の積み直し工事に先立って発掘調査を実施し、そのときに作成された図である。筆者は丹波篠山城の石垣の下側は一間を六尺（一・八一八m）で計り、建物がのる石垣の上側（石塁上）は一間を六尺五寸（一・九六九m）に合わせたものと考え、これを報告書に添えられている百分の一の測量図の上で実測値・間の値・間の換算値を検討してみた。

図5にはABCといった判定値を書いていないが、機械的に石垣の下部が一間・六尺（A）、石垣の上側にある石塁上が一間・六尺五寸（C）で計算している。そうすると、石垣の下側は三間とか三間半、上側も二間とか六間というように、「間」の単

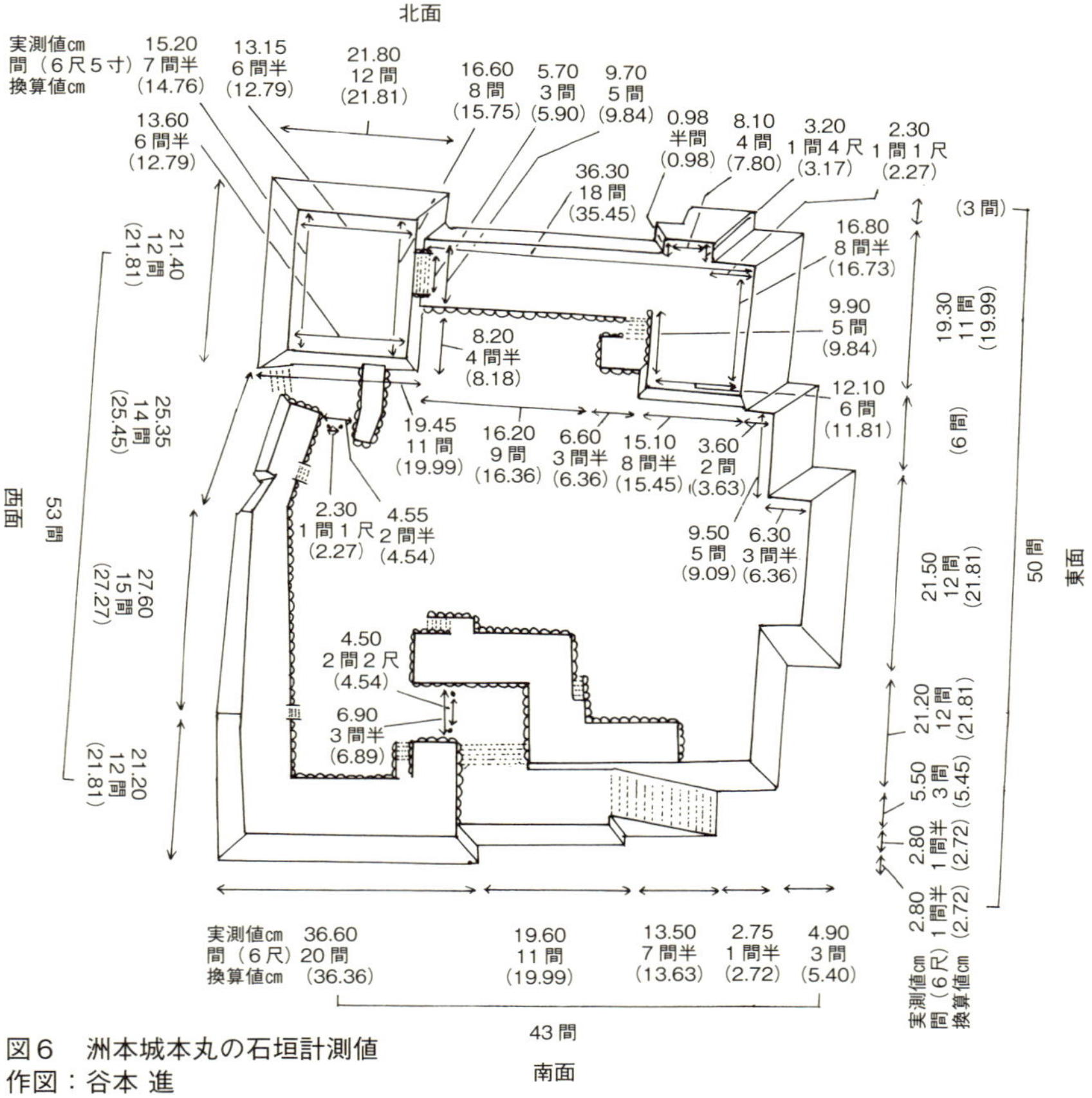

図6　洲本城本丸の石垣計測値
作図：谷本 進

位が判断できる。表門の通路の最大幅は六間半であるが、表門を作る石塁幅は約三間になっている。また、南北にでた石塁の長さは十二間で、全体の東西幅は二十八間になって、比較的よく一致している。しかし、十六間と書いた石垣部分では、実測値が二八・三〇mで換算値が二九・〇八mとなり、やや一致しない。

　こうした傾向をふまえて、洲本城の本丸部分を巻き尺で計測してみたのが、図6の実測値である。巻き尺で見通しながら計測したもので、篠山城ほど精度は高くない。

　石垣の下部は一間が六尺で、石垣の上側（石塁上）の部分は一間を六尺五寸とした「間」に換算して示した。本丸東面の下部については一部計測不能であったので、推定値として三間と六間を括弧書きで入れた。本丸石垣の下側で計測した値が、間に換算した数値と比較的よく一致する。

本丸の南面は、間の換算値が二十間・十一間・七間半・一間半と続いて合計四十間となり、さらに櫓台部分が三間はり出しているものと解釈できる。また、西面の石垣の延長は合計で五十三間である。そのうち天守台は西面で十二間あり、北面も十二間あることから、底部の平面は十二間四方と判断できる。東面では一間半・一間半・三間・十二間・十二間までの合計は三十間で、ここまでの数値の整合性はよい。次の石垣は崩壊してうまく計測できなかったので、石垣の上部長が九・五〇ｍあることから六間と考えてみた。こうした数値から、本丸石垣の下部は一間六尺を基準に作られたと判断している。測量図がないので断定はできないが、本丸が東西四十間、南北五十間の長方形を基本形にして設計された可能性を指摘しておきたい。

また、石垣上部（石塁上）の数値では、天守台は数値があわないが、小天守台の計測値では六尺五寸を一間とした数値に一致する傾向があり、建物をのせるために六尺五寸の一間にあうよう施工したと思われる。本丸の西門と南門に礎石が残っている。西門の礎石幅は一間一尺（単位・六尺五寸）で、石垣の幅は二間半（単位・六尺）と解釈できる。南門の礎石幅は西門の二倍で、二間二尺（一間・六尺五寸）を確保しており、石垣の幅は三間半（一間・六尺）となっている。南門（表門）と西門（裏門）で礎石幅が、一対二の関係で陰陽一対になっている。前にみた篠山城二の丸表門（現在の呼称）は外枡形虎口であり、門の作られる石塁幅が三間であった。虎口幅の基本を三間とするものは多い。しかし、洲本城本丸の南門は内枡形虎口でありながら幅が三間半である。この意味で、洲本城本丸の南門は石塁幅の広い権威的な表門を作っている。

次に、本丸の作られた時期について、いくつかの可能性を検討したい。本丸西門は、天守台からのびた石塁と石塁を伴う本丸西面の石垣によって喰い違い虎口を作り、この二つの石塁に折れが認められる。こうした石垣の折れは丹波篠山城にはないので、慶長十四年以前的な要素であり、寛永十二年に新築した場合には、直線的な石塁となろう。また、天守台と小天守台が石塁で続くことや、本丸南門を作る内枡形虎口の強固な石塁は慶長十四年以後的な要素であり、寛永十二年頃でよいと思われる。本丸に一間六尺三寸の尺度論が適応できる部分（第3図の②③④の虎口）があることから、慶長五年以前の要素が認められる。しかし、石塁をめぐらす方形プランであることや、一間六尺の尺度論が適応できる部分も多い。洲本城は、慶長十四年まで在城した脇坂段階に整備された城郭プランを寛永十二年に拡張整備して、完成したものと理解している。

方形プランをもつ篠山城の本丸は、一つの隅角部に天守台をおいて、他の三ヶ所の隅角部には隅櫓（二重櫓）をおき、それらを三間幅の石塁で作った渡り櫓でつないでいる。洲本城では本丸の北西隅に天守台があって、その反対側の北東隅に小天守台がつく。また、南西角には幅の広い石塁（実測していないが幅三間ほど）がL字に折れており、多聞櫓から隅櫓（二重櫓）に続いていたと思われる。こうした天守台や櫓台の位置は、方形プランの本丸の特徴を備えている。しかし、本丸の西門は天守台石垣を枡形虎口の壁面に利用したもので、篠山城・名古屋城（名古屋市）などの方形プランの本丸にはない。慶長六年（一六〇一）から十一年にかけて改修された福井城（福井市）や、慶長六年から十四年に作られた姫路城などで採用されている手法であり、これも脇坂段階の影響であると考えたい。

東の丸

東の丸で虎口の形態をみると、平虎口か内枡形虎口となっている。図3の北門（八王子木戸）㉔と南門⑲が平虎口であり、東門（東二の門）㉚だけが高い石垣を使った内枡形である。つまり、虎口の形態に注目すると、枡形空間を伴う東門は、この三門の中で最も立派な虎口である。このため、東の丸の正面にある東門が大手となる。しかし、北門が三間半、東門が二間半、南門が二間の幅である。曲輪の虎口配置からみた正面は東門であるが、通路幅からみた大手は北門とも考えられる。

いずれにしても、東の丸の平面形態は本丸地区に対してコの字形の方形プランを基本とした縄張りであり、コの字型曲輪の中央と両側に虎口をつくるタイプである。このような虎口配置の方法は、山城で採用された例は少なく、但馬出石城(兵庫県豊岡市)三の丸や、図8の小田原城(神奈川県小田原市)三の丸で認められる。とくに小田原城三の丸は、稲葉正勝《まさかつ》が寛永九年（一六三二）に入城し、翌年に改修したものである。つまり、寛永十二年に改修した洲本城東の丸と時代的な特徴が一致している。

次に、東の丸を機能面から考えたい。この曲輪の特徴は、屋敷や御殿を建てるための平坦地が少ないことにある。広い平坦地は、むしろ南の丸・本丸東下の曲輪・武者溜にある。東の丸は日月池が約五分の一の面積をとり大きな位置をしめ、洲本城の最も重要な水の手となっている。つまり、東の丸は水の手曲輪の性格をもっている。

また、東の丸の北側は、図1H・Iの二段の曲輪がある。小高い丘に低石垣の曲輪を築いたもので、独立した「東の丸櫓」といった様相をもっている。しかし、東の丸全体からみると、Ｉ・HからL曲輪付近にかけて地面の削平は不十分で、豊臣期的な様相をもつ。江戸期にはＩ・H曲輪の周囲にも、高石垣を積んで広い曲輪を確保すべきであるが、居住空間の整備を実施することなく、防御空間を確保するだけで終わっているようにみえる。曲輪の中の空間利用を防御空間・居住空間・通路空間と考えると、南の丸曲輪は石塁などが防御空間になるものの、ほとんどの範囲が居住空間であることと対照的である。

一方、東の丸は中央に、図1⑭虎口から⑺虎口へと直線ルートの通路空間が確保されている。日月池は東の丸の南側に高石垣を築いて谷筋を閉鎖し、人工池を作ったものである。つまり東の丸は、水の手空間と防御空間を確保することに重点をおき、居住空間は少ない。このため、南の丸に比べると居住機能は極端に低い。東の丸や武者溜の高石垣の部分をみると、曲輪の先端にあたる東面に多い。西から東へ低くなっていく尾根の高低差に従って、曲輪の北東

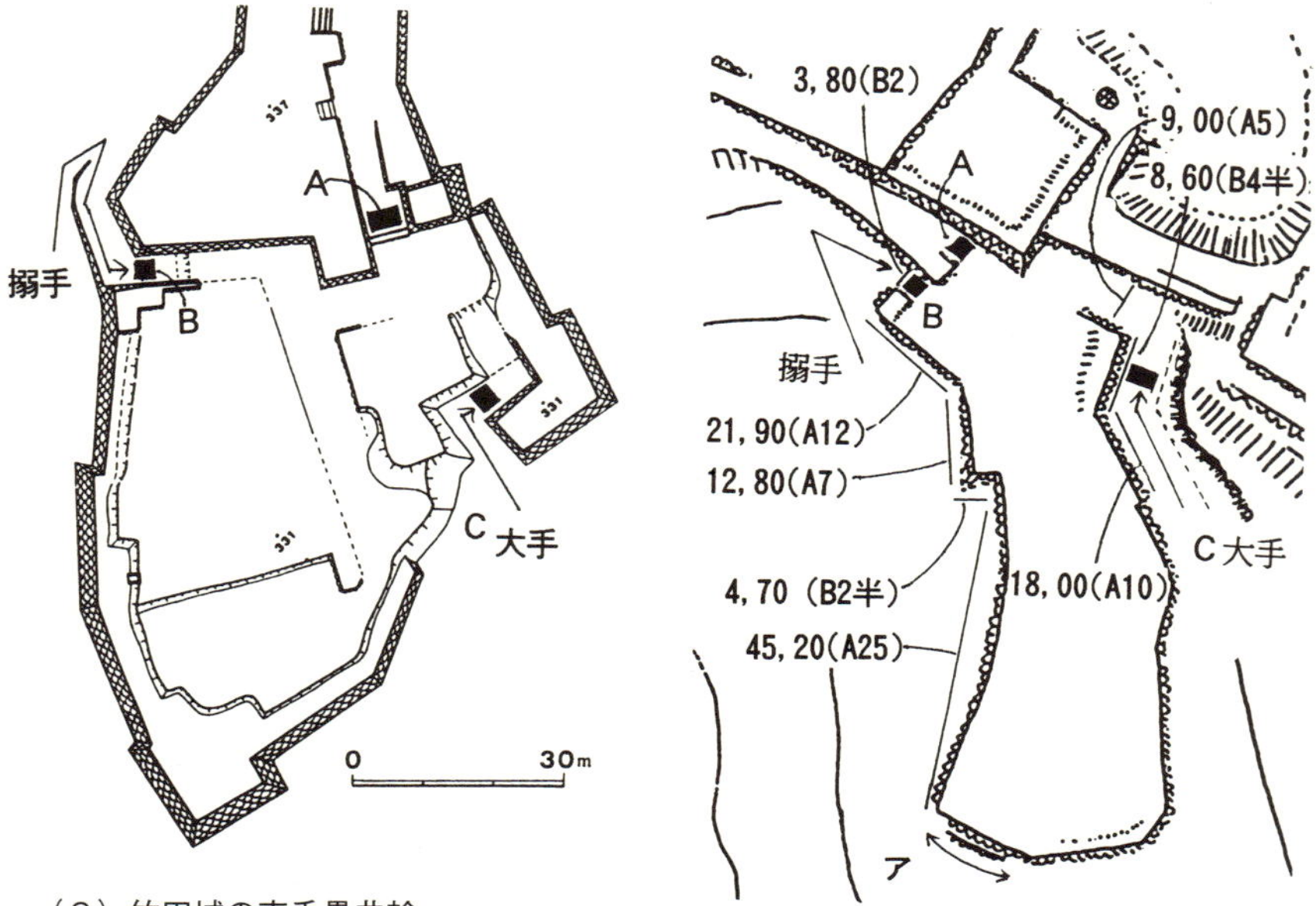

（２）竹田城の南千畳曲輪

（１）洲本城の馬場曲輪

図７　洲本城と竹田城の馬出曲輪

ないし南東角の石垣を高く積み、東の丸の北東角と南東角には櫓台も作っている。つまり、敵に対する城の構えは東ないし南東方向である。洲本城に作られた石塁部分は図1の斜線部分であるが、東の丸に作られた石塁はいずれも南北方向に存在し、東側に対する備えとなっている。連郭式の曲輪をもつ城郭の型通りの備えであろう。

馬場

東の丸からみると、馬場は南側に槍のように張り出した出丸となっている。石垣の高さは一〜三m程度で、それほど堅固ではない。また、図7(1)のアの部分では、石垣の改修が途中で中止された状況がある。曲輪の名称となっている馬場が実際にあったのかどうかは、発掘調査などをしないと検証できないが、筆者は馬場のような細長い曲輪と考えておきたい。曲輪の石垣下部の長さを部分的に計測してみた結果は、図7(1)のとおりであり、一間六尺（A）で十二間・二十五間・十間などの数値が計測できた。しかし、部分的には一間六尺三寸（B）で、二間・二間半の部分も認められる。（A）（B）の両方の数値が認められることから、慶長初期（二～五年頃）に一間六尺三寸で作られた曲輪を、慶長六～十四年頃にかけて一間六尺で改修を試みたものと考えたい。

馬場の本来の機能は、敵が城郭の背後に回り込むのを防御することである。虎口などの一部分が直線ラインで構成されるが、曲輪の平面形態は全体として多角形の曲輪になっており、正方形プランをもつ洲本城の中でも古い様相を示している。

次に、具体的に図7(1)(2)をみながら、但馬竹田城南千畳と比較してみたい。洲本城の馬場曲輪では、ABCの三つの虎口が近接して作られており、Cが大手と呼ばれている。筆者は但馬竹田城の南千畳・北千畳曲輪などをモデルにして、「馬出形態の曲輪」というタイプを設定した。これは、石垣で守られた総石垣の曲輪から出る虎口が、曲輪の付けの根の両側に作られ、馬出形態となるものである。一段上の曲輪に入る虎口に対して、一段下の曲輪の両サイドに各一つ（合計二つ）の虎口を作るものである。つまり、三つの虎口がセットで使われる。

こうした理解にたって竹田城と洲本城をみると、■で位置を示したABCの三虎口の位置関係は、竹田城と洲本城で基本的に一致している。竹田城の虎口Cは大手門の位置であり、同様に洲本城の虎口Cは大手門と呼ばれている。また、曲輪は方形プランではなく、いずれも多角形の曲輪である。筆者は、竹田城は慶長三～五年頃の築城されたものと推定している。つまり、洲本城の馬場の曲輪は竹田城と同じ時期に作られた馬出形態の曲輪であり、竹田城と比較してみる限り、馬場曲輪の中で虎口Cは大手として機能している。

全体構造について

最後に、寛永十二年に完成した洲本城の全体構造を、寛永年間に作られた他の城郭と比較しながら特色を考えたい。

図8に(1)篠山城（一六〇九年）・(2)二条城（京都府中京区・一六二六年）・(3)小田原城（一六三二年）・(4)洲本城（一六三五年）

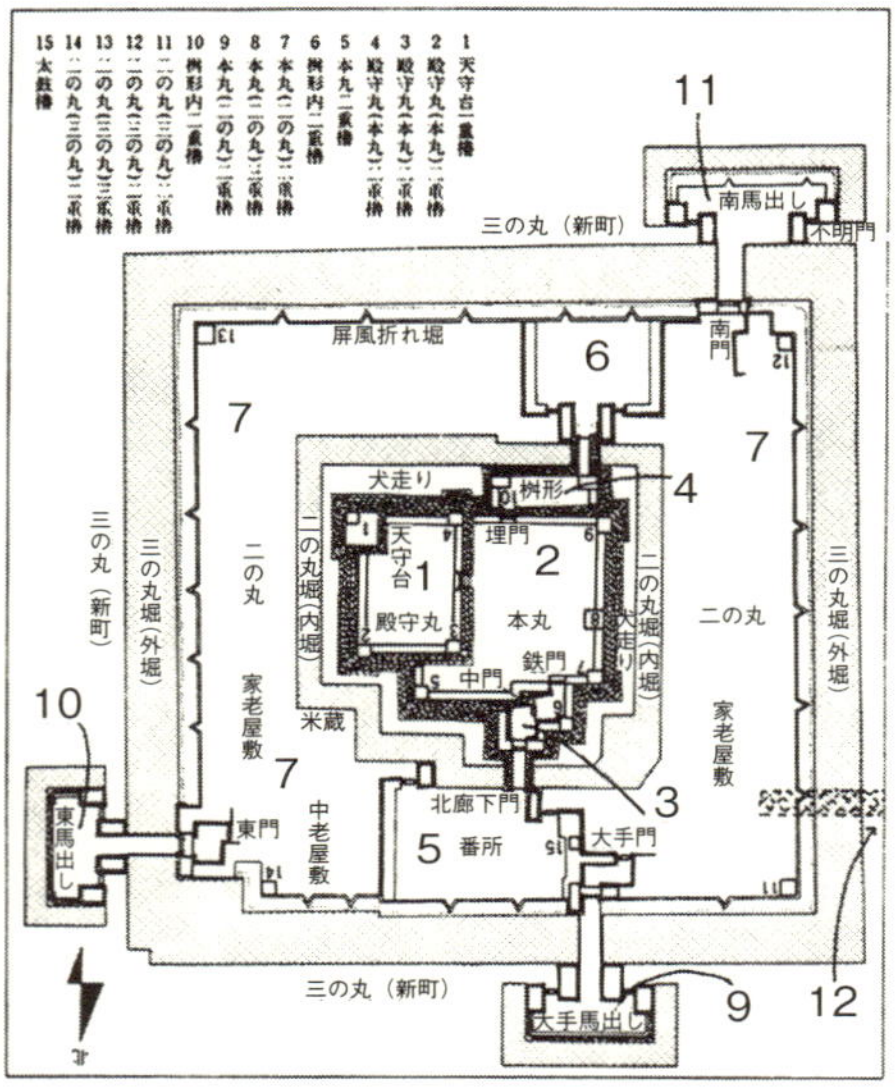

（1）篠山城（慶長14年・1609）

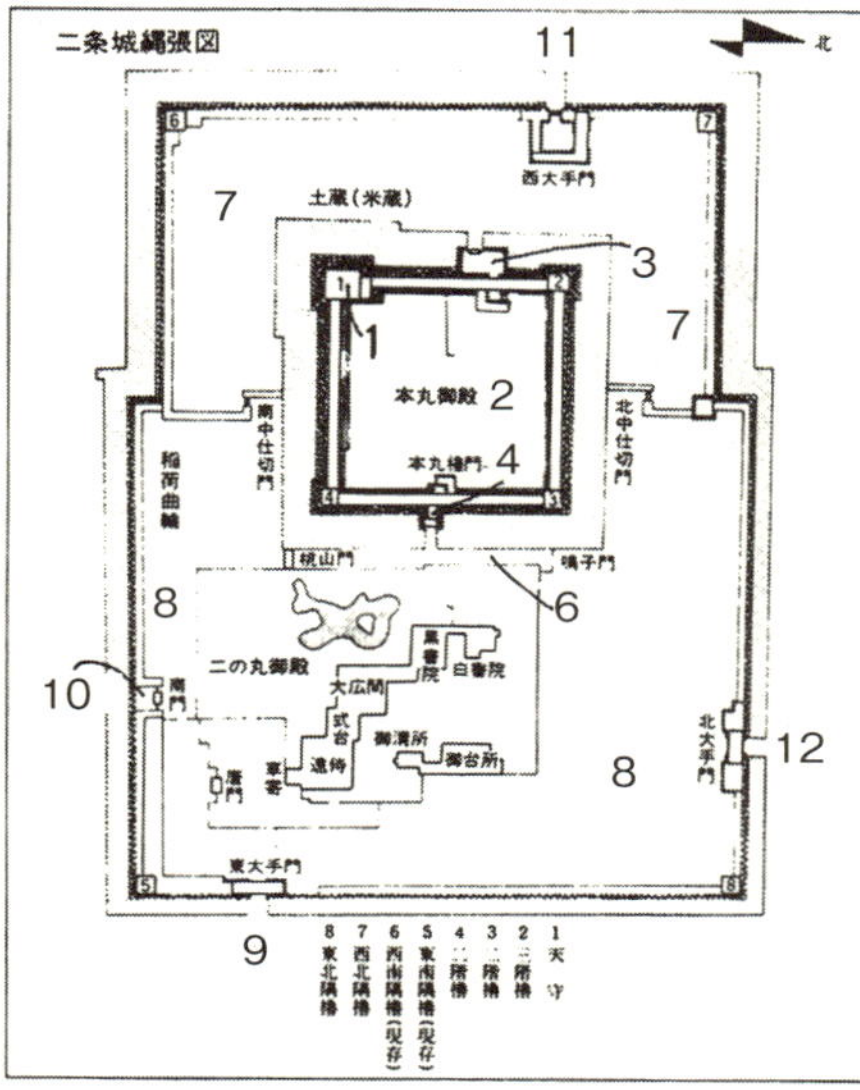

（2）二条城（寛永3年・1626）

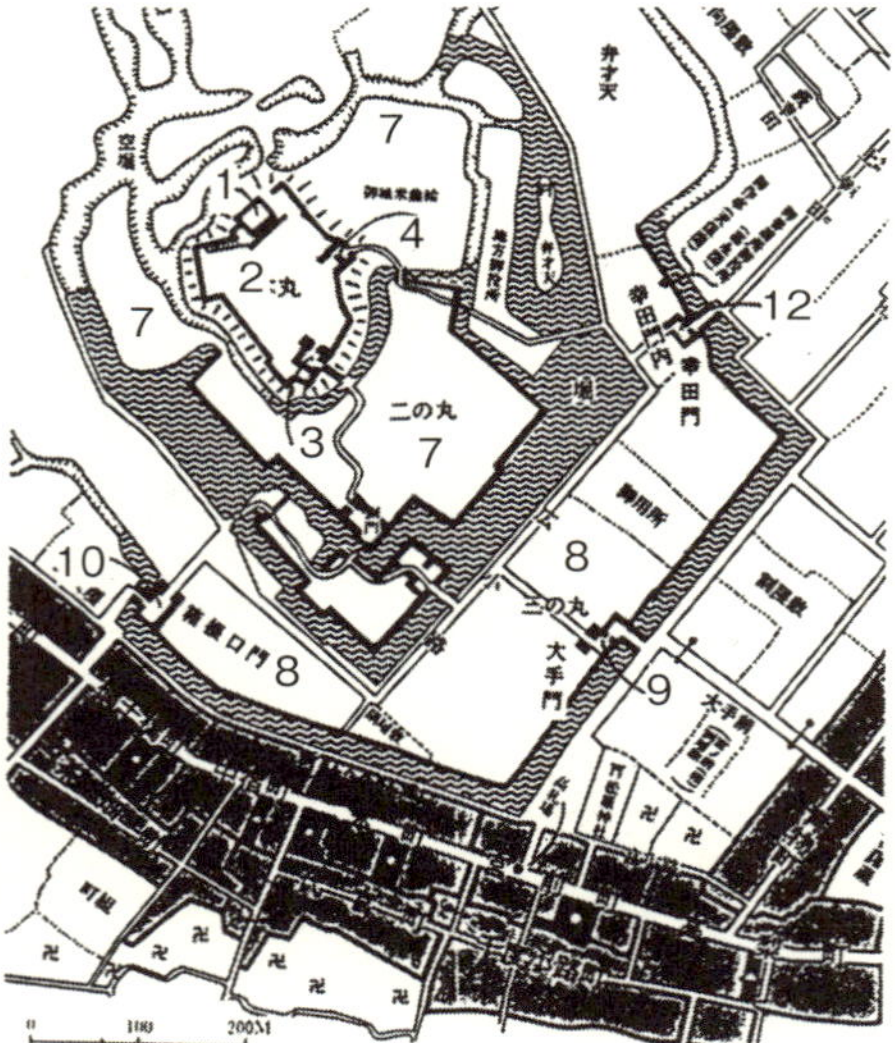

（3）小田原城（寛永10年・1632）

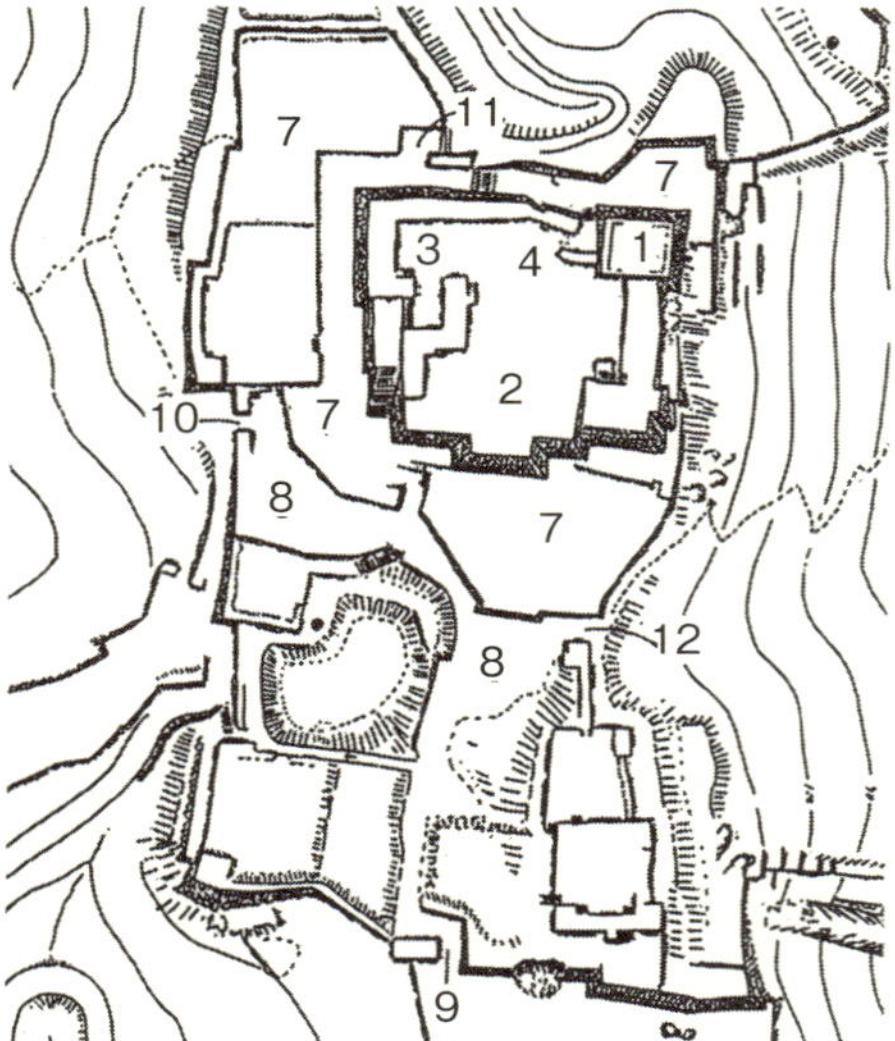

（4）洲本城（寛永12年・1635）

1天守台（天守丸）　2本丸　3本丸表虎口　4本丸裏虎口　5本丸の裏虎口曲輪
6本丸の表虎口曲輪　7本丸外側を連絡する帯曲輪　8城外への門を連絡する通路
（篠山城は『探訪ブックス山陰の城』、二条城は『探訪ブックス近畿の城』小学館発行による）

図8　篠山城・二条城・小田原城・洲本城の4城比較図

の四城をならべた。完成した順番は⑴～⑷となっている。なお、図の⑴は『探訪ブックス山陰の城』、⑵は『探訪ブックス近畿の城』（ともに小学館発行）によった。

『播磨利神城』で本丸周辺部を検討したように、機能面から考えて、図に実際の呼称とずれる部分もあるが、1～12の番号をつけた。それぞれ、1天守台（天守丸）・2本丸・3本丸表虎口・4本丸裏虎口・5本丸の表虎口曲輪・6本丸の裏虎口曲輪・7本丸外側の連絡する帯曲輪・8城外に出る虎口を連絡する通路曲輪・9大手門・10門・11搦手門・12門となっている。

篠山城は、二条城と比べると7の曲輪が7・8の曲輪へ未分化であり、12の位置に門が作られていない。二条城では、本丸を中心に搦手側（裏）と大手側（表）にあたる、7と8の曲輪の区別が明確である。しかも、二条城では篠山城の5・6の馬出曲輪が省略され、11の内枡型が確保されているにすぎない。つまり、篠山城の6の馬出曲輪が大型化して二条城の7曲輪につながっている。

小田原城では、二の丸・三の丸で方形プランの改修がなされているが、本丸は多角形である。小田原城三の丸の門配置と二条城の9・10・12の門は、位置関係がよく一致している。しかし、小田原城の本丸2と二の丸7の関係は、二条城では解釈が不可能であり、篠山城の天守丸と本丸の関係に近いと考えると理解しやすい。

洲本城は、二条城と比べると9・10・11・12の門の位置関係がよく一致している。8の通路空間と9・10・12の門の位置関係は、洲本城や小田原城ではT字型で、二条城ではコ字型になってる。また、洲本城では図面上で本丸の右側が幅の狭い通路曲輪しか作られていない。篠山城や二条城のような本丸の周囲を取り囲む広い曲輪があれば、平面構成はより二条城と一致するものとなる。

いずれにしても、洲本城の縄張りは、平面構成からみても二条城や小田原城との共通性が存在し、寛永年間の城郭の特色を備えている。慶長期の洲本城は、二条城タイプの平面構成を念頭におきながら改修されたものと説明することができよう。洲本城は山城であり、今回比較の対象とした城は水堀をもつ平城である。同一に論議するには問題もあるが、洲本城タイプの山城の資料を持ち合わせないので、便宜的に山城と平城を同一の視点から並べて検討した。山城の縄張りも平城化を志向している。

城と城下町について

本書で松岡利郎氏が指摘するように、洲本城の城絵図（図9・蜂須賀家文書　一二二〇：口絵参照）の中に脇坂段階と考えてよい絵図があり、国文学研究資料館に所蔵されている。

最初に、この絵図の山城部をみたい。松岡氏が指摘するように、城内には本丸地区に天守・広間・中務母義、南の丸地区に河内・蔵屋敷・ふんせい・中間長屋、東の丸地区に鷲之間・主水・番所、馬場地区に勘七、西の出丸には鷹熊の記入がある。そして、「中務は脇坂安治が天正十五年（一五八五）に中務少輔に任じられて以来の官名であり、家臣に佐野勘七、安治の子に安信主水正がいる」と、松岡氏は指摘する。こうした墨書から、この絵図は慶長十四年（一六〇九）段階の洲本城を写したものと考え、絵図の分析を進めたい。

現状と大きく異なる部分は、次のとおりである。①本丸大手の虎口が大きく異なり南から入る大きな内枡形虎口になっている。②本丸搦手の形状が異なる。③鷹熊からのルートと本丸搦手からのルートの交わり方が複雑である。④中間長屋と蔵屋敷・河内が、現在では一連の曲輪となっている。⑤勘七から本丸へのルートが日月池を通るものとなっている。⑥天守・中務母義・勘七・鷲之間に比定できる曲輪が現存する。

その他に注目できるものとして、天守台に接した本丸内に、水色で池が書かれていることである。現在は凹地となっており、現地で疑問を感じたが、この絵図によって池とみなして問題はない。この図を慶長十四年段階の洲本城の全体構造を書いたものとみるかぎり、寛永十二年の改修では、本丸広間に入る虎口、勘七から広間に至るルートを番所

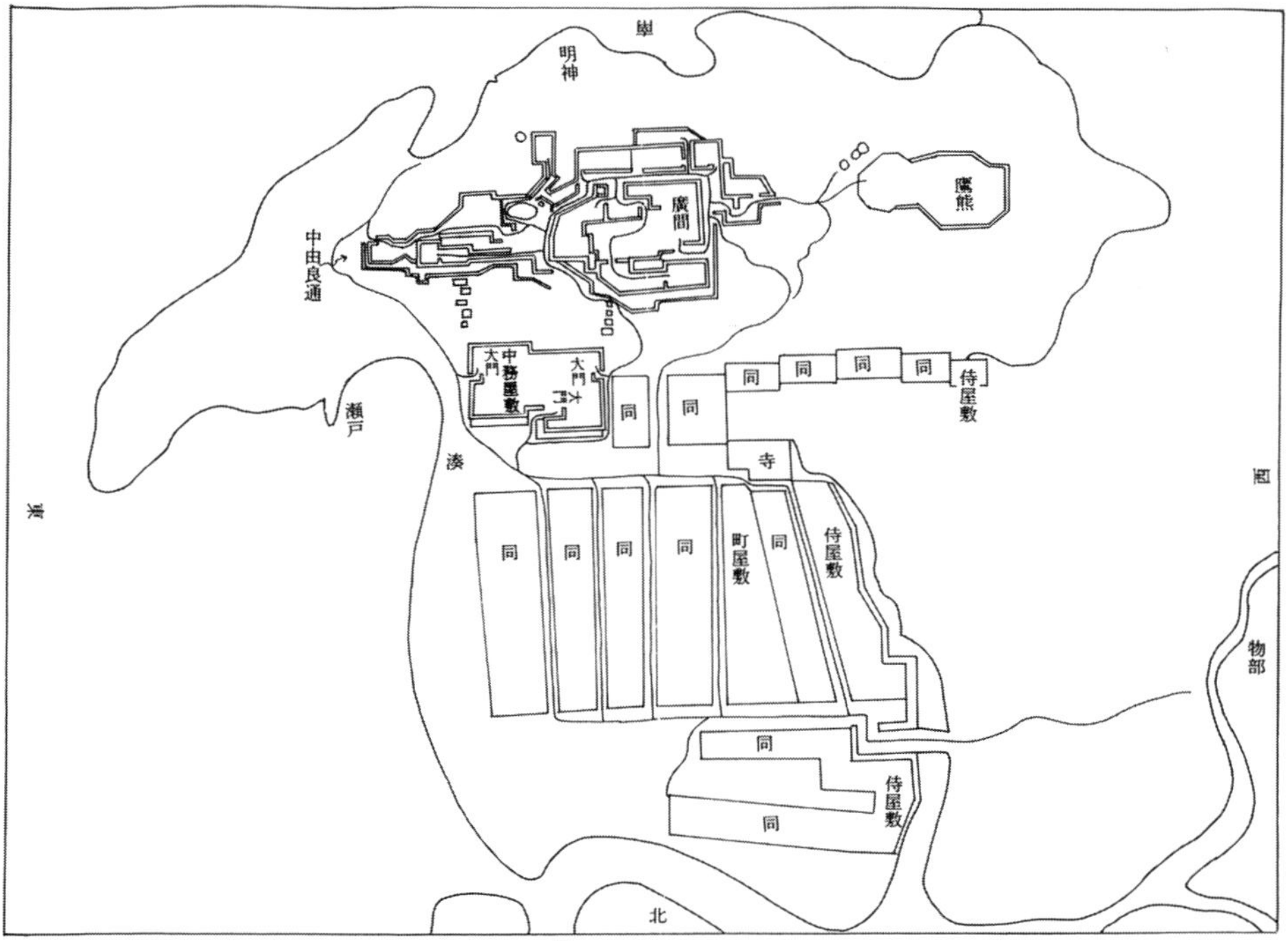

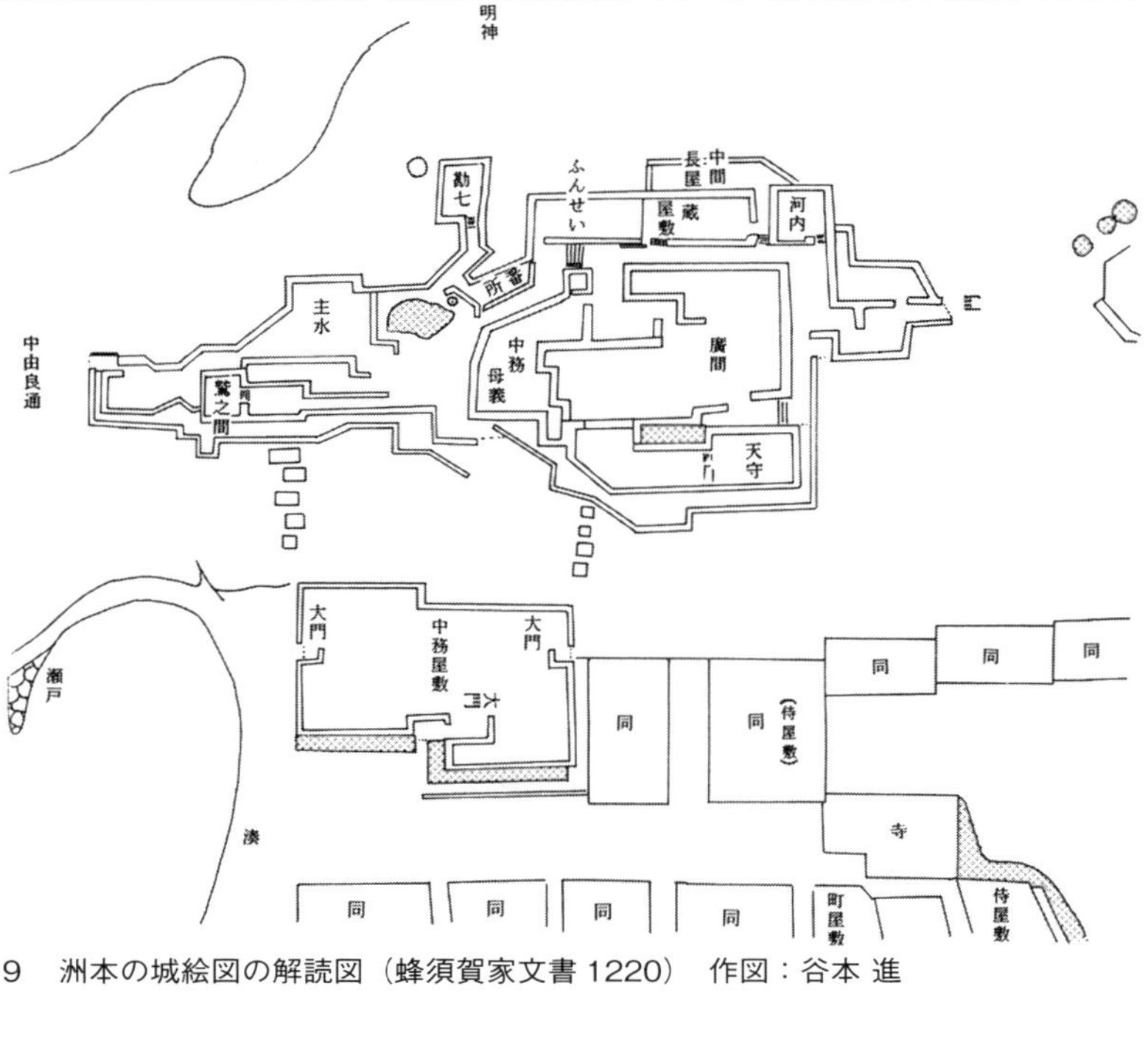

図９　洲本の城絵図の解読図（蜂須賀家文書 1220）　作図：谷本 進

の南側へ移すなど、部分的に大規模な改修が行われたものと判断できる。さらに目を山下に向けると、両側の登石垣に挟まれた位置に中務屋敷が作られている。そして、そこから西側に向かって侍屋敷が続いて、洲本城の山裾を仕切っている。山城を山下の城主屋敷と侍屋敷で取り囲んで防御する態勢をとるものである。

次に、山城への大手ルートをみたい。中務屋敷の正面から、中務屋敷の堀と侍屋敷から東にのびる石塁にはさまれた通路を、西に進んで南に折れて山城に上がると、登城ルートは中務母義のすぐ下に入るルートになっている。もう一つの登城ルートとして、中務屋敷西側の南北に細長い侍屋敷とさらにその西側の侍屋敷の間に、南北方向に幅の広い道路が確保されており、そこを登って本丸西側にいたるルートが書かれている。これが搦手ルートになっている。一方で、中務屋敷の東側から中由良通をへて、鷲之間の東側にいたる登城ルートも書かれている。これは尾根を直登する大手ルートで、中世城郭でいうところの根小屋式の山城と同じルートを採用するものである。また、中務屋敷の曲輪は、正面および左右対象になる位置に大門をそなえている。左右の大門はそれぞれ西門・東門であり、正面が大手門にあたる。西門・東門は内枡形虎口であり、正面が外枡形虎口になっている。但馬出石城のイメージに近く、慶長期後半の城郭として無理はない。しかし、現実的には寛文段階の改修で正面の堀は直線となり、大手が内枡形虎口に変更されている。こうした外枡形から内枡形への変更を城郭の退化とみなし、本藩に対する遠慮とか幕府に対する恭順の意味で改修されたものと解釈したい。たとえば、類似例として福知山城の大手門と中門に、内枡形虎口や平虎口が採用されているケースが思い浮かぶのである。

つづいて、城下町の全体構造についてみたい。この絵図には現在の城下町の外町が存在していないことが注目される。城下町は内町だけであり、現在の外堀を総堀として利用している。また、城下町の形を竪町と横町で表現する方法があるが、絵図に書かれた町割は竪町となっている。しかし、現在は内町と外町が一つになった城下町で、基本的には横町になっている。そして北を塩屋川、西を物部川でまもる総構えとし、外堀で内町と外町を区切る構造となっ

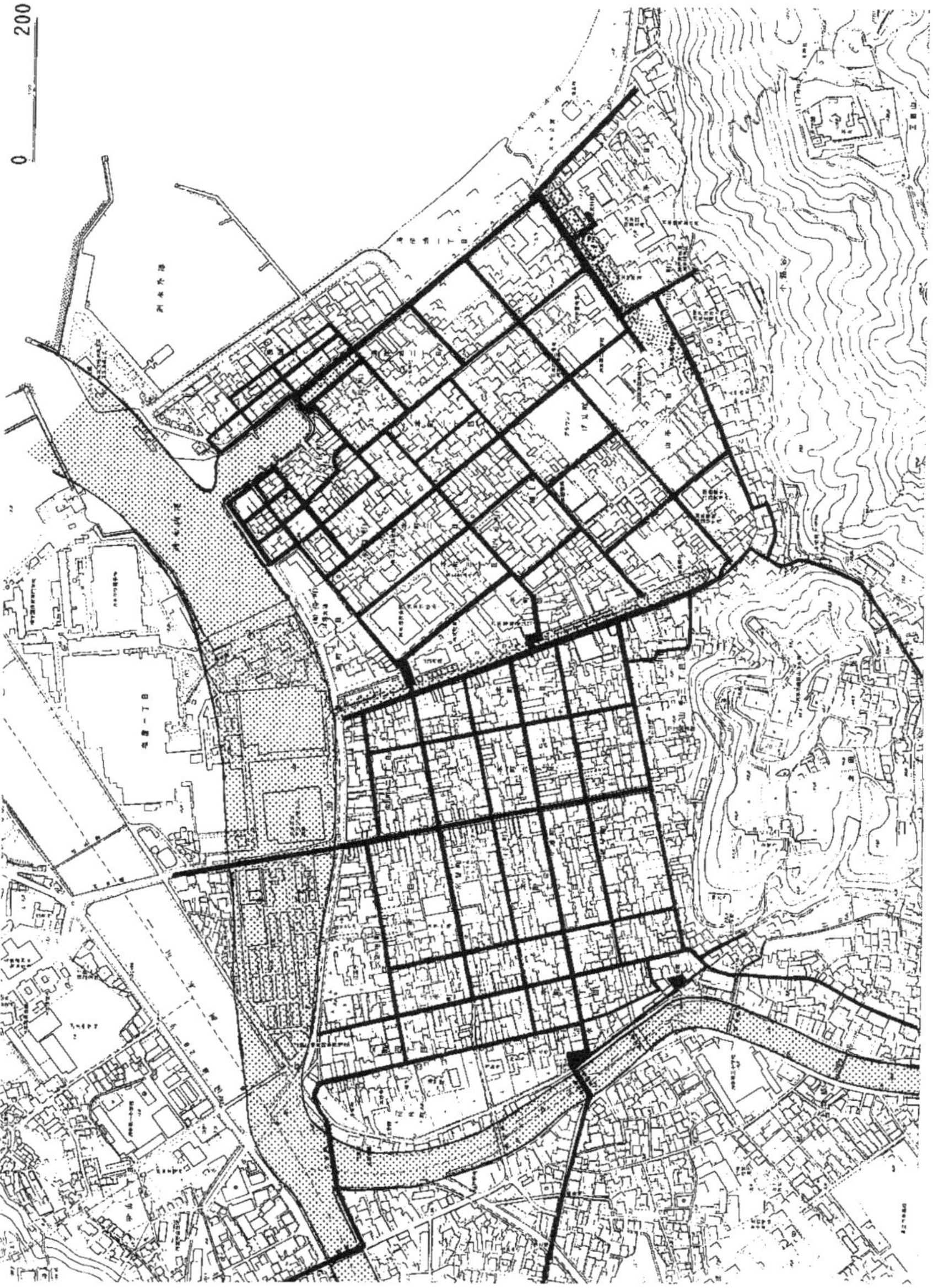

図 10　地図に加筆した稲田段階の城下町　作図：谷本 進

ている。内町の現状を現在の地図からみても、町割が正方形のブロックになっており、長方形街区を分割して横町へと変更したものとみることができる（図10）。つまり、洲本城の城下町は竪町から横町に変更されたものである。

再び、図9から登城ルートをみる。城下町の中央部を北から南に進んでくると、そのまま侍屋敷と中務屋敷の北側にある広場に至り、侍屋敷の間を通るルートに続いていく。つまり、絵図を作った当初に配置された大手ルートは、本丸西側から山城に入り、本丸の南側を囲い込んで本丸に入るルートであると考えられる。そして、寺町と侍屋敷で城下を防御するという視点からみると、町屋敷の北側に侍屋敷が配置され、城下町の西側にも侍屋敷が配置されている。また、外堀の南端部にあたる位置には寺の記入がある。

ここから、洲本城の防衛体制は、①総石垣の山城を第一段階、②中務屋敷から山城の山裾に広がる侍屋敷群が第二段階、③城下町の西側から南側に連続して広がる寺や侍屋敷群が第三段階になっていることがわかる。つまり、城と城下町の全体的な配置は、一二三《ひいふうみ》の三段構えで防御する態勢をとっている。

最後に、城と城下町の正面方向はどちらか、私なりに気になることを指摘しておきたい。梯郭式《ていかくしき》の縄張りをもつ洲本城は本丸が城域の西端にあり、中世城郭の視点からみると、洲本城の正面は東側になる。しかし、現在の内町と外町をもつ横町タイプの城下町では、城下町の正面は西側になる。つまり、城と城下で正面方向が正反対になり、ネジレ現象が生じている。この絵図は、竪町タイプであることから城下町の正面は北側を示し、山城の正面入口は西側になる。

城下町の正面は脇坂段階では北、稲田段階では西に変わる。城の正面は戦国期には東、脇坂段階では西、稲田段階でも北とみることができる。しかしこの絵図では、城下町の防御施設として西側に対する対策が乏しく、海側に対して寺町や侍屋敷の配置もみられず、海側に対する防御の構えがない。さらに、砂浜に湊の墨書もみられるが、水軍をもつ脇坂氏の港として、水軍のための特別な構造物が見うけられない。いずれにしてもこの絵図は、現状とは全く異なった形状を示しており、慶長段階の脇坂氏の城と城下町を考える上で多くの有益な情報を備えていることを指摘し、今後の洲本城研究の進展に期待をしたい。

まとめ

洲本城本丸の北辺部に作られた天守台と連続する櫓台は、急峻ながけの先端に張り出して城下町を望んでいる。もちろん、北東方向の大阪湾を眼前に望むことができる。一方の馬屋曲輪の南端は、現在でも紀淡海峡を望む展望台になっている。樹木に遮られているが、東の丸H曲輪からは眺望がきくものと思われる。つまり、洲本城の立地は大坂城の対岸にあって、大阪湾の制海権を維持する灯台のような城郭であろう。淡路島が紀淡海峡と播淡海峡をはさむ立地にあり、こうした立地から洲本城の重要性も生まれている。

洲本城は防御を中心とした平虎口や内枡形虎口を配置し、長期間の籠城を想定して大きな日月池を作り、倭城でも利用した登石垣で山下の居館部分と連結している。こうした洲本城が、はたして三万石の脇坂氏が単独で築城可能な規模であろうか。また、寛永七年（一六三〇）に徳島城（徳島市）主、蜂須賀氏の代官となった稲田氏が大規模に改修できるものか。洲本城の規模は、大阪湾が軍事的な拠点であることを示している。

洲本城の現在の縄張りは、寛永七年～十二年にかけて徳島藩によって完成したものである。しかし、今回指摘したように、天正年間から寛永十二年までに何度も大きな改修が加えられ、現在の姿になっている。江戸時代の城郭である洲本城の中に、織豊期からの改修の痕跡を探してみた。江戸時代に新期築城された以外の近世城郭がもっている複雑さであり、面白さである。巻き尺による計測図を基本にしながら、発掘調査によらない表面観察によって、城郭を重層的に理解しようと試みたものである。

なお、巻き尺での計測には西尾孝昌氏と吉田順一氏、さらに山本幸夫氏に協力していただいた。現地で城郭談義をしながら楽しく調査できたことを心から感謝申し上げる。

【参考文献など】

（1）山本幸夫「八八八　洲本城」『日本城郭大系』十二巻　大阪・兵庫（新人物往来社、一九八一年）。
（2）岡本稔・山本幸夫『洲本城案内』（ＢＯＯＫＳ成錦堂、一九八二年）。
（3）洲本城の縄張り図は本田昇氏が一九七三年四月までに調査し、完成させた「淡路洲本城現況図」を、本田氏の了解をえて使用させていただく。
（4）山本幸夫「洲本城・淡路国洲本之御城絵図」『復元大系日本の城』６　中国（ぎょうせい、一九九二年）。洲本城絵図は上記の文献からトレースし、山田宗之氏に解読していただいた成果を書き込んだものである。この絵図は国文学研究資料館所蔵の淡路国須本之御城絵図で、阿波蜂須賀家文書に入っている。
（5）谷本進「第二節　竹田城総石垣地区の調査」「第三節　竹田城の構造形式について」（『但馬竹田城』城郭談話会、一九九一年、戎光祥出版より改訂増補刊、二〇一六年）、「第四節　播磨利神城の調査と但馬竹田城」（『播磨利神城』城郭談話会、一九九三年）。
（6）西尾孝昌「３　竹田城の全山の縄張り調査」（『但馬竹田城』城郭談話会、一九九一年、戎光祥出版より改訂増補刊、二〇一六年）。
（7）西尾孝昌「利神城全山遺構調査」（『播磨利神城』城郭談話会、一九九三年）。
（8）篠山町教育委員会『史跡篠山城跡』二の丸石垣保存修理事業報告（一九九一年）。
（9）小田原市教育委員会『小田原城とその城下町』（小田原市公益事業委員会、一九九〇年）。
（10）「篠山城」『探訪ブックス山陰の城』（小学館、一九八九年）。
（11）「二条城」『探訪ブックス近畿の城』（小学館、一九八九年）。
（12）堀口健弍「石垣から見た利神城の築城計画」『播磨利神城』（城郭談話会、一九九三年）。築城の規格化と題して直線的に続く石垣延長を「間」に換算して検討したもので、筆者が洲本城を「間」という視点から検討しようとした契機を与えていただいた。

Ⅲ　洲本城と城下町に関する一考察

西尾孝昌

はじめに

洲本城とその城下町は、兵庫県洲本市に所在する。洲本城は標高一二九ｍの三熊山にあり、本丸をはじめとする石垣遺構が良好に残存している。また、洲本城下町は洲本市街そのもので、町筋や町並みなど極めて遺存状況がよく、当時の姿を色濃く残している。

洲本城と城下町に関する調査は、一九九五年四月七日から九日にかけての三日間、谷本進氏と共に行った。初日は城郭調査を行い、二日目は江戸期の城下町絵図と二五〇〇分の一の地形図を持って城下町を散策した。三日目は炬口《たけのくち》城の土塁と竪堀を調査する予定であったが、雨にたたられたため、雨の由良城下町を見学した。今回の調査における一番の収穫は、洲本城の北側（居館側）に存在する登り石垣や十三本の竪堀群を確認したことである。これまで登り石垣や数本の竪堀については、本田昇氏の縄張り図によって周知していたが、このような多数の竪堀群を発見できるとは思ってもみなかった（ただし、洲本城の南側斜面は未調査である）。本報告では、日程的に十分な調査ができなかったので、竪堀群と石垣の洲本城との関連や城下町の構造についての言及にとどめたい。

洲本城の歴史

洲本城と城下町を考えるために、おおよその洲本城の歴史を把握しておこう。

①洲本城の始まりは、永正七年（一五一〇）、熊野水軍の一族安宅冬一による築城であるという。室町末期には、淡路でも伊勢の御師《おし》が布教活動を行っていたが、大永二年（一五五二）、売買された道者株《どうしゃかぶ》（檀那株）の中に「すもと、同あたき殿」が記載されており、大永二年には安宅氏の存在が明らかであるという。

安宅一族は戦国期、由良城や洲本城を中心として、炬口・千草・安乎《あいが》・三野畑《みのはた》・湊・岩屋に拠点を設け、「安宅八家衆」といわれ、淡路一円を勢力下においた。

また、淡路は阿波三好氏（長慶《ながよし》）の畿内進出の重要拠点となり、長慶の弟、冬康《ふゆやす》に安宅氏を継がせ、冬康を洲本城主とした。冬康の子信康《のぶやす》は元亀元年（一五七〇）、石山本願寺に与同し、織田信長に対抗した。しかし、元亀三年（一五七二）には信長に味方し、天正四年（一五七六）には毛利水軍を阻止するための「織田水軍」として活動した。信康の死後、弟の清康《きよやす》が洲本城主となった。

②天正九年、信長は秀吉らを派遣して毛利方に与同した淡路を攻略させた。清康は降伏して信長から許され、本領は安堵された。この後まもなく清康は病死し、安宅氏は滅亡した。

③天正十年六月、本能寺の変後、淡路の有力水軍菅平右衛門が洲本城を占拠した。秀吉は明智光秀に与同した淡路を攻め、平定した。

④天正十年八月、四国・長宗我部氏に対する備えとして、洲本城に秀吉の家臣、仙石秀久が入部した。秀久は淡路の水軍を率いて小牧・長久手の戦（天正十二年）や雑賀攻め（天正十三年）に参戦し、四国攻め（天正十三年）のときには洲本城はその前進基地となった。天正十三年、仙石氏は讃岐高松城（高松市）に転封となる。

⑤天正十三年、秀吉は洲本城に脇坂安治、志知城に加藤嘉明を配置した。脇坂安治は加藤嘉明と共に淡路水軍を率い、九州攻め（天正十五年）・北条攻め（天正十八年）・文禄・慶長の役（文禄元年～慶長三年）に参戦している。慶長五年（一六〇〇）、関ケ原の戦のときには脇坂安治は西軍として参戦しているが、途中で東軍に寝返り、本領を

安堵されている。安治の洲本城在城は、慶長十四年に伊予大洲城に転封するまでの二十四年間であった。
⑥慶長十四年には、淡路（洲本城）は伊勢・伊賀を領有した藤堂高虎に与えられたが、在城せず代官のみ派遣された。
⑦慶長十五年、淡路一国が播磨姫路城主池田輝政の所領となり、岩屋の絵島ケ岡（淡路市）に新城を築いて家老を派遣する。
⑧慶長十八年には、淡路に池田輝政の三男池田忠雄が入部し、豊臣秀頼の在城する大坂城を包囲するため、由良に新城を築城した。
⑨元和元年（一六一五）には、阿波・蜂須賀家政《いえまさ》の子、至鎮が大坂の陣の勲功により淡路を加増され、由良城主となった。由良城には城代が派遣され、淡路統治を行った。
⑩寛永八年（一六三一）以降、いわゆる「由良引け」によって由良城と城下町は、洲本に移転した。このとき、洲本城は大改修され、城下町も本格的に整備された。洲本城代は、稲田氏が担当した。
以上の城史から、洲本城は戦国期の永正七年頃、安宅氏により築城され、天正九年の滅亡までの実に七十余年間、安宅氏が在城した。その後、天正十年には仙石氏、天正十三年には脇坂氏が入部し、洲本城は織豊政権の淡路支配の拠点となった。とくに脇坂氏の在城は長く、慶長十五年までの二十四年間であった。慶長十四年〜寛永八年までの二十余年間は、洲本城は廃城になっていたと考えられている。寛永八年の「由良引け」によって洲本城は改修されて復興し、城下町も拡大整備されたものと考えられる。(1)

洲本城の縄張り──竪堀・登り石垣遺構は何を語るか

洲本城の縄張りの詳細については本田昇氏の論稿があるので、ここでは洲本城に関する若干の私見を述べてみたい。まず、筆者が作成した縄張り図（図1）を見ていただきたい。お断りしておくが、この縄張り図は本田昇氏作成の縄

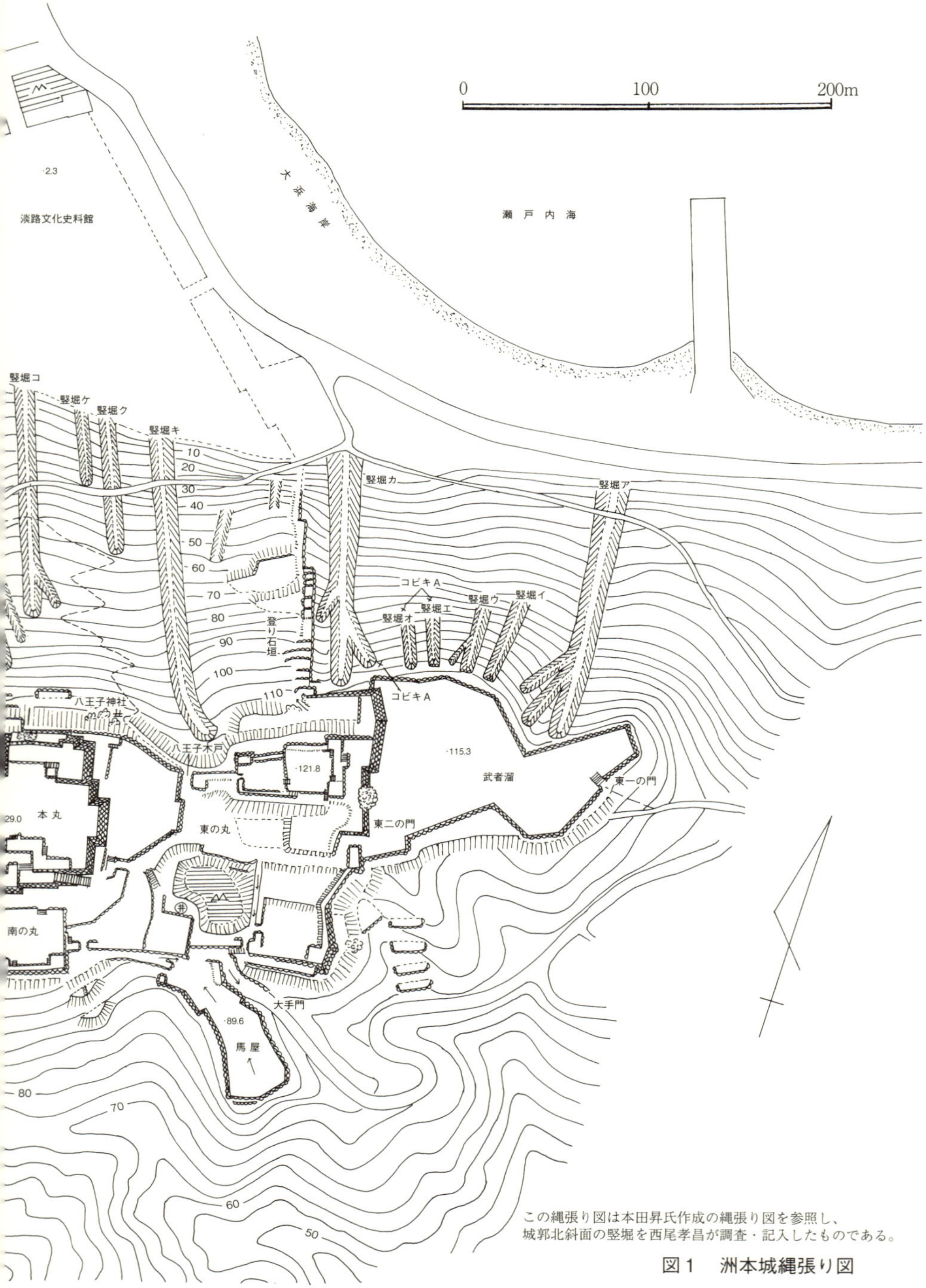

この縄張り図は本田昇氏作成の縄張り図を参照し、
城郭北斜面の竪堀を西尾孝昌が調査・記入したものである。

図1　洲本城縄張り図

国瑞護国神社
洲本八幡神社
洲本税務署
洲本裁判所
2.8
コビキA
竪堀
竪堀
10
20
30
40
50
60
70
80
90
100
110
120
130
西の丸
135.5
120
110
100
90
籾蔵
コビキA

張り図を若干修正・追加してトレースし、今回調査した竪堀群を記入したものである。

さて、「近世城郭築造により、洲本城には安宅氏時代の遺構は残存しない」といわれているが、本当に安宅氏、すなわち戦国期の遺構は存在しないのであろうか。

筆者は、登り石垣とセットになった竪堀カ・竪堀シと竪堀ア・キを除く洲本城北斜面の竪堀群、土塁をもつ「籾蔵」、竪堀シの西側谷部の小規模曲輪群（「古屋敷」）（石垣を除く）、「武者溜」（石垣を除く）、「西の丸」（石垣を除く）、「西の丸」北側の小曲輪などは安宅氏時代の遺構ではないかと考えている。淡路における竪堀や畝状竪堀群の採用時期についてはよくわからないが、各地の戦国期城郭における竪堀の様相から考えると、安宅氏が竪堀を導入していてもおかしくはない。竪堀のあり方から考えると、安宅氏の居館も蜂須賀居館の位置に所在していたものと思われる。そのように考えると、「古屋敷」の小規模曲輪群は安宅氏の家臣団屋敷と想定できよう。また、安宅氏時代の城郭を周辺の炬口城・台城などの土塁をもつ城郭を参考にして考えれば、土塁をもつ「籾蔵」曲輪は、安宅氏時代の遺構と考えられよう。

次に、天正十年から慶長十四年までの二十四年間在城した脇坂時代の遺構について考えてみよう。この時期の遺構を判断する指標となるのは、大規模な竪堀カ・シとセットになった西・東登り石垣であろう。ここで、竪堀・登り石垣を有する兵庫県下の城郭について検討してみたい。

○竹田城　所在：朝来市和田山町竹田字古城山（図２）　竹田城は天正八年〜慶長五年までの間に、太田垣氏の土城を織豊勢力（羽柴秀長・赤松広秀）などが穴太積石垣をもつ城郭に大改修したものである。現在の遺構は、文禄・慶長の役後、大坂城の支城として改修されたものと考えられている。また、山城から居館を取り囲むように落とされている竪堀は、文禄・慶長期の遺構とされている。なお、竹田城の登り石垣は、井戸曲輪を守備するために北千畳の北西尾根に部分的に配置されている(2)。

○出石城　所在：豊岡市出石町内町（図３）　出石城は、慶長九年（一六〇四）に小出吉英《よしひで》によって築城された。小出

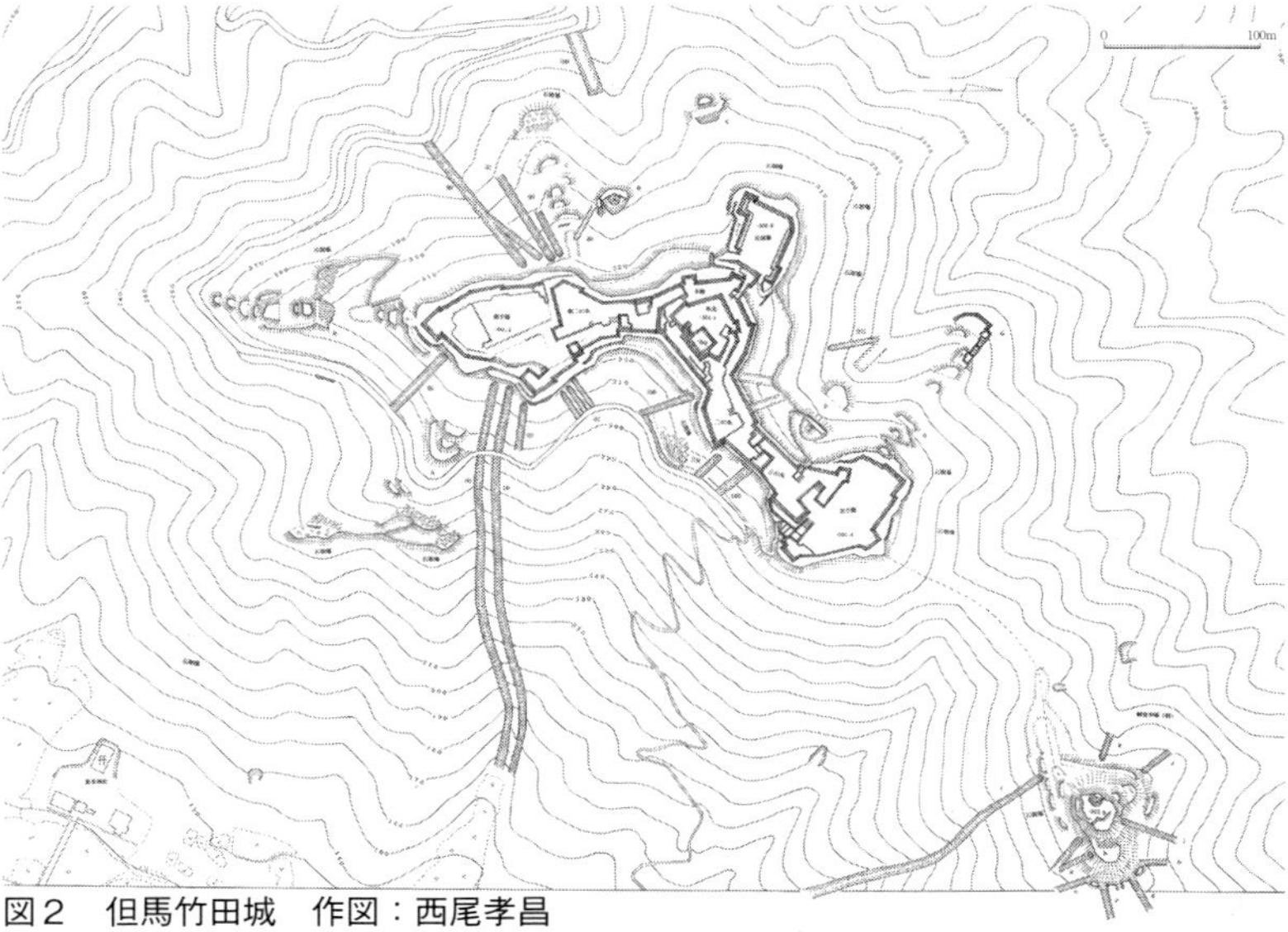

図２　但馬竹田城　作図：西尾孝昌

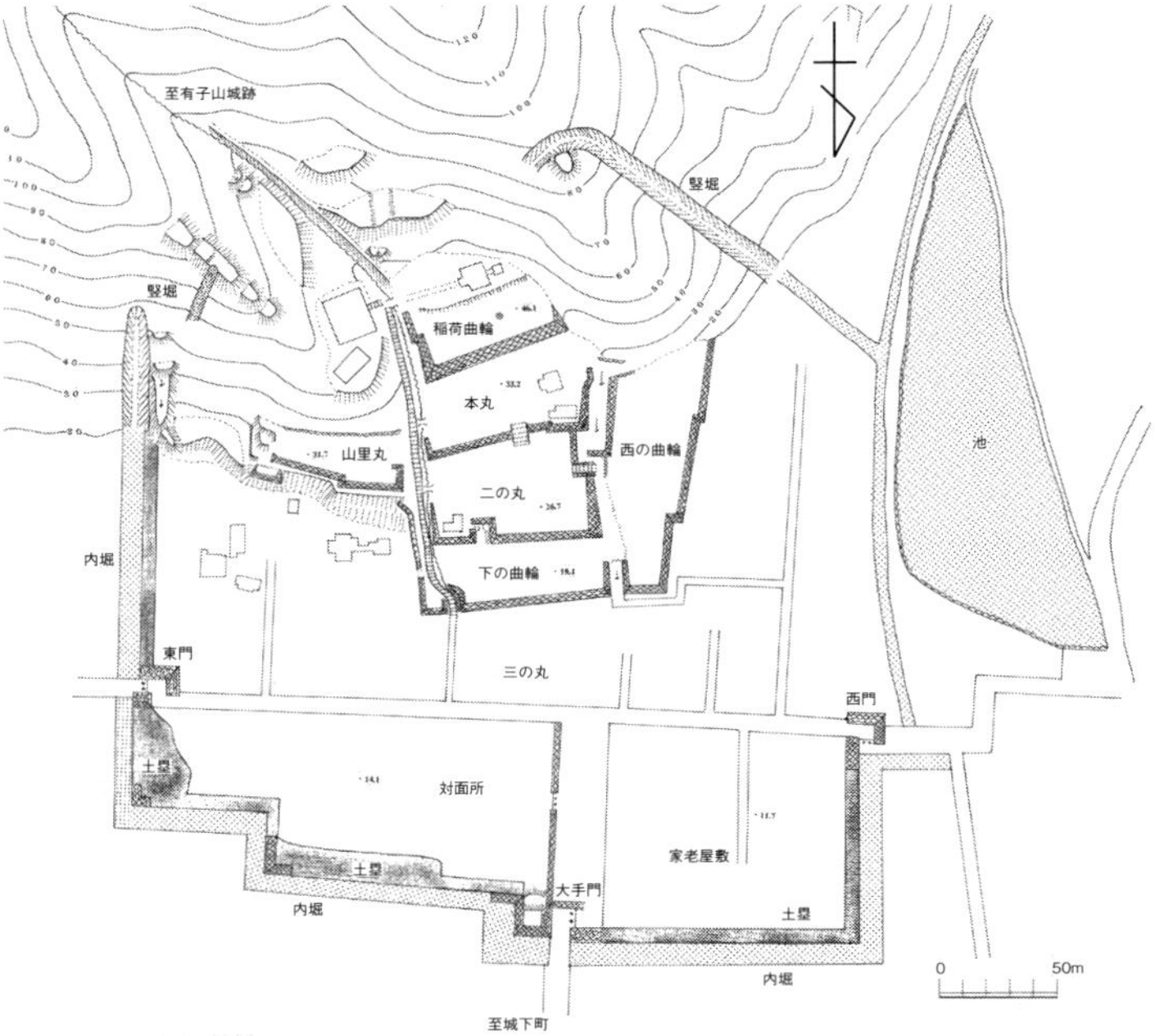

図３　但馬出石城　作図：西尾孝昌

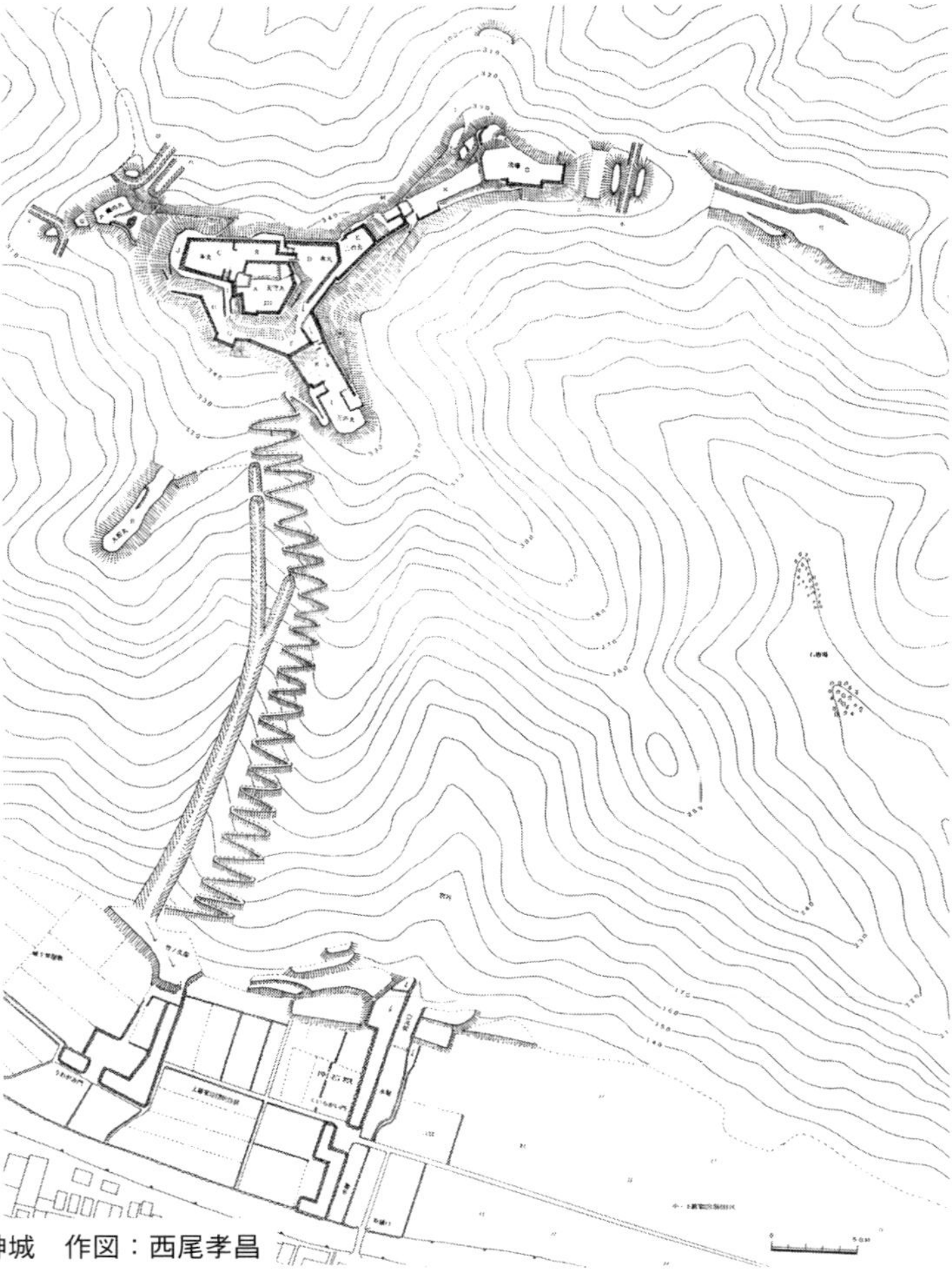

図４　播磨利神城　作図：西尾孝昌

時代の遺構は、三の丸を除く稲荷曲輪・本丸・二の丸・下の曲輪・西の曲輪・山里丸とそれを取り囲むように左右に配置された大規模な竪堀であろうとされている。さらに元和年間頃、左右の竪堀と繋いで内堀・土塁を巡らせ、三つの虎口（大手門・西門・東門）を枡形虎口で防御する三の丸を拡張したものであろうとされている。(3)

○利神《りかん》城　所在：佐用郡佐用町平福字川東（図４）

別所氏の城郭を天正八年に入部した宇喜多秀家《ひでいえ》が改修し、さらに関ケ原の戦後、播磨に池田輝政が入部し、

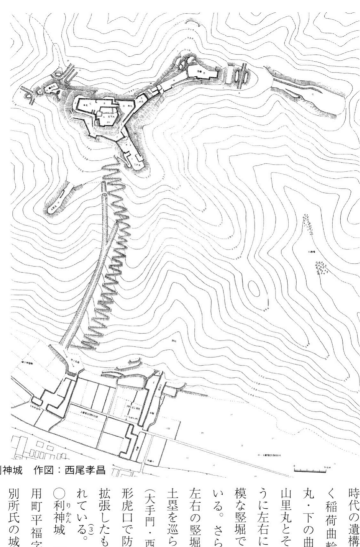

その支城として池田由之《よしゆき》に造らせたのが利神城である。工事は慶長五年にはじまり、慶長十年に完成したという。総石垣の山城と南北の石塁で防御された平城（居館）とを連結し、かつ「うわがみ門」（大手門）からの登城路を防御することを目的とした大竪堀は、慶長五年段階の遺構と考えられる[4]。

洲本城の場合はどうであろうか。東登り石垣横の竪堀カは幅六・五～九mを測り、西登り石垣横の竪堀シは幅六～八mを測る。また、竪堀キは幅五～六mを測り、竪堀アは幅八～九mを測る。これらの竪堀は、いずれも他の竪堀よりも規模が大きく、しかも長い。とくに、西登り石垣・竪堀カと東登り石垣・竪堀シはセットになり、山城と下の城（居館）を一体化させて防御体制を強固なものにしている。一般的に登り石垣と竪堀をセットにして居館と山城とを一体化させる防御施設は、熊川倭城など文禄・慶長期の倭城に卓越してみられ、それ以降、江戸期に各地の城に受容されていくようである。数例ではあるが、竹田城・出石城・利神城の検討からもそのことは納得できよう。

なお、調査の中で、西登り石垣が居館と接する辺りに石塁・櫓台からなる外枡形虎口の存在が明らかになり、その外枡形虎口から山城の「八王子木戸」へかけて、登城路があることも明らかとなった。このことは、東登り石垣と西登り石垣の間に、居館の外枡形虎口から「八王子木戸」に登る城の大手道があったことを物語る。この外枡形虎口の石垣は、明らかに蜂須賀段階の石垣ではなく、しかもこの場所でコビキAの軒丸瓦《のきまるがわら》を拾得している。したがって脇坂氏の居館も、当然、蜂須賀居館の位置に存在していたものであろう（図1）。

ここで、寛永期の蜂須賀居館についてふれておこう。蜂須賀居館は、東西の登り石垣を石塁で連結し、前面（北面）に堀と石塁を設け、北面に内枡形の大手門、東と西側に門を配置した構造であったであろう。さらに、その西隣に稲田館（城代）を設け、蜂須賀居館と同じ堀と石塁で防御されている。絵図によっては、蜂須賀居館の山際に利神城の池田居館の「うわがみ門」のような門が描かれ、そこから「八王子木戸」への登城路が記入されているものもある（現在では、この部分は破壊されており確認できない）。

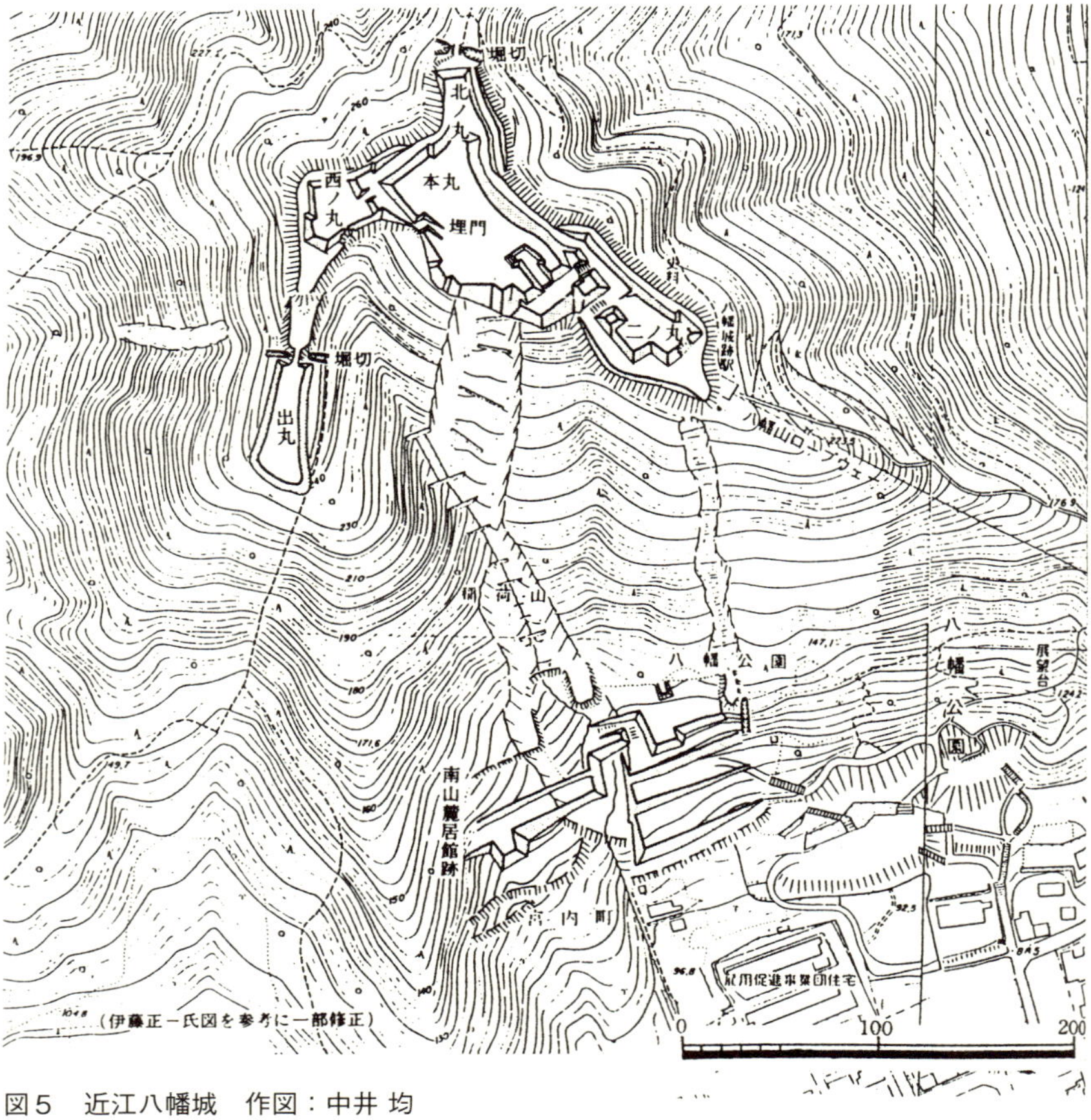

図５　近江八幡城　作図：中井 均

次に、西登り石垣・竪堀シの左右に所在する石垣を持つ曲輪群（通称「古屋敷」と呼ばれている）はいったい何なのかを考えてみたい。ここで、類例として近江八幡城（図５）について検討してみよう。近江八幡城は天正十三年（一五八五）、豊臣秀《ひで》次《つぐ》によって築城され、山頂に総石垣の山城、山麓に居館と家臣団屋敷が造られている[5]。この武家屋敷群は、天正十三年段階の好例となろう。

「古屋敷」周辺の遺構を観察すると、二つのことに気づく。第一は、登り石垣を構成する曲輪間を登り石垣で連結させていることである。第二は、竪堀シによって「古屋敷」が分断されていることである。このことから「古屋敷」は、登り石垣・竪堀シの構築時期よりも古いと判断されよう。したがって、登り石垣・竪堀シの構築時期を文禄・慶長期とすれば、石垣を持つ曲輪群（「古屋敷」）は天正期の築造となる。また、この辺りからは、脇坂氏の巴文《ともえもん》軒丸瓦や唐草文《からくさもん》軒瓦が採集されている。さらに、近江八幡城（滋賀県近江八幡市）の例を援用すれば、「古屋敷」は天正期に構築された脇坂氏の家臣団屋敷と認定してもよいだろう。

以上の検討から、登り石垣・竪堀は文禄・慶長期に脇坂氏によって構築されたものであり、その間に脇坂居館から「八王子木戸」への大手道が敷設されたことが明らかである。また、天正期後半につくられた家臣団屋敷（「古屋敷」）は竪堀で分断されたが、そのまま使用されたものか否かは不明である。絵図には居館から「八王子木戸」へ至る大手ルートとは別に、「古屋敷」から本丸西下の虎口と籾蔵と西の丸の間の鞍部に至るルートも描かれている。

次に、竪堀・登り石垣と関連させて山城部分を考えてみたい。山城では、脇坂氏の家紋輪違い瓦・軒丸瓦・軒平瓦《のきひら》が多数発見されるが、蜂須賀氏の家紋瓦はまったくないという。脇坂段階の瓦が分布している範囲は、籾蔵・南の丸・本丸・東の丸であり、武者溜や西の丸では発見されていないという。しかし今回の調査で、籾蔵と武者溜北側斜面の竪堀の中で、コビキAの軒丸瓦を採集している。

石積み技法についてはあまりよくわからないが、西の丸から本丸を経て武者溜まで、すなわち脇坂段階の瓦が採集されている範囲（ただし西の丸では瓦は未発見）が、脇坂氏によって天正十三年から慶長十四年までの間に大改修されたものではなかろうか。西の丸や東一の門の平入り虎口、コビキAの軒丸瓦、やや低い石垣の存在はそのことを物語っていようか。

蜂須賀段階の「由良引け」の際には、天守台・高石垣・石塁で固めた二つの内枡形虎口などの存在から、本丸域を改修したことがうかがえる。さらに、武者溜に面した高石垣・東二の門（内枡形虎口）と籾蔵西の虎口・本丸西下の内枡形虎口のラインも改修したのではなかろうか。しかし、本丸でも蜂須賀段階の瓦は出土していないという。

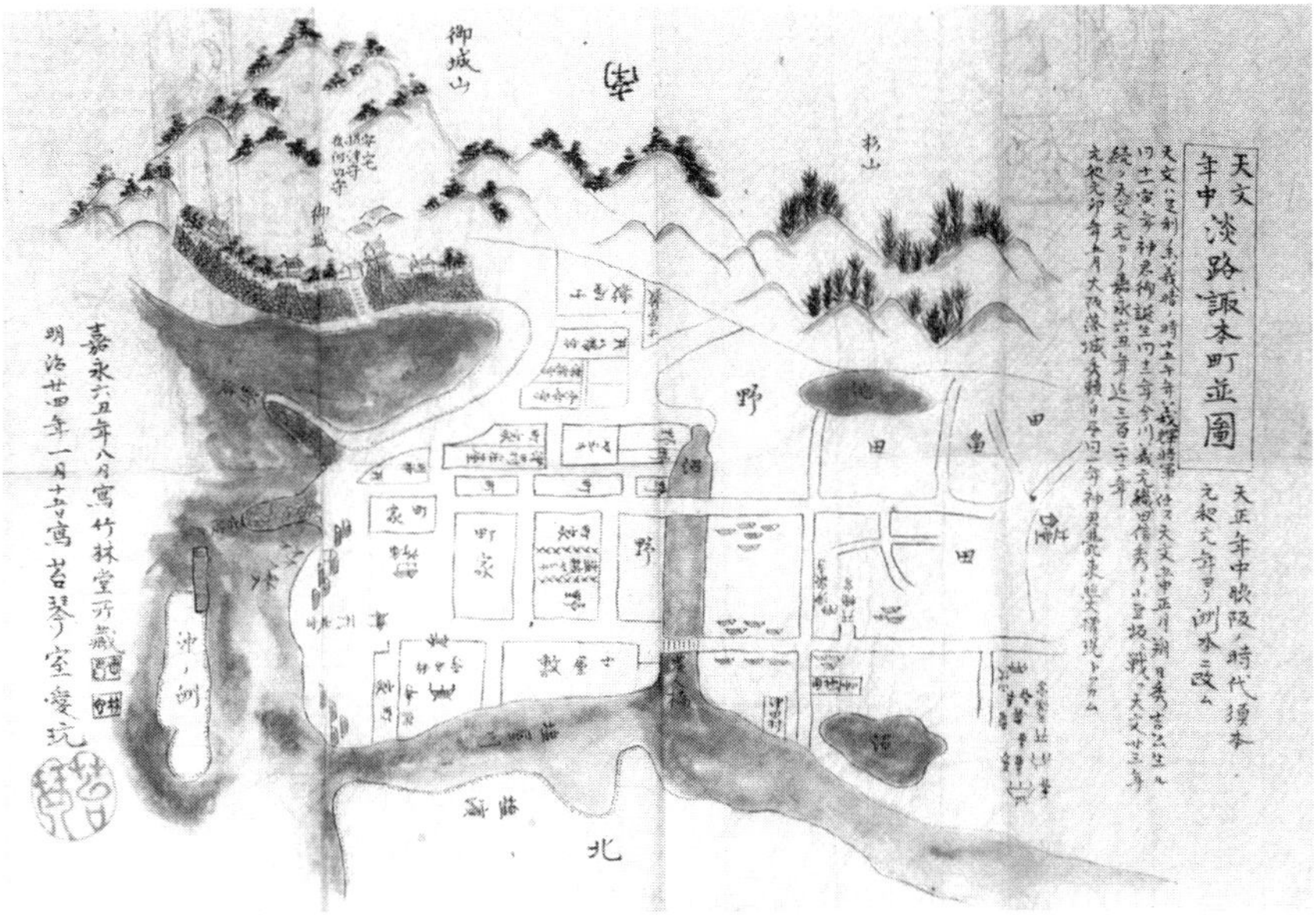

図６　天文年中淡路諏本町並図（写）　註８より

以上、脇坂と蜂須賀段階の山城についてみてきたが、その中で気になる一角がある。東の丸の北側、「八王子木戸」の東側に位置する石塁で囲まれた曲輪である。石垣は相対的に低く、小規模ながら櫓台や虎口もある。他の遺構と比較するとたしかに特異であり、コンパクトである。全体的な遺構を脇坂段階と考えると、少し古く、洲本城に天正十年から天正十三年まで在城した仙石久秀段階の遺構と考えられないだろうか。

洲本城下町

洲本城下町については、すでに武田信一著『城下町洲本の地名』や洲本市立淡路文化史料館編『おいでてはいりょ見てはいりょ城下町洲本』が出版されており、詳細はそれらを参照していただきたい。ここでは、城下町の類型という視点から洲本城下を検討してみたい。

その前に、『おいでてはいりょ見てはいりょ城下町洲本』には、「天文年中安宅隠岐守城下略図」と「天文年中淡路諏本町並図」（図６）が紹介されている。これらの絵図によると、内町の地形が江戸期の絵図と大幅に異

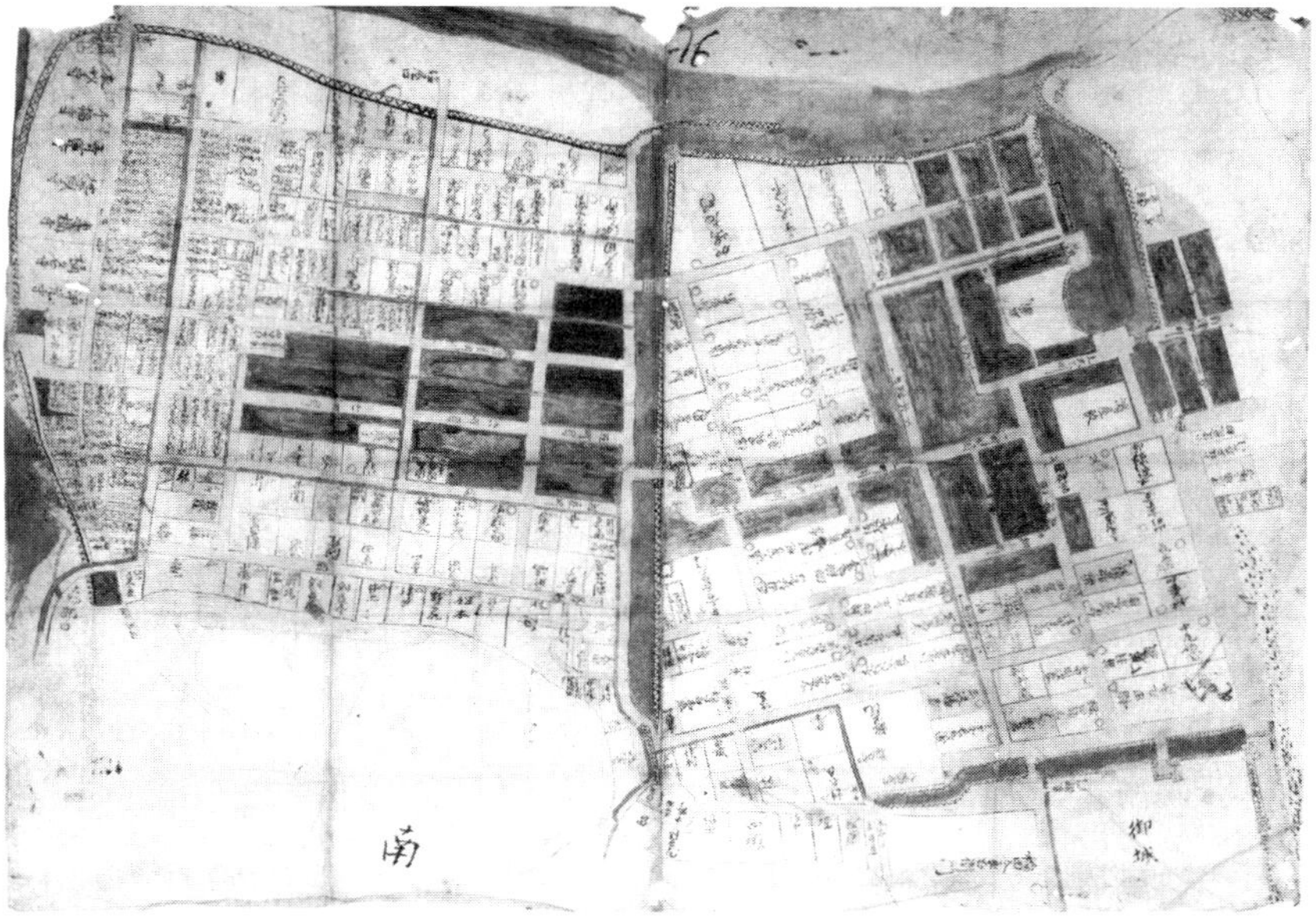

図７　文政年間の洲本御城下絵図　註８より

なっている。すなわち、砂州《さす》が未発達で江戸期のように大浜海岸が形成されておらず、新漁師町の位置する辺りは「沖ノ洲」（島）となっており、現在の八幡宮の近くまで入江となっている。北側は塩浜川が流れ、西側は曲田山から塩浜川に流れる川が沼を形づくっていたようだ。その中に町家や侍屋敷が描かれている。この絵図の信憑性は乏しいといわれており、考古学的な検証が必要であることはいうまでもないが、地形的には砂州発達以前の洲本の姿を伝えているのかもしれない。

次に、洲本城下町はどのような姿をしていたのか、文政年間頃の「洲本御城下絵図」（図7）を手がかりにして考えてみよう。洲本城下町は、蜂須賀居館（城館）の北側に形成された「内町」と、その西側に建設された「外町」からなる。内町は、南は三熊山、東は海（大坂湾）、北は塩屋川、西は曲田山から流れる川（沼）を利用した堀（中堀）で防御されている。外町とは、中堀に設けられた内枡形と農人橋とで繋がれている。塩屋川の河口と接する辺りには、入江を利用して湊（洲本港）がつくられている。

図８　洲本城下町の形態　作図：谷本 進（註８の文政年間洲本御城下絵図参照）

町割は城館から北西方向に延びる御門筋を主軸にして碁盤の目状の地割りをしており、内枡形から西北西に延びる通町と、通町と直角に交差する御門筋を大手道としている。

そして、通町と湊付近に町屋（商人・職人町）を配置し、その町屋を取り囲むように武家屋敷を配置している。武家屋敷はブロック型の地割りをしており、町屋は短冊型の地割りをしている（絵図には町屋の地割りは描かれていないが、現在の町並みからもうかがい知ることができる）。内町の街路は外町とは異なり、T字路が多用されていることも特徴的である。

外町は、南は曲田山、東は中堀、西は物部川、北は塩屋川で防御されており、塩屋川と物部川によって外堀が構成されていることがわかる。町割は内町と異なり、北北西方向を主軸とし、碁盤の目状の地割りをしている。外町と城下外とは、物部口（内枡形と物部橋）、上物部口、塩屋口（塩屋橋）でつながれている。外町の大手道（幹線路）は、物部口から内町の枡形に向かって東に延びる街路であり、内町にはストレートに入ることはできず、クランクして入らなければならないようになっている。屋敷配置をみると、外町の大手道沿いに町屋を配置し、南と北側には武家屋敷、西側には足軽屋敷（鉄砲町）と由良から移転させた寺町を配置している。寺町と足軽屋敷は、外町の防御体制強化を目的としたことは容易に想像できよう。地割りは、町屋と足軽屋敷が短冊型、武家屋敷と寺屋敷がブロック型となっている（図9・10）。

さて、ここで城下町の空間類型についてふれてみよう。一つは「総郭型と町郭外型」、いま一つは「竪町型と横町型」の問題である。

○総郭型と町郭外型　近世城下町は、戦国期型城下町の二元構造（城館・侍屋敷と市場＝町場の分離）を止揚して、武家地・町人地・寺社地を明確に区分し、これらを総構《そうがまえ》（堀など）で囲繞することによって成立するとされる。この分類方法は、城下町の外堀が囲繞する領域によって城下町プランを類型するもので、これが城下町の建設時期と対応するといわれている。

近世城下町プランは、a城下町全体を総構で囲う総郭型、b町人地を外堀で内と外に区画する内町外町型、c武家地のみを外堀が囲う町郭外型、d外堀が存在しない開放型、の四つに区分される。また、これらのプランは、a→b→c→dへと推移するという。総郭型は天正・文禄期に卓越するが、関ケ原の戦い以降の城下町にも見られる。町郭外型は関ケ原の戦い以降に建設された城下町に多く見られ、元和年間以降に建設された城下町では開放型が出現する。内町外町型は総郭型と町郭外型の中間に位置づけられるもので、主要な町人地を武家地と共に外郭内に配し、それ以外の町人地を足軽屋敷や寺社地と共に外郭の外に配したプランである。この内町外町型は、城下町建設当初から内町と外町の区分が計画的になされたもので、類例としては彦根（滋賀県彦根市）・徳島（徳島市）・岡山（岡山市）などがあ

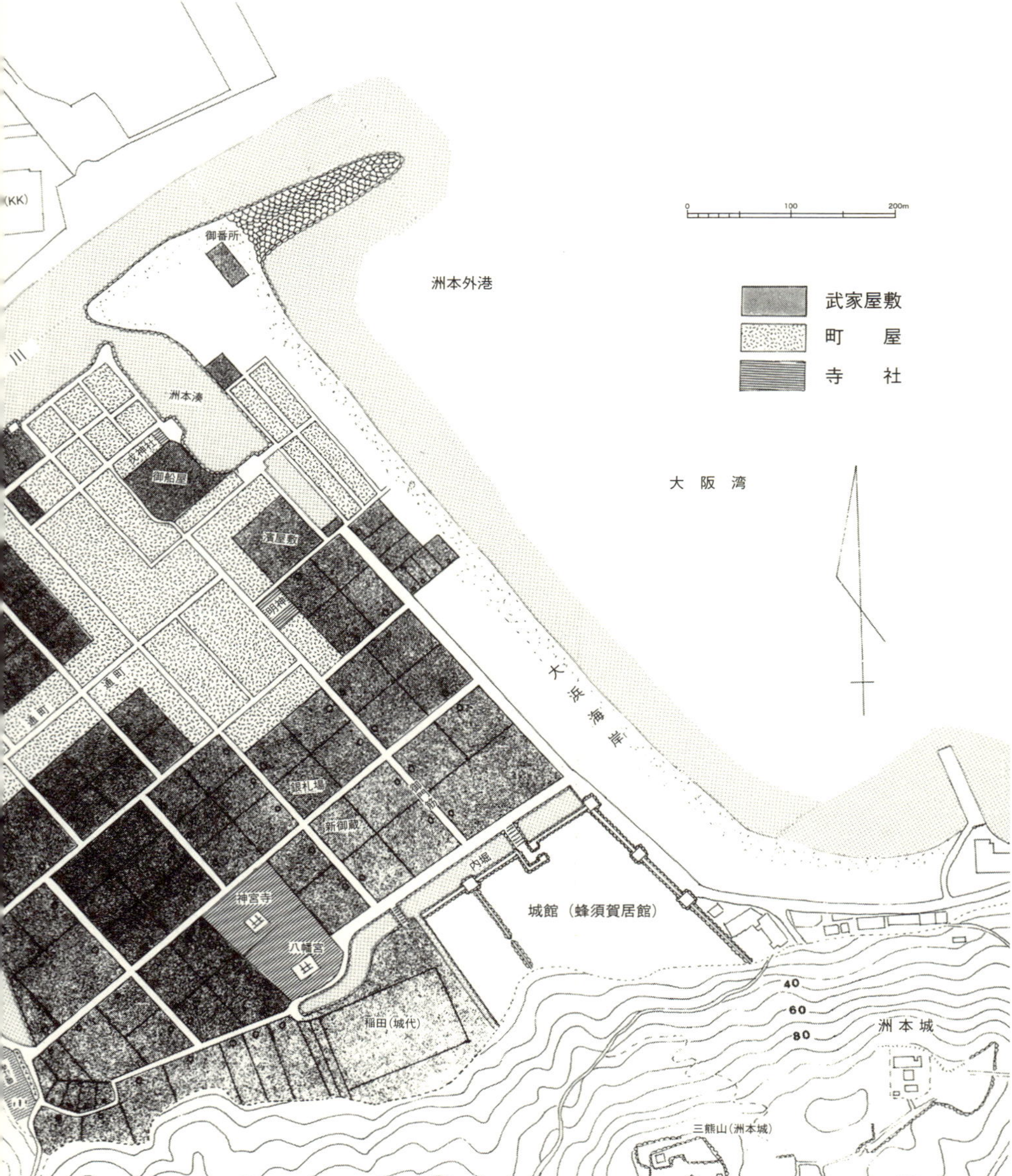
(KK)
0
100
200m
御番所
洲本外港
武家屋敷
町　屋
寺　社
川
洲本湊
戎神社
御船屋
大阪湾
濱屋敷
明神
通町
通町
大浜海岸
銀札場
新御蔵
内堀
神宮寺
城館（蜂須賀居館）
八幡宮
40
60
80
洲本城
稲田（城代）
三熊山（洲本城）

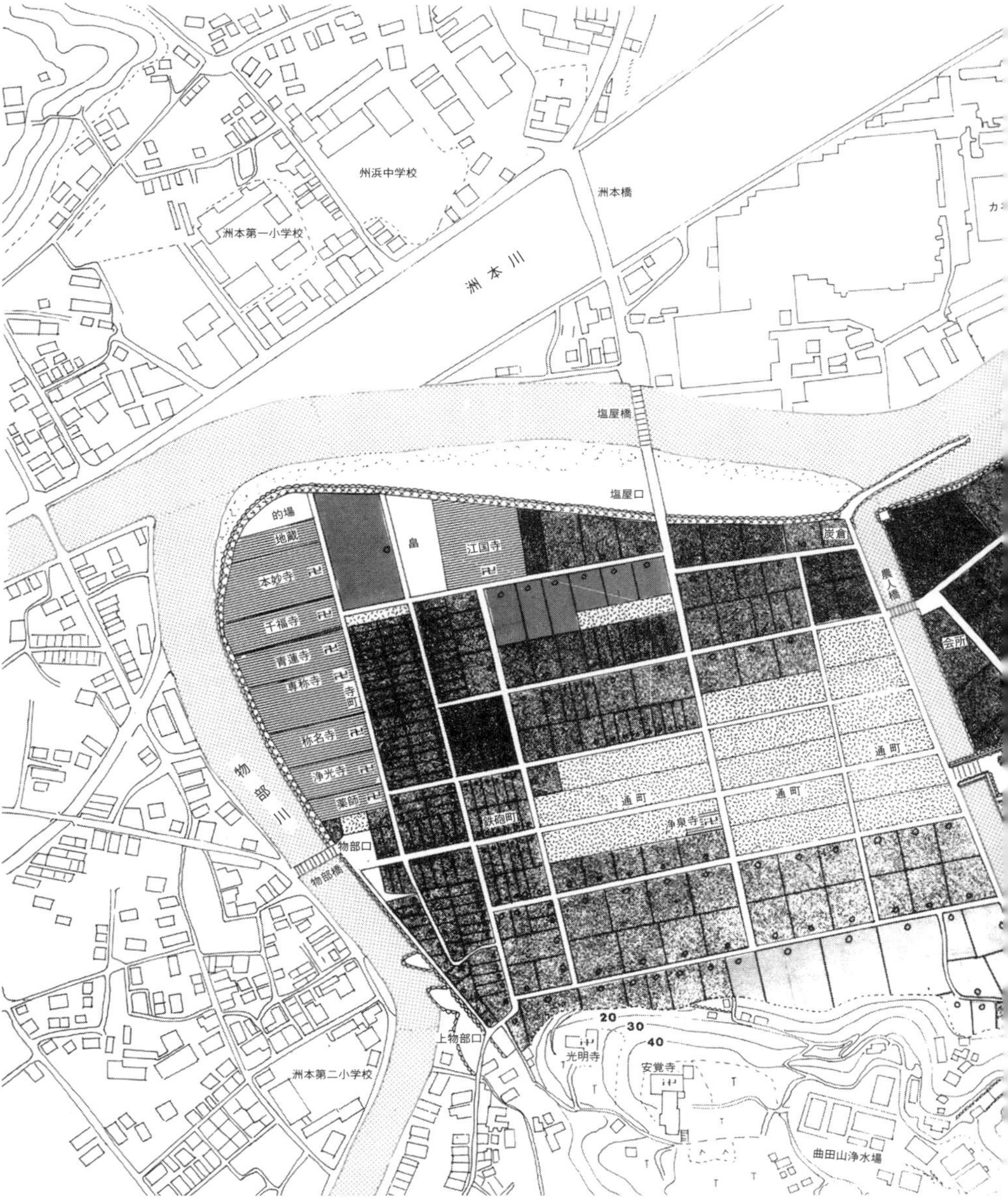

図９　洲本城下町復元図（文政年間）　作図：西尾孝昌

(中浜埋立地)
0
200M
みなと会館
洲本外港
洲本内港
事代主神社
海岸通二丁目
海岸通一丁目
本町二丁目
本町一丁目
本町三丁目
洲本神社
グラウンド
洲本第二小学校
洲本警察署
念法寺
大浜公園
洲本税務署
淡路文化史料館
洲本郵便局
山手一丁目
山手二丁目
小路谷
八王子神社
天守閣
厳島神社

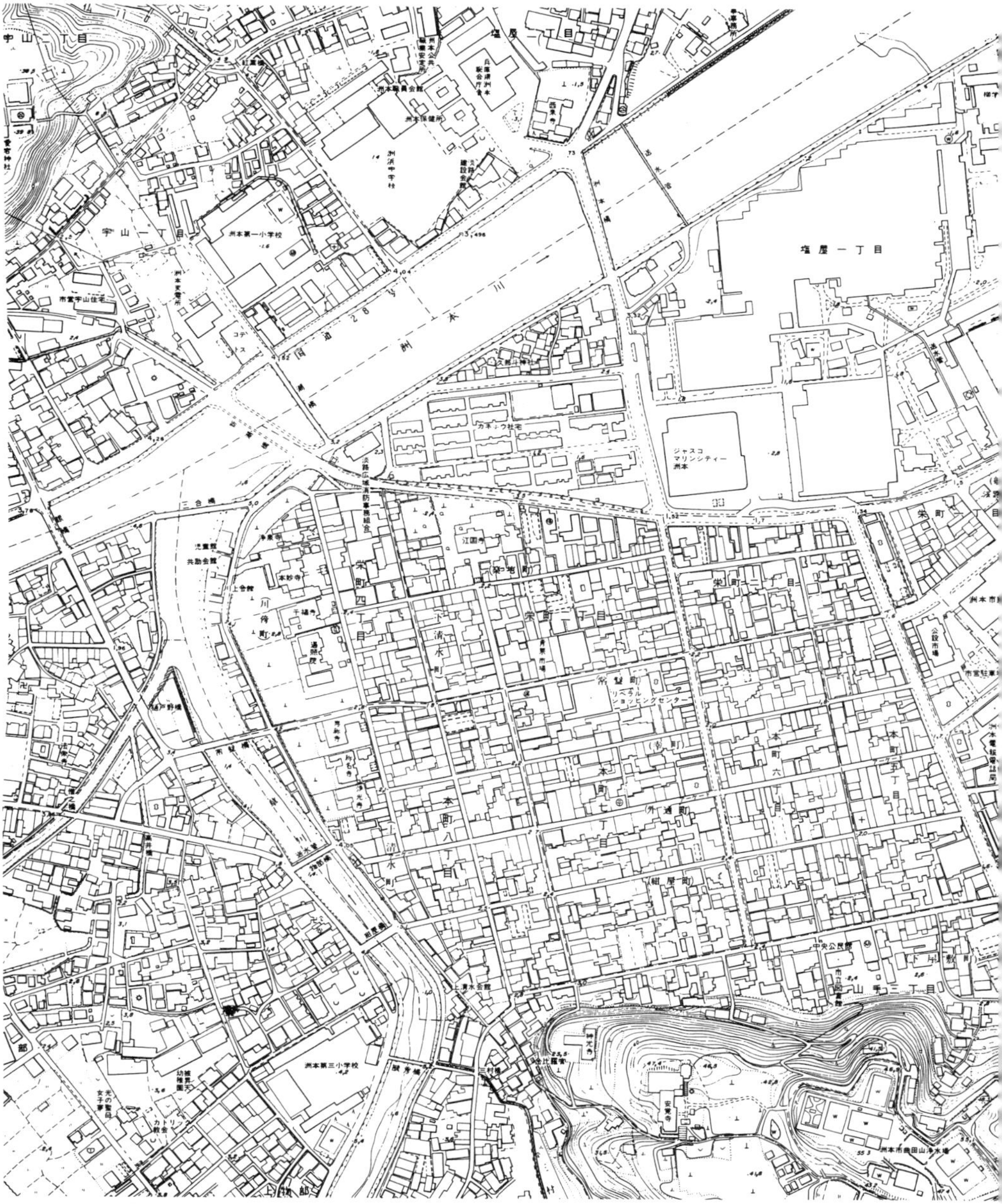

図 10　城下町の現況図（洲本市都市計画地図）

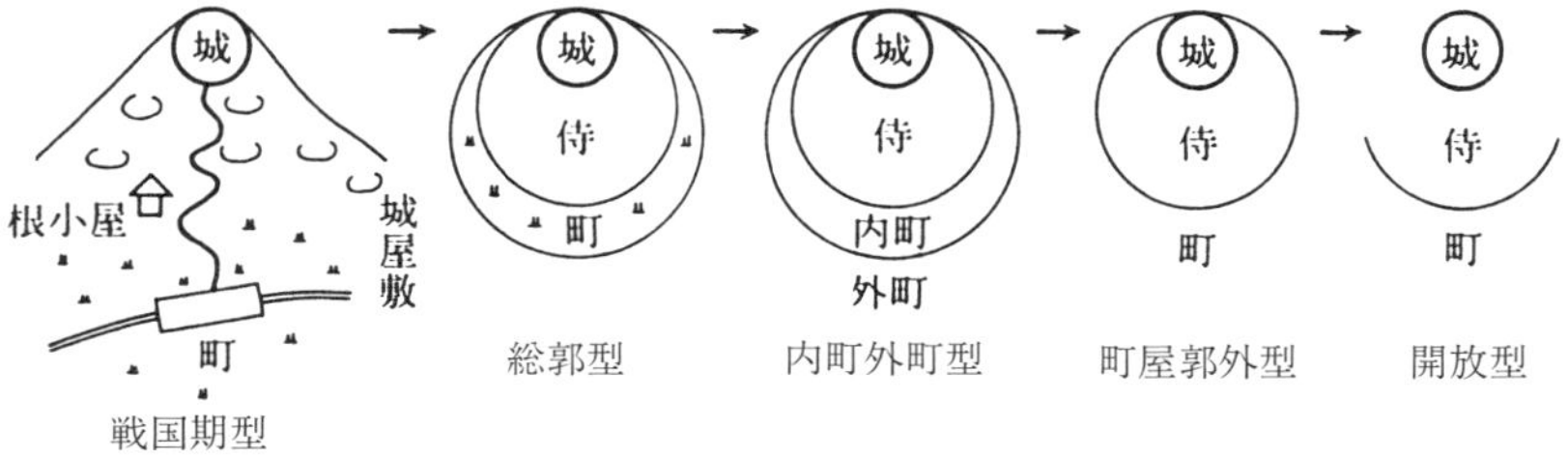

図11　城下町プランの諸類型　註9より

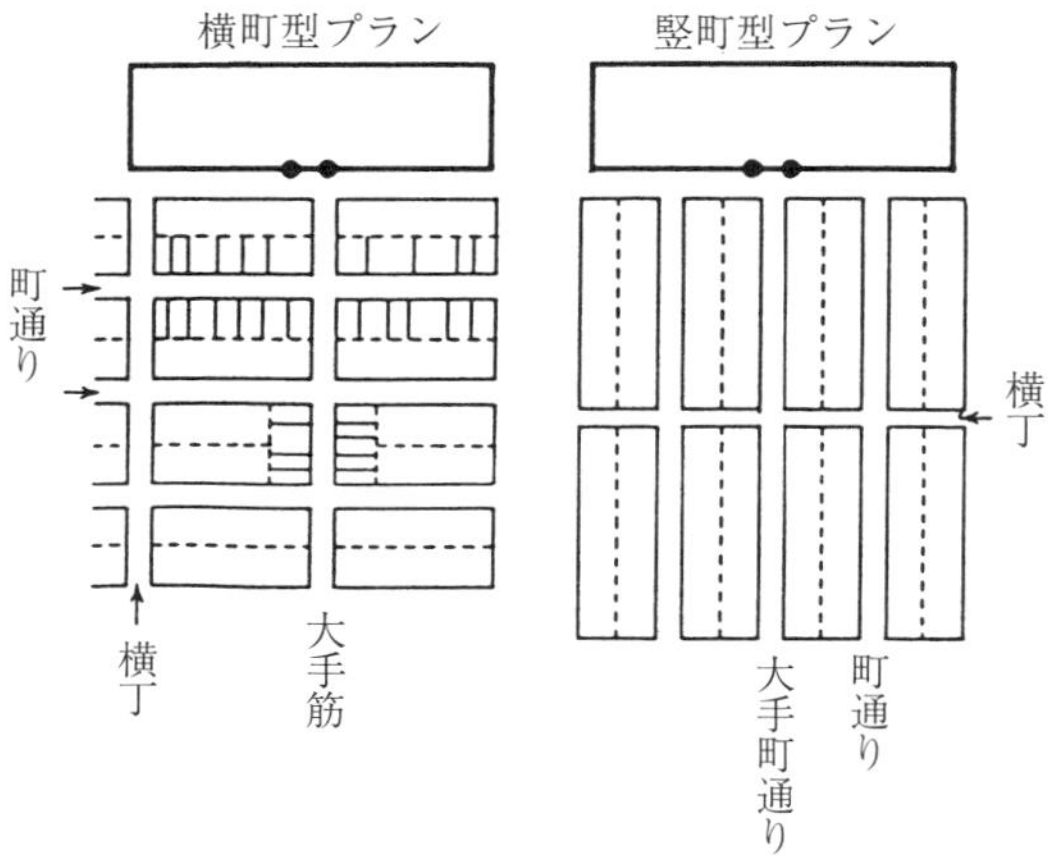

図12　城下町人地の町割模式図　註9より

る[6]（図11）。

〇竪町型と横町型　この類型化は、城下を貫く主要街路と城館との位置関係からなされたものである。城館の大手に向かう大手通りが主要街道筋や目抜き通りとなる場合を竪町型といい、城館と平行に目抜き通りが走る場合を横町型という。竪町型は、天正・文禄期に成立した織豊期城下町に卓越し、横町型は関ケ原の戦い以降の慶長期に成立した徳川期城下町に卓越するという。前者の類例としては、近江八幡・大坂（天正十三年）など、後者の類例としては松江（島根県松江市・慶長五年）・米子（同米子市・慶長六年）などがあげられる[7]（図12）。

以上の城下町空間類型からすると、洲本城下町はいかがであろうか。洲本城下町は明らかに内町外町型に属し、全体的にみると内町は竪町型、外町は横町型になろう。内町をよく観察すると、武家屋敷の間口はほとんど南北方向の街路に面していることがわかる。しかし、短冊型を呈する町屋敷の間口は東西方向の街路に面しており、しかも主要街道に面していることがわかる。また内町は、海・中堀・塩屋川で構成する総郭型に分類できよう。

そのように考えると、内町は織豊期に建設した縦町を、江戸期に主要街道沿いに町屋敷を配置して横町（通町）として再建したものと判断される。中堀の枡形は、そのときに堅固な枡形石塁の虎口として改修されたものであろう。また、天正二十年（一五九二）の「脇坂安治感状」（広田家文書）によると、文禄の役に参戦した人物（船の漕ぎ手）として、「すもと中町」甚四郎・与一郎・次郎四郎・久三郎の名前がみえるが、このことは、脇坂段階＝織豊期の城下町が存在した傍証となろう。

外町は寺地と足軽屋敷は南北の通りに間口を開いているが、町屋も武家屋敷も間口（表口）はおおむね東西方向の街路に面していることがわかる。このことは、寛永八年の「由良引け」以降、外町が横町として建設されたことを物語る。物部口の枡形もこの段階で構築されたものと考える。元禄八年（一六九五）には、百姓町に残っていた百姓を移転させ、その跡地を武家屋敷にしたというが、外町は横町として、寛永八年から元禄八年頃までの間に漸次武家屋敷・町屋・足軽屋敷・寺を移転して整備していったものであろうと思われる。

以上の城下町類型の検討から、洲本城下町の建設については、以下のように結論づけることができよう。

①織豊期、仙石・脇坂氏によって、安宅氏の戦国城下町を改修して竪町型・総郭型の城下町が建設された。それが内町である。

②その後、寛永八年の「由良引け」以降、蜂須賀氏によって新たに外町が横町型・総郭型の城下町として建設され、町屋や武家屋敷・足軽屋敷・寺町が整備された。その際、内町は町屋を中心に横町として改修された。街道を取り込んだ通町には町屋を配置し、物部口と中堀の枡形石塁をつくり防御を固めた。

おわりに

三日間という短期間の調査で洲本城と城下町について検討を加えてきたが、見誤りや考え違いも多々あろうと思う。

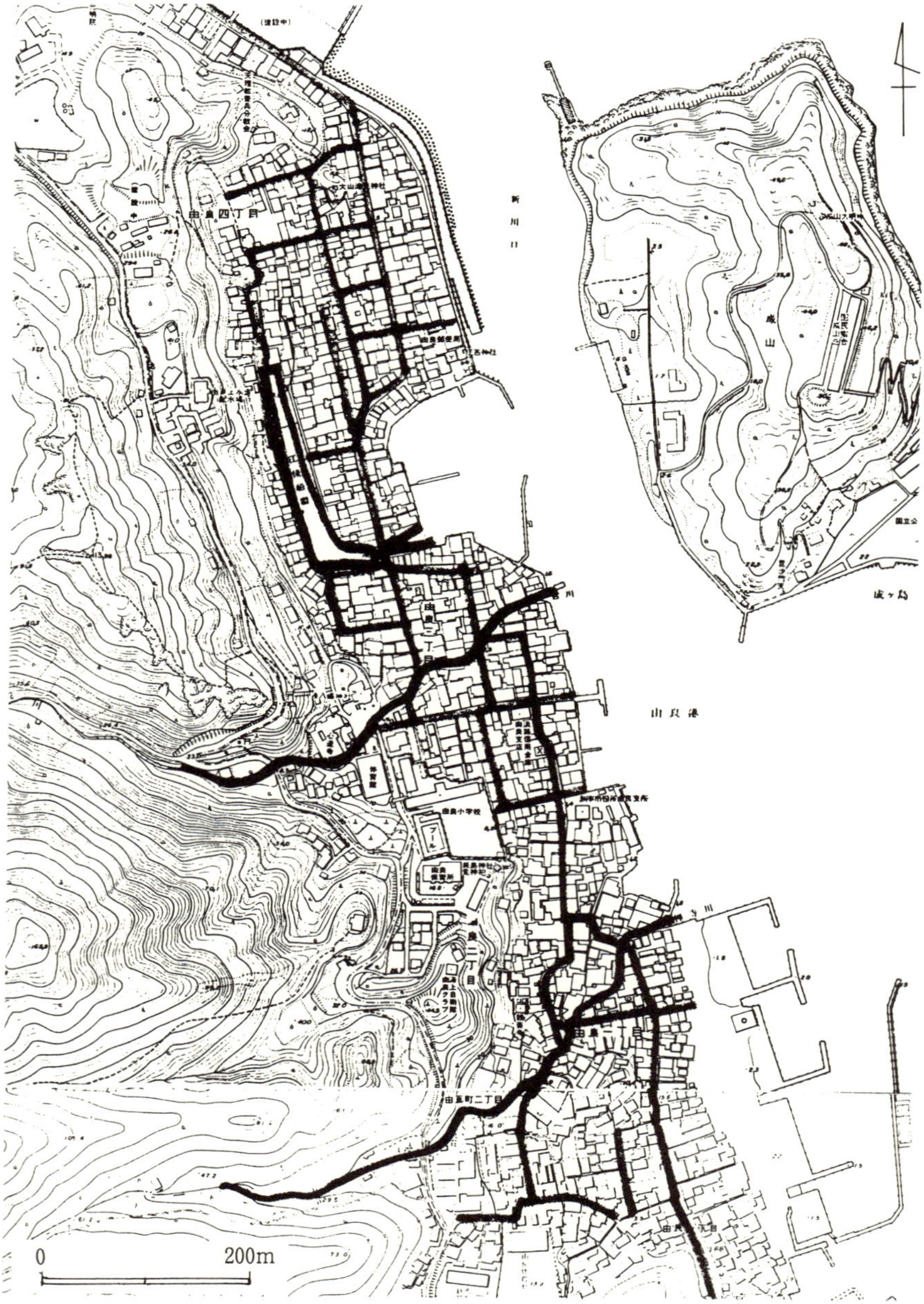

図 13　由良城下町の現況図（洲本市由良の都市計画図）

しかし、登り石垣だけでなく多数の竪堀の存在によって、戦国期や織豊期の洲本城の様相がかなり明確化してきた。今後は、洲本城の南斜面にどれだけの竪堀があるか精査する必要があろう。

また、洲本城下町については、城下町の空間類型という一視点からの論議に終始したが、内町外町型・総郭型の一つを例証したことになろう。城下町研究では類例の検討が欠かせないが、今回、不勉強で検討ができなかった。冒頭にも述べたが、洲本城下町の遺存情況がすこぶる良く、今後、考古学的な調査による城下町の解明に期待したい。また、由良城下町の検討も、洲本城下町の解明には不可欠である。

いろいろと課題を残した調査・研究であったが、拙稿が洲本城と城下町研究の一助となれば幸いである。

【註】

（1）洲本城の歴史については、次の文献を参考にした。『洲本市史』（洲本市史編纂委員会、一九七四年）、『兵庫県の中世城館・荘園遺跡』（兵庫県教育委員会、一九八二年）、『日本城郭大系』十二巻　大阪・兵庫（新人物往来社、一九八一年）。
（2）『但馬竹田城』（城郭談話会、一九九一年、戎光祥出版より改訂増補刊、二〇一六年）。
（3）『出石城と町並み保存』（有子山城・此隅山城の保存を進める会、一九九二年）、『豊岡市の城郭集成Ⅱ　日高・出石・但東町』（豊岡市歴史文化遺産活用活性化事業実行委員会、二〇一三年）。
（4）『播磨利神城』（城郭談話会、一九九三年）。
（5）『滋賀県中世城郭分布調査4―旧蒲生・神崎郡の城―』（滋賀県教育委員会、一九八六年）。
（6）『図集日本城郭史』（東京大学出版会、一九九三年）。
（7）前掲註（6）。
（8）『おいでてはいりょ見てはいりょ城下町洲本』（洲本市立淡路文化史料館、一九八八年）。
（9）矢守一彦『城下町のかたち』（筑摩書房、一九八八年）。

Ⅳ　脇坂・池田・蜂須賀領における淡路洲本城の変遷

髙田　徹

はじめに

兵庫県洲本市に所在する洲本城は、戦国期以来の中世城郭が織豊大名の入城によって織豊系城郭として改修され、江戸期になると淡路国唯一の近世城郭として存続した。最終的に洲本城およびその城下は、淡路の行政府的位置を占めることとなるが、織豊期・江戸初期を通じて淡路における中心的機能を占めた城郭と城下は、紆余曲折を経て洲本に落ち着いたものであった。それは、当該期に淡路国と洲本城に要請された、政治的・軍事的・地理的な要因によったことが予測される。

本稿では、このような予測のもと、織豊期・江戸初期に淡路を支配した脇坂氏・池田氏・蜂須賀氏における城郭経営を、縄張り研究の視点からそれぞれ検討することで、当該期の洲本城をめぐる問題点を考えていきたい。

脇坂・池田・蜂須賀各氏の淡路支配（図1）

洲本城は、大永年間に安宅氏によって築かれたとされる。天正十年には菅平右衛門が入城するが、本能寺の変後に羽柴秀吉の攻撃を受けて逐われ、仙石秀久が配された。秀久は同十三年の四国攻めの功により讃岐に転封され、かわって脇坂安治が三万石で洲本城に入城し、同時に淡路国内で加藤嘉明が志知城（現、南あわじ市）に一万五千石で入城している。慶長五年の関ヶ原の合戦で安治は西軍に属していたが、寝返って本領を安堵された。一方、志知城に替わって豊臣氏代官が築城中であった叶堂《かなど》城（現、南あわじ市）は廃城となる。この時点で淡路一国における中心的城郭および都市機能の地位は、洲本が占めることになったと推察される。慶長十四年に安治は伊予大洲（現、愛媛県大洲市）に転封され、その後、淡路は一時、藤堂高虎によって管理されることになる。(1)

図１　城郭位置図

慶長十五年、池田輝政三男の池田忠雄は淡路一国を領有する。忠雄はこのときわずか九歳であり、父輝政の居城姫路（現、姫路市）に在城していた。幼少の忠雄がこのような待遇に処せられたのは、その生母良正院《りょうしょういん》が徳川家康の娘であり、その恩恵を受けたためとされる。そして、忠雄は岩屋城（現、淡路市）を築き、池田輝政の命で中村主殿が城代として置かれた。(2)

ところが、慶長十八年、忠雄は居城を洲本の南約六㎞の位置にある由良（現、洲本市由良町）に移した。岩屋城はわずか三年で廃城となり、以後、由良城が池田氏の淡路支配の拠点となった。由良に城が移された後も、忠雄に代わって乾長次《いぬいながつぐ》が城代として配された。しかし、忠雄の兄、忠継《ただつぐ》が元和元年に死去するに及び、忠雄はその遺領の備前一国を継ぐことになり、淡路一国はいったん幕府に収公されることになった[3]。なお、池田氏が淡路島を領有していた間、洲本城は使用された形跡が認められない。

元和元年、大坂夏の陣の戦功によって阿波領主、蜂須賀至鎮は淡路国内に加増を受けた。由良城代には、徳川家康・秀忠の命によって家老稲田示植が置かれることになる[4]。しかし、寛永十一年に蜂須賀氏は、幕府に許可を得て由良から洲本へ城と城下を移動させることになった。これがいわゆる〝由良引け〟であり、寛永八年から十二年にかけて行われたとされる。由良引けがなされた理由として、由良城が当時荒廃化していたこと、由良の地理的要因、すなわち淡路の行政府としては南に片寄っていること、由良港の軍事的要請が低下したことが考えられている[5]。

かくして、洲本城は再び淡路における中心的城郭の位置を回復し、城下も一新して整備され、明治維新を迎えることになる。この間、洲本城を実質的に支配したのは、幕府から公認を受けた蜂須賀氏の家老で一万四千石を領した稲田氏歴々であった。

洲本城の構造

まずはじめに、洲本城の縄張りを確認しておきたい。

洲本は淡路島の東岸に位置し、港町として中世以来栄えている。洲本城は北面に洲本の町と港を見下ろす、比高一四〇mほどの三熊山頂に山上城郭[6]を構え、その北側麓に方形区画の居館を構えている（図2）。城の縄張りは、三熊山のピークにほぼ方形となった主郭を設け、その西北隅に天守台を配する。天守台へは主郭東北隅の小天守台に上がった後、石塁上を渡らせるものである。主郭の周囲には多聞櫓等が想定される石塁を巡らすが、東面の一部のみ設けられていない。

主郭の周囲には、屋敷地的な様相を見せる半独的な曲輪を集合させ、それら外縁部によって主郭を囲い込む防御ラインを形成させている。さらにその外側に馬屋・西の丸・武者溜と呼ばれる曲輪を置く。これらは、①櫓台・虎口の未発達、②石垣塁線が主郭付近に比べて自然地形をほぼ踏襲していること、③中心部分の周縁に位置して比較的広い曲輪取りであること、④防御面では後述する竪石垣の外側に位置すると考えられること等から、出丸・駐屯地的な空間と考えられる。

三熊山麓には、山側を除いた三方に水堀と石塁を巡らした居館が存在する。居館はコーナー部分を櫓台とし、北側にメインの虎口を開口させる。この居館は、山上城郭との間に竪石垣（登り石垣）を採用する。竪石垣は山上城郭の中でも、主郭を囲い込んだ防御ラインから派生する形で延長され、居館部の東西の堀端に連結している。竪石垣は地形に合わせて石塁状、切岸、石積み状部分となって形成され、整然とした姿とはなっていない。したがって、上層に土塀等の重量ある作事を一貫してのせることは困難と考えられる。居館の西側には、現存しないものの居館に並列するように城代稲田氏屋敷が構えられていた。そして居館・稲田氏屋敷の北、西面にかけて武家屋敷が展開していた。城下町の原形は、脇坂氏時代に設けられたといわれるが、本格的な整備は由良引けの後とされる[7]。

さて、洲本城に現在見られる石垣を主とした遺構の完成時期に関しては、諸説考えられている[8]。各所に石垣の継ぎ足し・数種類の積み方等が認められることは、これらが一気に普請されたものではなく、段階的な改修・拡張を繰り返して完成されたものであることを示しているといえよう。ただし、竪石垣の中継地点を含む山上城郭の所々からは、脇坂氏の家紋「輪違い」の鬼板等が出土する。よって、慶長五年の関ヶ原の合戦をはさんだ脇坂氏時代に普請・作事ともに一応の完成（改修途次で安治が転封されている可能性も残るが）を見、基本的な形態が整えられていることは確実であろう[10]。

それはともかく、蜂須賀氏の家紋瓦は居館で出土するものの、山上城郭では認められない[11]。蜂須賀氏時代の洲本城絵図[12]では、山頂部に冠木門《かぶきもん》状の簡易施設の描写は認められても、櫓・櫓門・土塀等の恒久的な作事描写は認められない。これらのことから、山上城郭は蜂須賀氏段階では作事を備えず、積極的な城郭機能を発揮していたとは考え難い。

図２　洲本城　作図：髙田 徹

グラウンド
洲本第二小学校
山手二丁目
プール
國瑞彦護国神社
洲本幼稚園
総合福祉会館
洲本八幡神社
稲田氏屋敷
洲本市立青少年センター
兵庫県洲本山手公舎
八幡神社
西の丸

「御城」とも呼ばれた山麓の居館が実質的に機能していたといえる。

以上のことをまとめると、洲本城の山上城郭と竪石垣は脇坂氏時代に築かれたと考えられる。その際の居館の様相は不明ながら、竪石垣の存在により、蜂須賀氏時代とほぼ同位置に、類似した形態で存在していた可能性が高い。一方、蜂須賀氏時代の洲本城は、山麓の居館が実質の城郭として機能していた。山上城郭は石垣等の普請面のみの補修は適宜なされていたとしても、(13)恒久的な作事は存在しなかったと考えられる。ただし、先の洲本城絵図では詳細に山上城郭が描かれていること、冠木門の描写が認められること、現況からも石垣が破壊された痕跡がほとんどうかがわれないことから、江戸期を通じて居館と山上城郭がセットとして認識される状況があったことは明らかである。

池田氏の居城

次に、洲本城に入城しなかった池田氏が、淡路支配においてどのような構造の城郭を築いたのか検討する。

①岩屋城（図3）　岩屋城は、慶長十五年に淡路一国の領主、池田忠雄の居城として築かれた。岩屋にはすでに中世以来の山城が存在していたが、これを全く利用せず、新規に築城している。城は、明石海峡を北に臨む、小丘陵上に設けられている。城跡は近世以降の破壊が進み、現況遺構のみでは明確にしがたい。そこで、現況遺構に古図の描写(14)を加えることで、その縄張りを推定復元し、検討を加えたい。

丘陵頂部の主郭は南北に細長い形態であり、南西隅に天守相当の櫓台を置く。虎口は東・西に想定が可能である。主郭を囲い込むように、南北にそれぞれ方形状の曲輪が存在するが、それらの虎口形態等は明らかにしえない。全体の規模は南北で約一五〇ｍほど、東西で約七〇ｍほどで、コンパクトにまとまった縄張りとなる。これらの曲輪は総石垣であり、石材は加工が顕著で、刻印を残すものが多い。城跡には、池田氏家紋の揚羽蝶・桐紋の滴水《てきすい》・軒丸瓦等が散布している。城郭に対して、城下町に相当する部分であるが、岩屋城が選地する前面は明石海峡であり、背後に

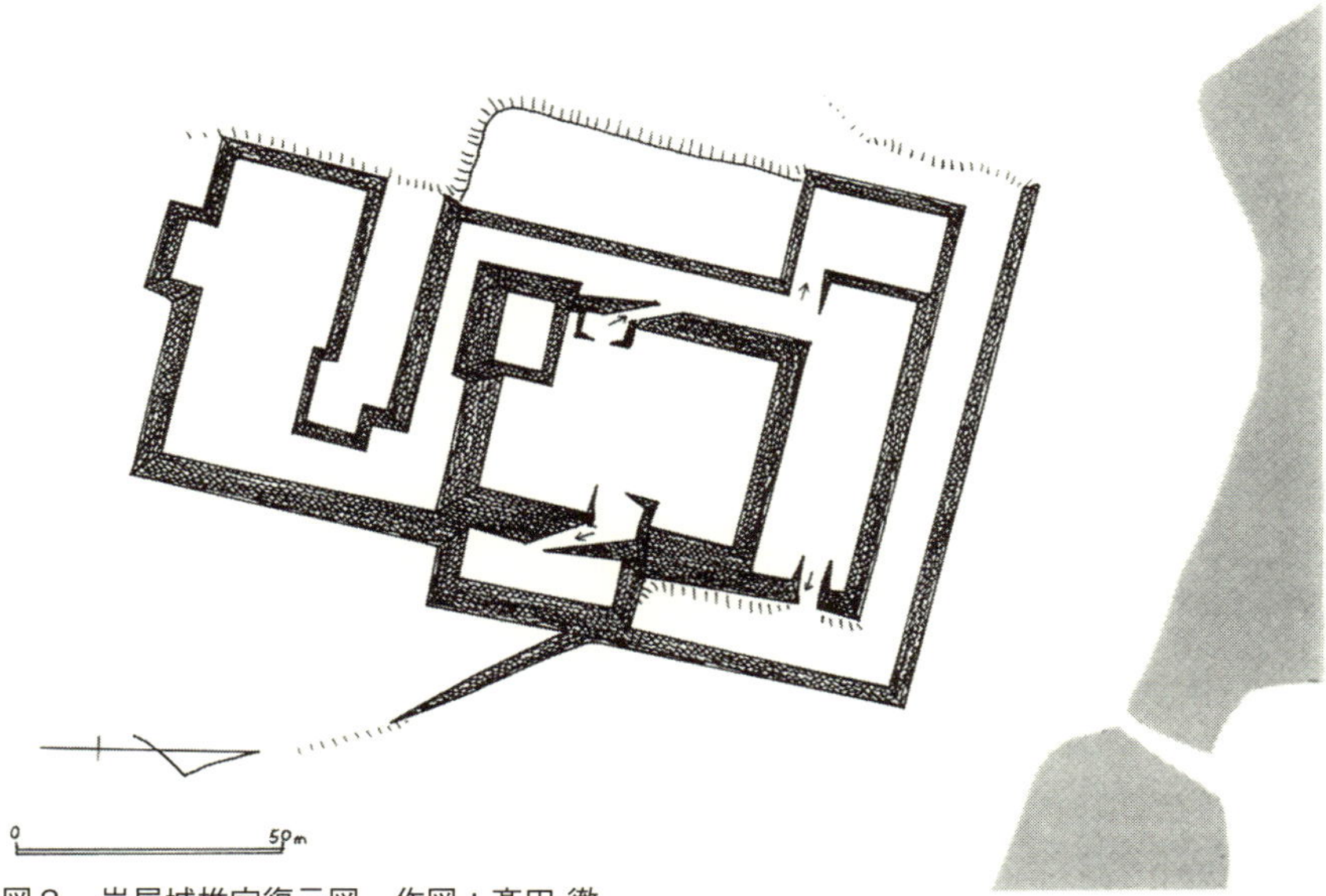

図３　岩屋城推定復元図　作図：髙田 徹

は山並が迫っている。したがって、城郭の規模も然ることながら、城下町に相当する空間も海岸沿いの狭いスペースに展開せざるをえない。

②由良城（図４）　由良城は、慶長十八年に池田忠雄の居城として築城されたが、忠雄に代わって乾長次が在番していた。由良にも戦国期以来、安宅氏の山城が構えられていたが、全く新たな場所に新規築城されている。由良は、紀淡海峡に面し、外海との間に砂州《さす》地形が伸びて内海を囲む天然の良港であった。ただ、砂州地形と陸地がつながった「新川口」と呼ばれる部分が明和二年に開削されたため、現在、陸地とは隔絶した状態になっている。その砂州地形の根元近くの成山（島）に由良城は構えられていた。

由良城跡は、幕末における高崎台場築城の際に石材が搬出され、明治期の由良要塞の築城によって、主要部の地形が大きく改変されている。その後も国民休暇村等が建てられたため、城郭遺構は壊滅に近い。ただ、遺構は壊滅に近いながらも、遺物の散布状態や現況地形等からおよそ縄張りを推定することは可能となる。

まず、かつて城郭に葺かれていた屋根瓦の散布状態を検

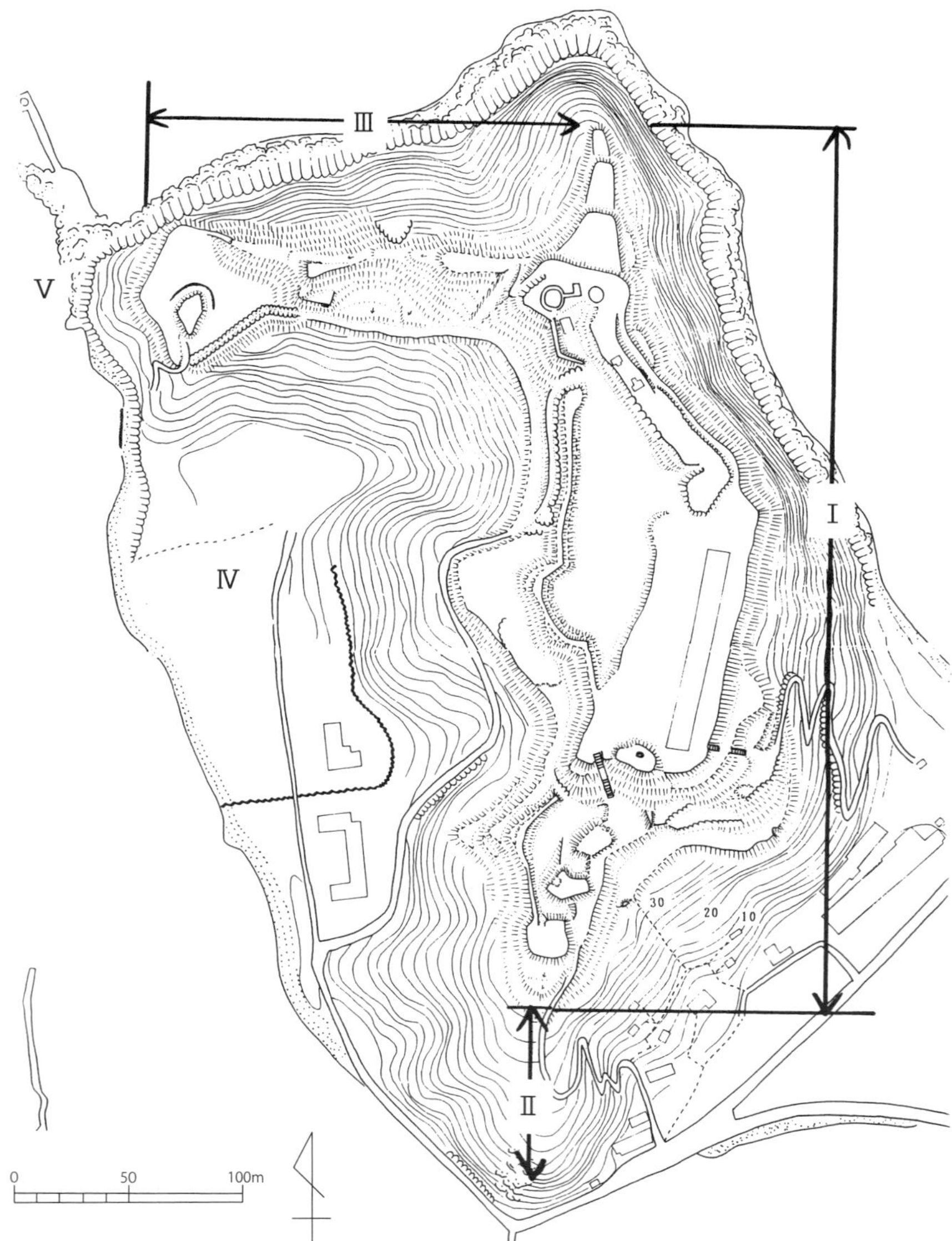

図４　由良城　作図：髙田 徹

討する。由良城からは、揚羽蝶紋や桐紋の池田氏家紋瓦が表採される。その位置的な広がりは、旧国民休暇村を中心としたピーク付近の平坦面および斜面にほぼ限られる（図４のＩ区とした付近）。城域付近には、加工が顕著な花崗岩が認められ、城郭に使用された石材と考えられる。また、由良城の南に位置する高崎台場には、由良城から移したとされる、刻印を有する石材によって石垣が積まれている。[15] したがって、由良城も総石垣の城郭であったと考えられる。

また、城域の主要部分と目されるＩ区付近には、要塞に伴う砲座や塹壕《ざんごう》が集中している。したがって、由良城が機能した時期の遺構は滅失したと考えられる。ただし、Ⅱ・Ⅲ区とした、主要部から南・西に伸びる尾根上には要塞関係の遺構も城郭関係の遺構も認められず、自然地形を多分に残した状態となっている。これらの点から、由良城は成山全体を城域として普請していたものではなく、そのピーク部分にほぼ限定して城域を設定していた可能性が高いといえよう。その規模は、南北約二五〇×東西一〇〇ｍほどと推定される。由良城に先行して築かれた岩屋城を想起すれば、方形の曲輪群を有するコンパクトな縄張りが想定できる。

成山の西麓にはⅣ区が存在する。Ⅳ区は城域推定エリアの西麓に位置する平坦面であるが、その北端には海岸線に沿って石垣の根石が認められる。[16] また、付近には古代・中世の遺物が散布していることから（山上雅弘氏の御教示）、Ⅳ区も曲輪であったと考えられる。[17] 新川口と呼ばれるⅤ部分は開削されて旧状が不明であるが、本来海中に突き出した砂州で、地形上安定したものではなかったと考えられる。また、由良の街中には海岸に接してＬ字型の堀割りが残され、由良城の総構えの堀であった可能性が考えられる。その北端部分は丘陵地に食い込んだ形で終わっており、内部を完全に囲いこんでいなかったと考えられる。総構えの可能性が考えられるこの空間および由良の集落は、海岸と山に挟まれて非常に狭いものとなっている。

以上、岩屋・由良城を検討してみると、いくつかの共通性に気づく。まず、城郭の位置であるが、いずれも淡路島全体の中でみると北端、東端と片寄った位置となる。選地は、海峡に面する丘陵、もしくは比高の低い山上に築かれている。そして、これらは付近に存在した中世の山城を踏襲・利用することなく、新規に築城されている。縄張りに関しては総石垣であるが、洲本城と比べると岩屋・由良城ははるかに小さく、コンパクトな形態を取っている。ただ、規模の点では由良城が岩屋城を上回っている。作事の詳細は不明ながら、池田氏家紋瓦で葺かれた瓦葺き建物も存在した。城下町に相当する部分は非常に狭く、これも洲本城下町の比ではない。いずれも淡路領主池田忠雄の居城であるが、忠雄が幼少の理由もあって城代が在番した点でも共通する。

これらのことから、岩屋・由良城は、いずれも池田氏家紋瓦を備え、新規に総石垣で築かれている点から、淡路一国の領主居城としてふさわしい体裁を整えていたといえる。[18] しかし、その一方で縄張りはコンパクトで、城下相当部分も広がりを有していなかった。さらに、それらは海峡に接しており、海上交通の要衝として、港湾基地的な様相を示すものの、領国の端部に当たっている。これらのことは、二つの城郭が実質的な淡路の支配拠点として認識されていたのではなく、あくまで限定された軍事的要請によって築かれたことを示しているといえよう。[19] つまり、池田忠雄に代わって城代が置かれた点に象徴されるように、岩屋・由良城は姫路城を拠点とする池田領内の一支城的な機能に留まるものであったと考えられるのである。城下町に相当する空間が狭い点も、これらの城郭が当初から淡路の領国支配の拠点とする意識が薄弱であったことを示している。さらに、新規の築城でありながら岩屋城が三年で廃城となり、[20] 新たに由良城が築かれている点、由良城も蜂須賀氏段階で廃城となった点にも、これらの城郭が担った役割の一端が表れているといえよう。つまり、岩屋・由良城は純軍事的な要請に対処すべき城郭であったために、その存廃に関して本藩からの影響を受け入れやすかったのではなかろうか。

蜂須賀領の城郭

蜂須賀氏は、天正十三年（一五八五）の四国攻め以後、阿波一国を羽柴秀吉より与えられて領有し、徳島城を本城

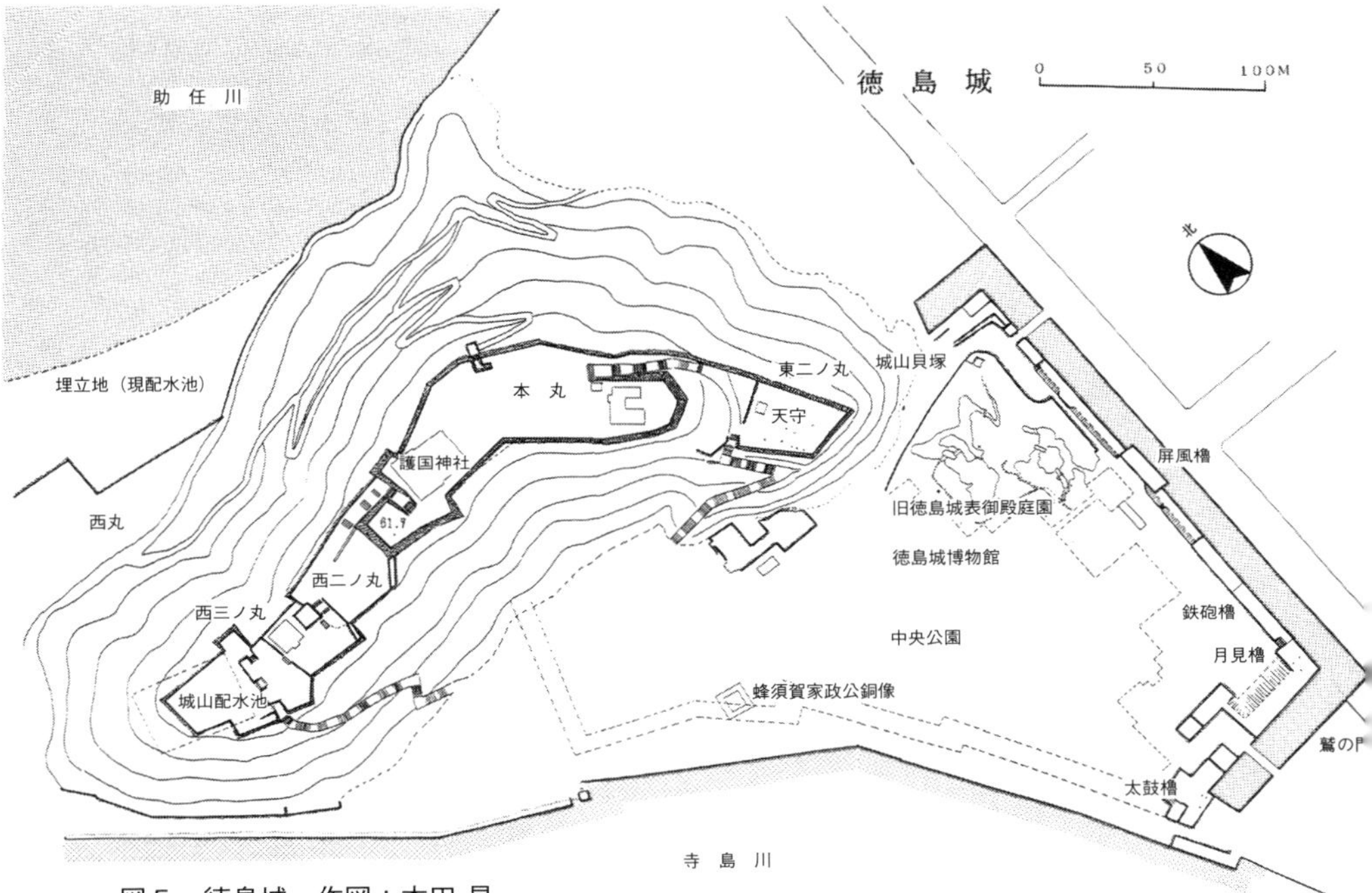

図５　徳島城　作図：本田 昇

とした。そして、元和元年（一六一五）に淡路一国を加増されて由良城（後に洲本城）を支城とした。ところで、蜂須賀氏は天正十三年に阿波へ入封した際、領内に「阿波九城」と呼ばれる支城を構え、重臣と兵三百人をそれぞれに置いた。これらはいずれも寛永十四年（一六三七）の一国一城令によって破却されるまで、機能していたとされる。[21] 一国一城令後も池田・海部《かいふ》・岡崎には陣屋が置かれ、領内支配を補完している。

蜂須賀領の支城である洲本城を位置づけるにあたって、徳島城・阿波九城の縄張りと史的変遷を確認していきたい。

①徳島城　徳島県徳島市（図５）　天正十三年、蜂須賀家政は阿波入封とともに名東《みょうどう》郡一宮城（徳島市）に入城したが、ほどなく寺島・助任《すけとう》川河口近くの渭山《いのやま》に徳島城を築いた。徳島城は以後、蜂須賀氏二十五万石の居城として、明治維新まで存続した。

徳島城の縄張りは[22]、山頂の本丸から東西に連郭式に曲輪を配し、山麓部の二の丸に城主居館を構えた平山城形式である。主要部は緑泥片岩《りょくでいへんがん》を用いた総石垣とし、本丸から東に一段下がった曲輪に三層の天守が構えられていた。山上部分の縄張りは、東面では虎口が比較的単純で、石垣塁線も鈍角部分が多見されるのに対し、西面では外枡形を連続させ、石垣塁線も鋭角的であり、曲輪間の段差を有する部分には、短い竪石垣で一体化を図った構造である。

ただし、洲本城の縄張りと比べれば、主郭の構造、全体的な曲輪の配置等の点で、技巧性に乏しく、規模の点でも劣っている。むしろ、山麓の居館部の規模、構造の点では、徳島城のほうが多重の櫓、枡形虎口、殿舎等の規模・構造の点ではるかに勝っているといえよう。

②海部城（鞆城）　海部郡海陽町奥浦（図６）　海部城は、永禄年間に海部友光《ともみつ》が築いたものであるが、天正三年（一五七五）に長宗我部氏に攻略され、香宗我部親泰《こうそかべちかやす》らが在番した。蜂須賀氏の阿波入部後は、中村重友《しげとも》が五千石余で入城した。文禄三年、重友の池田転封に伴い、一宮城から益田一正《かずまさ》が入城する。一正は、七千石を知行するが、その嫡子長行《ながゆき》の代の寛永十年（一六三三）に知行地を没収された[23]。

城は、鞆奥漁港を臨む比高五〇ｍほどの山上に構えられている。主郭は東西四〇ｍほどを測り、所々に小規模な段差を設ける。主郭付近には石積みや切岸《きりぎし》直下に犬走り状のテラスが認められるが、戦時中に設けられた塹壕や関連遺構と考えられる。主郭部から伸びる尾根上には連郭状に曲輪を配し、帯曲輪・腰曲輪を付属させる。主郭部分の破壊を差し引いても、全体的に虎口の位置・形態はほとんど明瞭ではない。また、個々の曲輪の規模も小さく、それぞれの連携状態は必ずしも良いとはいえず、拡散した感がある。ただし、城跡からは瓦片が表採され、やや大振りの自然石を高さ一ｍほど積み上げた石垣も認められる（図６のＡ）。

③富岡城（牛岐城）　阿南市富岡町トノ町（図７）　富岡城は、はじめ阿波守護細川氏の臣新開《しんがい》氏の居城であったが、天正八年には長宗我部元親の弟泰親《やすちか》が入城している。その退去後には蜂須賀氏の臣で一万石を領する細山帯刀が入城

図６　海部城　作図：髙田 徹

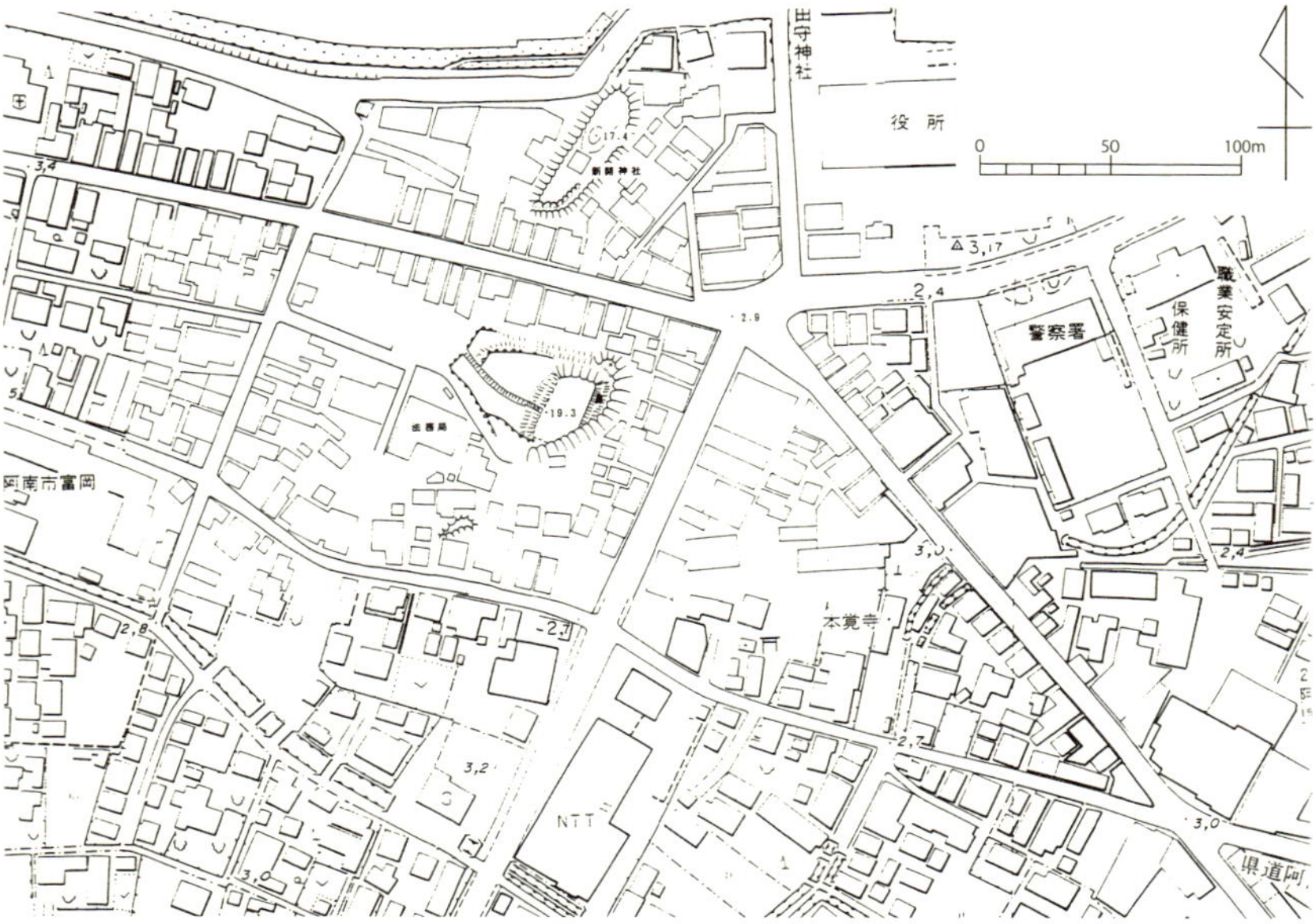

図７　富岡城　作図：髙田 徹

した。城跡は、比高約一七ｍの丘陵上に構えられており、その周囲を元は堀が囲んでいたらしい[24]。現在は、大半が市街地化にともなって削土され、旧状を偲ぶことは困難である。ただし、主郭部分の斜面にはわずかながら切石を二・三段積み上げた石垣が残存する。また、付近には瓦片が散布している。

④仁宇《にう》城（和食城）　那賀郡那賀町和食郷（図８）　仁宇城は、天正年間に湯浅対馬守の居城であったが、蜂須賀期には山田宗重《むねしげ》が五千三百石を領して在城した。城は、那賀川を臨む河岸段丘の先端近くに位置する（比定地については本田昇氏のご教示を得た）。現在、蛭子神社境内地となるが、およその城域は把握できる。境内の北・西側には土塁が巡り、コーナー部分には巨大な櫓台が設けられている。東側の土塁外側には堀跡が若干残される。南・東側は宅地化が進むものの、本来、四辺を堀・土塁で囲繞する方形館的な様相であったと推定される。

⑤大西城（池田城）　三好市池田町上野（図９）　大西城は承久三年（一二二一）、阿波守護代の小笠原長経《ながつね》が築いたとされる。蜂須賀期には、初め牛田又右衛門、後に

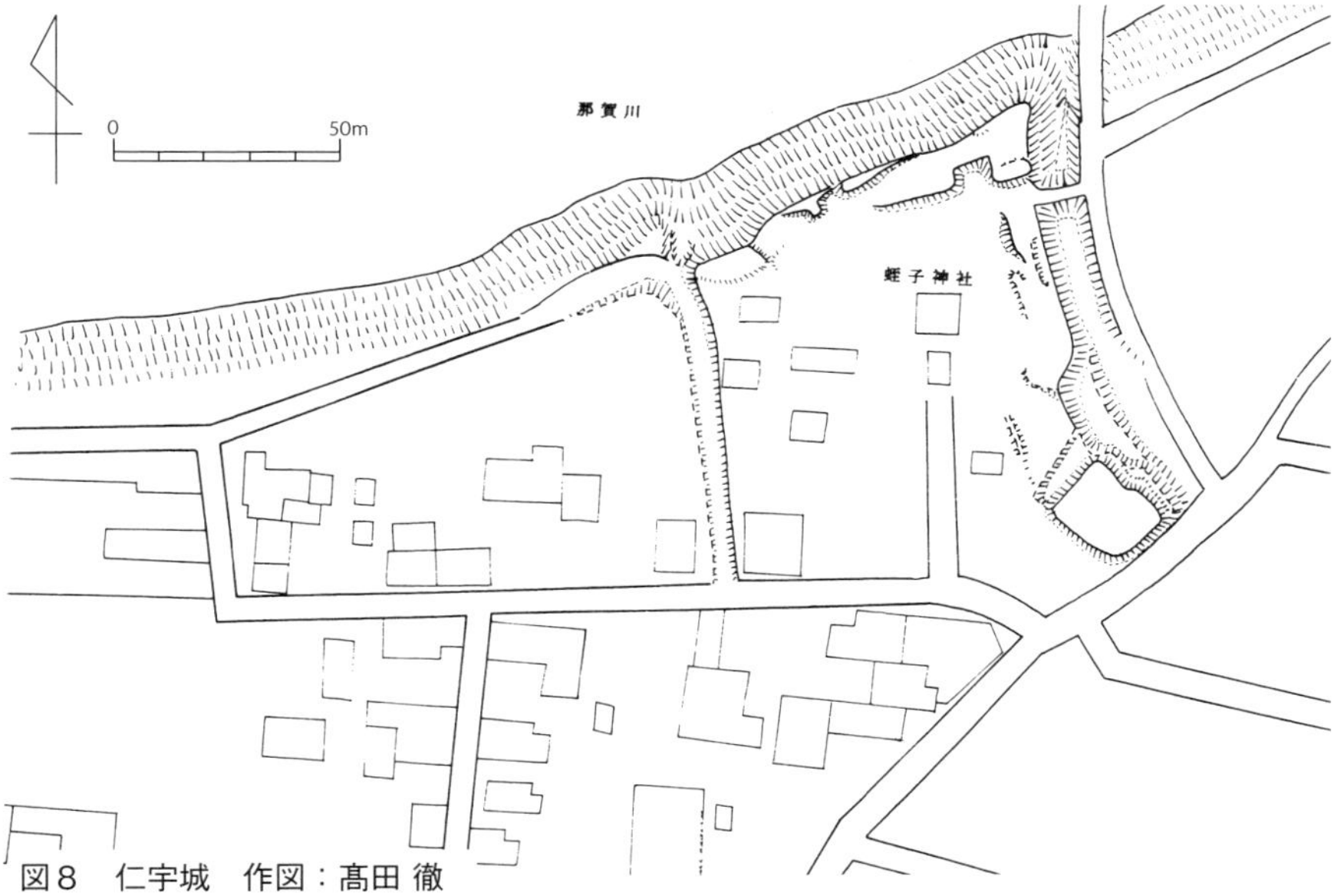

図８　仁宇城　作図：髙田 徹

図９　大西城　作図：髙田 徹

中村重友が在城した。城跡は吉野川畔の舌状台地に選地する。台地のほぼ中程、現池田幼稚園の東側に、高さ約二mの石垣が東面して残存する。その北端部のコーナー部分は現在コンクリートで塗り込められているが、かつては西側に折れて続いていたようである。

城の遺構はこの石垣のみであるが、旧状を地形的な面から考えてみたい。通常の中世城郭において舌状地形を利用する場合、まず尾根続きを堀切等で分断して先端部分の城域を独立させる。さらに、尾根先端の最も奥まった位置に主郭を構えるのが常套であろう。こうしたパターンでいえば、諏訪神社の部分が主郭に比定され、先に述べた石垣残存部分までを含めて城域と想定すると、最低四〇〇mの規模を有することになる。ただし、石垣残存部分と諏訪神社境内とは約一五mの比高差を有する。しかも、石垣の残存部分が東面していることから、石垣で囲われる主体部はその西側のI付近に展開していたことは確実である。そして、I付近では高低差が少なく比較的安定した地形となっている。残された一部の石垣から全体を推定することはもとより危険であるが、石垣を用いた段階（蜂須賀氏時代）の池田城は、諏訪神社までを取り込まず、台地中程に石垣を用いた方形区画を指向する城郭であった可能性も考えられる。

⑥脇城（虎伏城）　美馬市脇町大字脇町字城山（図10）　脇城は、

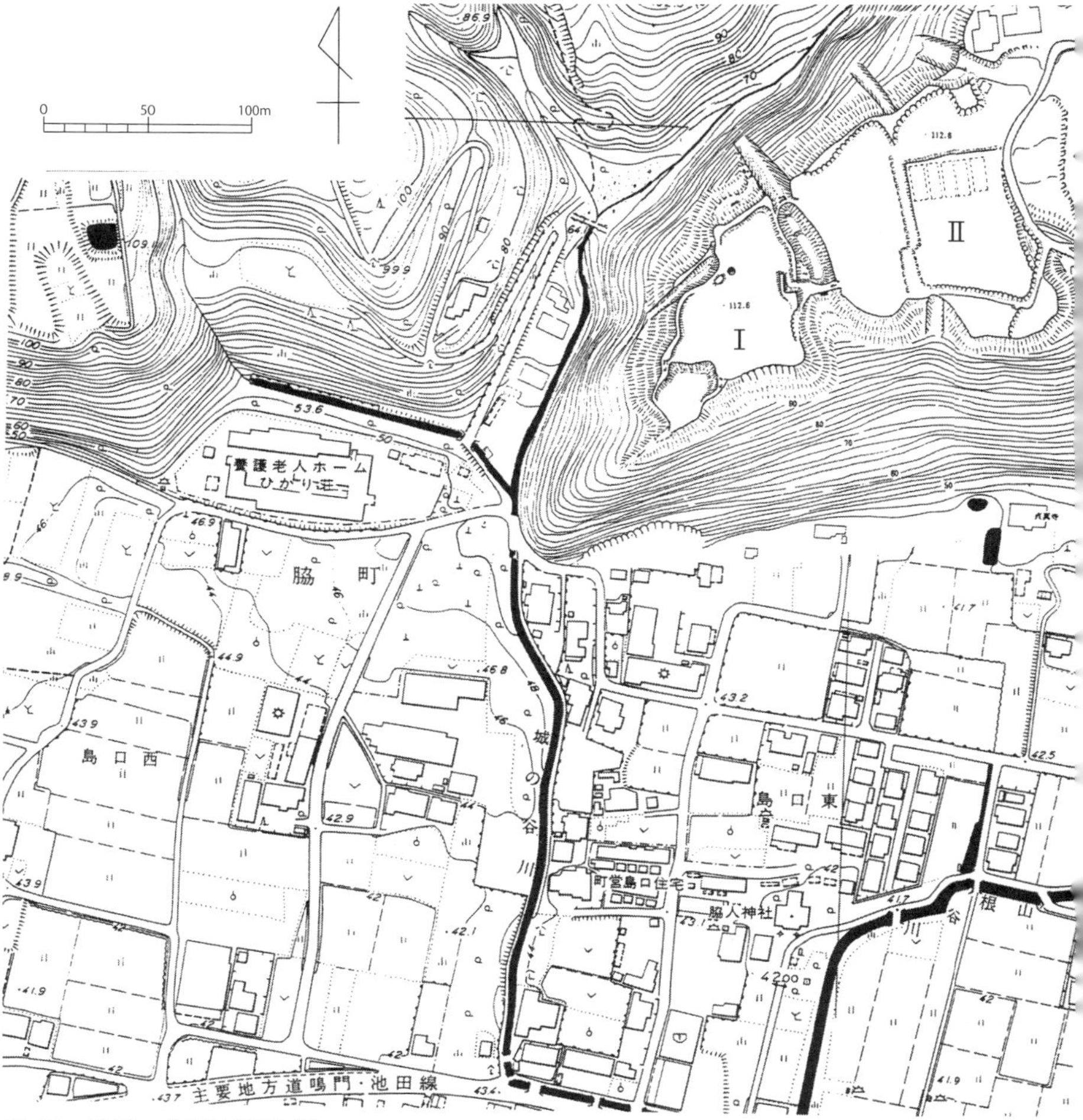

図10　脇城　作図：髙田 徹

天文二年（一五三三）三好長慶が築いたといわれる。天正十年（一五八二）には長宗我部親吉《ちかよし》が入城している。蜂須賀期には、稲田植元《たねもと》が一万石で在番した。後、稲田氏は井之尻村に移り、脇は蜂須賀氏の蔵入地《くらいりち》となっている。稲田氏は元和元年（一六一五）より淡路由良城代を兼ねていた(25)。

城跡は、脇町中心部の北西、比高約六〇ｍの台地先端に築かれている。先端部分Ⅰを主郭とし、台地続きに曲

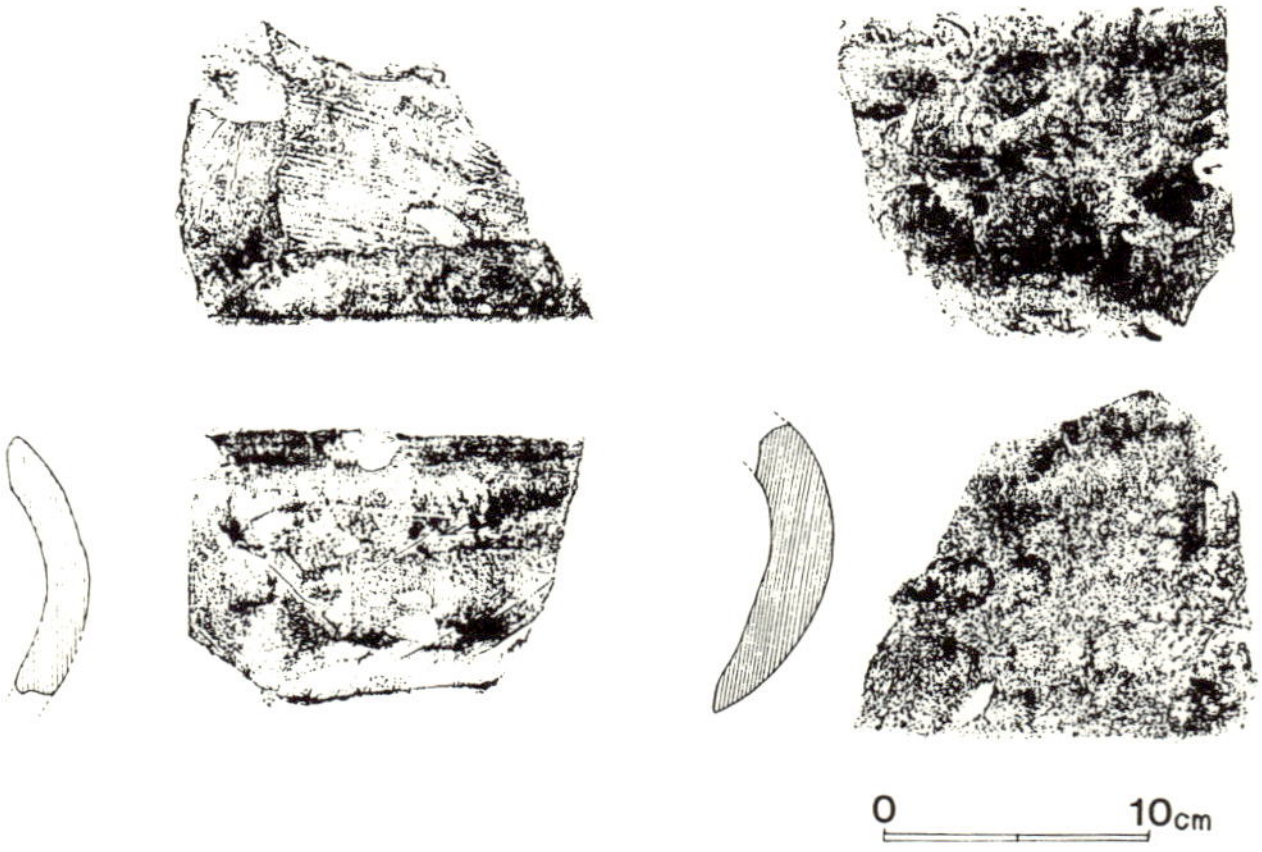

図11　脇城主郭部表採の丸瓦拓本・断面図　作図：高田 徹

輪を連ね、曲輪間を堀切で分断した縄張りである。主郭Ⅰは周りを土塁で囲み、北側の緩斜面側には横堀や腰曲輪で防御強化につとめている。虎口は東南隅に開口し、石垣を伴う内枡形である。主郭と東側の曲輪Ⅱとの間は深い横堀で仕切られ、堀底には段差を施し、端部には竪堀を落としている。主郭東方の曲輪Ⅱは、中央付近に直線的な凹地が縦走する。その端部の延長線上斜面に竪堀が認められること、曲輪Ⅱそのものが旧地形から大きく掘削を受けていることから、凹地は堀の痕跡を示すと考えられる。曲輪Ⅱ東方の凹地も堀跡と考えられ、城域の西端と考えられる。

脇城の構造は台地端を堀切で画し、大きな曲輪取りで空間を確保している。その一方で、主郭虎口や北斜面の竪堀による処理方法にやや細かさが認められる。主郭の北側斜面には瓦片が散布しており、瓦葺き建物の存在が確実である。なお、城跡の南麓は大屋敷と呼称され、稲田氏の居館と考えられている。

⑦川島城（北の城）　吉野川市川島町川島字城山（図12）　川島城は、戦国期に三好氏一族の川島惟忠《これただ》が築いたが、蜂須賀期には林能勝《よしかつ》が五千五百石で在城した。(26)

川島城は、吉野川を眼下に臨む比高約二五mの丘陵上に設けられている。城跡は公園・神社境内地・宅地となり、主郭部は土取りによって大きく地形が変貌している。ただし、城跡には築城の際に石材として転用したとされる寺院礎石が残存することから、かつては石垣を有した城郭であったと推定される（本田昇氏のご教示）。城域は西端の主郭

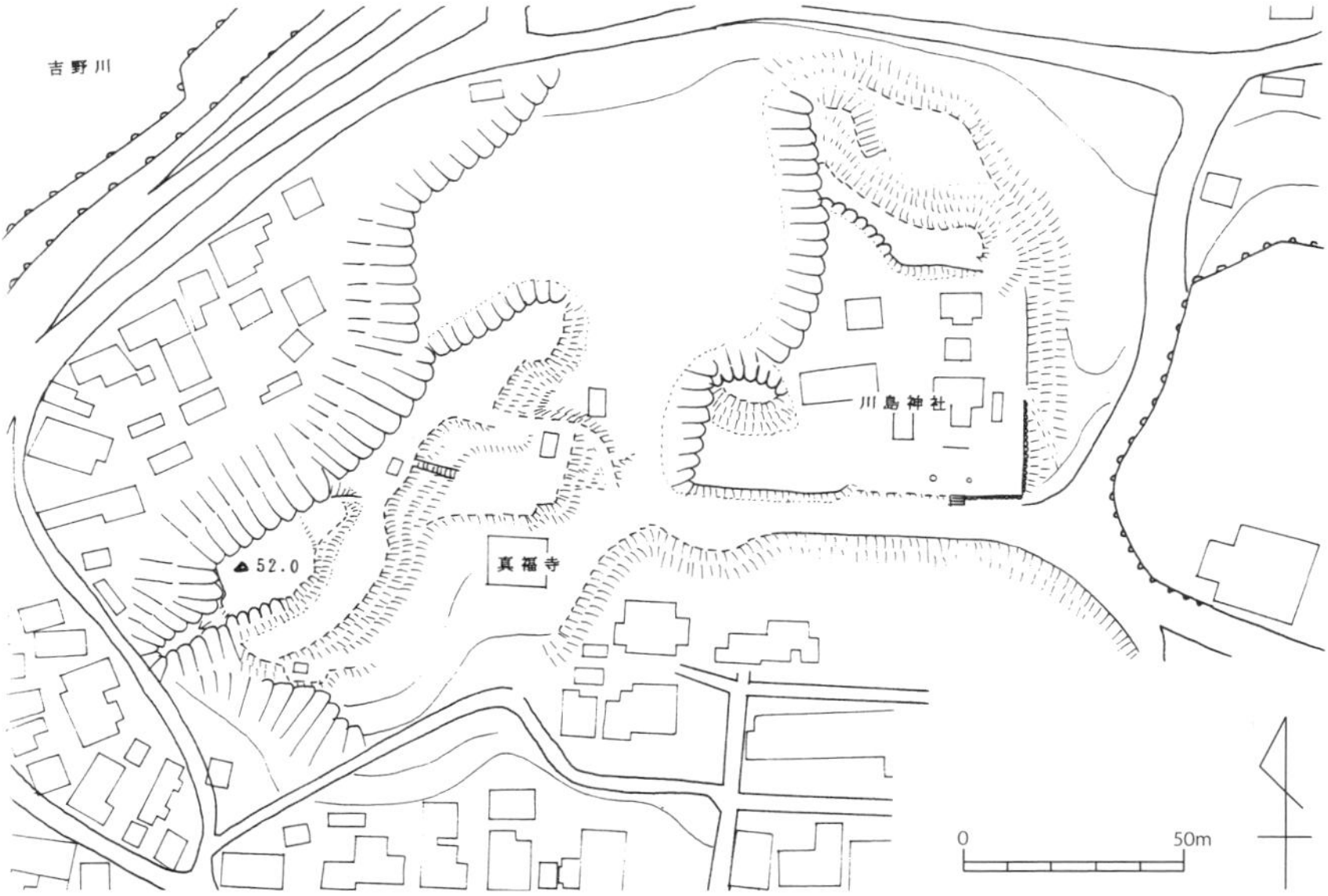

図12　川島城　作図：髙田 徹

部から、川島神社の東にある谷間付近までと推測され、東西二〇〇mほどの規模を有したと考えられる。

⑧一宮城　徳島市一宮町城山（図13）　一宮城は、暦応元年（一三三八）に小笠原長宗《ながむね》が築いたとされる。その後、長宗我部氏の支配を受けた後、天正十三年（一五八五）に阿波に入封した蜂須賀家政の居城となる。同十四年に家政が徳島城へ移ると、家臣の益田長行《ながゆき》が在城した。

阿波最大級の規模を誇る中世城郭であり、主郭部分は多角形状を呈し、四周を緑泥片岩を積み上げた総石垣とする。主郭虎口は導線からストレートに進入するようになっているが、A部分には石積みを伴う内枡形状となる。主要曲輪間・枝尾根に対しては堀切を多用している。また、主郭の西直下の貯水池を囲むピーク上には半独立的な曲輪を設けて水源を抑えるとともに、主郭背後の防御に備えている。

一宮城の現況遺構は、すでに本田昇氏が指摘されているように、主要部の石垣は言うに及ばす、土造り部分に関しても、ほぼ全面的に蜂須賀氏時代の改修を受けていると考えられる。(27)

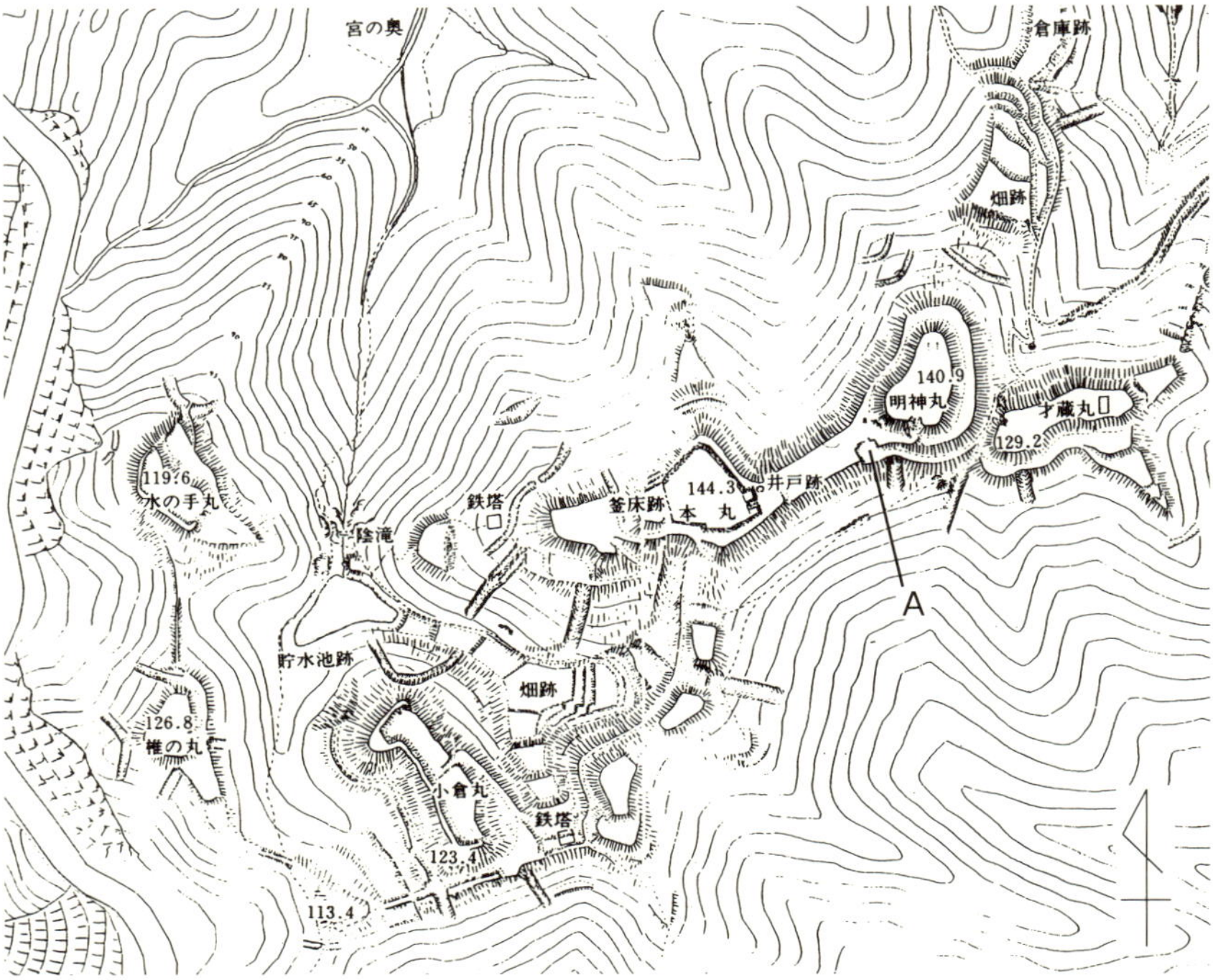

図13　一宮城　作図：本田 昇（記号を加筆）

⑨岡崎城（撫養《むや》城）　鳴門市撫養町林崎字北殿町（図14）　撫養港を見下ろす比高約六〇ｍの山上に選地する岡崎城は、古くから要衝の地として城郭が構えられていたことが推定されるが、築城時期等は不明である。蜂須賀期には、益田正忠《まさただ》が三千五百石で在城した。

城跡は主郭部分に旧県立鳥居記念博物館、その一段下がった曲輪部分に妙見神社が建ち、[28] 全体的に公園化が進み、旧状がつかみがたい。ただし、頂部の主郭から馬蹄形状に曲輪を配した構造であったことは容易に把握できる。さらに、A部分に切石の石垣残欠が認められることから、当初は城域の広範囲にわたって石垣が用いられていたと考えられる。また、石垣には切石が用いられていることから、石垣を含めた縄張りは蜂須賀期に大改修されていると考えられる。[29]

⑩西条城（戎城）　阿南市吉野町西条字町口（図15）　西条城の築城時期は不明であるが、天文

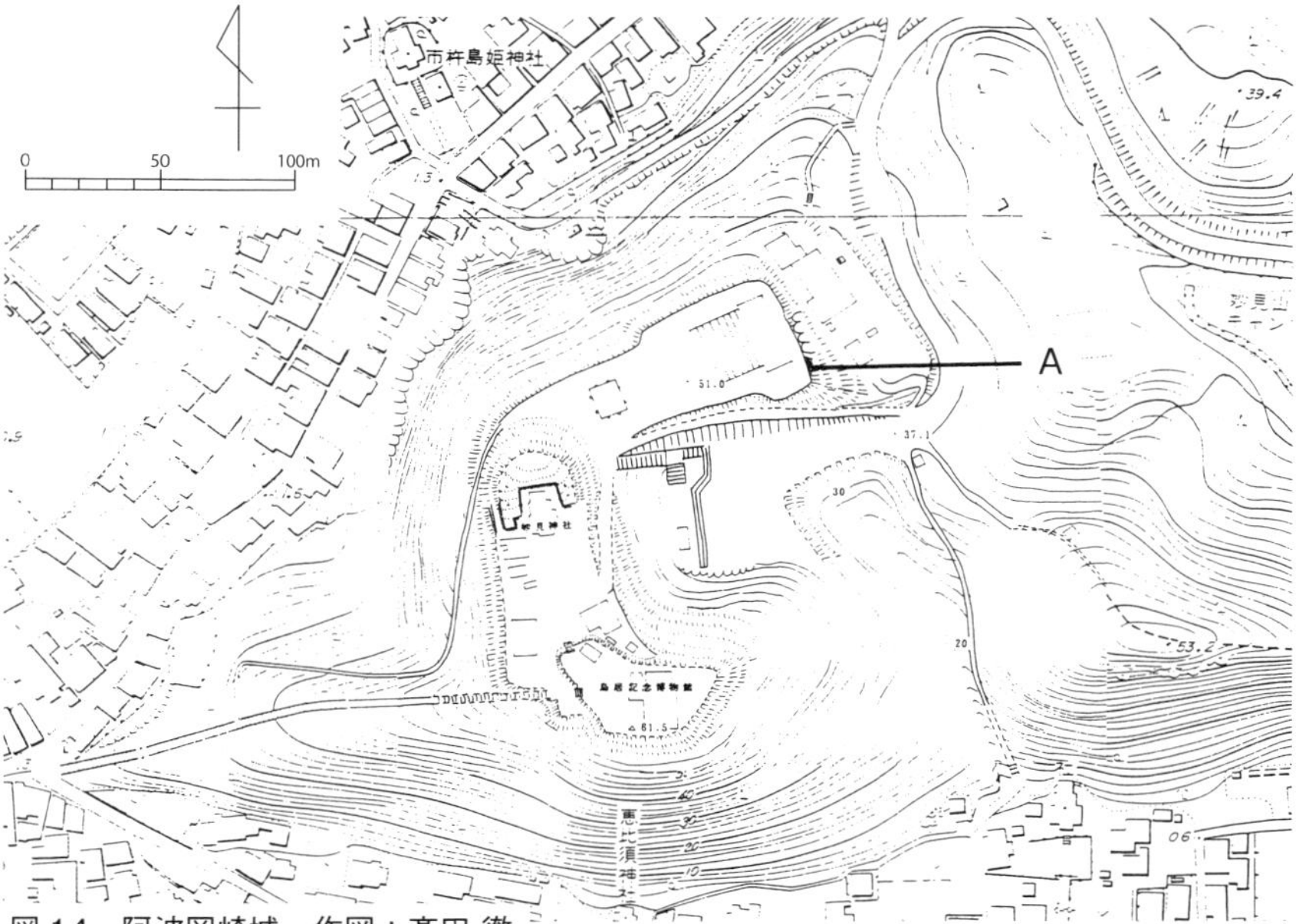

図 14　阿波岡崎城　作図：髙田 徹

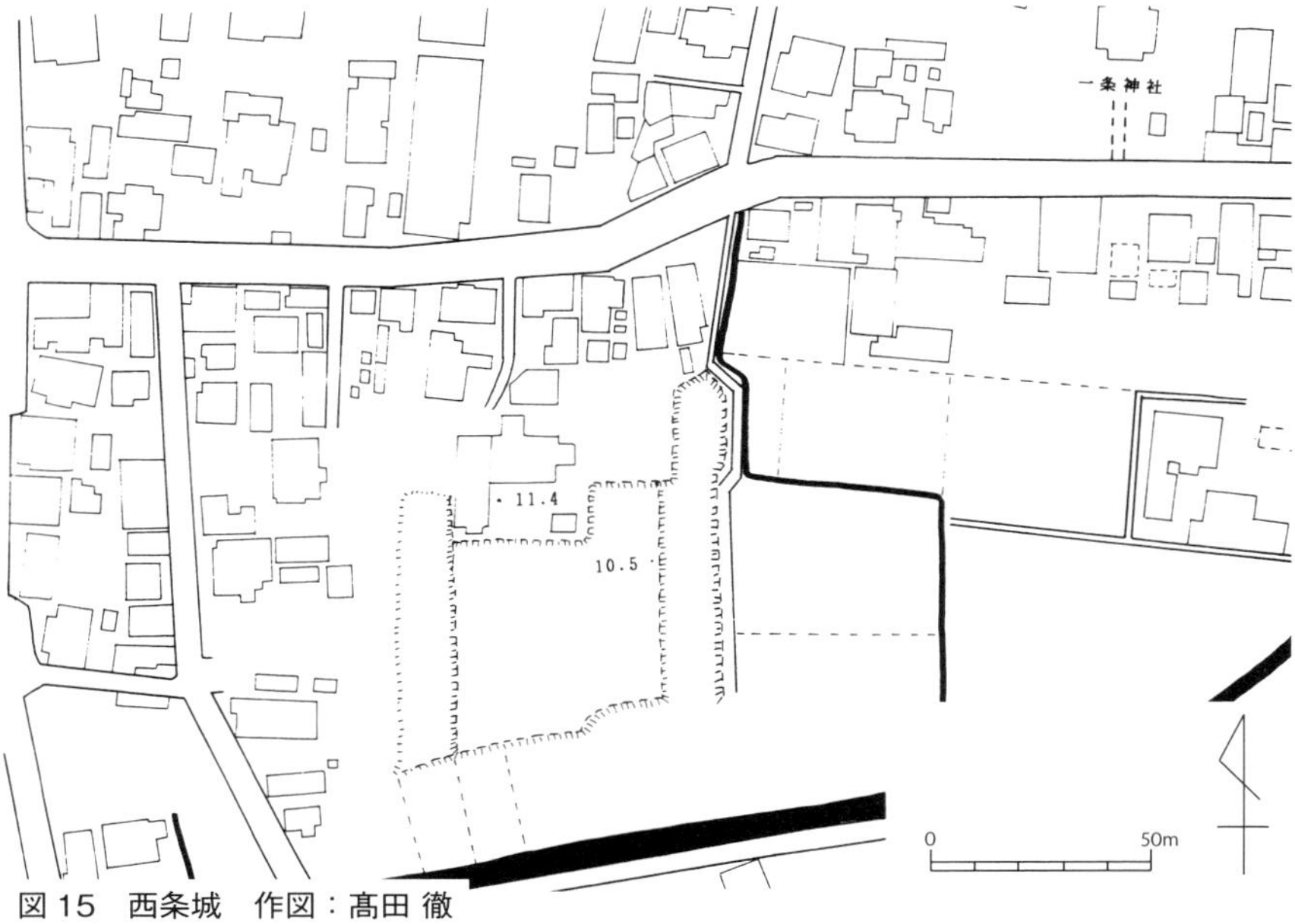

図 15　西条城　作図：髙田 徹

年間には岡本清宗《きよむね》が在城し、蜂須賀期には森監物が在城した。

城跡は平野部に位置し、大半が水田・宅地となっている。ただし、水田中の畦畔の状態から堀跡のラインは想定され、五〇m四方の方形館状を呈していたと推定される。周辺の水路から複郭の可能性も考えられるが、詳しくは不明である。

＊　　　＊　　　＊

以上のことから、徳島城と阿波九城について小括する。まず、支城となる阿波九城であるが、①海部・大西・岡崎城のように領国の境目近くに位置するもの、②富岡・仁宇・脇・川島・一宮・西条城のように、境目の城郭と徳島城を結ぶ中継地点上に位置するもの、の二つに分かれる。しかし、いずれも蜂須賀氏入部以前から郡レベル単位で拠点性を有した中世城郭を踏襲、改修したものである。

各支城には、三千石から一万石を領有する重臣級が兵三百人を備えて在番していた。各支城が在地支配の一端を担うと同時に、有事の軍事的要請に応えられるよう意識されていたことを示すものである(30)。ただ、平城で居館タイプの仁宇・西条城と、比高五〇mを有するその他の平山城、山城とでは、その期待度の比重に違いがあったことが予測される。次に述べる縄張りの様相とともに、バラツキが認められる。

各支城の具体的な縄張りについては、多くが後世の破壊によって全貌が明らかとならない。ただし、①中世城郭をほぼ踏襲していると考えられるもの（仁宇）、②部分的な改修を行ったと考えられるもの（海部・池田）、③全体的な改修を行っているもの（脇・一宮・岡崎）に分けられる。このうち、部分的な改修方法としては石垣の部分的採用が挙げられ、全体的な改修では、主要部の石垣化、虎口の強化、曲輪の拡大化等があげられる。また、海部・富岡・脇では、瓦葺き建物を採用していたことが明らかであり、このような点も、従来の城郭構造の景観を変化させることになったであろう。

一方、蜂須賀領本城である徳島城は、巨視的に見ると山上城郭と居館部から構成される。他の阿波九城と比較するまでもなく、規模・構造ともに大きく抽んでたものである。ただし、洲本城の縄張りと比較するとき、山上城郭部分に関しては、比高差・竪石垣・高石垣・連立式天守を思わせる主郭構造等の点で見劣りするのは否めない。

しかし、山麓の居館の構造、規模、それを取り巻く武家屋敷、城下町の巨大さにおいては、洲本城は徳島城に及ぶべくもない。さらに、徳島城の山上部には三層の天守をはじめとする作事が存在していたのに対し、洲本城にはほとんど作事は存在していなかったのも示唆的である。

考　察

以上みてきた、脇坂・池田・蜂須賀各期における淡路国内の城郭の様相を総合し、考察する。

天正十三年の羽柴秀吉による四国攻めの後、淡路国内の城郭は加藤嘉明の志知城、脇坂安治の洲本城の二城に収斂された。そして、それぞれが改修されて織豊系城郭化が進められたと考えられる。関ヶ原の合戦後、志知城を継承する叶堂城は廃城となり、淡路国内には実質的に洲本城のみが存在することになった。そして、洲本城は山上城郭を中心に改修・拡張がなされ、現状遺構がほぼ完成をみたと考えられる。

脇坂氏の転封後、淡路島を管理した藤堂高虎はその期間も短いので、城郭の積極的改修等は行っていないだろう。問題となるのは、池田氏段階で洲本城が使用されず、なぜ新規に岩屋・由良城が築城されたかという点である。岩屋・由良城は、先に述べたように淡路一国の領主池田忠雄の居城としての体裁を整えながら、実質は池田輝政領における一支城にすぎないものであった。

対する洲本城は、繰り返すように脇坂氏の本城として改修・拡張されており、城下もそれに見合う形で整備が進められていたものと考えられる。洲本城は軍事面で池田氏本城の姫路城にも匹敵すると同時に、領国経済の中心地としての機能も兼ね備えていた。そのため、淡路を領することになった池田忠雄は、新規築城の必要がなく都市機能を有する洲本に居城を構えることが最も順当であったはずである。しかし、それがなされなかったのは、当該期における池田領内での忠雄の立場、すなわち支城主としての地位を如実に示すものと考える。つまり、支城をあくまで領国支配の拠点とはせず、領国内の軍事的要請の一端を担うことを専一とさせ、それ以上の機能を負うことに対しては、本藩からの規制が働いたといった理由が考えられる。岩屋築城が池田輝政の命によってなされたことも、輝政側からの干渉にほかならない。こうした点は、輝政の甥に当たる池田由之が在城した利神城《りかん》（兵庫県佐用町）においても同様であった(31)。ただし、一方で由良城が元和一国一城令後も存続しえたのは、淡路唯一の城郭であったことも然ることながら、当時、幕府から公認された大名の居城であったからである。

次に、元和元年以後、淡路を領有することになった蜂須賀氏が、なぜ由良城を破却して洲本城へ移ったのかというのも論点となる。蜂須賀氏も池田期の支城体制を踏襲することが自然であったはずである。事実、当初、蜂須賀氏も支城として由良城を踏襲した。しかし、元和一国一城令後に大名領の支城が淘汰され、大名間紛争が回避される状況となり、軍事面を専一とする支城は取りも直さず否定されるか、もしくは当該期の政治状況下にもはや適合しないものとなったと考えられる。稲田氏が由良城に赴いた際に、荒廃した状況にあったというのは、慶長期の軍事的緊張状態を経て、その機能が著しく低下していたためであろう。

もっとも、その際に稲田氏は大坂夏の陣の戦功によって、由良城代たることを徳川家康・秀忠から公認された。稲田氏は、当初、羽柴秀吉の直臣であったが、蜂須賀氏の四国攻めの際に与力として付属させられ、後にその家臣と化した経緯がある。すでに天正十三年以来、阿波九城の一つ脇城に在番し、蜂須賀氏家中における主従関係でも双務的・対等的性格を有していた(32)。したがって、家康から授けられた由良城代という地位は、蜂須賀氏家臣でありながら、幕府から万石陪臣として認知される稲田氏の身分標識として重視されたことは想像に難くない(33)。

元和偃武《えんぶ》以降、軍事性専一の支城が不必要となっても、それに伴う身分標識や地位・階層の維持は、稲田氏にとって死守すべき対象であったはずである。それとは別に、藩主蜂須賀氏側としても、軍事性はともあれ淡路一国の行政府の必要性は、阿波国と鳴門海峡で隔絶している点からも、領国経済の発展のためからも、高いものであった。稲田氏の脇城を含む阿波九城は、寛永十四年頃に廃城となったといわれるが、その結果、支城主層はおのずと徳島城下に集住を余儀なくされたと考えられる。その反発も当然ながら存在したはずである。とくに稲田氏のような蜂須賀氏家中における微妙な立場の家臣を洲本城代という地位に据えておくことは、その居城であった脇城の縄張りと比較した限りでも、不満を反らす上で十分事足りるものとなったことだろう。幕府の立場からも、淡路に洲本城のみを存続させることは一国一城令の範囲内のことである。稲田氏を洲本城代という支城主に準じた地位に公認することによって、その独立性を指向させ、蜂須賀氏への牽制策にもなりえたと考えられる。

これらの理由により、軍事性を専らとした由良城は破却され、かわって行政機能を専一とした蜂須賀期洲本城が整備されるに至ったと考える。いずれにしろ、洲本城は徳島城の支城とは位置づけられるものの、脇坂氏時代には本城として機能していただけに、蜂須賀氏の阿波九城と比べて格段に構造上の違いを有するものであった。もちろん、慶長期における池田領の岩屋・由良城とも比較にならないほどでもあった。そこには岩屋・由良城、阿波九城が実質的に機能した軍事面を専一とする支城が必要とされる慶長期に対して、元和・寛永期以降の幕藩体制確立期の大名領国内に存在する支城の役割・機能が大きく変質していたことが明らかである。

そして、江戸期における幕府・蜂須賀氏・稲田氏との関係は、洲本城の山上城郭を使用しない状況を生み出している。山麓では藩主蜂須賀氏の居館が「御城」と呼称され、稲田氏屋敷があたかも「御城」と並列して構えられる形となっていた。稲田氏の地位の高さ、格式の高さをそこに読み取ることができる。そして、阿波九城のみならず、本藩徳島城さえ凌ぐほどの洲本城の城代を稲田氏がほぼ独占することは、稲田氏の家格上昇と居城化の意識を高めること

になったのである。(34)

おわりに

江戸期に淡路唯一の城郭として存続した洲本城は、脇坂期に山上城郭がほぼ完成された。しかしその後、淡路国が播磨・阿波にそれぞれ本城を構える池田・蜂須賀両氏に兼領されることになったため、おのずと淡路国内に築かれる城郭はその支城的な位置に留まることになった。そして、池田期・蜂須賀期における支城体制の変容が、洲本城の廃城、再生につながったと結論される。近世初頭の本城・支城体制には、藩主と支城主層との間でさまざまな葛藤を有していたことが、これら城郭の変遷からもうかがえるのである。

【註】

(1)『宗国史』巻三、慶長十四年六月六日条に「遣我将士戍淡路」(上野市古文献刊行会、一九七九年)とあり、城を守衛した程度であったと考えられる。
(2)拙稿「池田氏領の支城と利神城」(城郭談話会編『播磨利神城』、一九九三年)。
(3)岡山県史編纂委員会『岡山県史』(山陽新聞社出版局、一九八四年)。
(4)「蜂須賀至鎮譜」(高柳光寿他編『新訂寛政重修諸家譜』第六、続群書類従完成会、一九六四年)。なお、渡辺則文「淡路国」(国史大辞典編修委員会『国史大辞典』一、吉川弘文館、一九八二年)によると、至鎮は当初、岩屋廻りを除く淡路六万三千石が与えられ、同三年に岩屋廻り一万七千石が加えられた。
(5)浦上雅史ほか『おいでてはいりょ見てはいりょ城下町洲本』(洲本市立淡路文化史料館、一九八八年)。
(6)山上城郭は上の城、居館部は下の城、御城、御殿等と呼称されているが、ここでは便宜上、山上城郭・居館に統一して呼称する。
(7)竹内理三編『兵庫県地名大辞典』(角川書店、一九八八年)。
(8)たとえば、岡本稔・山本幸夫『洲本城案内』(BOOKS成錦堂、一九八二年)六一～六三頁。

(9) 註(7)文献五八～六一頁。

(10) 加藤嘉明が在城した志知城は、主郭部が一〇〇m四方で、塁線には折れを伴う構造で、外郭を有していた。その全体像は十分解明されているとはいえないが、平城とはいえ淡路半国を領する織豊大名の居城としてふさわしいものである。叶堂城も主郭部が総石垣であり、志知城に準じた造りであったといえよう。ただし、これらは規模・構造の点で、いずれも洲本城の比ではない。このような違いは、築城主体の違いに起因するのではなく、むしろ関ヶ原の合戦を挟んで廃城となるか、存続して大改修を受けたかの違いによるのではなかろうか。

なお、関ヶ原の合戦で西軍に属し、戦後減封された毛利氏も、領内に本城・支城を新規に短期間で築城している(拙稿「慶長期における本城・支城構造―毛利・福島領を中心として―」『中世城郭研究』第九号、中世城郭研究会、一九九五年)。慶長期の築城ラッシュの中、短期間のうちに洲本城が大改修を受けていても何ら不思議ではない。

(11) 註(8)に同じ。

(12) たとえば「洲本御城下絵図」(安永頃)、「寛永九年洲本之図」(ともに註(5)文献所収)、「御山上絵図」(享和二年、淡路文化史料館『洲本城展』、一九八五年、所収)、「淡路須本城図」(矢守一彦編『浅野文庫蔵諸国当城之図』、新人物往来社、一九八二年、所収)等がある。

(13) 洲本市史編さん委員会『洲本市史』(一九七四年)で紹介される文政六年成立の佐藤信渕『宇内混同秘策』には、蜂須賀家政が「此の城(筆者註。洲本)を破却すると称して、密かにその塁を増築した」と記されている。その理由は、有事の際に蜂須賀氏が畿内に攻め入ることを想定していたためであるとし、徳島城よりも洲本城の防備が厳重であることをその根拠としている。これらの記述すべてを信じることはできないが、洲本城が蜂須賀期に増築されているという点や、本城の徳島城より洲本城が優れているという点が、江戸期において認識されていた点が判明する。

(14) 「岩屋浦古城之図」(『淡路名所図絵』所収、堀田浩之他『特別展城郭のデザイン』、兵庫県立歴史博物館、一九九四年より所引)。

(15) 山本幸夫「由良城」(児玉幸多他監修『日本城郭大系』十二巻、新人物往来社、一九八一年)。

(17) 稲田氏が由良に入城した際、その屋敷まで浪が寄せていたといわれる。これが事実なら、由良城で浪風を受けるのはⅣ区しかない。成山の山上城郭に対して、山麓部に城代屋敷が存在した可能性は高い。

(18)　中井均「利神城の採取瓦について—池田氏支配の播磨国における利神城の考古学的位置付け—」（『播磨利神城』所収）によれば、城郭における家紋瓦の使用の有無には、本城・支城間で規制が働いていたとされる。そして、岩屋・由良城で家紋瓦が使用されているのは、「幕府から公認された独立した藩」として扱われていたことを示すと考えられている。なお、田中幸夫氏の御教示によれば、兵庫県高砂市の高砂城からも揚羽蝶紋の軒丸瓦が出土している。これは、高砂城にも城代が置かれていた点から知られるように、池田氏の直轄的な城郭として機能していたためと考えられる。

(19)　岩屋・由良が軍事的な要衝であることは、中世城郭が近接して存在したこと、江戸期を通じて阿波藩の藩邸が置かれたこと、さらに幕末に砲台が設置されたことからも確認できよう。

(20)　岩屋城が三年で廃城となった理由として、第一に池田氏領国内の戦略的要因がその間に変化したことが考えられる。
ところで、元和元年に蜂須賀氏は岩屋廻りのみを除いて淡路を領有することになるが、このような領有は池田氏時代の支配領域を継承している可能性が考えられるのではないだろうか。すなわち、岩屋城が廃城となるのは、城郭の不備性から生じたものではなく、海上ルートの重要拠点である岩屋浦を幕府が召し上げたためとは考えられないだろうか。新規築城の城郭が三年で廃城となっている点、岩屋城に次いで築かれた由良城も岩屋城の構造・城下を上回らず、極めて類似している点も、この推定が正しければ理解しやすくなる。

(21)　『年表秘録』寛永十四年条に「此年公儀ヨリ一国一城可為旨被仰出依之御本城之外悉被毀之」とあり、元和一国一城令後も支城が存続したとしている。そして、寛永期にこれらが廃城となった理由として、島原の乱のような一揆勢の城郭利用を恐れたためであるとしている。

(22)　徳島城の縄張りの詳細については、『日本城郭大系』十五巻（一九七九年）所収の本田昇氏作図の「徳島城図」を参照のこと。

(23)　海部町教育委員会『海部町史』、一九七一年。

(24)　田所眉東他『富岡町志』、一九二五年。

(25)　脇町誌編集委員会『脇町誌』、一九六一年。

(26) 川島町史編集委員会『川島町史』上、一九七九年。
(27) 本田昇「一宮城の遺構」(阿波一宮城編集委員会『阿波一宮城』、徳島市立図書館、一九九三年)一二八～一三〇頁。
(28) 妙見神社は天保元年に商人により勧請された。廃城後とはいえ、古城に商人が立ち入り、神社を勧請できうるような状況があったことは、江戸期の古城管理の実態をうかがわせるものである。ちなみに川島城でも江戸期に神社が建立された上、土取りによって地形が変貌した。仁宇城では、城跡に庄屋が屋敷を構えていたようである(竹内理三編『徳島県地名大辞典』、角川書店、一九八六年)。
(29) 本田昇「阿波の古城　岡崎城」(財)徳島経済研究所『徳島経済』第二十号、一九九〇年)。
(30) 笠谷和比古『主君「押込」の構造―近世大名と家臣団―』(平凡社、一九八八年)一九五・一九六頁。
(31) 註(2)拙稿に同じ。
(32) 笠谷和比古『近世武家社会の政治構造』(吉川弘文館、一九九三年)一六二頁。
(33) 伯耆米子城は因幡鳥取城の支城として荒尾氏が預かっていたが、その代替わりの節には幕府老中に報告するのが慣例であり、幕府からもその地位を認められていた。そして、幕末に近づくにつれ荒尾氏は自らの墓碑に米子城主と記すようになり、支城をめぐっての意識が大きく変化している(米子市立山陰歴史館編『米子城資料第二集』荒尾成文家譜、一九九一年)。
(34) 明治三年に稲田氏が独立を図って、本藩との間で衝突した稲田騒動も、阿波入部以来の蜂須賀氏家中における稲田氏の地位を一根元として爆発したものである。

〈付記一〉本稿作成にあたり、海部町教育委員会、阿南市教育委員会、川島町教育委員会、脇町教育委員会からは資料の提供を受けた。角田誠氏、中井均氏、山上雅弘氏、福島克彦氏をはじめとする城郭談話会諸兄からは貴重なご助言を頂いた。また、本田昇氏からは阿波九城をご案内頂いて懇切なるご指導を賜った上、そのご家族様からも温かいおもてなしを頂戴した。末筆ながら記して感謝申し上げる次第です。

〈付記二〉　近年、大坂夏の陣後まで岩屋城が存続しており、淡路を与えられた蜂須賀氏に引き渡されたという史料が発見された（「香河家文書」兵庫県立考古学博物館『特別展　築城―職人たちの輝き―』、二〇一六年）。同史料によれば、岩屋城には天守・多門（西之長屋、東之長屋）、櫓門（門屋くら）等が存在したことが判明する。したがって、池田忠雄の淡路領有期は岩屋・由良城が併存したことが明らかになった。ただ、史料はこと細かく城内の施設とその破損状況を記すものの、意外に城郭関連施設が少ない。そこにコンパクトにまとまった支城的様相を読み取ることができる。したがって、本論の主旨を大きく修正するまではないと考え、ここに付記するに止める。

第二章　構築物からの研究

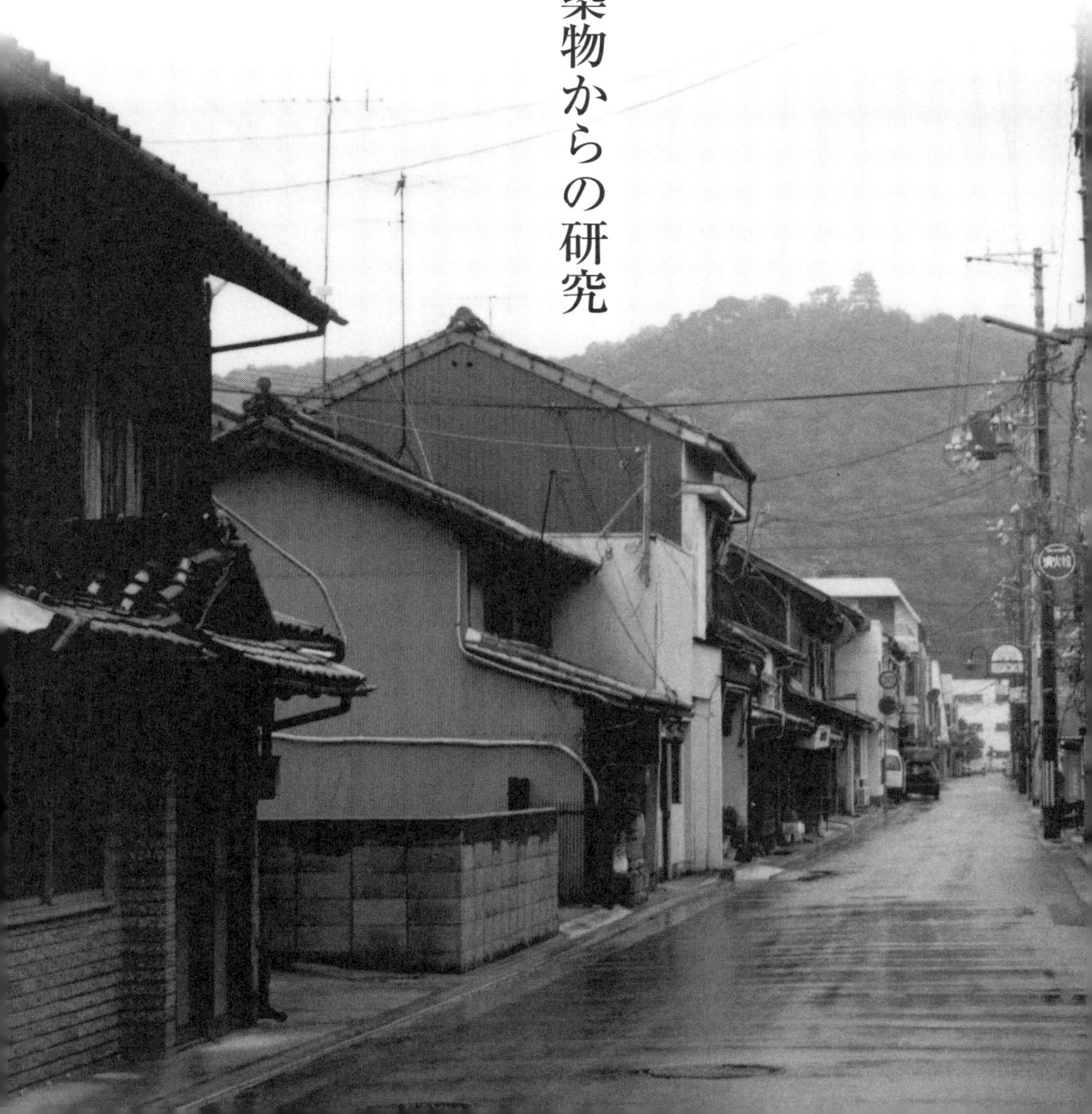

I 洲本城および城下町の建築

松岡利郎

はじめに

淡路洲本城は、三熊山の上にある「山城」と、その北側山下にある御殿（下ノ城）よりなり、石垣で構築された見事な構成をよく残している。それに城下町も市街化がすすんでいるものの、所々に古い社寺や町並みを見ることができる。

この城は、戦国時代に安宅氏が築城したのに始まり、天正九年（一五八一）に織田信長に屈服した。一時、菅平右衛門が占拠したが、翌十年の本能寺の変に際して羽柴秀吉が攻略して淡路の諸城を接収、臣下の仙石秀久に洲本城を与えた。同十三年には脇坂安治が三万石を拝領して入城、このときに山上に石垣を構築し、近世城郭の形態ができたと考えられている。しかし、慶長十四年（一六〇九）に脇坂安治は伊予大洲城へ移され、翌年に姫路城主池田輝政が淡路を所領して岩屋城を築き、さらに同十八年には輝政の三男忠雄が淡路を賜って、由良の成山に新しく城を築いたので洲本城は廃城となった。そして元和元年（一六一五）、大坂の陣で豊臣氏が滅亡した後、阿波徳島城の蜂須賀至鎮が代わりに淡路を所領したが、由良城では建物の傷みがすすみ、かつ淡路支配の中心地としては地理的位置が片寄りすぎ、交通不便なため、寛永八年（一六三一）から同十二年にかけて洲本へ城・武家屋敷・寺院・町屋を移した。これをいわゆる「由良引け」といって、徳川幕府の許可を得たうえで城と城下町を修築整備している。

こうして、洲本城は淡路統治の中心となり、徳島藩は仕置・城代に家老稲田氏を任命し、明治維新まで続いたのである。本稿は洲本城および城下町の建築をテーマにとりあげる。幸い、洲本城に関する古図（絵図・指図）が若干伝わっており、建築遺構も金天閣の一棟だけ移建されて残存している。また、城下町の社寺や町並みについても調査したので、あわせて報告する。

洲本城に関する史料

まず、国文学研究資料館（東京都立川市）の蜂須賀家文書や洲本市立淡路文化史料館・洲本市立図書館に多くの古図が保管されている。古図はさまざまな種類があって、すべてを調べ尽くすことはできないが、建築に関係するものでは、城と城下町を描いた絵図㋑～㋬と建築の平面間取りを描いた指図《さしず》（差図・平面図）㋣㋠㋷が参考になる。次に主なものをとりあげて、これらの内容を検討する。

㋑城絵図（蜂須賀家文書　一二二〇）一二三×九〇cm（図1）
㋺須本御城下町屋敷之図（蜂須賀家文書　一二一七ノ四）一八七×一八一cm（図2）
㋩淡路国須本之御城絵図（蜂須賀家文書　一二一七ノ二）一六〇×一六九cm（図3）
㋥淡路御山下画図（蜂須賀家文書　一二三〇ノ一）一一二×八四cm

城と城下町を描いた絵図は数点あるが、このうち注意されるのは、㋑～㋥および次にあげる㋭㋬の絵図である。

㋑は表題から城だけのように思われるが、城下町も含めて描かれている。一見して簡略な構図で、決して良質なものとはいえないかもしれない。しかし、彩色してあり、山上の城郭に「天守・廣間・中務母義・河内・蔵屋敷・ふんせい・中間長屋　・番所・勘七・主水・鷲之助」、山下の館に「中務屋敷」と記入してあり、かつ山上の各曲輪を守っている点は重視すべきことがらを含んでいる。中務は、脇坂安治が天正十三年（一五八五）に中務少輔に任じられて以来の官名であり、家臣に佐野勘七、安治の子安信主水正がいる。山下の「中務屋敷」正面中央の大門が現在の左折

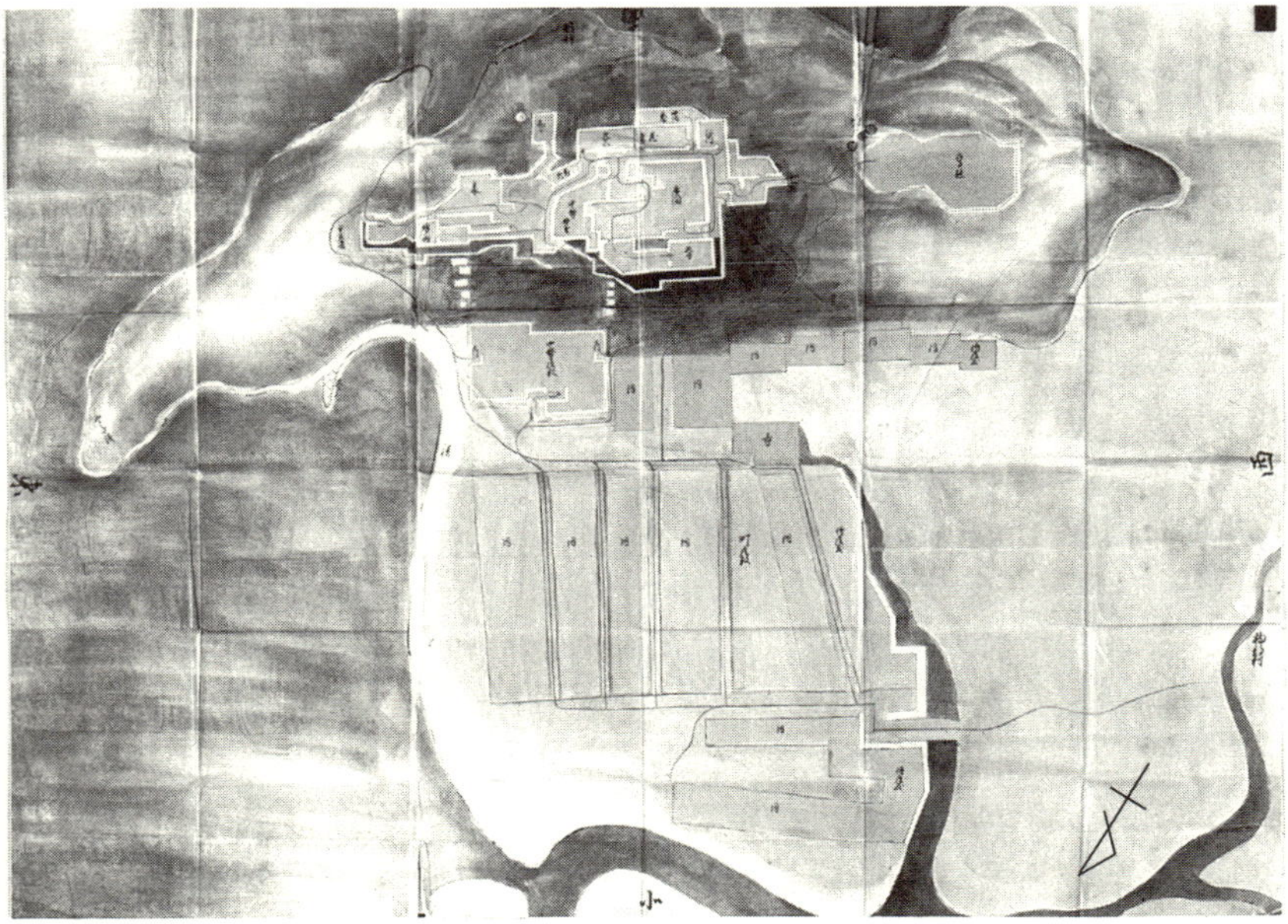

図１　㋑城絵図（蜂須賀家文書 1220）　国文学研究資料館蔵

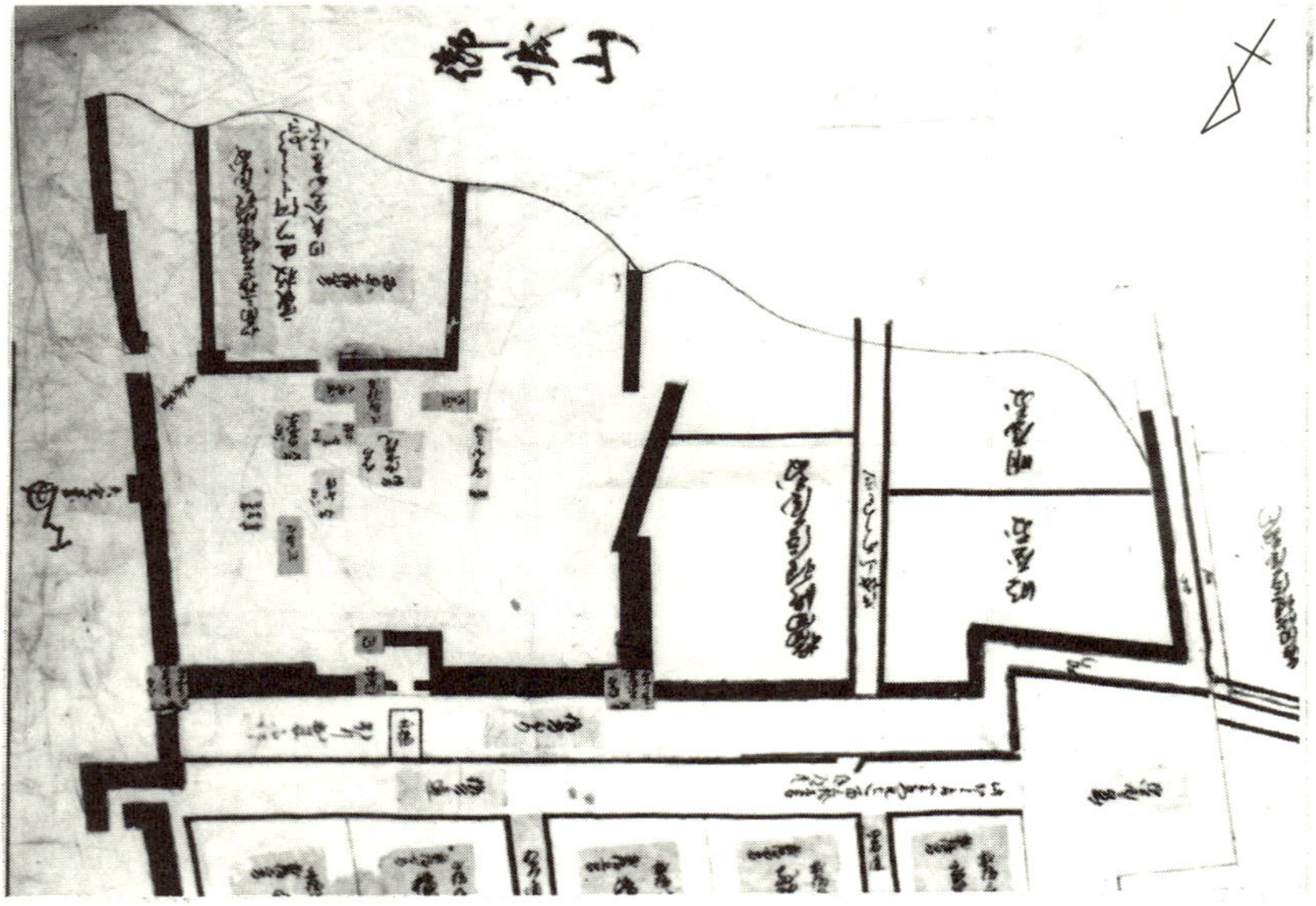

図２　㋺須本御城下町屋敷之図（蜂須賀家文書 1217 ノ 4）　国文学研究資料館蔵

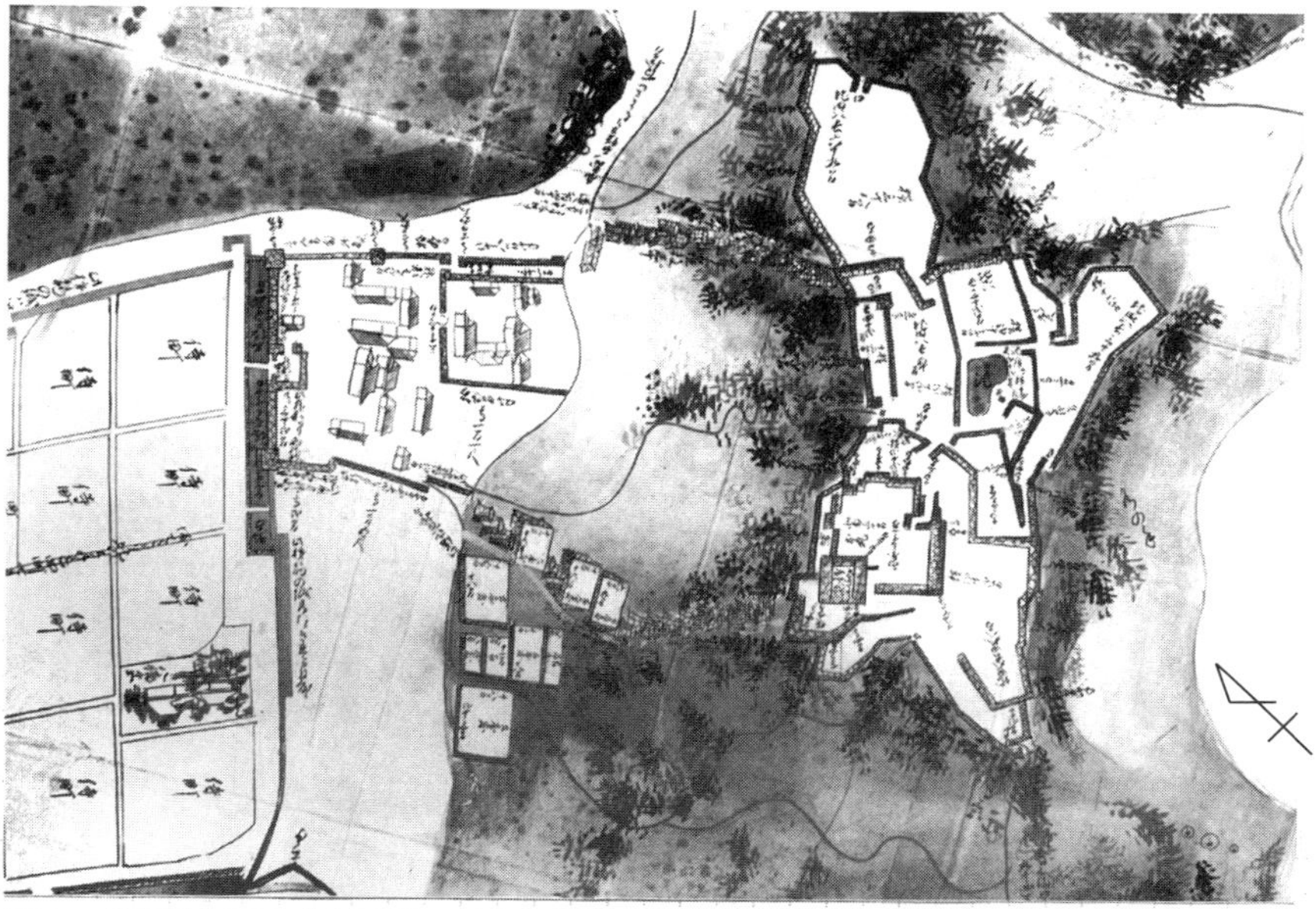

図３　㋩淡路国須本之御城絵図（蜂須賀家文書 1217ノ2）　国文学研究資料館蔵

れ桝形と右折れの反対向きに構えられていること、城下町は外町がなく発展以前の様相を示すものらしいこと、など考慮すべき点が見出される。単なる写しであっても、脇坂安治が在城した当時を示すものとすれば無視できないし、なお検討を重ねる必要がある。

㋺は、城下の町割りを主眼において作成し、武家屋敷の所有者と屋敷規模、道幅寸法などに貼紙してある。町割り寸法や内容からみて計画図のように思われるが、とくに山下の御殿「下ノ城」部分では石垣が二重に囲まれ、注目すべき施設がなされている。御殿は簡略ながら、供番屋、御馬屋（七間×三間半）、外侍（遠侍八間×五間）、御書院（拾間×九間）、御台所（八間×六間）、取次（七間×四間）、御料理間、御物置、御蔵（拾二間×二間半）の配置をそれぞれ貼紙しており、かつ中心曲輪にも「家数九ツ何もかわらふき内矢倉出来仕候」と記入してある。「下ノ城」は現状で見る限り、前面の堀と外囲いの石垣で築かれ、単郭の陣屋であったように思われるが、この絵図ではさらに内側に中心曲輪の存在したことが示されている。

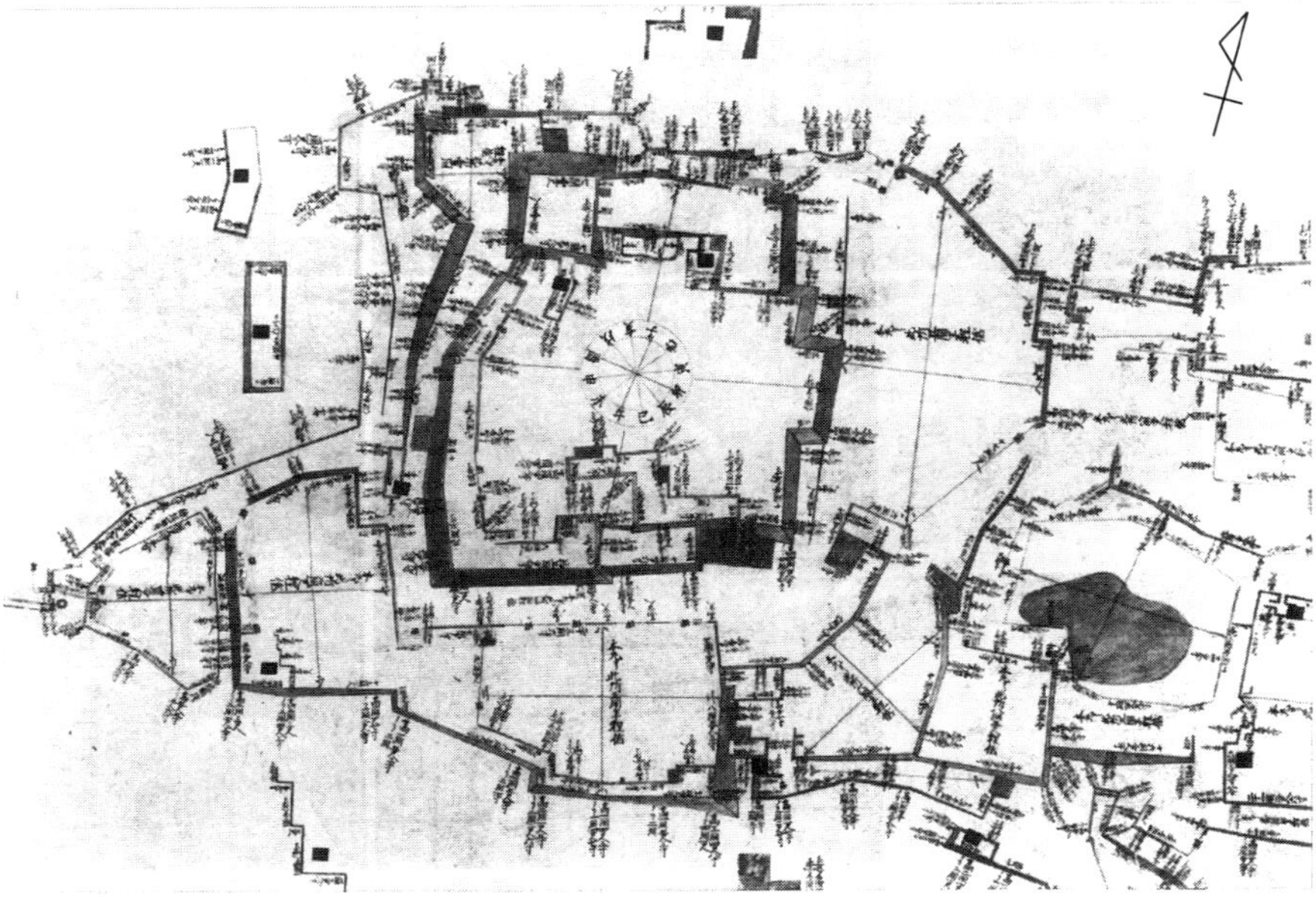

図4　㋭須本御山上絵図（蜂須賀家文書 1230ノ3）　国文学研究資料館蔵

その点は㊇㊁にも同様に中心曲輪が表現されており、㊇では前半の御殿と中心曲輪の建物群が立体見取り風に描かれている。これらの絵図がなければ中心曲輪の存在に気づかないであろうが、㊇では二重櫓、㊁では中央に三重櫓が見られ、天守と同様な建物を思わせ、注意をひくものがある。しかし、絵図の性格上、象徴的なものかもしれないし、信憑性のほどやそれを裏づけられる史料も持ち合わせていないので、今後の検討に待たねばならない。

㋭須本御山上絵図（蜂須賀家文書　一二三〇ノ三）

一三四×五九cm（図4）

この絵図を入れた上袋に「第卅番　淡路須本御城一分間六尺一間御山上絵図　享和二年（一八〇二）」と記されており、作成された事情がわかる。六〇〇分の一の縮尺で山上の城郭を測量したもので、各曲輪の長さや石垣の高さと法《のり》の寸法をきめ細かにびっしりと記入してある。図に描かれた縄張りも驚くほど正確で、当時の測量技術の精巧なほどがうかがえて興味深い。他に岩村城や松江城にも同様な測量術によって作成さ

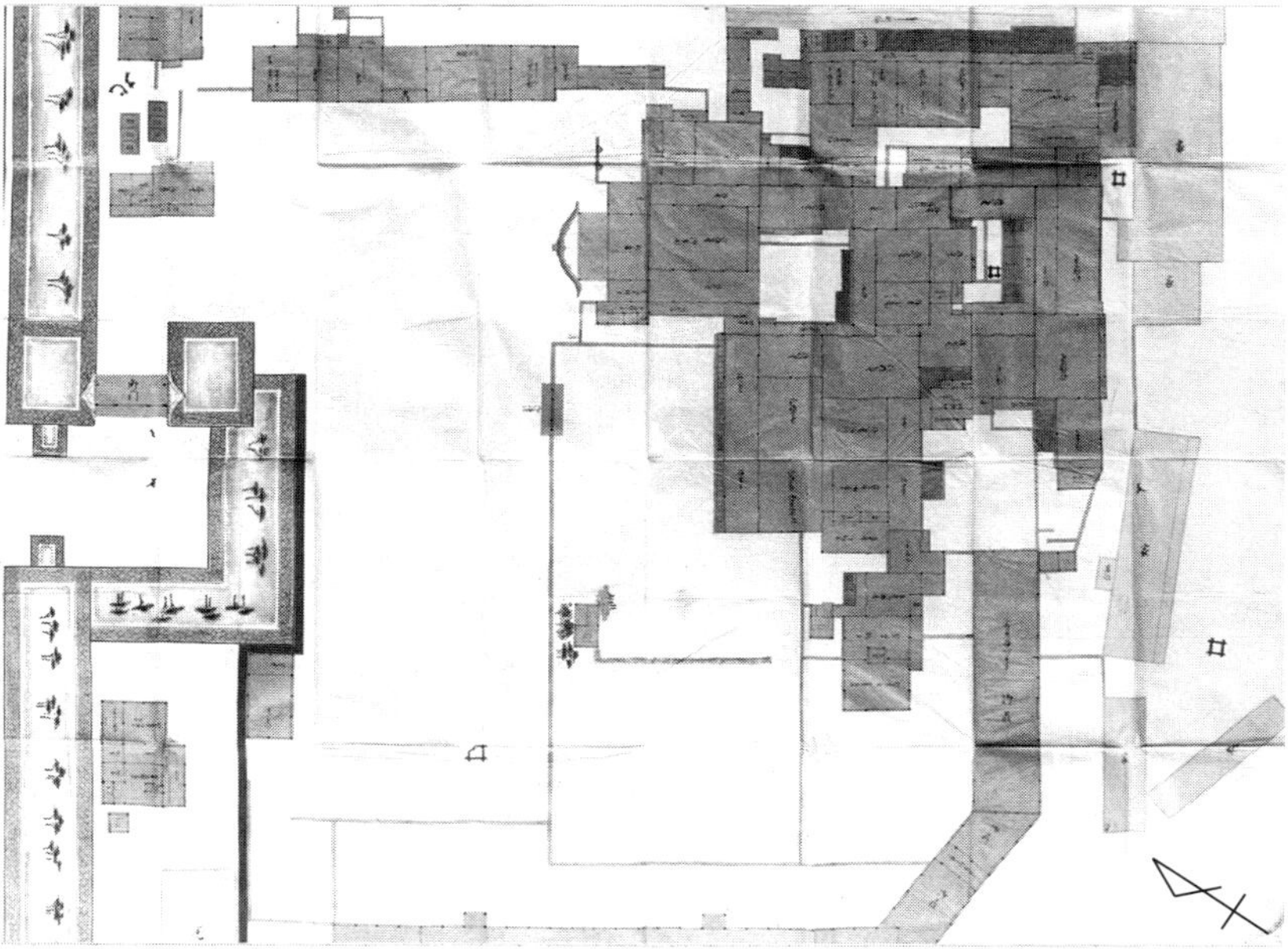

図５　㋣須本御殿絵図（蜂須賀家文書 1231）　国文学研究資料館蔵

れた絵図が伝わっており、研究すべき価値はあるが、別の機会に譲る。

㋬文政元年（一八一八）洲本御城下絵図（洲本市立図書館蔵）一二八×一七九cm

この絵図は二間を一分として、すなわち六尺間なら一二〇〇分の一の縮尺で描かれている。方位にあわせて五寸ごとの方眼をひき、これをもとに作成した測量図である。図中に山下の館の建物が立体見取り的に描かれており、その配置や屋根の様子からみて、後述する㋠「須本御家御指図」などに見られる平面配置、とくに西側に長く折れて出る蔵とよく見合うように思われる。もちろん、図が小さく見取り風なので必ずしも正確なものとはいえないものの、建築構成を立体的に復元して考えることは可能である。

㋣須本御殿絵図（蜂須賀家文書　一二三一）一四四×一三四cm（図５）

上袋に「洲本御山下古絵図之写壱枚　川濱画図壱枚添」とあり、後者の川濱画図（洲本大浜、炬口海岸の古図）と一緒に入れられている。前者の「洲本御山下古絵図

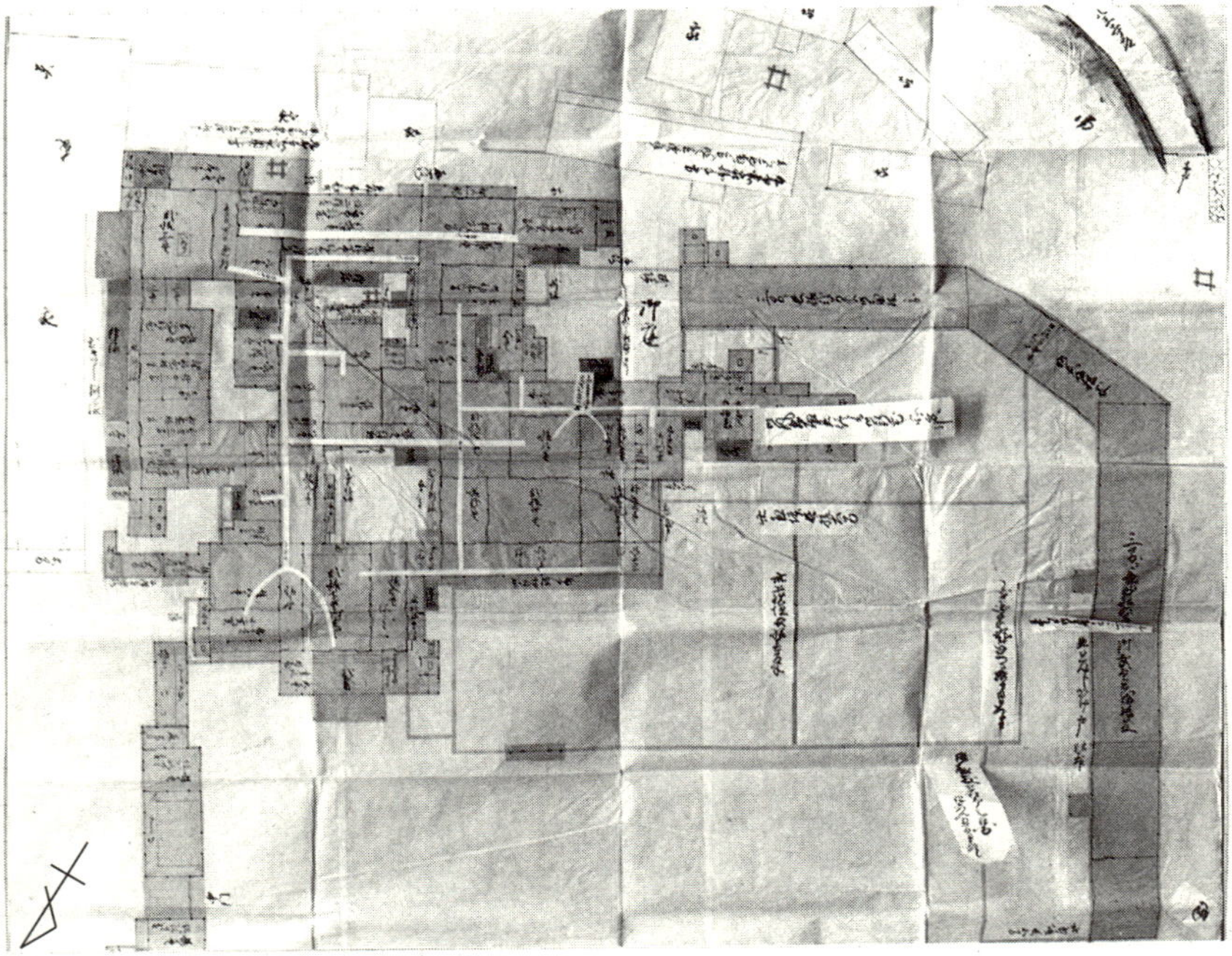

図6　㋠須本御家御指図（蜂須賀家文書 1217ノ6）　国文学研究資料館蔵

之写壱枚」は和紙に一間を八分（二四㎜）ごとの方眼をヘラ引きし、その上に青色紙で御殿の平面間取りを画いたものを貼り付けて作成している。大工棟梁の作成による、いわゆる八分計指図で、建築に関して具体的な構成が知られる。周囲には黄色に塗られた隣家「九郎兵衛家」（後述）や北側正面の石垣と桝形に構えた御門も描いてあって、建物の配置状況がわかる。ただ、作成年代が知られないのは残念である。

㋠須本御家御指図（蜂須賀家文書　一二一七ノ六）
一〇一×九八㎝（図6）

　この指図は㋣と同様なものであるが、ヘラ引きの方眼はなく、黄色紙に一間六分計（一八㎜）の大きさで御殿の平面間取りを画いたものを貼り付けている。これには「カヨイ」と記入した白色の細切紙を貼って殿中の動線を示し、所々に注記の付箋も付けてある。参考のため㋣㋠の両指図、および次の㋷指図によって画きおこした洲本城御殿平面図に、「カヨイ」の動線と付箋の注記を記入しておく（図7）。

㋷須本御城指図（個人蔵）一四五×一三〇㎝

この指図は、和紙に洲本城山下の館全体を墨線で画いたもので、御殿の平面間取りが示されている。基準方眼を引かないものの、一間四分計（一二㎜）に縮小、作成してある。先の㋣㋠両指図では隣家が「九郎兵衛家奥之方」「九郎兵衛家勝手方」とあるだけで範囲外なのに対して、この指図では、御殿の左隣りと奥部にかけて代々九郎兵衛を名乗る稲田家の殿舎も建て連ねていた様子がわかる。つまり、㋣㋠両指図は藩主蜂須賀家の御殿であり、㋷指図によって家老稲田家の殿舎も隣接して併置して設けられていた。その配置状況から、洲本城山下の館における藩主と洲本仕置（一時期城代）の関係が明らかにわかるのは貴重である。ただし、先出の㋺～㋥絵図にみられた中心曲輪がなく、内側の三方石垣も廃されたとすれば、江戸時代後期のものと推定される。

洲本城の建築構成

洲本城の建築について、山上の城郭は天正・慶長期に仙石秀久および脇坂安治が近世的な規模施設として構築したと考えられるものの、慶長十八年（一六一三）～寛永八年（一六三一）の間の一時期に廃されたことがあり、関連史料も伝わっていない。ただ、㋑絵図が脇坂氏在城当時を描いたものとすれば注視すべき史料となり、なお慎重な検討が望まれる。現在、城跡から出土する古瓦は脇坂氏の家紋が多いが、石垣は寛永期に蜂須賀氏が築き直したとみなされる部分もあり、当初の建築（天守・櫓・門）がどのようであったかは、未解明であるといわねばならない。

また、㋺城下町屋敷之図の作成された内容、および㋩絵図には「古堀」「此柿筋の紙外たゝき遣申付旨候」「此柿筋の紙ハ濱辺波よけ腰石垣ニ遣候仕度所」との記載があって、蜂須賀氏が由良引けに際して洲本の城と城下町の修築整備や計画にあたったと思われる部分が読みとられ、考慮すべき課題を残している。残念ながら本稿では十分追究でき

内曲輪の石垣（推定）
進入路
カヨイ（古図による）
内曲輪の石垣（推定）
内曲輪の石垣（推定）
進入路（藩主蜂須賀家）
進入路
進入路
進入路
御座敷御座間之図
但六分間ニ而御座候
御武具蔵板敷
三間ニ長弐拾六間
惣連んじかけ戸仕舞
此荻垣長拾壱間半
表御門番所
くれえん

る余裕がないため、他日に期したい。なお、山城と下ノ城（御殿）からなる構成は、蜂須賀氏の本拠徳島城と類似しており、単なる支城というよりは、淡路における支配機構（政庁）のための城・陣屋といえるかもしれない。

○下ノ城の殿舎建築　先にあげた史料で、建築構成がわかるのは、指図㋣㋠㋷山下の館、御殿である。御殿は「須本御殿」「須本御家」「須本御屋敷」などと呼ばれ、前面に堀、三方に石垣を積んだだけの、陣屋と同様な構えであった。正面は、やや振れているが、北西方の城下町に向けており、北東側が海浜に面する。正面中央に表門を桝形に構え、その左右両隅に櫓台を設ける。北東側海岸沿いの中央にも水門を開ける。㊁画図によれば、住居向の前辺が東西七拾間・堀端拾間半水深サ五尺貳寸、向かって左辺が北南八拾九間、右辺北南六拾間、石垣高貳間・櫓台高三間半とあって、規模

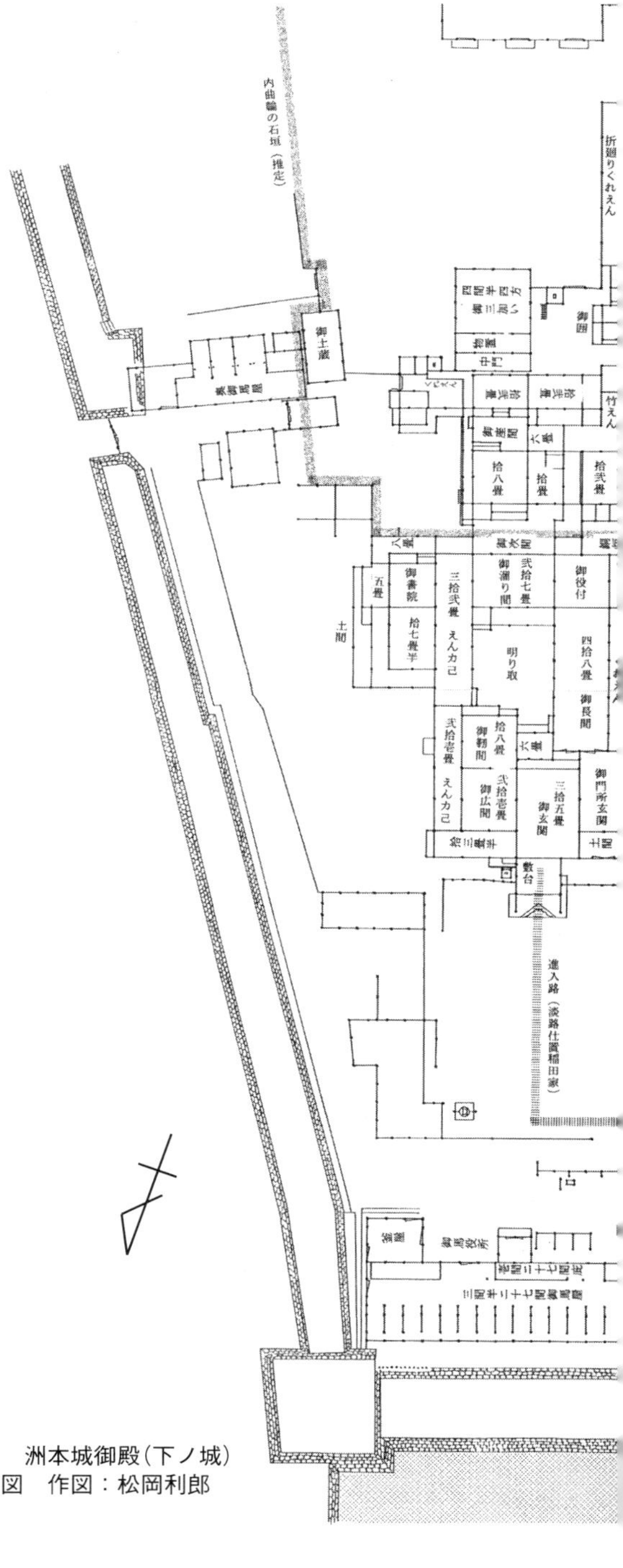

図７　洲本城御殿（下ノ城）平面図　作図：松岡利郎

が知られる。また、㋩絵図では内側の中心曲輪を正面三十一間×左辺弐拾八間半・右辺拾五間半、石垣高一間一尺と記入してある。

殿舎は、表門を入って南折れのまっすぐに進む先方に藩主を迎えるための中心を占める一群と、その左隣りと奥部に家老稲田氏の住むための殿舎群がある。したがって、両方の殿舎群は明確に区画されており、表門内の広場の左方に長屋形式の中門・腰掛を設けて仕切っていた。

殿舎配置は指図にみられる如く、中心部分では表に唐破風《からはふ》を付けた式台・玄関、その右方に御書院・御居間、玄関の奥に小書院を配し、北東と南東まわりに小玄関、制札間、書紀（記）部屋、油部屋、板ノ間、紙部屋、二階裏部屋など大小多くの部屋を設けていた。これら藩主を迎える殿舎群のうち、㋺絵図と対応する建物があり、当初から存在したと考えられる。

また、稲田氏の殿舎群は中門をくぐって右折する先へ式台・玄関・御靭間・広間があり、これより奥に御書院、溜リ間、長間、台所、御斎間・上ノ間・御蔭間・御納戸、御膳立など多くの建物や部屋を建て連ねていた。とくに御座間の奥に「四間半四方御三加い」、また上ノ間・蔭間・納戸の奥に「弐間四方御仏殿」をそなえているのが注目される。後者の御仏殿は持仏堂、前者の御三階は楼閣と思われるものの、絵図に描くところの三重櫓に相当するかもしれない。あるいは、水戸城御三階櫓のような形態を考えることができようが、平面だけでは立体的な構成を推察しにくい（ちなみに、徳島城でも東二之丸に同様な三重天守が建てられており、洲本城の御三階と共通性をもつとすれば、蜂須賀藩の中心的建築を象徴するもので特色あるものとなろう。しかし、具体性に欠けるため、今後の研究にまちたい）。

これらのうち、最も重要な建物は中心部分に位置する御書院・御居間で、右側に御風呂屋（御揚屋・板ノ間・釜屋土間）、後方に三畳台目（茶室）を付属している。御書院・御居間の規模は十間余×九間、平面は前後二列並びの間取りをなす。御書院は上之間弐拾壱畳と次之間弐拾四畳と拾弐畳で広い座敷をなし、庭側に幅一間半の入側を室内に取り込み、切

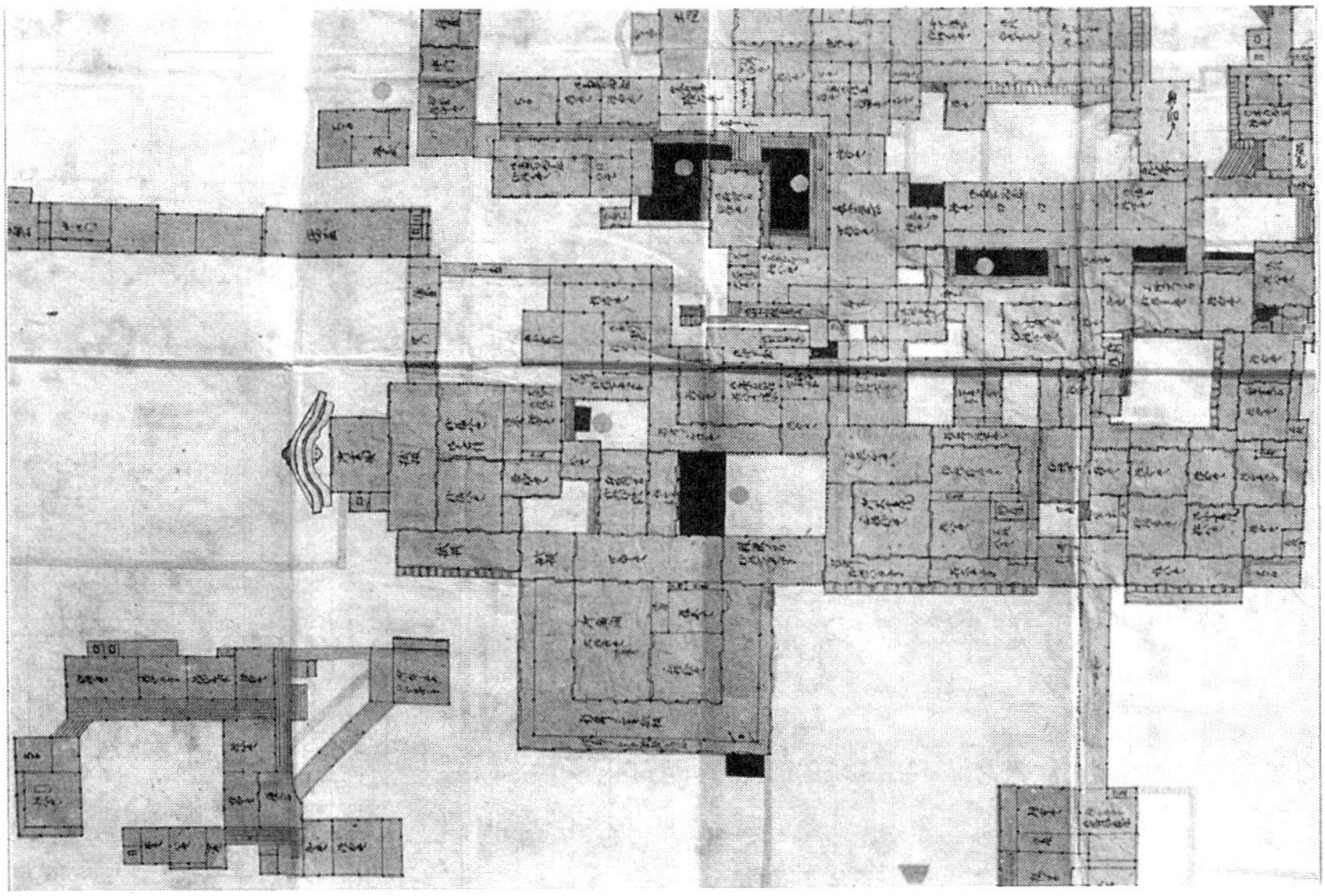

図８　徳島城表御殿古図（部分）

目縁が付く。上之間は背後の御居間境に二間半の大トコをしつらえて間仕切りしている。また御居間は、トコと違棚をしつらえた拾弐畳半と次間拾八畳と弐拾七畳で、入側も室内に取り込んでいる。

ここにみられる平面間取りは、接客対面にあてられる表座敷［御書院］と裏座敷［御居間］を兼用しており、殿舎配置や動線計画から考えて、明らかに藩主の御成《おなり》を迎えるための建物である。その点、蜂須賀家の居城徳島城の表御殿（図８）には大広間的な性格をもつ鶴之間および内向きの対面所としての鷺之間、公的居間にあたる西湖之間が広大な規模施設で建てられており、機能的な対比関係を考えることができる。つまり、洲本城の御書院・御居間は藩主が宿泊に寄る臨時的な施設、すなわち迎賓館として、徳島城表御殿の鶴之間・鷺之間・西湖之間の三棟を一棟の建物にまとめたようなものといえるのである。

これに対して、稲田氏の殿舎群は表より奥へ式台・玄関・御鞁間・広間、御書院、御斎間・上ノ間・御蔭間・御納戸と部屋が続くように配置されており、平面もそれ

上：洲本八幡神社金天閣外観
下：金天閣内部（上段のトコ・違棚）

ぞれ必要に応じて構成されている。したがって、淡路仕置・城代としての機能や日常生活のための空間をあてていることが明瞭に読み取れる。すなわち、中心部分を占める藩主蜂須賀家の御殿（迎賓館）と、その脇に広がるように営まれた家老稲田家の殿舎、この両殿舎群が併置されているところに近世洲本城（下ノ城）のきわだった特色を指摘できる。

○洲本八幡神社金天閣　洲本城は明治維新後に廃され、建物もすべて取り壊されたが、その一部が移建されて残っている。城跡の堀外の南西近くに洲本八幡神社があり、本殿の横に建つ「金天閣」がそれである。この建物は寛永十八年（一六四一）、蜂須賀藩主の迎賓館として建てられ、明治元年（一八六八）、稲田九郎兵衛向屋敷跡に移転、同九年に兵庫県が管理、同三十六年には津名郡・三原郡組合立淡路高等女学校の作法室となり、大正十四年に洲本八幡神社境内に移転、昭和八年に同神社へ移譲されたという。二度移建されているものの、唯一の遺構として昭和五十八年に洲本市文化財に指定、翌年、兵庫県の文化財に指定された。

金天閣の規模は桁行七間×梁行五間半、寄棟造、本瓦葺、妻入りの建物で、前面に唐破風の式台（向拝）、両側面の切目縁先に半間の土間庇を付ける。唐破風は几帳面取《きちょうめんとり》角柱を立てて頭貫虹梁《かしらぬきこうりょう》（根肘木・持送付）をわたし、組物出三斗・実肘木《さねひじき》付、正面中備《なかぞなえ》蟇股《かえるまた》二具、上梁の中央に蜂須賀氏の卍家紋を彫りつけた板蟇股を飾る。

平面は十五畳二室を前後一列に並べた間取りで、周囲に入側をまわすが、向かって右側が半間幅広にされている。面取角柱を立て、入側柱まわりに内法長押を打つ。内部は上段と下段よりなり、上段の向かって右にトコ、左に違棚、トコの右側面に付書院、それと反対の左側面に帳台構《ちょうだいかまえ》をしつらい、金箔の黒漆塗り折上格天井《おりあげごうてんじょう》を張り、格調高い意匠を示す。上段と下段境は框《かまち》のみで仕切らず、落掛《おとしかけ》の上に透彫《すかしぼり》欄間をはめて二室一体して荘厳な室内空間を造る。下段は竿縁《さおぶち》天井、入側まわり各柱間に腰高障子を入れるが、内法長押上には前面入側と右入側に欄間をはめ、左入側では小壁とし、左右非相称に格差をつけている。

ところで、平成四年十二月に金天閣を調査したときはちょうど修理工事中で、古材や旧痕跡、墨書を見ることができた。墨書は敷居や付書院の釘隠裏に、「い二・い三・ろ二・ろ三・ろ四・ろ五・ろ六・ほ四・ほ五・ほ六」と番付が打たれていた。これは桁行方向に背面から「一」～「七」、梁行方向に右から「い」～「へ」とする組合せ番付であることがわかる。旧痕跡は「ほ六」の柱下に框状の埋木、前面入側に敷居・鴨居・貫アタリがある。また、前面入側筋の内法長押に継ぎ目があり、背面の「は一」「い二」「へ二」の柱にも旧仕口がみられる。

上：金天閣付書院の釘隠裏に墨書
下：金天閣の柱「ほ六」旧痕跡

これらは、洲本城山下の御殿から移建した事情を物語るものであるが、そうすると、どの建物を転用したかが問題となる。そこ

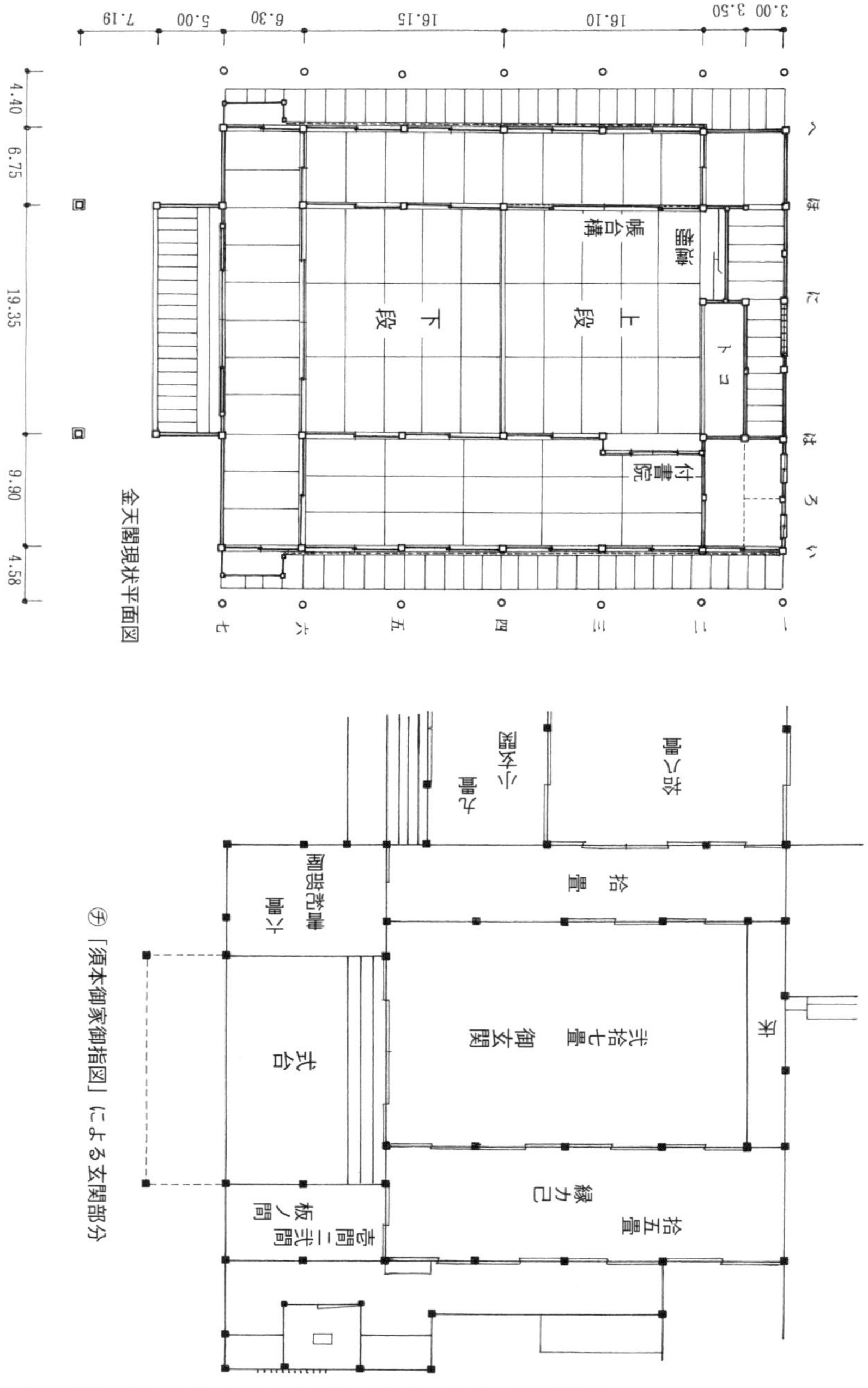

図９　金天閣現状平面図と古図の玄関部分比較　作図：松岡利郎

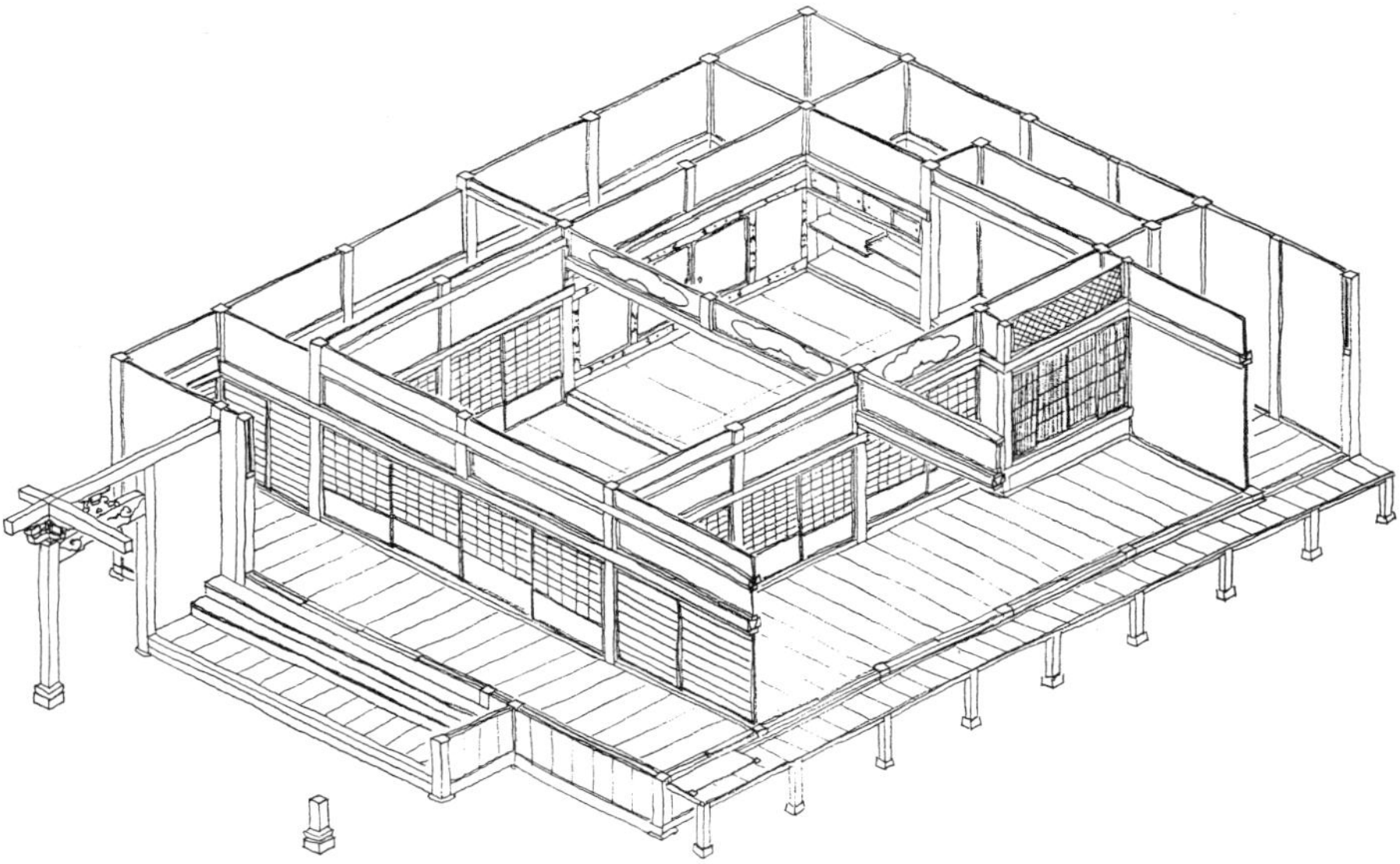

図 10　金天閣等角アイソメ図　作図：松岡利郎

で、先にあげた指図㋣㋠㋷とあわせて調べると、藩主の御成を迎える中心部分の唐破風を付けた式台・玄関が規模同一かつ平面間取りも類似するのが注意される（これは㋺絵図にみえる外侍［遠侍八間×五間］とほぼ同規模である）。この「御玄関弐拾七畳」は、背面に大トコをしつらうだけ、式台とは半間喰い違いにされ、左に六畳、右に板ノ間を設けており、現状と違うところがある。ただ、御玄関の両入側幅が右一間半、左一間である点や弐拾七畳間はトコを含めて柱間四間を二室に分けることができる点、移建に際して改変された可能性がある。金天閣の上段・トコ・違棚・付書院・帳台構も御書院・御居間か他の主要な部屋から室《しつ》礼《らい》を持ってきたのかもしれない。

いずれにしても、綿密な調査研究を要するが、現存の金天閣は指図でみる限り、唐破風付きの式台・玄関がこの建物に当てはまると考えられる。

城下町の建築

洲本城跡を踏査し、関連史料を閲覧調査するとともに、城下にも江戸時代以来の社寺や古い町並みが残っているこ

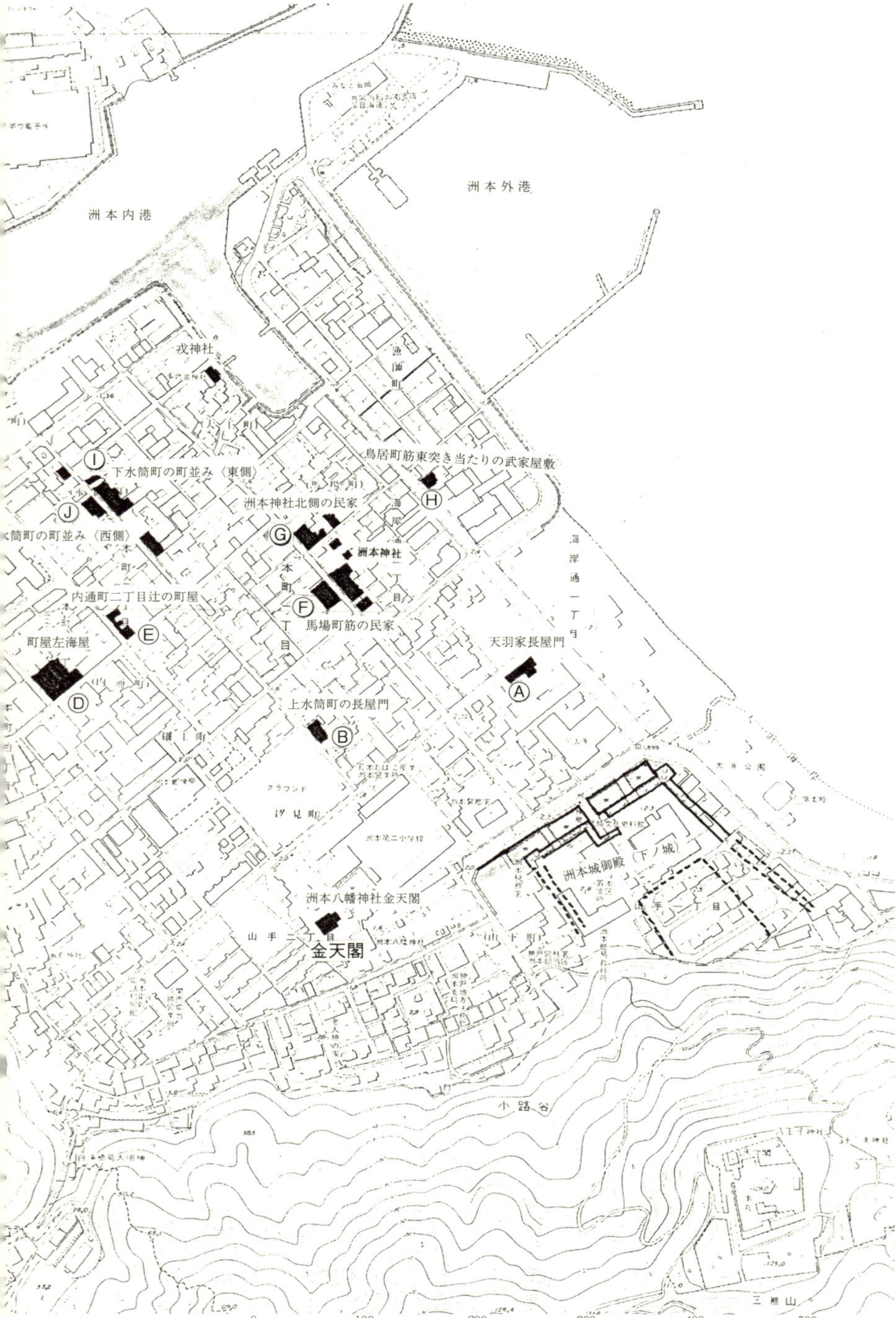

洲本内港
洲本外港
戎神社
漁師町
鳥居町筋東突き当たりの武家屋敷
Ⓗ
Ⓘ
下水筒町の町並み〈東側〉
Ⓙ
洲本神社北側の民家
Ⓖ
洲本神社
筒町の町並み〈西側〉
内通町二丁目辻の町屋
Ⓕ
馬場町筋の民家
Ⓔ
町屋左海屋
Ⓓ
海岸通一丁目
天羽家長屋門
Ⓐ
上水筒町の長屋門
Ⓑ
グラウンド
洲本城御殿（下ノ城）
山手一丁目
洲本八幡神社金天閣
山手二丁目
金天閣
小路谷
三熊山
0
100
200
300
400
500m

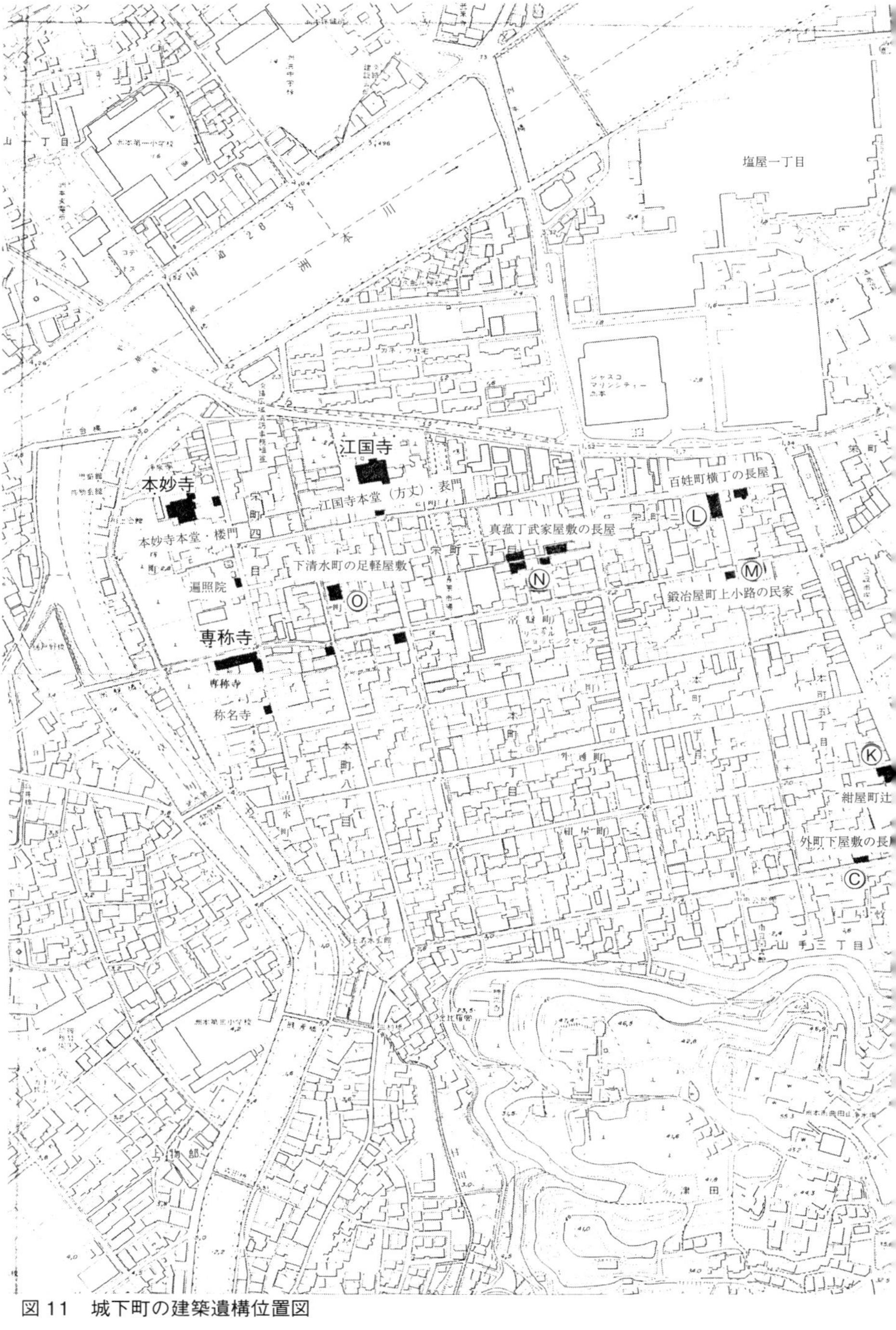

図 11　城下町の建築遺構位置図

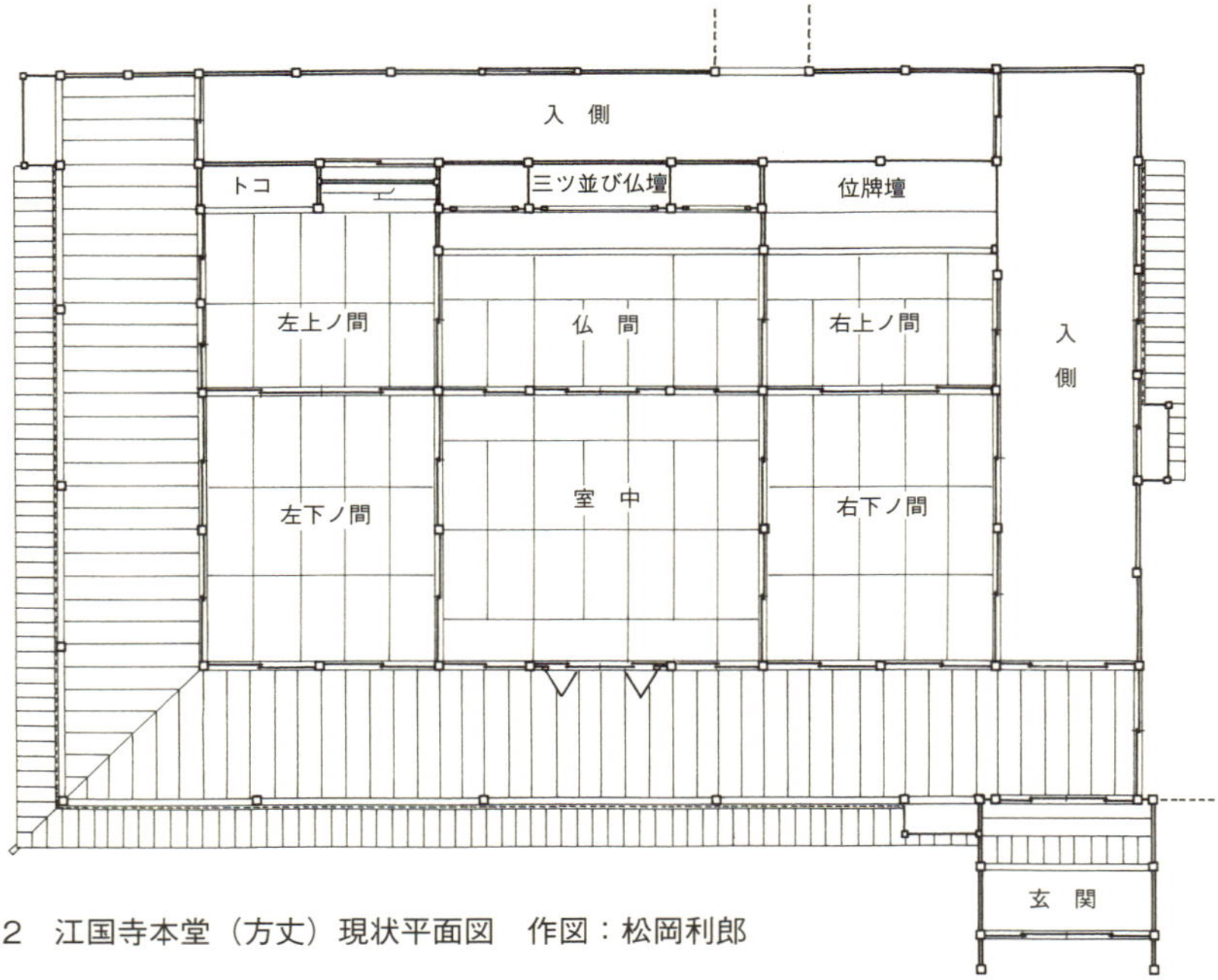

図12　江国寺本堂（方丈）現状平面図　作図：松岡利郎

とを知った。そこで町中をたずね歩き、めぼしい遺構について調査してみた。

○江国寺《こうこくじ》本堂・表門（栄町三丁目）　江国寺は臨済宗妙心寺派に属し、洲本城代稲田家の菩提所である。当寺の開山大《だい》秀英《しゅうえい》智《ち》和尚は斎藤道三《どうさん》の子といわれ、京都で修業の後、天正十六年（一五八八）に池田忠雄に招かれて淡路由良に海福寺《かいふくじ》を創立した。寛永八年（一六三一）の由良引けに際して海福寺も洲本寺町へ移り、江国寺と改称した。

現在の本堂（図12）は、平成三年の台風で屋根瓦が吹き

上：江国寺表門
下：江国寺本堂（方丈）外観

飛ぶなど甚だしい被害を受けたのを機に修復工事を行ない、小屋裏から棟札《むなふだ》が見つかって、寛永十七年に建てられたことが判明した。桁行十一間半×梁行八間、入母屋造、本瓦葺、平入り、南東面して建つ。平面は二列並び六間取りの周囲に入側広縁を取り込み、向かって右手の庫裡《くり》側に唐破風の玄関を付ける。面取角柱を立て内法長押を打ち、仏間（内陣）背面に三ツ並び仏壇、左上ノ間にトコと違棚、右上ノ間に位牌壇を設ける。入側まわり腰障子、各室境は襖で仕切るが、内法長押上、前後三室境に菱格子欄間をはめ、前の室中と左右下ノ間境には竹ノ節欄間をはめて三室一体的に扱う。前列の奥行三間、後列の奥行二間半、中央間が三間半で広く、両側の上下ノ間が各二間半で左右対称、正面中央柱間に内法長押を一段高めて方立で双折桟唐戸を装置する。その上に「方丈」の額を掲げており、平面プランや建築構成は禅宗寺院にふさわしい雰囲気をよくとどめている。建立年代は、古材や形式手法からみて棟札にある寛永十七年（一六四〇）のものと認められ、洲本市内では最古の遺構となる。

表門は本堂の前方、道に面するところに位置し、三間一戸薬医門、切妻造、本瓦葺の木割太く大柄なものである。親柱ごひら、中央間九尺八寸五分、右脇間四尺九寸五分、左脇間四尺、奥行六尺二寸五分。柱上四ツ割として女梁と男梁を五本で冠木をはさみ、控柱（角柱）は中柱を抜き、両側面の親柱と貫で繋ぎ、上は野物状の敷桁をかけて男梁尻を支える。男梁前後に軒桁をのせ、中桁上に小屋束を立てて大斗・実肘木《さねひじき》で棟木を受ける。一軒疎垂木、化粧木舞《こまい》裏、妻飾り笈形《おいがた》附大瓶束《たいへいつか》、破風拝み蕪懸魚《かぶらげぎょ》。

◯本妙寺《ほんみょうじ》本堂・楼門（栄町四丁目）　法華宗寺院で、三百五十年ほど前に建てた本堂と楼門がある。本堂は桁行八間半×梁行六間半、入母屋造、本瓦葺、平入り、東向きに建つ。平面は二列並び六間取り、向かって左側と前側に入側広縁を取り込むが、中央間三間、左上ノ間二間半に対して右下ノ間二間で、正面の向拝がやや右寄りに付けられている。向かって右手の庫裡と接続する廊下に唐破風・庇付の玄関が付属する。前後列各二間半、左上ノ間にトコと違棚をしつらい、中央間後室を内陣にとるが、須弥壇はさらに奥方に後退し、右下ノ間の奥の位牌ノ間とともに下屋に出して

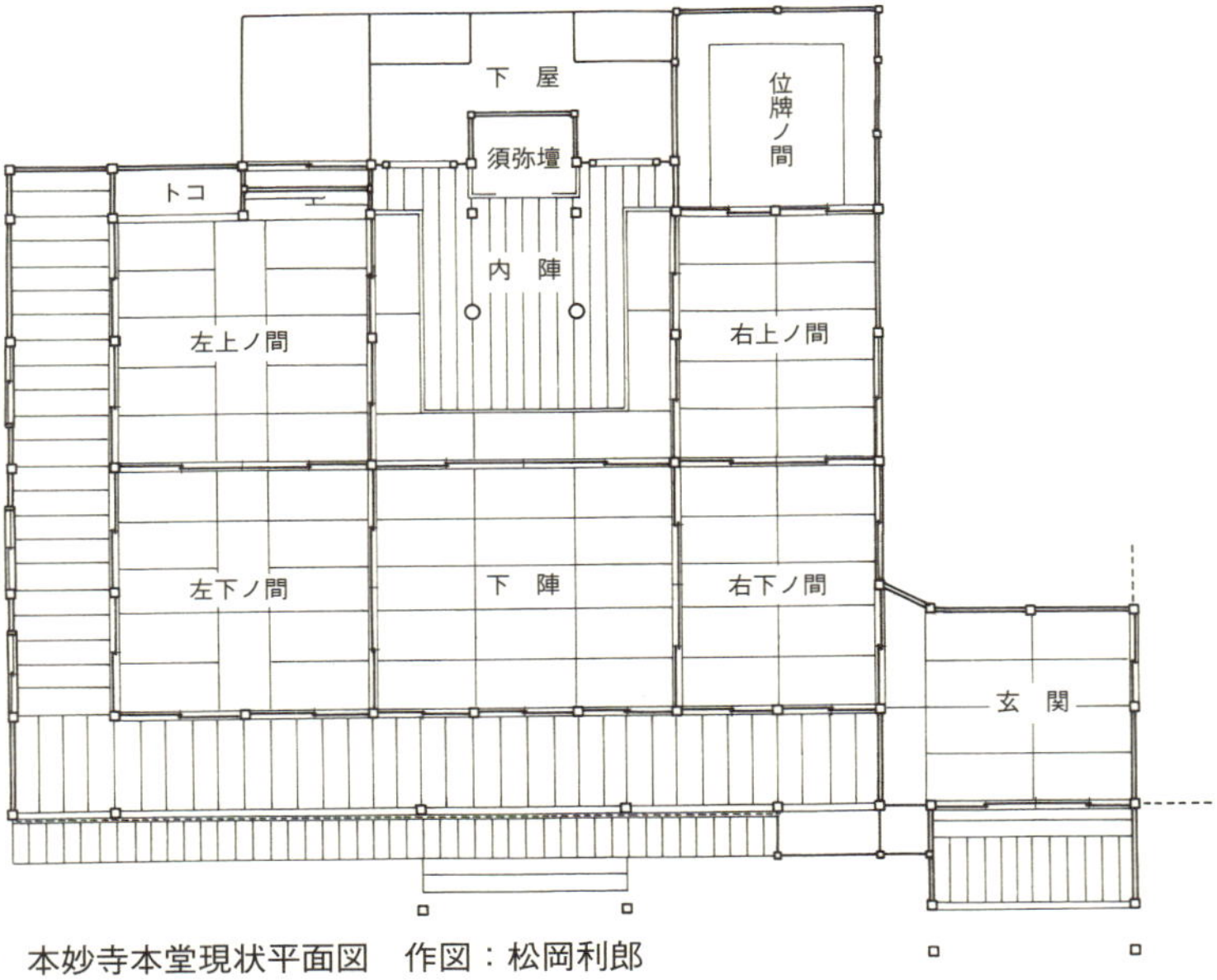

図13　本妙寺本堂現状平面図　作図：松岡利郎

いる。この部分は材が新しく後補である。面取角柱を立てて内法長押を打つが、内陣中央では金箔押し円柱二本を立て方一間に頭貫虹梁をかけ、先端木鼻、組物出三斗・実肘木付とし、荘厳に造る。先の江国寺本堂と同様、禅宗寺院の方丈《ほうじょう》にならうものの、左右非相称、内陣まわりが法華宗寺院の仏堂形式としており、その点に相違がみられる。

　楼門は三間一戸、入母屋造、本瓦葺、大棟に鯱をのせる。下重は角柱で、親柱は中央間九尺、両脇間三尺、控柱は両

上：本妙寺本堂外観　下：本妙寺楼門

端の前方三尺、後方四尺五寸にとり、前後に頭貫虹梁を渡して上に先端曲げ下がり絵様の桟梁三本を直交してかけ、斗栱で廻縁を受ける。廻縁の四隅は控柱に取り付く持送・根肘木によって支えられ、擬宝珠《ぎぼうしゅ》高欄をまわす。上重は円柱、桁行三間×梁間一間とし、長押を打ち、柱上台輪で組物四隅出三斗・実肘木付、桁通り平三斗・拳鼻《こぶしばな》付とする。一軒半繁垂木。要するに、下重が八脚門の変形で角柱、その上に円柱の上重をのせるので、入母屋屋根がやや大きすぎるきらいはあるものの、通常の楼門形式にとらわれない技法がみられて面白い。

○寺町筋の寺院　今は栄町と地名が変わったが、もと「寺町」は外町の物部川沿いに寺院を集めて外郭防御線としていた。『味地草』によれば、北から本妙寺（間口廿七間）・千福《せんぷく》寺（同十七間）・青蓮《しょうれん》寺（同廿間）・地蔵《じぞう》寺（同廿二間）・専称《せんしょう》寺（同廿間）・称名《しょうみょう》寺（同十九間）・浄光《じょうこう》寺（同十五間）の七ヶ寺が並んでいた。大正五年に青蓮寺と地蔵寺が合併して遍照院《へんしょういん》となり、北端の子安地蔵が千福寺境内に移され、かわりに浄泉《じょうせん》寺が入っているが、現在でもこの筋にかつての寺町の景観をよくとどめている。

上：専称寺の側長屋（庫裡）
下：遍照院表門の組物

専称寺（浄土宗）は、遍照院との間に道路が通じられたが、これに沿う側に長屋が建っている。側長屋は桁行十五間半×梁行三間の長大なもので、入母屋造、本瓦葺、庫裡の建物にあてられている。本堂は寄棟造・裳階《もこし》付、本瓦葺、平入りの建物で、表門は江国寺と同じく三間一戸薬医門、切妻造、本瓦葺とする。

称名寺（浄土宗）の本堂は寄棟造、本瓦葺、平入り、正面に向拝を付ける。表門は三間一戸薬医門、切妻造、本瓦葺であるが、桟梁先に絵様を付け、組物出三斗・

上：洲本神社随身門　下：戎神社正面向拝

実肘木付、中備蟇股を入れている。それが遍照院（真言宗）の表門になると冠木を虹梁形に作り、組物出三斗・実肘木付、中備蟇股、背面も野物状のかわりに虹梁をわたし、正面では栈梁先を伸ばして上に持ち上げる感じにして、前後とも組物大斗肘木・拳鼻付を置いて軒桁を支える。二軒繁垂木。絵様多く、渦・若葉の彫り太く、伸びやかで賑やかになる。

同じ薬医門でも、江国寺と専称寺の表門が力強く素朴なものであるのに対し、称名寺と遍照院のそれは繊細的な感じに変わってゆく傾向がみられる。

○神社建築　洲本には八幡宮・八王子社・戎社・天神社・明神など、いくらかの神社が存在した。このうち戎社と明神は内町の北側、内湊周辺に鎮座する。

明神（洲本大明神）は今の洲本神社（海岸通二丁目）で、寛永年間（一六二四～四四）、現在地に建立されたという。北西向きに建ち、前より石鳥居・随身門・拝殿・本殿を配する。本殿は一間社春日造、拝殿は三間×三間半、前後に二分して前一間半に内法長押をまわし、この部分を寄棟造、平入り、正面中央に向拝を付け、後方二間は弊殿として一段低めの切妻に納める。随身門は三間一戸八脚門、切妻造、銅板葺とし、円柱を立てて貫を通し、柱上舟肘木で軒桁を受ける。二軒繁垂木。いずれも新しいが、拝殿の前半の寄棟部には面取角柱の古材が残る。

戎神社は事代主神社とも称し、内湊（洲本内港船溜り）の岸そばにあって東向きに建つ。金毘羅大神を祀り、航海の安全を守るためにあがめられた。拝殿が残り、桁行五間×梁行二間、入母屋造、本瓦葺、平入り、向拝付きの建物である。大棟に鯱をのせる。角柱を立てて長押を打ち、正面中央間に引違い格子戸を装置し、それを除く正側面三方は格子窓である。内部は一室の板間で、背面中央間に祠室を設け、下屋に取り込む。一軒疎垂木、化粧木舞裏。向拝は几帳面取角柱、頭貫虹梁・両端獏鼻《ばくばな》、組物出三斗・実肘木付、裏側手挟《たばさみ》に処理する。中備《なかぞなえ》は蟇股のかわりに波間に泳ぐ魚をあしらった透彫《すきぼり》彫刻で飾られ、向拝頭貫・組物・手挟ともに彩色し、意匠がよく、桃山様式を伝える作品である。

○武家屋敷の長屋門　洲本も例にもれず市街化がすすんでおり、武家屋敷や町家も次第に失われつつある。武家屋敷はあまり残らず、格式を象徴する長屋門も御門筋上小路の天羽家・上水筒町・外町下屋敷にしか見られなくなっている。まず、Ⓐ天羽家の長屋門が存在する場所（海岸通二丁目二）は下ノ城の表門・堀前に設けられた重臣屋敷の中にあった。数種の洲本城下絵図では一部に変動がみられるものの、稲田家向屋敷のある区画の北西半、背中あわせに位置し、

Ⓐ天羽家の長屋門

目付「前羽家・中尾家」と記される所にあたる。天羽家は住人の説明では阿波藩勘定方を勤めており、徳島から越して来たという。天羽家の長屋門は御門筋上小路沿いに面して建ち、現状では向かって左端が二階建の住宅に改造、ガレージ庫や事務所に使用されているが、ほぼ旧観を保っている。桁行十一間余×梁間二間、入母屋造、本瓦葺の建物である。下見板羽目・妻面狐格子が残り、内部は全く旧状をとどめないが、屋根裏の小屋梁・竹簀子下地が見られる。改築したときに板札墨書が出て、天明七年（一七八七）に大工長兵衛の建立になることが判明した。なお、『続日本の名城』（人物往来社、一九六〇年）一五〇頁に天羽家長屋門の写真が掲載されており、出格子窓をそなえた当時の姿をしのぶことができる。

また、向かいの林家住宅は二十年ほど前の火災で失われたが、当時の写真によって

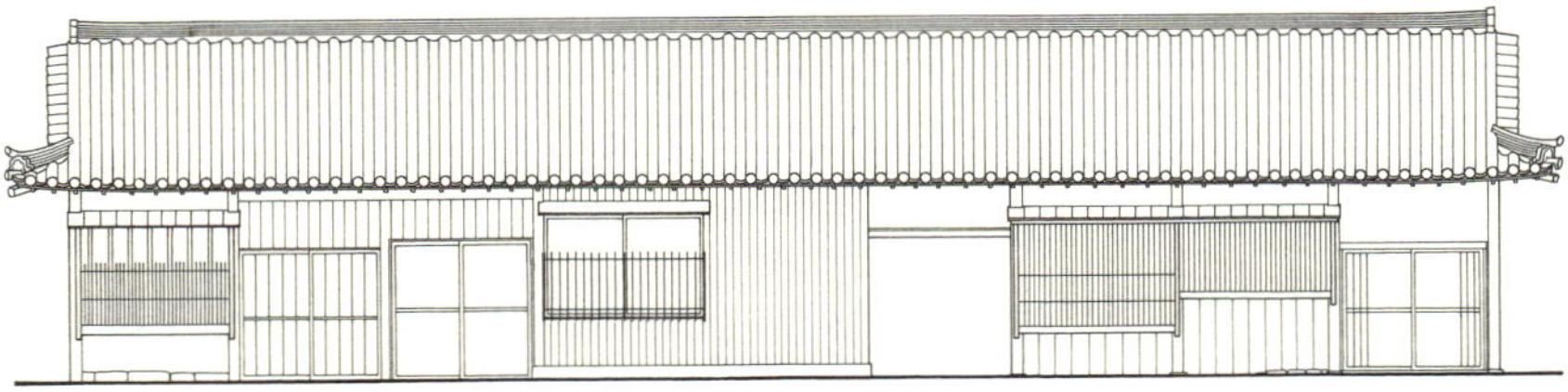

図14　Ⓑ上水筒町の長屋門正面立面図　作図：松岡利郎

主屋が二階建、出格子付、入母屋造、本瓦葺の重厚な建物であったことが知られる。

次に、Ⓑ上水筒町（本町一丁目一）にある長屋門は、下ノ城・館へ向かう筋の近い所に南西面して建つ。かつて洲本学問所・銀札場のある区画に所在した。安永年間（一七七二～八一）の須本之図では「速水蔵之丞」、江戸後期の城下絵図では「野上家」にあたる。現在、中に通路をはさんで三世帯が間借りし、改変された部分があるものの、全体として旧状を守り、桁行九間×梁間二間、入母屋造、本瓦葺の建物である。天羽家長屋門と同様、背面を拡張して下屋に造る。また、Ⓒ外町下屋敷（本町五丁目）の長屋門は紫光学園学習塾・大学予備校の二階に持ち上げて改築されたが、旧状にならって復元されている。

Ⓓ町家左海屋《さかいや》（本町三丁目三）　城下絵図を参照すると、南西端の下物部口から外町の中央

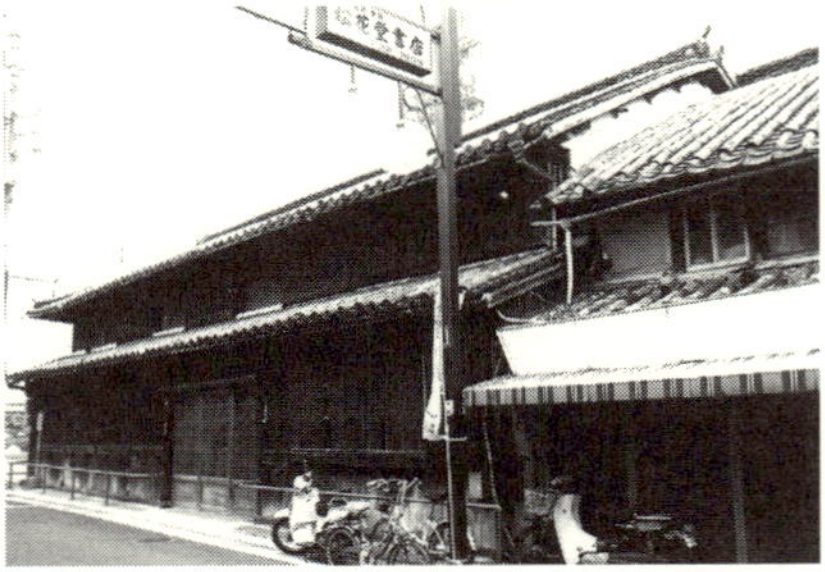

上：Ⓑ上水筒町の長屋門
中：Ⓒ外町下屋敷の長屋門
下：Ⓓ町屋左海屋外観

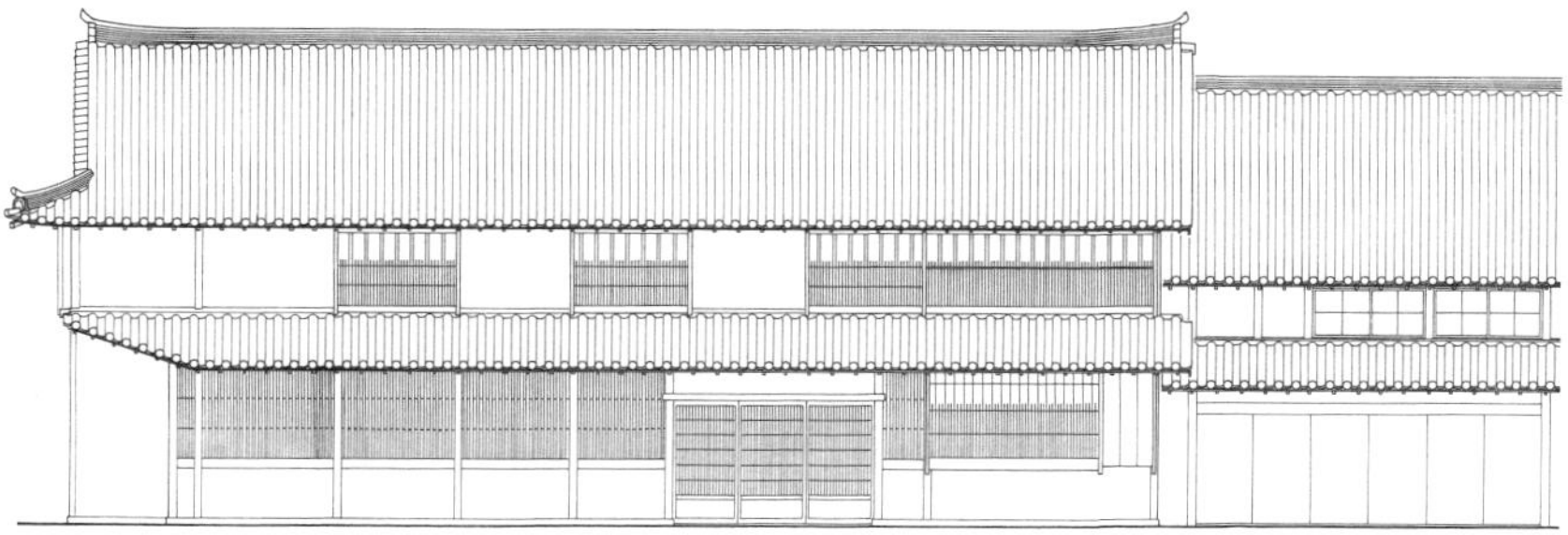

図 15　町屋左海屋正面立面図　作図：松岡利郎

町屋左海屋の棟札

を横筋に通り、外堀の桝形を経て内町の中央部および内湊あたり、海岸沿い部分にかけて、商人や職人などの町人地としていた。この横道筋ゾーンを「通町」とし、内通町一丁目から四丁目、外通町五丁目から七丁目までがあった。さらに一・二丁目の城へ向かう縦道二筋の上下水筒町・上下大工町・馬場町・細工町・魚町・新漁師町が町人地にあてられた。現在、所々に古い町並みが残存するが、中でも内通町三丁目の辻にあるⒹ左海屋が規模も大きく重厚な構えを見せている。

左海屋初代堺屋吉左衛門（一六一七～六〇）の父は泉州堺の出身で、万治元年（一六五八）に洲本で創業、代々、酒・醤油醸造を営み、蜂須賀藩の御用商人として繁栄した。淀城水車と宇治橋の風物を描いた六曲二双の屏風も所蔵しており（落款があるが判読不能）、かつての豪商の気風がしのばれる。現在の建物は棟札に「寛延四辛未年五月吉祥日寀石山南学院法印観海謹誌　大工棟梁留左衛門」とあり、寛延四年（一七五一）に建てられたことがわかる。

道に面して主屋が南東向きに建ち、背後に中庭・蔵をそなえる。主屋は桁行九間×

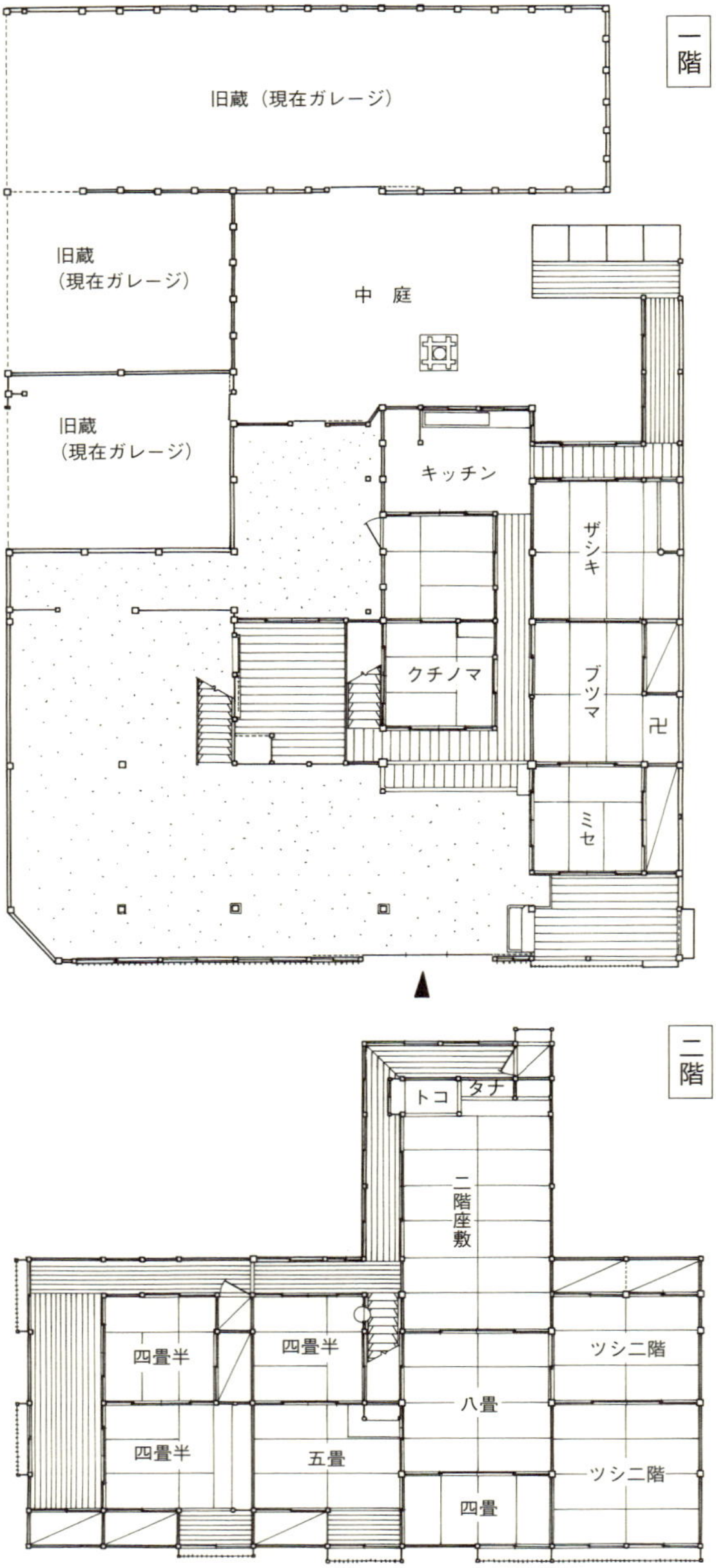

図16　町屋左海屋現状平面図　作図：松岡利郎

梁行七間、二階建、左妻入母屋・右妻切妻、本瓦葺、平入りの建物である。前面の左隅部が道路曲がり角のために切り取られたが、主体部は旧状を守っている。一階は前面に半間の庇を取り込み、平面は現在、中廊下をはさんで喰違い六室で、前二間半と左半五間が土間で、残り右半四間が居室部であった。これは当家所蔵の家相図と変わりないプランである。土間部の面積がはるかに広いのは醸造作業に必要なためで、かつては大きな樽を数本貯蔵することができた。居室部は右列がミセノマ・ブツマ・ザシキ、左列はクチノマ・四畳半間、さらにダイドコロ（キッチン）が奥深く下屋を取り込んでいた。ザシキのみ内法長押を打ち、トコと平書院をしつらうが、その様式は新しい。

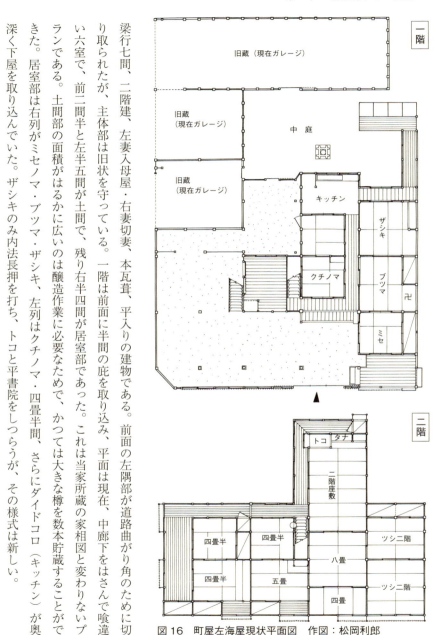

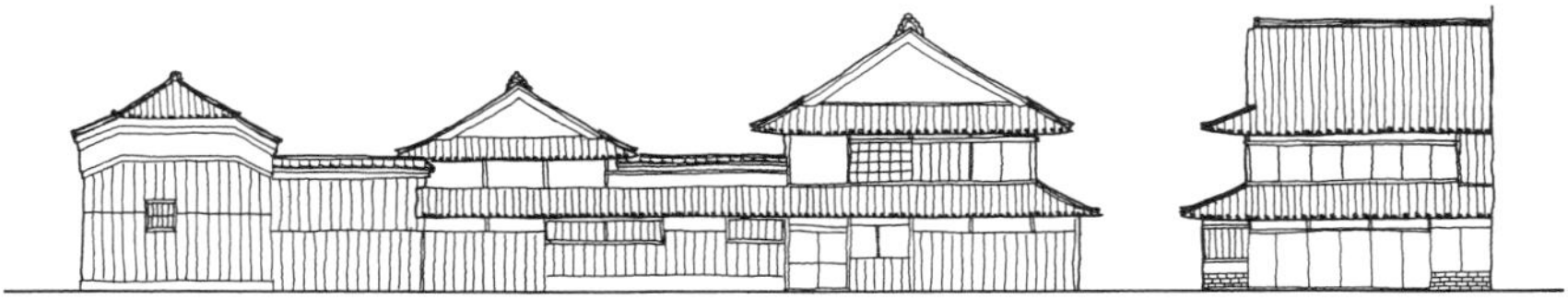

図 17　Ⓔ内通町二丁目辻の町屋　作図：松岡利郎

Ⓕ馬場町筋の民家

土間と居室境に大黒柱二本を立てて太い梁や指鴨居を差し、根太天井を張って上に二階を設ける。二階は桁行九間×梁行四間、中央後方にも座敷を突き出す。屋根裏空間も利用して九室に形成するが、後世に増築した部分がほとんどである。それでも紅殻《べにがら》壁に登梁をみせ、左半は土間上なので吹き抜けの屋根裏としていたと考えられる。

中庭にも井戸があり、周囲の倉庫は車庫に改築されたが、町家まわりに広くとった店構えがわかる。また、右隣りに一段低いツシ二階建の建物が接続して残っており、江戸時代以来の景観をよくとどめている。

このように、左海屋の建築は建立年代が明らかで、二百五十年近い年輪を経ており、洲本の商家を代表する貴重な遺構である。

○洲本の町並み　他にも古い民家が多く残っているが、時間的に余裕がなく、十分な聞き取り調査ができないため、外観ファサードを観察するにとどめざるをえなかった。以下、簡略に説明する。

Ⓔ内通町二丁目（本町二丁目三）の南西辻に位置する二階建の町家は、左海屋ほどでないものの、同様な店構えである。時代は新しく、二階が発達している。側面では背後の離れと土蔵まで塀が接続し、一体とした外観意匠を見せて面白い。

Ⓕ馬場町筋（海岸通二丁目四）の民家は洲本神社の南方にあり、平屋一軒と中二階の建物が続く。中二階は背後では屋根をそのまま葺き降ろしており、奥行深くなる。向かい側にも同じ

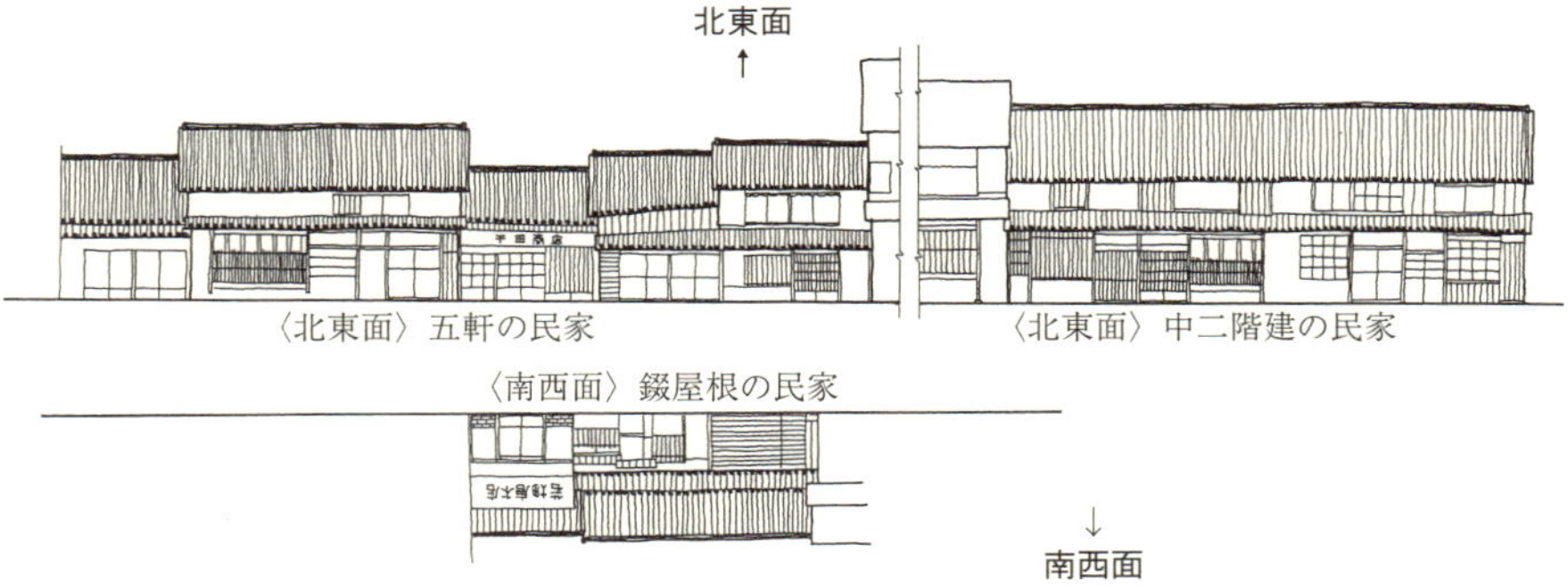

図 18　ⒾⒿ下水筒町の町並み　作図：松岡利郎

上：Ⓖ洲本神社の北側にある民家
下：Ⓗ鳥居町筋の北東突き当たりの武家屋敷

中二階二軒（一軒が米殻・鶏卵屋）がある。

Ⓖ洲本神社の北側、道をへだてた辻（海岸通二丁目五）に中二階とツシ二階の民家があり、出格子をそえる。とくにツシ二階の側面が入母屋を段違いとし、下屋と組み合わせた造作に巧みさがある。背後に切妻の二階蔵二棟も控えており、その奥が「濱屋敷」であった。

Ⓗ洲本神社前の鳥居町筋の北東突き当たり（海岸通一丁目三）に平屋一棟がある。切妻屋根の向かって左半が一段低く喰い違いに下がり、前に松一本添えているのが味わい深い。文政年間（一八一八～三〇）の御城下絵図では、武家屋敷「小

上：Ⓜ鍛冶屋町上小路の民家
下：Ⓞ下清水町の足軽屋敷

上：Ⓚ紺屋町辻の民家
下：Ⓛ百姓町横丁の長屋

林平右エ門」に該当するらしい。中でもⒾ下水筒町（本町一丁目六・本町二丁目三）の民家は道の両側、北東側に五軒、南西側に三軒が対向して並び、見応えがある。北東側は左より平屋・ツシ二階（出格子）・平屋（千田商店）・ツシ二階・二階建、Ⓙ南西側は錣屋根と続き、本瓦葺の切妻屋根が高低に変化ある連続感を示す。さらに南東はなれてツシ二階の長屋四軒もみられる。

外町は内町ほどではないが、一棟ずつ点在して残っている。外堀を埋め立てて道路となった筋の、かつて桝形があった近くのⓀ紺屋町（本町五丁目）の辻に、中二階の寄棟屋根が認められる。

Ⓛ百姓町横丁（本町二丁目）には長屋があって、揚見世を装置したと思われ、その筋の南東方、Ⓜ鍛冶屋町上小路（本町六丁目）に、前後に庇を付けた入母屋造の二階建がある。

Ⓝ真菰丁（栄町二丁目）は塩屋橋通の中途、南西に入る袋小路だが武家屋敷があった所で、切妻

の長屋四棟が残っている。また、◎下清水町（栄町三丁目）にも足軽屋敷があるが、前庭や土塀は失われている。

おわりに

洲本城の山上は建築遺構が残らないものの、山下の館（須本御殿）の一部が洲本八幡神社金天閣として移建されているのは貴重である。上段と下段よりなり、トコ・違棚・付書院・帳台構・折上格天井がしつらえられていて、藩主の御成を迎えるにふさわしい仕様で、書院造の好例となる。さらに、数種の指図によって、藩主が臨時的に宿泊するための中心部分と、その脇に洲本仕置（城代）が使用するための部分と、両方の殿舎群が併置されていた様子がわかり、きわだった特色を見出す（その点、徳島城表御殿との類似性や対比関係、かつ、天守に相当する三重櫓〈御三階〉の存在なども検討すべき課題があるが、別の機会に譲る）。

また、城下町には家老稲田家の菩提所江国寺をはじめとする寺院や神社、わずかに残存する武家屋敷の長屋門や重厚な店構えをとどめる左海屋など、江戸時代以来の民家が見られる。

このように、城と城下町の構成が文献史料と遺構そろって具体的に知られるのは、類例が少なく重視すべきことがらである。「山城」の石垣や「下ノ城」の堀などは史跡公園として整備されるのは当然としても、城下町に関しては市街化がすすんでいる関係から、各所に残存する社寺・長屋門・民家・町家をどのように保存すればよいかが問題となる。民家・町家の中には傾きかけたまま放置されているものがあり、今後消滅するおそれもある。都市行政と市民生活にもかかわってくるが、そのためには洲本の歴史地理・文化を広く理解し、将来を見通した計画を立てる必要があろう。たとえば、全国各地で城下町・寺内町・宿場・在郷など歴史風土や町並み景観をもつ所では、それぞれの特性を生かした文化センター構想・町作りがなされており、洲本もそれにならってもよいように思われる（淡路では一宮町江井の住田家資料館に先例がある）。

いずれにしても、洲本の城と城下町は史料と遺構がともに残り、かつ具体的な構成もわかるので、模型で再現するとか、内町地区に残る町家と町並みを重点的に保存するとか、いろいろな方法や活用をはかるべきかもしれない。

〈追記〉　本文の最後に文化財の活用例として紹介した住田家住宅が、今年（編集部註、一九九七年）一月の阪神淡路大震災で潰滅的な被害をうけ、七月には惜しまれながらも解体された事実を知った。貴重な文化財の損失を残念に思うとともに、可能なかぎり保存修理を願うものである。また、多くの方々が生活基盤を失い、さらには尊い生命を失った方も多くおられる。心からお見舞いを申し上げるとともに、一日も早い復興を衷心より願っている。

【参考文献】

（1）鴻原正彦「洲本城」（淡路地方史研究会会誌第四号、一九六七年）。
（2）新見貫次『淡路洲本城』（城と陣屋シリーズ六六、日本古城友の会、一九七二年）。
（3）洲本市史編纂委員会『洲本市史』（一九七四年）。
（4）『歴史の散歩道』（兵庫県洲本市下清水町町内会、一九七八年）。
（5）岡本稔・山本幸夫『洲本城案内』（ＢＯＯＫＳ成錦堂、一九八二年）。
（6）『おいでてはいりょ見てはいりょ城下町洲本』（洲本市立淡路文化史料館、一九八八年）。
（7）武田信一『城下町洲本の地名』（ＢＯＯＫＳ成錦堂、一九八八年）。
※他に『日本城郭全集』十巻　兵庫・岡山（人物往来社、一九六七年）、『日本城郭大系』十二巻　大阪・兵庫（新人物往来社、一九八一年）、『続日本の名城』（人物往来社、一九六〇年）、『探訪ブックス城８　四国の城』（小学館、一九八一年）、藤崎定久『日本の古城』１　中部・近畿編（新人物往来社、一九七〇年）、山本幸夫「淡路の城」（『城』九三・九四号、関西城郭研究会、一九七六年）、朽木史郎『ひょうごの城』（神戸新聞社、一九七七年）など、洲本城に関する記載が多数ある。

〈謝辞〉　調査にあたり、洲本市立淡路文化史料館・洲本市教育委員会・洲本八幡神社・江国寺・天羽家・左海家など、当地の方々に便宜をはかっていただいたり種々お世話になった。また、国文学研究資料館・洲本市立図書館には貴重な史料を閲覧、図版掲載の許可も受けた。紙面を借りて感謝申し上げたい。

〈編集部付記〉旧版に掲載した「須本御城指図」は、手を尽くしましたが所蔵者のご連絡先がわからなかったため、本書では掲載を断念いたしました。

Ⅱ

洲本城の消長 ―石垣編年の視点から―

堀口健弐

はじめに―石垣に何を見るか

洲本城は、兵庫県洲本市淡路島中部の大阪湾に臨む、標高一三五mの三熊山山頂から山麓にかけて占地する、近世初頭に築かれた城郭跡である。

筆者は洲本城共同研究に際して、城郭石垣史研究の視点から二つの問題点を提供したい。まず第一に、洲本城はいつの時代に誰によって築かれたかという、極めて基本的な問題である。洲本城研究の一つの集大成として、岡本稔・山本幸夫両氏が著した『洲本城案内』が最もよくまとまっている。[1]

著書において岡本・山本両氏は、粟田万喜三（故人）、北垣聰一郎両氏の助言を得たうえで、洲本城の石垣に対する次のような見解を記した。現存する山上の城の石垣は、元和元年（一六一五）の一国一城令の破城により脇坂築城の洲本城は破却されて、脇坂期の遺構はごくわずかしか遺存しない。大半が寛永期の蜂須賀、稲田段階に、山下の城の新築と同時期かその直後の再築であるとする。そしていかなる理由から、一国一城令以降にこれほど大規模な改修が徳川幕府に許可されたのか、についての疑問を投げかけながらも、著者自身は明言を避けている。城郭石垣の研究を思考する筆者にとってはにわかには賛同し難い内容であるが、地元ではこの説は支持されているようで、他の概説書類も大同小異の見解をとっている。そこで筆者は、現存石垣を分類、検証し、さらに編年の指標となりうる同型式の城郭石垣と比較検討することで、石垣の年代観を詰めていきたいと考える。

第二に、築城様式の問題について再考したい。言い古された言葉だが、「縄張りはかぎりなく廃城時のものに近く」、「たいていは最盛期か廃城時の姿」を示している。(2)しかし、これを曲解して、すべての構築物が最終段階の一時期に普請されたと考えてはいけない。なぜなら、城郭の使用期間が長期にわたればわたるほど、改修を受けた箇所（新しい要素）と、受けなかった箇所（古い要素）が混在する可能性が高くなるからである。すなわち、これを無視した、一城郭内における各構築物の時期差を考慮しない、一元的な編年観や戦術シミュレーションはなんら意味をなさないであろう。筆者は先の方法論にのっとり、まず各石垣の年代を特定し、これを踏まえたうえで、石垣を中心に虎口、瓦葺建物の存在形態を加味した築城様式の問題にも迫ってみたい。

石垣の概要と分類

調査方法は、クリノメーターとメジャーを使用して、石垣隅角部の立面測量図を作成した（図1）。図中の矢印は、ノミ加工痕（これを「のみ切り」という）の方向を模式的に表現する。本文で紹介する数値は図上計測ではなく、すべて現地における実測値による。次に隅角部の発達度、合端《あいば》、石材の調整技法および石材質を基準に分類し、分布範囲を平面図上に表わしたい。

洲本城の現況は、建築物こそ今に伝わらないが、雄大な高石垣群が山中に良好な状態で遺存する。城郭は三熊山山頂から東西に連なる小ピークにかけての山城区域（通称「山上の城」）と、北山麓の居館区域（通称「山下の城」）、それに両者を結合する東西の登り石垣による外郭線の三ブロックから構成される。石垣は築石《つきいし》部分の一部老巧化によるオーバーハングや、伝「東の丸」周辺の崩落を除けば、人為的要因による崩壊は見られない。よって、廃城時の城割りを受けた形跡は認められない。なお、伝「大手」付近は近年の粟田万喜三氏による修復石垣である。(3)

次に、石垣の観察と分類に移る。城跡内の石積工法は、前述の視点から五類型に大別できる。

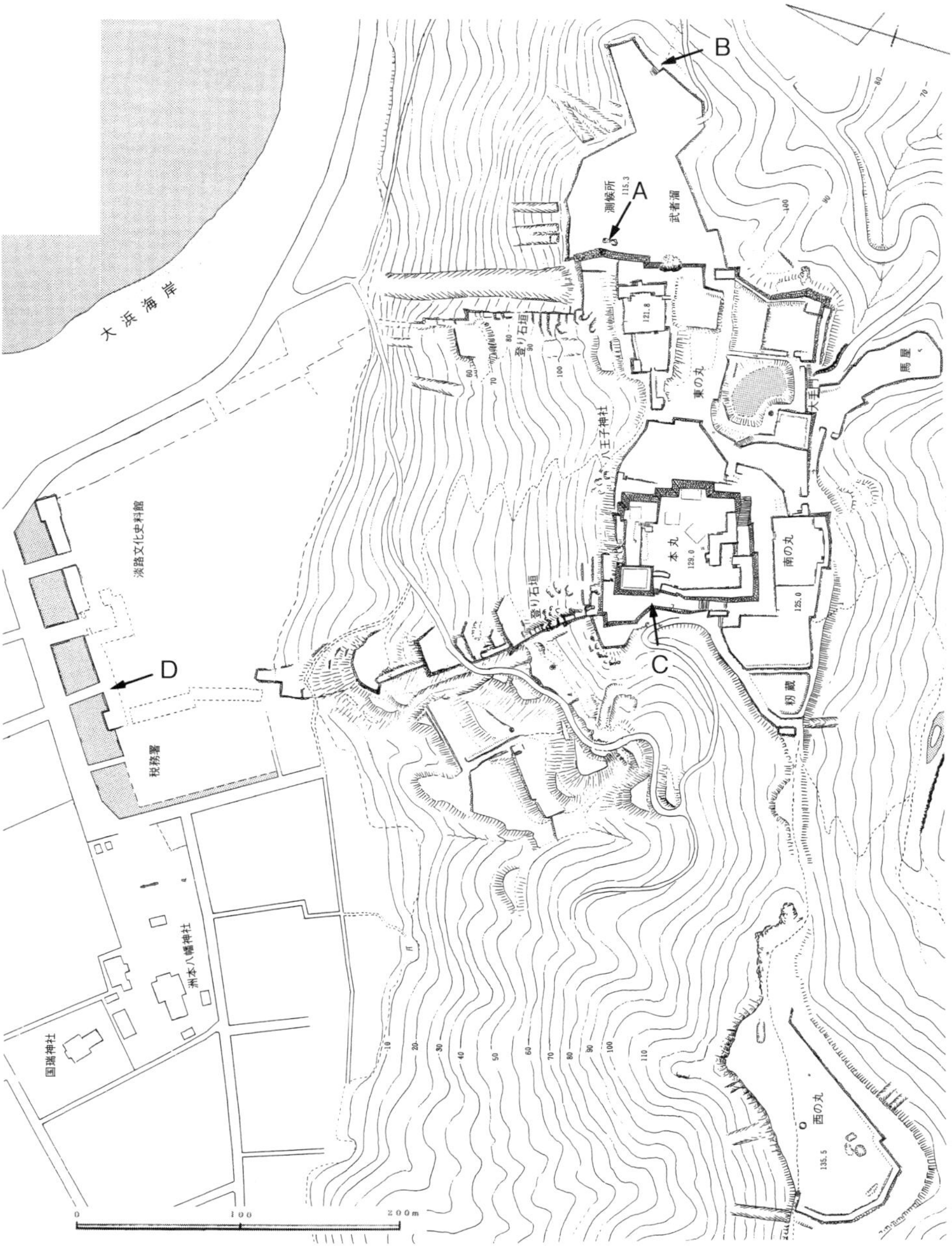

図１　洲本城石垣の実測位置　作図：本田 昇（執筆者加筆）

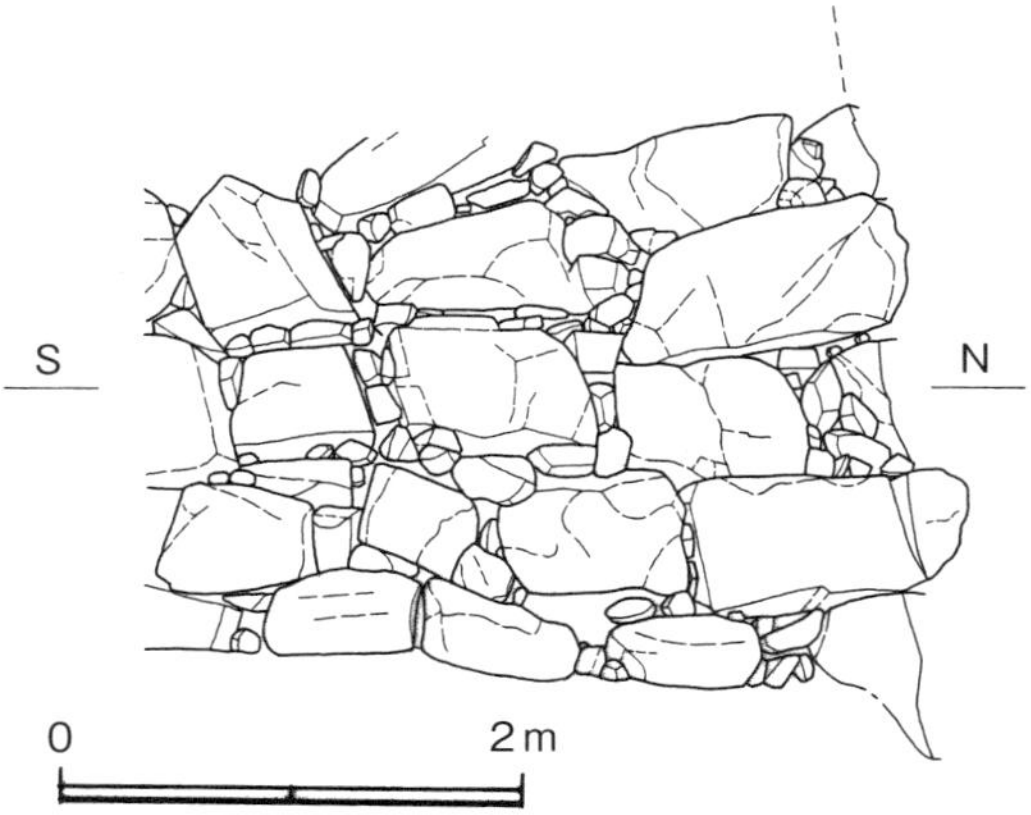

図２　東の丸石垣　作図：堀口健弐

○A類（図2・図1―A）　伝「東の丸」の東西、北面の一部が相当し、伝「大手」付近も修復以前は同様であったとされる。

石材は三熊山山中に露出する砂岩（一部礫岩）による。割石乱積みにより、石垣の稜線は傾斜角八十二度の直線的で、角石《すみいし》の控は一・二m前後と比較的整っている。隅角部の平面形は鈍角を呈する「シノギ角積み」による。面の合端を揃えないで、小石を挟んで積み上げた「打ち込みハギ」による。すべて割肌を表側に向けるだけで、未調整に近い。築石の長径は計測地点で一・二二〜〇・四二m、平均値〇・七五mを測る。割石を使用しながらも、石材の選別がいきとどいている。

○B類（図3・図1―B）　伝「武者溜」の南面が相当する。

石材は円礫岩による。野石乱積みにより、稜線は不揃いだが、傾斜角七十五度でおおむね直線的である。隅角部は現存高一・八九mを測り、南面は全般的に二m前後を測る。面の合端は、丸味を帯びた呉呂太石《ごろたいし》を積んだだけの「野面積み」で、間詰石《まづめいし》は用いていない。築石の長径は〇・五八mを測る。すべて野石により積まれており未調整である。

○C類（図4・図1―C）　天守台、伝「本丸」「南の丸」「籾蔵」「馬屋」「東の丸」の東を除く三面「武者溜」の北面と東面、それに東西の登り石垣がこれに相当する。

石材は砂岩（一部礫岩）で、東登り石垣中腹の一部は閃緑岩《せんりょくがん》（白みかげ石）による。割石乱積みで、角石には矢穴が顕著に残る。稜線は下部で傾斜角六十六度の緩い曲線を描き、角石の控えは一・七〜一・一mを測る。粗割石を使用し、大石を下層部、小石を上層部に据える。面の合端は野面積みによる。築石の長径は平均値で〇・六mを測るが、最大一・一四～最小〇・二五ｍと、かなり幅がある。築石は割肌を表に向けるだけだが、角石は表面を平坦に加工し、一見、切石と錯覚するほど丁寧に仕上げる。

○Ｄ類（図５・図１―Ｃ）　山下の城の、主に北面（城の正面側）がこれに相当する。

石材は閃緑岩による。切石乱整層積み（いわゆる間《けん》知《ち》積《づ》み）による。石垣中に多数の矢穴が残り、石材は角石が長方体、築石が四角錐体を呈する。稜線は傾斜角七十七度で（図化部分以外は曲線的）、現存高二・一六ｍを測る。面の合端を

図３　武者屯石垣

図４　天守台石垣

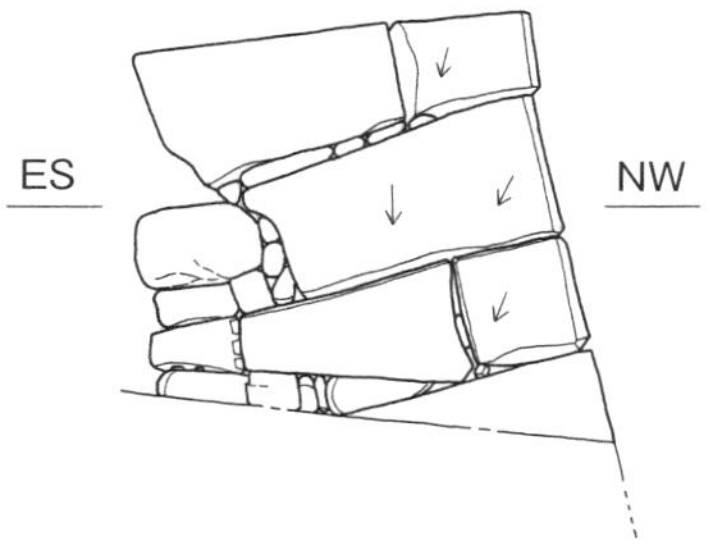

図５　山下の城石垣　作図：３枚とも堀口健弐

切り揃えた「切り込みハギ」により、図中角石は一・四七m、天端石は一・三mを測る。大手門以外の虎口脇とあってか、小振りな石材が多い。石材中に刻印、符号が確認できたが、筆者の力量不足により解読できなかった。調整は上方から下方および斜右上方から斜左下方への「のみ切り」による。

◯E類　山下の城の北面城内側と東面が相当する。隅角部が現存しないため、図化していない。砂岩を用いた割石乱積みで、石材中に蜂須賀「卍」の家紋が観察できる。現在は撤去されて、淡路文化史料館敷地内に露天展示されている。

石垣の暦年代

本項では、各石垣型式の相対年代と暦年代について検討する。

先述C類は、A類の築石にわずかに覆い被せるように積まれており、前者が新しく、後者が古い先後関係が看取でき、A類からC類へと型式変化する。「寛永九年洲本之図」にはすでに現況の石垣群が描かれて建物は描かれていないことから[4]、この時点で「山上の城」が廃城となっていることを物語り、全石垣の下限年代は寛永九年（一六三二）に比定される。

A類の標識城郭は、文禄・慶長の役において朝鮮半島南岸地帯に構築された倭城である。倭城の第一次築城は文禄元年（一五九二）～同二年、第二次築城は慶長二年（一五九七）で、すべて同三年には廃城となっている[5]。釜山子城（大韓民国釜山広域市）のように、戦役後に朝鮮王朝側の城郭に利用されたものもあるが、大半はその後に改修、再使用された形跡は見当らない。長いものでも五年間、短いものではわずか二年間の短命に終わっており、暦年代の判明する稀有な例といえる。また、倭城を指標にすることで、型式学的に発達しているか否かで、相対年代の判定も可能である。しかしながら、筆者は現時点において、倭城の石垣図面を作成していないため、これとほぼ同時期と考えられる近江八幡城（滋賀県近江八幡市）で検討したい。

近江八幡城は、天正十三年（一五八五）に豊臣秀次が築城し、文禄四年（一五九五）に廃城した。(6)同城は研究者レベルでも秀次の居城として語られがちであるが、山麓居館と山城とでは、石垣に型式差が生じている。居館部分は、天正四年の築城開始で同十三年に廃城となった安土城（滋賀県近江八幡市）に近い様相を呈し、石垣としては古相に属する。一方の山城部分は、先述の倭城を指標として、慶長五年（一六〇〇）に廃城となった但馬竹田城（兵庫県朝来市）に近い様相を呈し、こちらは新相に属する。前者が秀次段階、後者は文禄元年から城主となった京極高次《きょうごくたかつぐ》段階の遺構であろう。

図6は、本丸内枡形虎口の石垣である。角石の選別が今一歩で、隅角部の横面と小面が交互に噛み合わない箇所もあるが、稜線はおおむね通っており、天端には若干の反りがかかる。粗割石の築石を上下左右に配し、間隙に間詰石を配する、安土城以降の桃山期に盛行する「穴太積み」による。洲本城の伝「東の丸」はシノギ角積みのため、外見上やや異なった趣を呈するが、基本工法は双方ともに同相である。

B類は、後述するC類と外見上の相違はあるが、稜線はおおむね通っている。該当の石垣は大半が円礫岩によるが、礫岩は別名「子持ち石」と呼称されるように、岩石中に大小の礫を含んで加工が困難なため、呉呂太石のまま構築されたのではないのか。すなわちB類は、後述するC類とほぼ同時期の所産と認識しておきたい。

C類の標識城郭は、姫路城（兵庫県姫路市）である。国宝であり、世界文化遺産に登録される姫路城も、石垣分野では意外なほど研究が進展していない。一般的に池田輝政による巧妙な縄張りの城郭として紹介されるこの城も、天正期の羽柴・木下段階、慶長期の池田段階、元和期の本多忠政《ただまさ》段階の三時期にまたがる石垣が混在する事実は、案外知られていない。羽柴・木下段階が二の丸と腰曲輪、上の山里丸、大手付近の各一部、池田段階が天守台、備前丸（主郭）等の城域の過半数、本多段階が腹切丸と西の丸、上の山里丸、腰曲輪の各一部に比定される。ただし、従来、羽柴・木下段階の遺構だと紹介されてきた備前丸、三国堀は、明らかに池田段階の所産であろう。今なお石垣の随所に、各期の積み足し痕を見ることができる。一方、昭和三十一～三十八年の天守群解体修理に際して、大天守最上層正面破風の置き棟木から「戊申慶長吉歳、十二月十六日依弐拾弐日迄」、乾小天守一階仕切長押裏面から「慶長十四年四月」、西小天守三階羽目板から「慶長十四年四月」等の墨書銘が発見され[7]、天守建築を支える天守台石垣の下限年代が決定づけられた。

図7は、大天守台東南隅石垣である。一部修理した姿を図化しているため（ただし、解体修理はおこなっていない）、一点破線は補充石材を示す。石材は粗割石を基本として、面の割り肌を玄翁《げんのう》ではつった「荒こぶとり」で、一部は「のみ切り」とし、面を平坦に仕上げる意識が強い。稜線はよく通り、天端付近に明確な反りがかかる。粗割石積みの最終形態ともいえる姿で、次世代の慶長十四年に築城開始の篠山城[8]（兵庫県篠山市）、同十五年に築城開始の名古屋城[9]（名古屋市）になると、隅角部に大型の切石が採用され始める。

D類の標識城郭は、徳川期大坂城（大阪市）である。現在の大坂城は、大坂夏の陣以降に徳川政権によって再築されたことは周知の事実であるが、これもまた単純な図式では語りきれない。再築工事は元和六年（一六二〇）から寛永六年（一六二九）に至る三時期、一説には四時期にわたったとされる[10]。工期が延べ九年間に及んだため、石垣技術に日進月歩の発展があり、結果的に型式差が生じてしまった。古相が元和六年工期分の外堀（通称、西堀～北堀～東堀）、新相が寛永元年以降工期分の内堀と外堀（通称、南堀）に比定される。このうち新相に属する、南堀に臨む六番櫓の切妻破風の懸魚裏側から、昭和四十～四十一年の解体修理に際して、「寛永五暦辰拾月吉日」の墨書銘が発見されて、南堀石垣の下限年代を確実にした[11]。

図8は、山里丸前田家丁場《ちょうば》の石垣である。花崗岩（白御影石）の切石を使用し、石垣全体に矢穴やノミ切り痕が顕著に残る。算木積みはすでに完成の域に達しており、角脇石の存在も明瞭になる。また刻印、符号の種類も相当数見られる。

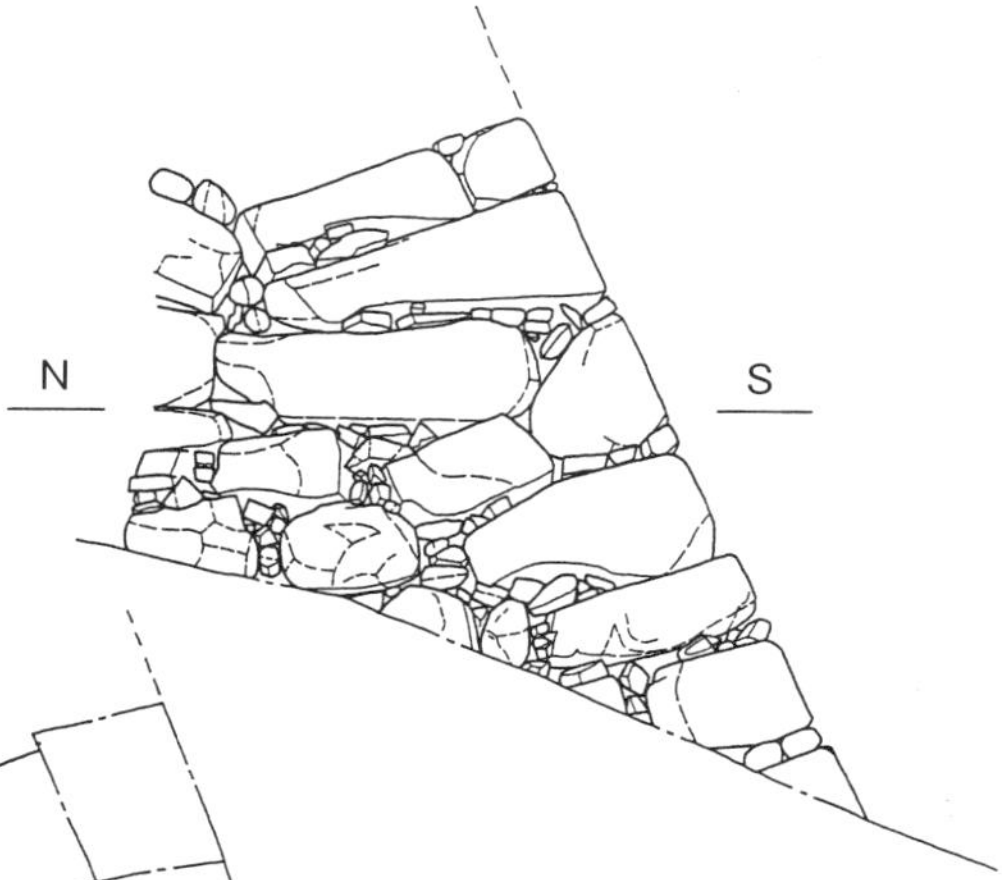

図６　近江八幡城・本丸虎口

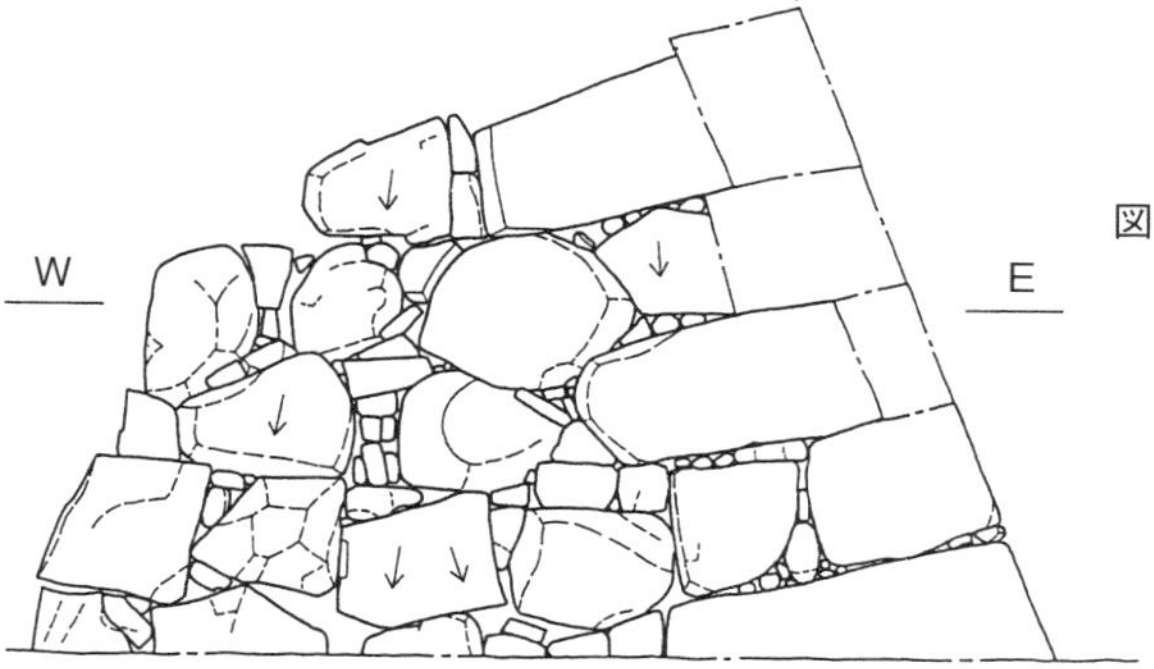

図７　姫路城・天守台

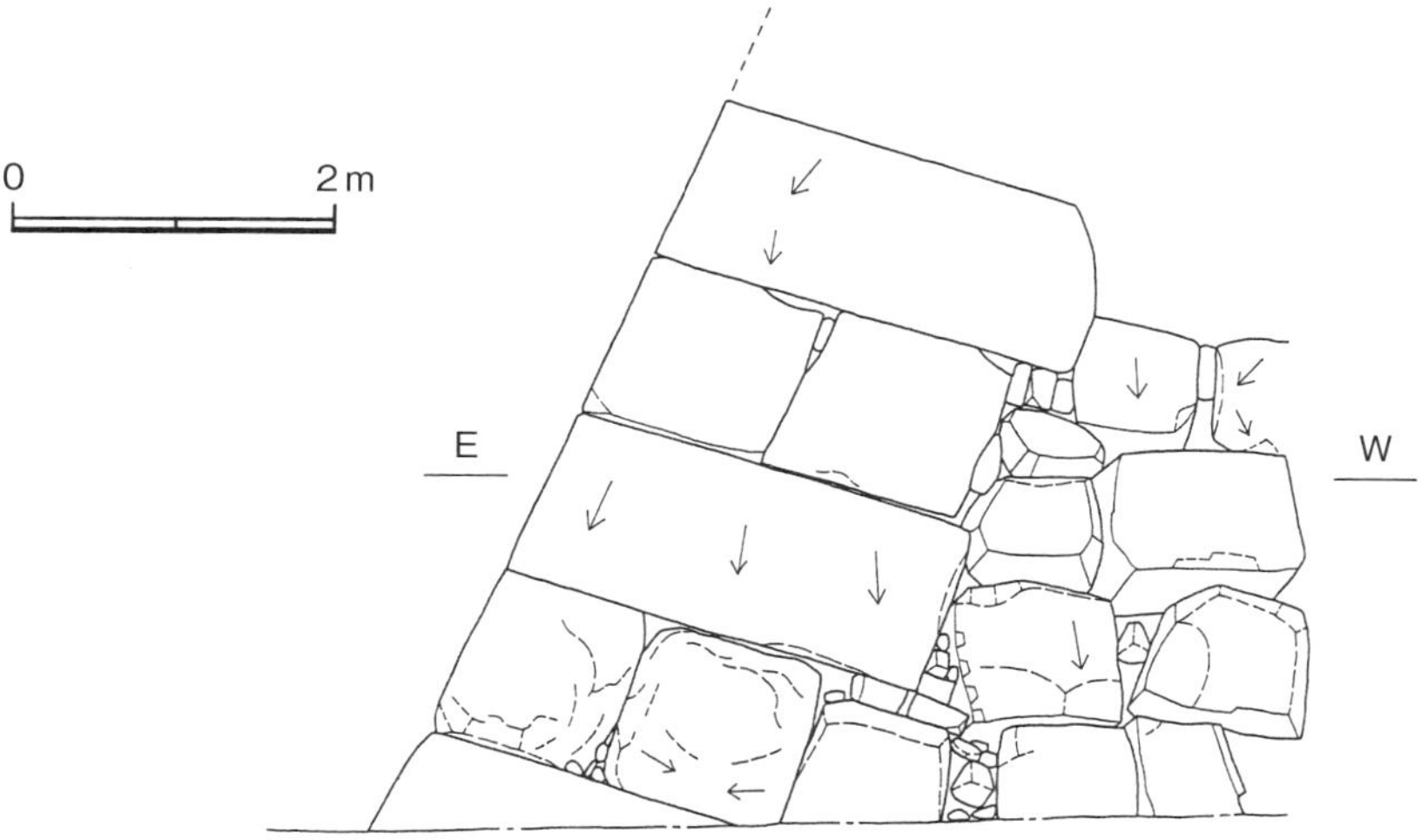

図８　徳川期大坂城・山里丸　作図：３枚とも堀口健弐

洲本城山下の城と比較すると、石材の巨大さ、築石の横目地が通る点等、多少の相違はあるものの、ともに寛永期に出現する典型的な間知積み石垣である。

E類は、「卍」の家紋が示すように、時期的にはD類と同年代と考えるほうが自然である。昭和五十六年当時まで、該当石垣による「東の櫓台」が遺存していたが、[12]すでに未記録のまま撤去されてしまい、残念ながら今となっては多くを語ることができない。

以上を要約すれば、石垣編年の視点からA類が文禄期前後、B、C類が慶長中期、D、E類が寛永期の各時期に位置付づられる。

洲本城の変遷と各期の様相

各石垣の年代観が出揃ったところで、洲本城史における具体的な改修年代について言及したい。洲本城の創築は永正年間（一六世紀初頭）にまで遡る。[13]三熊山山中に戦国末期の安宅氏段階と思われる、畝状竪堀群の遺構も確認できる。しかし城郭石垣、瓦葺き建物としての洲本城史は、織豊政権下以降に始まることになる。

洲本城史を通観すると、まず天正十年（一五八二）に仙石秀久が城主となり、続く同十三年に脇坂安治が替わって入城。以後、慶長十四年（一六〇九）まで二十四年間の長きにわたって城主を務める。脇坂以降は、同十四年から十五年まで藤堂高虎、十五年から十八年までは池田輝政、十八年から元和元年（一六一五）までが輝政の三男忠雄がそれぞれ淡路国を統治する。[14]藤堂は来島せず、輝政は岩屋城（兵庫県淡路市）を、忠雄は由良城（兵庫県洲本市）を築城して移り住むも、洲本城との関係は希薄のようで、状況的に判断しても、藤堂や池田父子らが洲本城を改修した可能性は、極めて低そうである。やがて名実共に徳川政権の世となった元和元年、蜂須賀至鎮が淡路国を統治し、以後、蜂須賀家の重臣稲田氏が代々洲本城代を務めて、[15]その後、廃藩置県を迎える。全石垣の下限年代が寛永九年であるこ

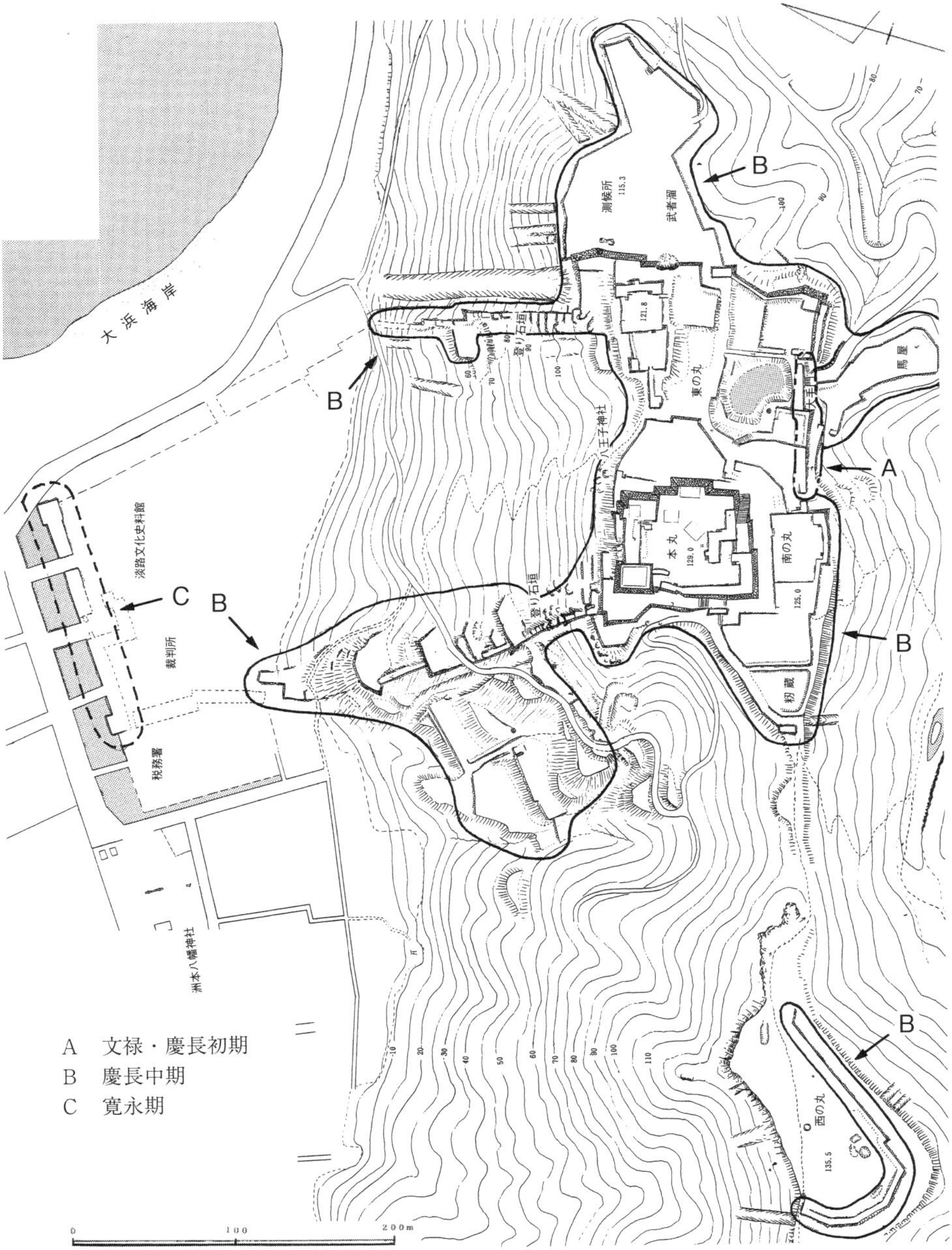

図９　洲本城石垣の年代　作図：本田 昇（記号等加筆）

とはすでに記したが、これら歴史的事象と前章で抽出された石垣の暦年代から、以下の三時期にわたる変遷の過程を追うことができる（図9）。

○第Ⅰ期（脇坂安治段階・前期）　現存する洲本城の原形は、脇坂によって文禄期を前後とする頃に築かれた。山上の一帯に、脇坂家の家紋「輪違い」瓦片が散布する事実からも、これが証明できる。現在、伝「東の丸」「大手」周辺部に、脇坂前期の遺構を見つけることができる。

○第Ⅱ期（脇坂段階・後期）　慶長中期頃に前段階の一部分を除いて、本丸、天守台等をはじめとする山城の城のほぼ全域が改修された。現在目にする石垣の大半が脇坂後期に普請されたもので、新規に山麓とを一体化する外郭線が付設された。

ところで外郭線とは、中世城郭の竪堀のように、それ自体が単独で存在するものではなく、山城と山麓の構造物とを結合して、はじめて防御施設としての用をなすものである。よって、現状の山下の城に先行して、脇坂期の山麓居館が存在した可能性が、極めて濃厚であることを示唆しておきたい。

○第Ⅲ期（蜂須賀・稲田段階）　寛永八～十二年の「由良引け」の際に、脇坂期の山城を廃して、山麓全域を全面改修した。石垣中に遺存する符号の類からも、それが実証される。各々時期を異にする脇坂期の外郭線と蜂須賀・稲田段階の御殿とが一体化している事実から、旧世代の脇坂期のプランを踏襲したことがわかる。

以上により、改修年代が特定できたところで、次に石垣史に視点を置いた各期の築城様式の抽出を試みる。

脇坂前期の遺構はごくわずかしか残存せず、多くの事柄を読み込むことはできないが、伝「東の丸」「大手」周辺にその片鱗を見せる。伝「大手」は城域内において、たしかに大手門と呼ぶにふさわしい立派な虎口である。ただ自然地形に左右されてか、不等辺の食違い虎口と内枡形虎口の中間的な形状を呈する。北斜面（後の城下町側）が急崖で南斜面が緩斜面であることを考え合わすと、南面の防御に比重を置いたことも頷ける。隅角部の平面形は、慶長前半期以前の山城に多く採用されたシノギ角積みによる。自然地形に沿った普請は、動かす土量が少なくてすむことや、安定した地盤に載るために崩落の危険性が低い等の利点がある。石積み技法は、天然の素材を活かして堅固に積むことに特徴のある、桃山期に盛行した「穴太積み」による。大石を上下左右にバランス良く配する工法は、現行のセオリーではタブー視されるが、力学的にはむしろ理に適っている。一見、乱雑に映るこの石積み技法は、大きさ、形状の異なる石材を加工せずに堅固に積まねばならず、それゆえに特殊な理論と経験とが要求される。城郭石垣の大量生産をもたらした、世にいう「慶長の築城ラッシュ期」以降は、あまり採用されない手法である。

脇坂後期の遺構は山上の城の大半を占め、該当期の築城様式を如実に具現化する。隅角部の平面形はシノギ角積みを多用するが、主郭周辺の中枢部では、平面形が直角を呈する「本角」による。石垣の随所に積み足し痕が見られるが、先後に型式差は認められず（厳密には若干の時間差が生じるが、城史においては一瞬の出来事と判断する）、時期差を見いだせない。主郭東側小曲輪、伝「南の丸」は共に古い稜線の前方に若干積み足しており、土木構築物に建築構造物のスケールを合致させるための、臨機応変な設計変更が行われたと思われる。伝「東の丸」北面と主郭東面の小段は、石垣を階段状に施工する際に、上位から下位へと進んでおり、施工順序と単位を表現している。

次に、縄張りの問題であるが、中心部のすべての曲輪において四周を高石垣で構成して、整った方形プランの内枡形虎口を標準装備し、瓦片の散布は瓦建物の存在をうかがわせる。ただし、独立性の高い出曲輪の伝「西の丸」のみ、石垣は南斜面の片面だけで、北斜面の一部は天然の露岩を残す。枡形虎口や瓦片の散布は見られない。すなわち、主要部は総石垣、総瓦葺建物で、主郭に至る侵入ルートには枡形虎口が連続する。天正期までの、縄張りにおける村井毅史氏が提唱するところの「城域」と「限定城域」から構成される内外二重構造は、[16]すでにここでは存在していない。そして、山城区域と居館区域とを外郭線で一体化を図ることで、比高差を克服した平山城的プランの設計を可能にした。小項を要約すれば、内外二重構造の解消と上下の一体化こそが、慶長期における「築城様式」の本質であるといえる。

ところで、脇坂期の共通意識として、石垣石材に砂岩～礫岩を使用している。(17)いずれも三熊山山中に産出する岩石で、伝「大手」に至る観光用道路脇に、運搬途中もしくは採石中かと思われる石材が散見できる。おそらく、石材として使用可能であれば、どのような岩石であってもよかったはずであり、眼前に存在する物を最大限活用しようとした、至極当然な発想といえよう。

稲田期の遺構は、山下の城全域に相当する。三熊山を背にして前、側方に対して「コ」の字型に石塁と水堀を巡らす。平地に占地して、城内と城下側との高低差はほとんど感じない。平面形は複郭方形の単純な縄張りを呈し、角櫓台以外は「折れ」の少ない直線的な塁線による。稲田期洲本城は、阿波藩徳島城の支城としての位置づけを担っていたが、単純な方形プランに加えて、洲本藩は元和元年に廃藩しており、「由良引け」以降は「御屋敷」あるいは「御番所」と呼称していたことから考えて、山下の城は事実上の陣屋構えといえる。

石垣は、切石による間知積みを主体とする。間知積みとは寛永期以降に主流となる石積み技法で、石材の形、大きさを切り揃える技術さえ揃えば、施工自体はそれほど高度な工程ではないため、石垣の大量生産向きの工法といえる。ゆえに軟質で加工が容易な御影石（閃緑岩、花崗岩、斑れい岩の総称）を必要とするが、閃緑岩は三熊山山中では一切産出しない岩石である。(18)そのため、石材の供給源を遠方の城ケ谷石切場（洲本市城ケ谷）に求めたのであろう。(19)極論するならば、石切、運搬のための人海戦術と、それを許容する政治力、経済力を兼ね備えていれば、可能な工法だったといえる。

今後の課題―まとめにかえて

本論では、石垣を中心とした視点から、洲本城の変遷過程と各期の様相を垣間見た。筆者の編年観が正しいと仮定するならば、関ケ原の合戦から大坂の陣の間に、旧豊臣派の脇坂が、大阪湾を挟んで目と鼻の先に位置する自らの居城を、どういう目的で大改修したのか、について自問自答してみた。しかし、いくつかの推論が脳裏をよぎったものの、史料的裏づけをもって明確な解答を導き出すことができなかった。ただ、改修時期と考えたその直後に、脇坂は大洲城（愛媛県大洲市）に転封を命ぜられ、替わって外様大名ながら徳川幕府の庇護を受けた藤堂、池田父子らが、新城を築くなどして淡路国を統治した事実が、筆者には何か示唆的に思えてならない。

一方、城郭史的見地に立って、以下に二点の成果を挙げたい。城郭石垣は積み足し痕や刻印の年代観から、A類（シノギ角／打ち込みハギ）から、C類（野面積み／角石は加工）、さらにD類（間知積み）へと型式変化することが立証された。今後は城跡ごとのミクロな編年案を作成し、各型式間の同定を進めることで、城郭石垣変遷の序列を完成させてみたいと思う。

他方、縄張りに関しては、山上の城は一部分を除いて慶長期脇坂段階の姿を今に伝えていることも、繰り返し述べてきた。よってここに、山上の城の「寛永期再築説」を全面的に否定したい。城郭石垣史の立場からだけでは偏りもありうるので、他分野の方々からの助言、批判を仰ぎたい。

【註】

（1）岡本稔・山本幸夫、『洲本城案内』（ＢＯＯＫＳ成錦堂、一九八二年）。
（2）村田修三「戦国時代の城郭」（『歴史公論』第十一・第六号、雄山閣、一九八五年）。
（3）前掲註（1）。
（4）『おいでてはいりょ見てはいりょ城下町洲本』（洲本市立淡路文化史料館、一九八八年）。
（5）倭城址研究会編『倭城Ⅰ』（倭城址研究会、一九七八年）。
（6）水島大二「近江八幡城」（『日本廃城総覧』、新人物往来社、一九八九年）。
（7）加藤得二『日本城郭史研究叢書』第九号、姫路城の建築と構造（名著出版、一九八二年）。

（8）朽木史郎「篠山城」（『探訪ブックス・日本の城』第六巻、小学館、一九八九年）。
（9）城戸久『日本城郭史研究叢書』第六号、名古屋城と天守建築（名著出版、一九八一年）。
（10）内田九州男「徳川期大坂城再築工事の経過について」『日本城郭史研究叢書』第八号、大坂城の諸研究（名著出版、一九八二年）。
（11）渡辺武・内田九州男・中村博『大阪城ガイド』（保育社、一九八三年）。
（12）前掲註（1）。
（13）新見貫次「洲本城」（『探訪ブックス・日本の城』第八巻、小学館、一九八九年）。
（14）前掲註（13）。
（15）前掲註（13）。
（16）村井毅史「但馬竹田城跡に見る近世城郭の存在形態」（『但馬竹田城』城郭談話会、一九九一年。戎光祥出版より改訂増補刊、二〇一六年）。
（17）約六五〇〇万年前に形成された、和泉層群に属する堆積岩。洲本川以南の淡路島南部に広く分布する。淡路文化史料館主催「淡路島の化石」の展示品を参照。
（18）約一億年前に形成された、領家花崗岩層に属する深成火成岩。洲本川以北の淡路島中～北部に広く分布する。参照品は前掲註（17）に同じ。
（19）前掲註（1）。筆者は未見。

【参考文献】

北垣聰一郎『石垣普請』（法政大学出版局、一九八七年）
田淵実夫『石垣』（法政大学出版局、一九七五年）
窪田祐『石垣と石積壁』（学芸出版社、一九八〇年）
藤本広治『地層の調べ方』（ニューサイエンス社、一九八〇年）

第三章　遺物からの研究

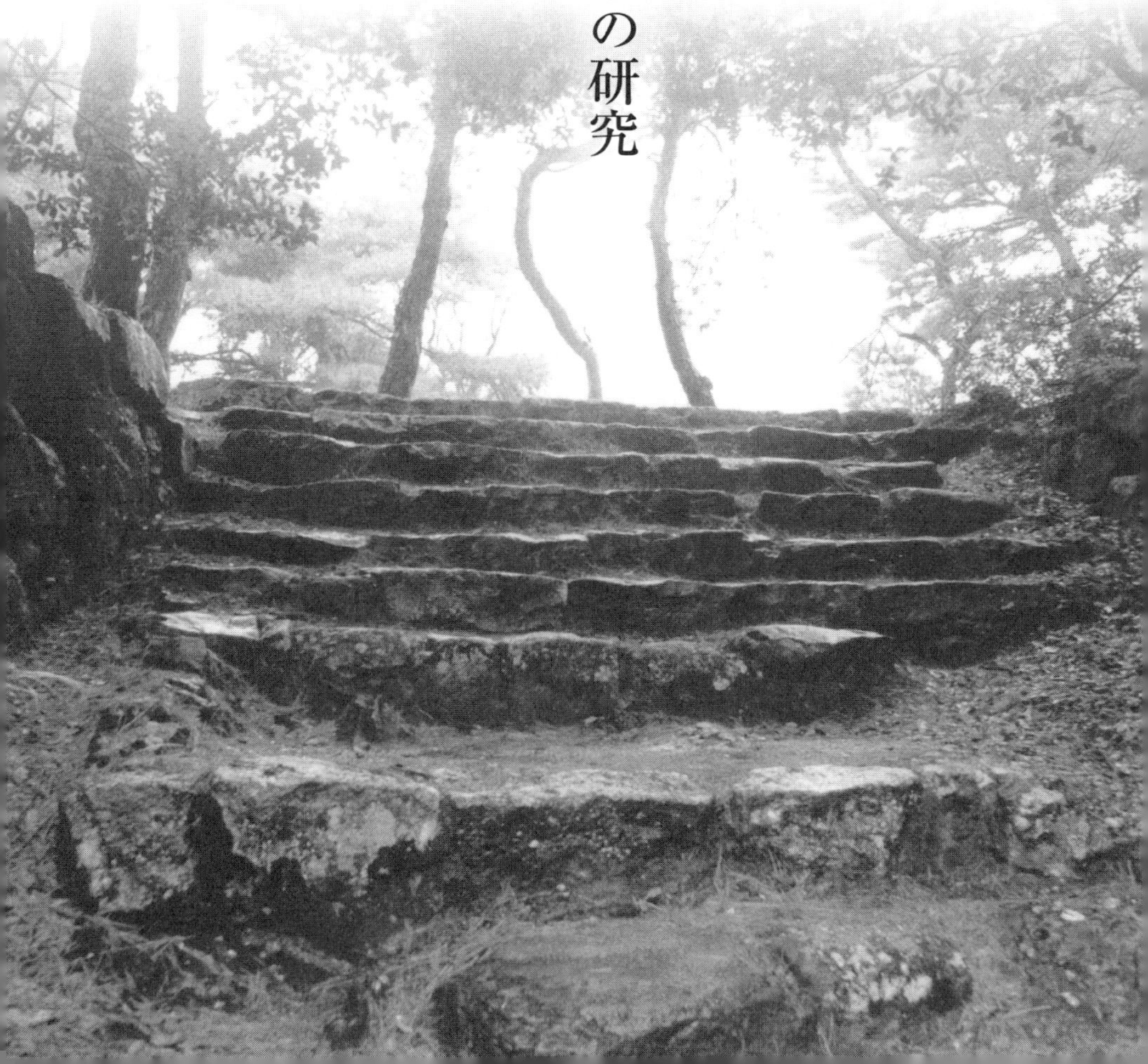

Ⅰ　洲本城・由良城の発掘調査

山上雅弘

はじめに

本稿では、洲本城および由良城のこれまでの発掘調査や考古学的な調査について振り返り、調査成果の概要報告を行う。ただ、残念ながら、淡路島の中・近世考古学については、現段階で活発に進展しているとはいえない。今回取り上げた二城についても、発掘調査や考古学的な成果によって独自の検討が行えるまでの成果の集積があるとはいえない。平成十年（一九九五）に本報告の元となる原稿を執筆したが、そのことに関しては現在もあまり状況に変化はない。

洲本城の調査

洲本城の発掘調査は、平成十年当時、十次以上に及んでいたが、その後の調査は主として石垣修理にともなうものである。ただ、残念ながらほとんどの成果が公表されていないので、その内容の詳細を知ることはできない。そこで、本稿では以前の調査報告を採録し、改めて現在的な視点から若干の考察を行うこととした。ただし、調査は洲本警察署の調査を除くとすべて小規模なものである。

以上のように、今後の調査に期待するところが大きいが、とりあえず以下の調査について紹介したい。なお、記述の関係上、便宜的に洲本城を①上の城（山頂の城郭）、②下の城（麓の御殿）、③城下町の三地区に分けて報告する。(1)

図１　調査地点位置図

①上の城の調査　上の城の発掘調査については、洲本測候所にともなう調査と日月の池整備にともなう調査がある。このうち、日月の池整備にともなう調査[2]は、平成四年八月～九月に行われたもので、整備にあたって遺構や遺構面の確認を行ったものである。この調査では、日月の池周辺が北西から南東への谷地形となっていることが確認された。

［洲本測候所に伴う調査］　洲本測候所[3]は、武者溜と呼ばれる曲輪に所在する。数次の調査が行われているが、成果があったのは昭和五十四年度の調査である。この調査は、洲本測候所の施設建設にともなう確認調査で、大小四本のトレンチを設定して行われた。

大半のトレンチが表土下二〇～三〇cmで地山に達したが、東西方向のトレンチ一だけは、旧地形が北東に向かって傾斜していた。トレンチ一東端では、表土から旧表土までの深さが一・八mに達しており、地表から旧地表面の間には城郭整地層

上：天守台の石垣　北東より　下：洲本測候所

が厚く堆積するという。曲輪の北斜面側のトレンチ三では表土直下が地山であるため、トレンチ一の地形が谷地形かどうかは判断できないが、付近の旧地形がもともと起伏を伴っていたことは確実である。そして、曲輪周辺の高い部分を削り、低い部分の整地を行ったことも調査から確認された。ただ、洲本測候所の調査では、中近世の遺物はまったく出土しておらず、内部に施設が設けられていた痕跡も見当たらなかった。少なくとも、このことからは生活痕跡が希薄であったことが確認でき、「駐屯地」の名が示す通り、この曲輪は空間地として確保されていた可能性が高い。

ただ、元の起伏した地形を大がかりに造成して平坦な曲輪に造成したことが、これらのトレンチの調査から明らかになったことからみると、この曲輪が大規模な造成によって広い駐屯空間を山上に構築したといえるだろう。つまり、武者溜が大規模な軍勢を収容することを目指して築城されたことが、このことからはうかがえるのである。山の地形にもよるが、その意味では洲本城の駐屯空間は、竹田城跡・利神城跡などと比べると圧倒的に広く確保されている。本丸を除いた城域には、遮断線となる大きな区画は東の丸と上段区画、さらに東の丸・武者溜間があるが、とくに武者溜の平坦造成が顕著である。施設などが設置されなかった曲輪の可能性が高いが、周囲を囲む石垣も含めて駐屯空間を重視したことがうかがえるのである。

②下の城の調査　下の城の調査では、曲輪内部と周囲の石垣の調査が行われている。平成十年までに、四次の調査を実施している。さらにその後、平成十一年および平成二十五年度に小規模な調査を実施している。

曲輪内部のものでは、昭和五十四年十月の洲本税務署敷地内の調査と昭和五十五年の宅地造成にともなう二例がある。石垣関連の調査は、昭和五十三年十二月〜昭和五十四年三月まで行われたものと、昭和五十五年から昭和五十六年の東櫓台と石垣の調査がある。

石垣に関する調査は、開発や修復・復元にともなって、現状を図面などに記録保存することを主眼に行われている。一方、曲輪内部の調査では、洲本税務署敷地内で古墳時代の組み合わせ式石棺が砂層上に見つかっている。また、昭和五十五年の調査は曲輪の広い範囲を対象とする調査であったが、上層の撹乱が激しく、その直下では礫混りの砂層が検出されたが、遺構面や包含層の存在は確認できなかった。ただし、撹乱層中には近世以後の遺物少量を認めたという。いずれにしても、城郭に関する顕著な成果は見られなかった。

平成十一年に行われた調査は、下の城の大手内枡形周辺の調査で、枡形の基礎石や下の城西辺の石垣を検出したという。ただし、限られた調査区であるので、石垣が原位置を保ったものかどうかは判然としない。城郭石垣の石材が検出されたことは確かなので、今後の調査が期待される。

平成二十五年度の調査についても、大手内枡形にかかる調査で、調査地点は枡形の後門脇の櫓台に相当する地点である。調査の結果、表土下一mで近世の遺物包含層が検出され、包含層下層で褐色シルト質細砂を基盤層とする遺構面が検出された。さらに、その下層表土下一・五mで淡褐色シルト混じり細砂を基盤とする遺構面が検出され、合計二面の遺構面を確認した。近代以降の撹乱層中には、矢穴痕跡をともなう石垣石材が出土したほか、層位不明であるが、他に瓦の凸面に「御土蔵」のヘラ書文字が刻まれた近世の丸瓦片が出土している。

このように平成二十五年度の調査によって、下の城の基本土層に関して有力なデータを得ることができた。ただ

図2　山下町居屋敷遺跡（『山下町居屋敷遺跡』の挿図に一部加筆）

し、本地点が正確に枡形内側の櫓台にあたるならば、少なくとも近世段階の遺構面が多地点に敷衍《ふえん》できるものかどうかは、今後の多地点において再検証が必要である。また、平成十一、二十五年度の調査によって、下の城周辺は海岸砂層の上に立地することも明らかとなった。そして、城周囲を囲む石塁をともなう石垣も、砂層を基盤とすることが明らかになった。

③城下町の調査　城下町の調査は、比較的まとまった調査が行われている。とくに山下町居屋敷の調査と山手一丁目地点の調査において成果が認められた。

［山下町居屋敷遺跡の調査］　遺跡[5]（調査地点は図2参照）は、洲本市山手二丁目に所在しており、現在は洲本警察署となっている場所に位置する（図2）。江戸時代には「洲本学問所」（文武学校）が一時置かれたこともあるが、大半の期間は武家屋敷であった。明治期以降は主として学校や公共施設として利用され、数次にわたる変遷を経ている。

調査は立会を含めると四次にわたるが、成果が上がっているのは昭和四十九年度（一九七四年、遺跡の存否のための確認調査。以下、予察調査とする）の調査と平成四年（一九九二年、以下、平成四年度調査）の調査である。予察調査は警察署の新築にともなうもので、現在の警察署裏をグリッド掘りしたものである。平成四年度の調査は、警察署関連の建物建て替えにともなって行われたものである。

○予察調査　昭和四十九年の暮れから大晦日まで、学校の冬休みを利用して行われたもので、淡路考古学研究会が主体となって実施した。(6) 調査にあたっては、方位軸に沿って二×二mのグリットを設定し、合計二十七区画を調査している。

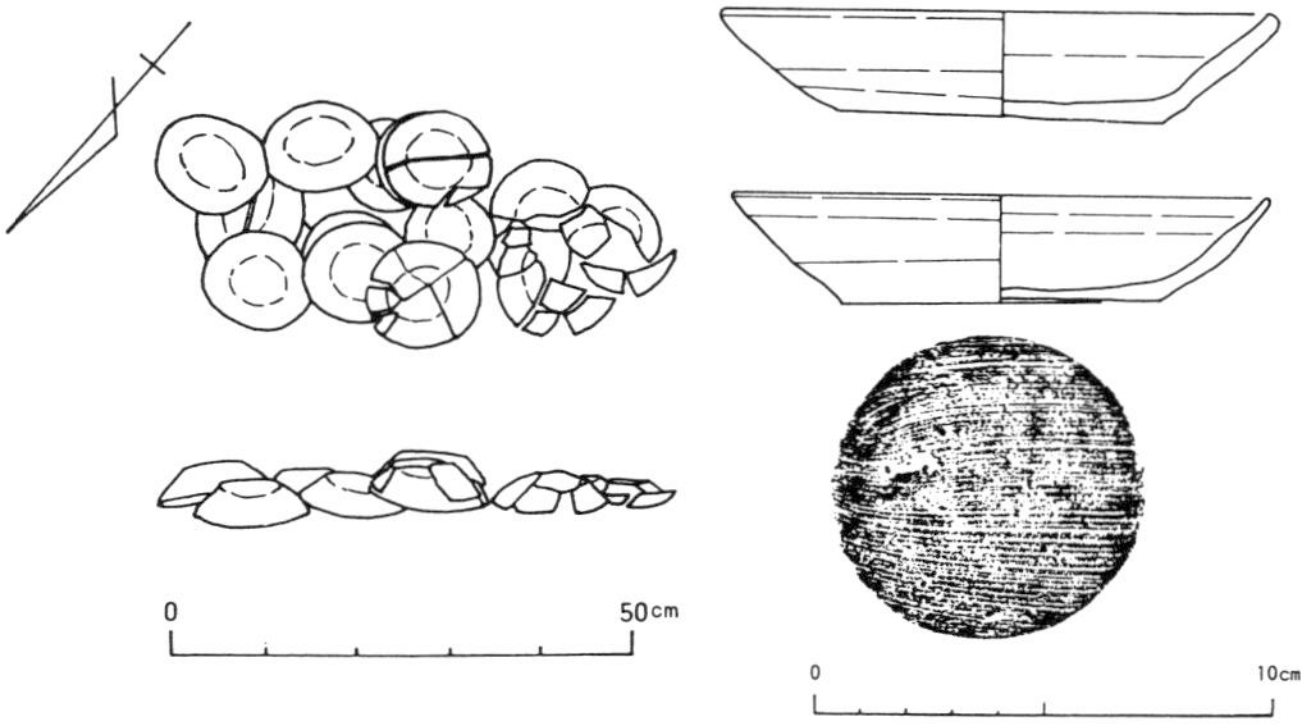

図3　祭祀遺構と土師器実測図　（『山下町居屋敷遺跡』より抜粋）

調査の結果、Ⅰ層（現代の撹乱層）・Ⅱ層（近世以降の撹乱層）・Ⅲ層（中世・近世以降の整地層）・Ⅳ層（黄色砂層、ベース層）という層位が検出された。この結果から、遺跡が基本的には砂礫上に立地しており、中近世を通じて若干の整地が繰り返されてきたことが推測されている。

そして、中・近世の生活面は砂礫上面の土壌層中にあったと推測されるが、報告書ではⅢ層を中・近世以降の整地層としている。同層は数層に複雑にからんでいるが、いずれも砂質の層で形成される。また、建物や屋敷に関わる遺構、さらに当時の生活面については明確ではないため、調査者はⅢ層を撹乱と判断し、すでに生活面は破壊されたと報告した。しかし一方で、土師器皿を重ねた祭祀遺構（図3）が見つかったことや、同層が各地区で認められること、実際に多くの陶磁器を包含していることも事実である。

このため調査地周辺は、近世期にはゴミ穴などの撹乱が繰り返された場所と考えられるものの、一部には生活面を残している可能性も捨てきれない。

そして、この調査結果を重視すれば、周辺調査においても同層の観察は、中近世面を考えるときの手掛かりとなる可能性を持っている。さらに、この調査によって遺跡周辺には広範囲に砂層（Ⅳ層）の堆積が認められ、細砂と粗砂が互層に厚く堆積することも判明した。このⅣ層は東に向かって傾斜しており、傾斜を辿ると隣接地が海岸線であったと思われる。これは、『天文年中淡路巣諏本町並図（写し）』[7]の記載と一致するもので注目される。以上、Ⅳ層の傾斜やⅢ層の検出など、この調査は遺跡の立地を考える上で重要な成果を上げた。

ほかに、Ⅲ層の下層には部分的に黒色土層が認められ、古墳時代の製塩土器・須恵器・土師器を包含していた。残念ながら、この層中には少量の陶磁器も混じるため、結局は二次堆積と判断されたが、付近に製塩遺跡が存在することを報告書は指摘している。

さて、次に調査の遺物について述べたい。今回は、報告書中の一六世紀～一七世紀前半の遺物について抽出して報告する。なお、土師器については時間的な制約から今回は省いた。掲載した遺物（図４）は、調査報告書に掲載された遺物を再実測（1～5）したものと、出土遺物を新たに図化したもの（6、7）が含まれる。

1は李朝の白磁である。底部の破片であるが、やや透き通った白色の施釉、内面と畳付の焼台痕跡などに特徴がある。2は青磁風の施釉を施す陶器質の製品である。口径一二・九cm、器高二・八cmを測る。唐津焼に酷似しているが、高台や器形が若干異なる。3、4は唐津焼の皿である。3は口径一三・九cm、器高三・三cm、4は口径一一・三cm、器高三・四cmである。5は浅黄色の釉を施す。外面底部に墨書で「ス」の記号か文字を描いている。6、7は土師器の堝で口径二〇cmを測る。口縁部を肥厚させ、外面に退化した鍔を持つ。外面底部には右上がりの平行タタキを残している。

これらの遺物のほか、報告書では一六世紀代のものとして備前焼擂鉢・銅銭、近世のものとしては伊万里焼・京焼系・瀬戸系ものなどの遺物が紹介されている。

以上から遺物群を観察すると、一六世紀台後半～一七世紀のものが主体であるが、一六世紀前半の土師器堝も含んでいる。したがって、当遺跡が少なくとも一六世紀段階から屋敷地であったことが想像できる。

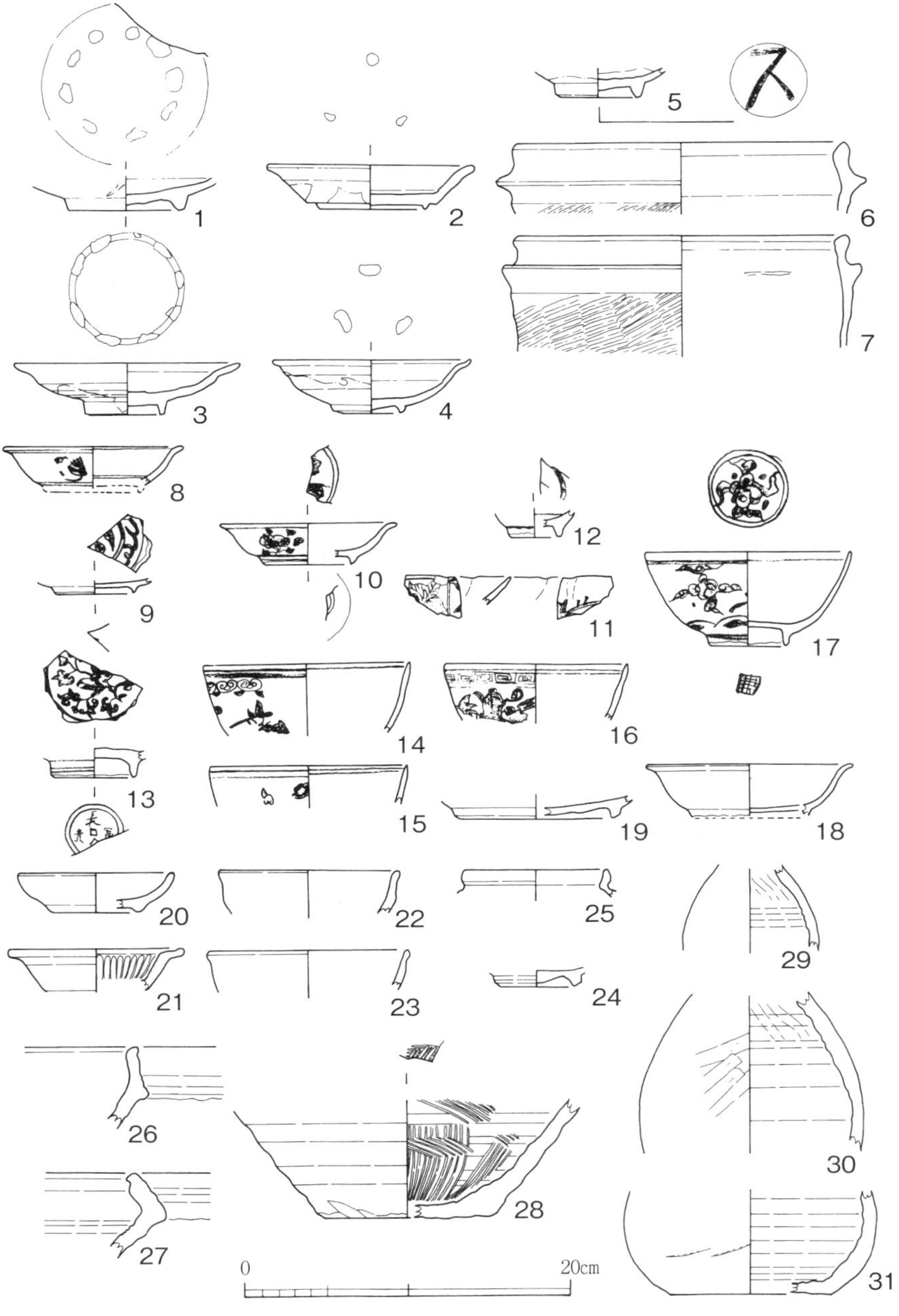

図４　山下町居屋敷遺跡出土遺物（１～７は予察調査、８～31は平成４年度調査）

○平成四年度調査　この調査は平成四年八月初旬に行われたもので、洲本市教育委員会が実施[8]（調査地点は図2参照）した。調査面積は七〇㎡で、予察調査の結果を受けて、製塩遺跡の有無を確かめることを主眼に行われた。調査の結果、土層の堆積は砂層（砂堆形成層、予察調査のⅣ層）に達するまでに、いくつかの近世土坑《どこう》が検出された。この中から今回紹介した遺物を含め、中・近世の遺物が出土した。遺物の大半が幕末と考えられるが、中には一八世紀前後のものも含まれる。ただし、時間的な制約から、これら近世遺物の詳細な検討については割愛する。もちろん、このほかに古墳時代の製塩土器などの古い遺物も出土している。また、土師器についても省略している。

今回紹介する遺物（図4）は、中・近世遺物の中から一六～一七世紀前半のものを抽出したものである。これらの遺物群を抽出したのは、当遺跡が屋敷地化する時期について考えるためである。

報告した遺物は合計で二十四点である。これらの遺物には、中国製の染付碗・皿・白磁皿、瀬戸・美濃焼の丸皿・菊皿、天目碗・小壺・擂鉢がある。

〈染付〉染付皿8～10は同種の皿である。口径一一・〇㎝前後、器高二・六㎝を測る。9の内面見込みには玉取龍が描かれている。また、8、10では外面に植物文が観察されるが、内面は不明である。皿11は体部の中程で外反するタイプのものであろう。全体の細部は不明であるが、残存部の外面には植物文を描き、口縁部に輪花を施す。染付碗12は小碗、その他13～17は饅頭芯タイプのものである。口径一一・四～一二・八㎝、器高六・〇㎝（17）で、高台径五・〇㎝前後を測る。15、17には雲海文、13、14、17には内外面に植物文を描く。14にはさらに昆虫文も描かれる。

〈白磁〉白磁は皿18、19の二点のみである。18では口径一二・八㎝、器高三・三㎝、高台径七・〇㎝を測る。

〈瀬戸・美濃焼〉20は丸皿で、黄緑色でガラス質の施釉を施す。菊皿21は口径一〇・八㎝である。22～24は天目碗である。25は小壺の口縁部片で口径八・八㎝を測る。

〈備前焼〉徳利29～31はいずれも胴部の破片である。外面は右下がり方向に不規則なヘラケズリが認められ、内面に絞り目が観察される。30、31より29のほうが小ぶりな製品である。擂鉢26～28はいずれも破片で、26、27は口縁部片、28が底部片である。26、27は注ぎ口に近い破片で、ゆがみが著しい。28の擂目は、底部から放射状に施しているものと、不規則に入るものが認められ、使用痕跡が顕著な個体である。

以上で、二回の調査から当遺跡周辺は一六世紀後半～一七世紀初頭の遺物群が一定量認められ、状況から、安宅氏時代から屋敷が存在し、菅・仙石・脇坂期を通じてなんらかの施設が存在することが予想された。残念ながら遺構の検出には至っていないが、これらの調査によって、中世洲本城を考える上で重要な材料が提供されたといえる。

○山手一丁目の調査　調査地点は洲本市山手一丁目に所在しており、下の城の西側の山裾周辺に位置する。兵庫県教育委員会が校舎の建て替えなどにともなって、数次の調査を重ねている(9)。遺跡周辺は、絵図などからすると武家屋敷に比定できる場所である。

遺跡は、これまで大きくは三地点で調査が行われており、平成三年一月に調査された二ヶ所と、平成四年に調査された地点がある。調査によって屋敷境の築地塀基礎や石組側溝、庭などが見つかっている。遺構の時期はいずれも一八世紀後半～一九世紀で、検出された屋敷境は文政年間頃（一八一七～一八二九年）の絵図とほぼ照合するという。出土遺物も大半がこの時期以降のもので、山下町居屋敷遺跡のように一六世紀～一七世紀前半の遺物はほとんど含まれない。したがって、山下一丁目周辺の開発は江戸時代になってからと推測される。

また、以上の調査によって山下の居館、山下町居屋敷遺跡、山手一丁目地点とも、広範な砂層の上に載っていることが確認できた。このため、三熊山の城下一帯は山麓際に近い場所まで、海岸砂堆などの砂層上に立地していることが考えられる。

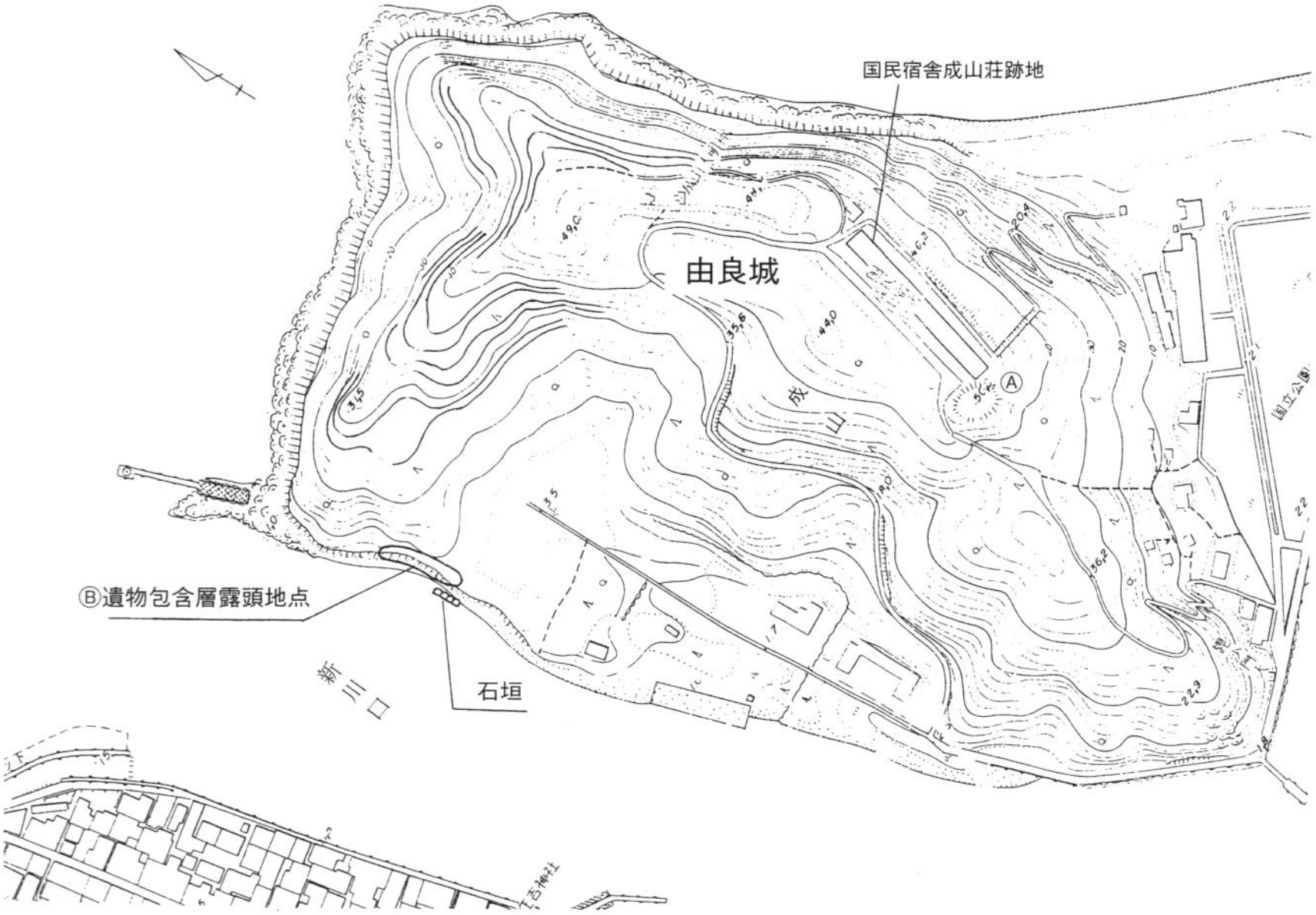

図５　由良城縄張り図

由良城の調査

由良は、洲本の南約三kmにある港町である。由良城(図5)は、この港町の対岸に位置する成島に築かれていた。現在は新川口が開削され、成島は島となっているが、当時は淡路島と陸続きであったという。さらに、成島から南へは砂嘴《さし》が伸びており、南端には高崎台場が立地する。また、由良城が立地する成島についても近代に由良要塞の砲台が設けられ、これによって城郭遺構の面影はまったく損なわれてしまった。

ただ、由良城を踏査すると、いまだに要塞や国民宿舎成山荘跡の盛土部分の下層には、当時の遺構が部分的には残るという印象を受ける。この意味では、東および南斜面に認められた帯曲輪状の地形は当時の遺構の痕跡とも考えられる。このため、地表面観察では明らかにできることは少ないものの、将来的な発掘調査によって構造把握の可能性も残されている。

本報告では、まず前回の表面調査によって採取された遺物群について再述し、さらに平成十五年度の小規模な発掘調査についての概要を新たに述べることとする。ただ、一七世紀前後の瓦については別稿（第三章―Ⅱ）に譲る。ただし、平成十五年度の発掘調査の出土瓦については、概略であるが報告することとした。

まず、表面調査について報告する。ここで報告するのは新川口付近の海岸部（図５、Ⓑ地点）で採取したもので、この地点では由良城の遺構・遺物が確認されている。

遺構・遺物は図５の地点であるが、すでにこの場所の存在については、平成十年以前に岡本稔氏・山本幸夫氏[10]・水口富夫氏・浦上雅史氏[11]の各氏によって報告されたものである。今回の報告にあたっては、山本幸夫氏・水口富夫氏・浦上雅史氏より御教示を頂いた。なお、報告した遺物は平成七年一月十六日に筆者が採取したものである。

上：由良の町からのぞむ由良城　下：観測所全景

遺物の採取場所は成山の西麓にあたり、新川口の開削部分の内海側に当たる周辺である。遺構・遺物は拳大の円礫が堆積する波打ち際周辺で見つかっている。見つかった遺構は石垣で、遺物は一六世紀代のものである。石垣遺構は、長辺が五〇～一〇〇cm大の長方形石材が並んで検出されたものである。長さは約二〇m前後が途切れ途切れに残るもので、海岸部から海中にかけて続いていた。石垣の面がどちらを向くか判断が難しいが、踏査の印象では由良側、つまり新川口に向いているように思われる。そして、この部分が唯一、由良城の石垣の痕跡を留める遺構であった。

遺物（図６）は石垣遺構の山側の包含層中、

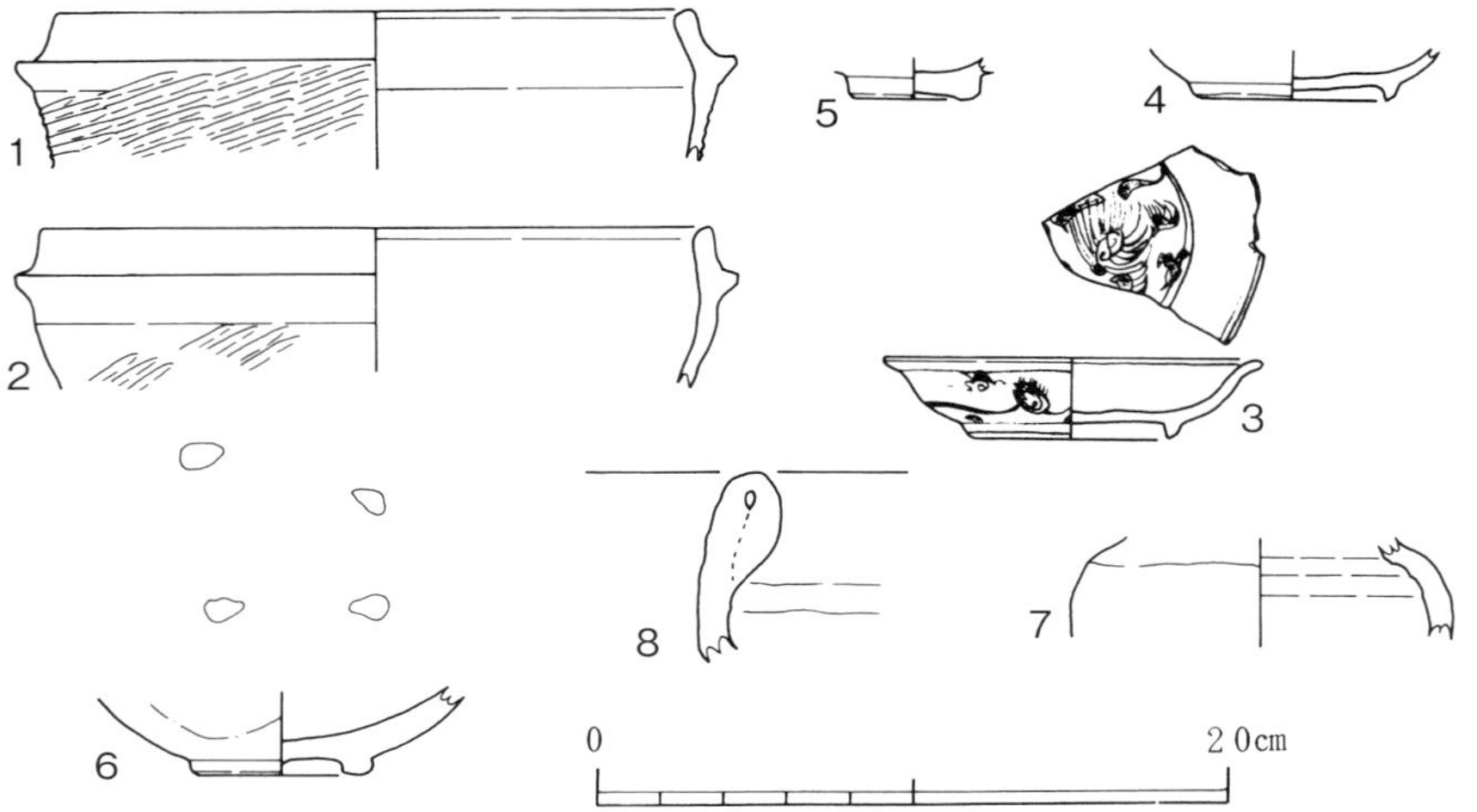

図6　由良城採取遺物

および波打ち際の周辺より採取できた。採取した遺物には土師器堝、皿・器種不明品・中国製の白磁・染付・天目碗、備前焼甕・擂鉢・小壺、瀬戸・美濃焼碗などがある。このうち実測したのは八点で、備前焼の擂鉢および土師器皿については細片のため報告していない。

1、2は土師器堝で、鍔が退化したものである。3は染付皿で口径一二・〇cm、器高二・七cmを測る。4は白磁皿、5は天目碗で、3~5は中国産の製品である。6は瀬戸・美濃焼の碗と思われる。7、8は備前焼で7が小壺か徳利、8が甕の口録部であるが、一五世紀代の製品である。

以上の遺物は、8の備前焼甕は一五世紀代のものであるが、1、2が一六世紀前半段階、3~5は一六世紀代の遺跡でよく見かける。したがって、遺物の時期は一五世紀~一六世紀段階のものが含まれるが、おおむね一六世紀代のものが多い。

このため、採取した遺物を信じれば、ここが戦国時代を通じて人々の活動場所であったことが推測される。もちろん、限られた表採資料であるため様相を細かく分析することはできないが、由良城の時期も、やはりこの場所が生活空間であったことを想像させる遺物群でもある。したがって、これらの遺物採取（土器・瓦）

や石垣の存在から、由良城についても中世段階〜一七世紀初頭まで継続して使用されたことが、考古資料より証明できる。

平成十五年度の発掘調査は、成山山頂の尾根上で行われた。調査地点は国民宿舎成山荘の跡地周辺で、環境省の公園整備事業の事前調査として実施された（図5、Ⓐ地点）。

また、調査区周辺には由良砲台の観測所が残されていた。この観測所は成山荘の施設周辺の庭として残されたもので、頂上にはコンクリート製の観測所と、これに昇るための階段がある。周辺は砲台施設の大半が国民宿舎によって削平されていたため、貴重な残存遺構となった。調査は成山荘跡地に残される砲台施設および由良城に関する遺構の検出を目的に実施された。この結果、観測所南裾部において煉瓦積み施設の基礎部分を検出し、観測所小丘の盛土中より大量の由良城に伴う瓦片を確認した。

残される由良城の石垣石材

砲台施設に関しては部分的な検出にとどまったことと、本稿の主題ではないので省くこととする。一方、由良城の瓦についてはコンテナ六箱程度が出土し、軒丸瓦・軒平瓦・隅軒瓦・滴水軒丸、飾瓦・平瓦・丸瓦などが含まれる。

さいごに

以上、雑駁なものばかりであるが、調査について概観した。さいごに、二城について若干のことを記して終わりとしたい。

洲本城については、城下町以外にはまとまった調査がないが、今後とも考古学的調査の重要性には変わりはないだろう。とくに、下の城および城下町については、基本土層と微地形（砂堆の位置など）の確認が急がれる。山下町居屋敷遺跡の調査から、広い範囲で中世からの城郭遺構・城下町遺構が存在したことが確実視されるので、継続的な観察が急務となろう。ただ、城下町の遺構面が砂層の上に立地することから、遺構面の認識が困難なようであるが、経験を積むことによってこの問題は解決されるだろう。今後の調査が期待される。

由良城の考古学的な発掘調査はいまだに限られる。開発などによって地表面観察には限界があるが、部分的な確認調査などの考古学的なアプローチを通して地道に実態を解明すれば将来的な成果は大きいことが期待される。

以上、これまでの調査について振り返ったが、前回同様、事実報告の再録に終始した。破壊をくい止める意味でも、今後さらなる資料を求め、研究を進めることによってしか、洲本城の実像を明らかにする手立てはないだろう。繰り返しになるが、今後の調査に期待したい。

【註】

（1）岡本稔・山本幸夫『洲本城案内』（BOOKS成錦堂、一九八二年）。
（2）浦上雅史氏の御教示による。
（3）前掲註（1）文献および、岡本稔氏・山本幸夫氏などの御教示による。
（4）浦上雅史氏の御教示による。
（5）遺跡の経緯については『山下町居屋敷遺跡』（洲本市教育委員会、一九七〇年）による。
（6）調査成果については前掲註（5）文献によった。
（7）『おいでてはいりょ見てはいりょ城下町洲本』（洲本市立淡路文化資料館、一九八八年）一七項掲載の図による。
（8）浦上雅史氏の御教示による。資料については洲本市教育委員会の御好意による。
（9）『兵庫県埋蔵文化財調査報告　第一〇三冊　洲本武家屋敷跡―洲本市山手公舎建設事業に伴う発掘調査報告書―』（兵庫県教育委員会、一九九一年）による。

(10)　前掲註（1）文献による。
(11)　両氏によって、平成十五・十六年度の由良城跡内の確認調査時に発見された。
　このほか、本文を記すにあたって左記の文献を参考にした。

『兵庫県の中世城館・荘園遺跡　兵庫県中世城館・荘園　緊急調査報告』（兵庫県教育委員会、一九八二年）、山本幸夫「洲本城」（『城』九二号、関西城郭研究会、一九七六年）

〈付記〉　本文を記すにあたって城郭談話会の各氏及び、山本幸夫・浦上雅史・岡本稔・波毛康宏の各氏にお世話になりました末筆ながら記して感謝します。なお、前回の報告から今日までに、淡路の城郭研究を牽引されてこられた山本幸夫先生、筆者の職場の先輩であった水口富夫氏が物故されている。時の流れを感じるが、ご冥福を祈りつつ本稿の改編原稿を締めくくりたい。

Ⅱ

淡路における城郭瓦の展開
―岩屋・由良・洲本の諸城跡を中心として―

中井　均

はじめに

近世初頭における淡路島には、極めて短期間のうちにいくつかの拠点的な城郭が築かれた。現在、それらの城跡には瓦片が散乱しており、当時、瓦葺きの建物が存在していたことは明らかである。島内におけるこうした近世初頭の城郭は発掘調査が実施されておらず、現在知られる瓦はすべて採集資料ばかりである。ところが淡路島の場合、発掘調査は実施されていないにもかかわらず、古くより淡路考古学研究会の岡本稔氏や山本幸夫氏を中心に、岩屋・由良・洲本城跡で精力的に瓦の採集がなされていた。

しかも、それらの資料は私蔵され、散逸されることなく、洲本市立淡路文化史料館に保管されている。こうした瓦資料は淡路島の近世初頭の城郭を研究するうえで、「考古学的資料」として重要な資料となりうるものである。

拙稿では、洲本市立淡路文化史料館に保管されている城郭瓦を紹介し、あわせて最近採集された新資料についても報告するものである。さらに若干の考察を加えることによって、淡路島の近世初頭城郭に再検討を加えてみたい。

研究史

最近の城郭研究は、従来のいわゆる縄張り研究を凌駕する勢いで、考古学的な研究が盛んとなってきている。とくに遺物（とりわけ瓦）については、各地の発掘調査で出土しており、織豊期から江戸時代初期の城郭を研究するうえで、共通の資料として注目されている。[1]淡路島は「淡路瓦」の産地として知られ、近世の瓦生産地として著名なところで、文献史学の研究成果として『五色町史』などが刊行されている。[2]城郭に用いられた瓦については、岡本稔・山本幸夫両氏が『洲本城案内』のなかで、「瓦が語る洲本城の歴史」という項目を設定し、採集した瓦の検討をおこなっている。内容的には、室町時代の洲本城に瓦が葺かれていたとする、現在では否定せざるをえない個所も見られるが、一九八二年に刊行された近世城郭に関する文献で、瓦についてわざわざ一項目を設定し、瓦から城郭の歴史を読み込もうとする姿勢は、まさしく考古学的立場から瓦を検討したものであり、高く評価されるものである。[3]

近年、岩屋城跡で採集された滴水瓦については、拙稿で従来の滴水瓦について型式分類を整理したうえで、姫路城跡・岩屋城跡・由良城跡の揚羽蝶紋の滴水瓦が同笵《どうはん》であることを指摘し、さらに本藩と支藩関係を瓦から考えてみた。[4]なお、直接淡路島とは関係ないが、池田氏の播磨国内における本城と支城の瓦の相違については、拙稿「利神《りかん》城跡採集瓦について」で一つの試案を提示してみた。[5]

淡路島の城郭瓦の概要

現在、管見によると淡路島においては、岩屋城跡・由良城跡・洲本城跡・叶堂《かなど》城跡・志知城跡から瓦が採集されている。これらはいずれも、織豊政権から江戸幕藩体制期の淡路島における拠点的城郭として築城されたところばかりである。洲本市立淡路文化史料館には、このうち岩屋城跡・由良城跡・洲本城跡から採集された瓦が保管されている。

次に、この三城跡の瓦について観察をおこないたい。なお、洲本市立淡路文化史料館保管のすべての瓦を採拓することはできなかったので、併せて『洲本城案内』（以下『洲本』と略す）からも引用させて頂いた点、御容赦願いたい。また、新たに採集された瓦についても併せて報告する。こうした点から、今回紹介する瓦は図版番号、写真番号ともに、淡路文化史料館で新たに採拓したものを文化―1、『洲本』掲載のものを洲―1（この番号は『洲本』の図版番号と一致する)、新たに採集されたものを新―1とする。

(1)岩屋城跡　淡路市岩屋に所在。慶長十五年（一六一〇）、淡路一国を領有したのは池田輝政の三男、忠雄であった。岩屋築城について、忠雄が幼少（当時九歳）であったため、淡路支配の直接的な国政は忠雄に代わって輝政の家臣中村主殿助があたった。池田氏が従来の淡路島の中心であった洲本城をそのまま利用せず、島の北端である岩屋に新たに築城したのは、領主が幼少で家臣が国政を預かるという状況で、本藩姫路に最も距離の近いという理由からであろう。

岩屋城の構造についていては絵図等も伝えられておらず、現状の遺構から判断せざるをえない。ところが、岩屋城は慶長十八年の由良築城に際し、建築部材、石垣石材等のすべてを由良へ移したといわれ、実際、城跡の残存状況は非常に悪い。慶長十五年の築城であることから、総石垣造りの城郭であったことは充分想定できるが、石垣の石材も大半が岩屋港や河川の堤、民家の石垣に転用されてしまい、城跡にはほとんど残存していない。わずかに残る切岸などから、方形プランの本丸と、それをとりかこむように一段低く北の丸と南の丸が方形プランで築かれていたことがうかがえるのみである。瓦は曲輪平坦部や切岸部など、城跡全域に分布している。

①軒丸瓦　現在、岩屋城跡から採集された軒丸瓦については、巴紋2型式と桐紋1型式、揚羽蝶紋1型式が知られている。

○巴紋Ⅰ類……洲74（図1）　左巻の三つ巴紋で、巴の頭部は小さく丸く、尾部は細長く、次の尾部に接しており、圏線状を呈している。珠文は小さく、十八個めぐらせていたと見られる。丸瓦部凹面のコビキ痕は不明。

○巴紋Ⅱ類……洲73（図1）　左巻の三つ巴紋で形状は洲74と同じく、小さく丸い頭部と次の尾部に接する細長い尾部からなる。珠文は配していない。

○桐文軒丸瓦……文化1（洲72と同一）（図1）　直径一八・八cm、外縁幅一・九cmを測るもので、瓦当中央部に大き

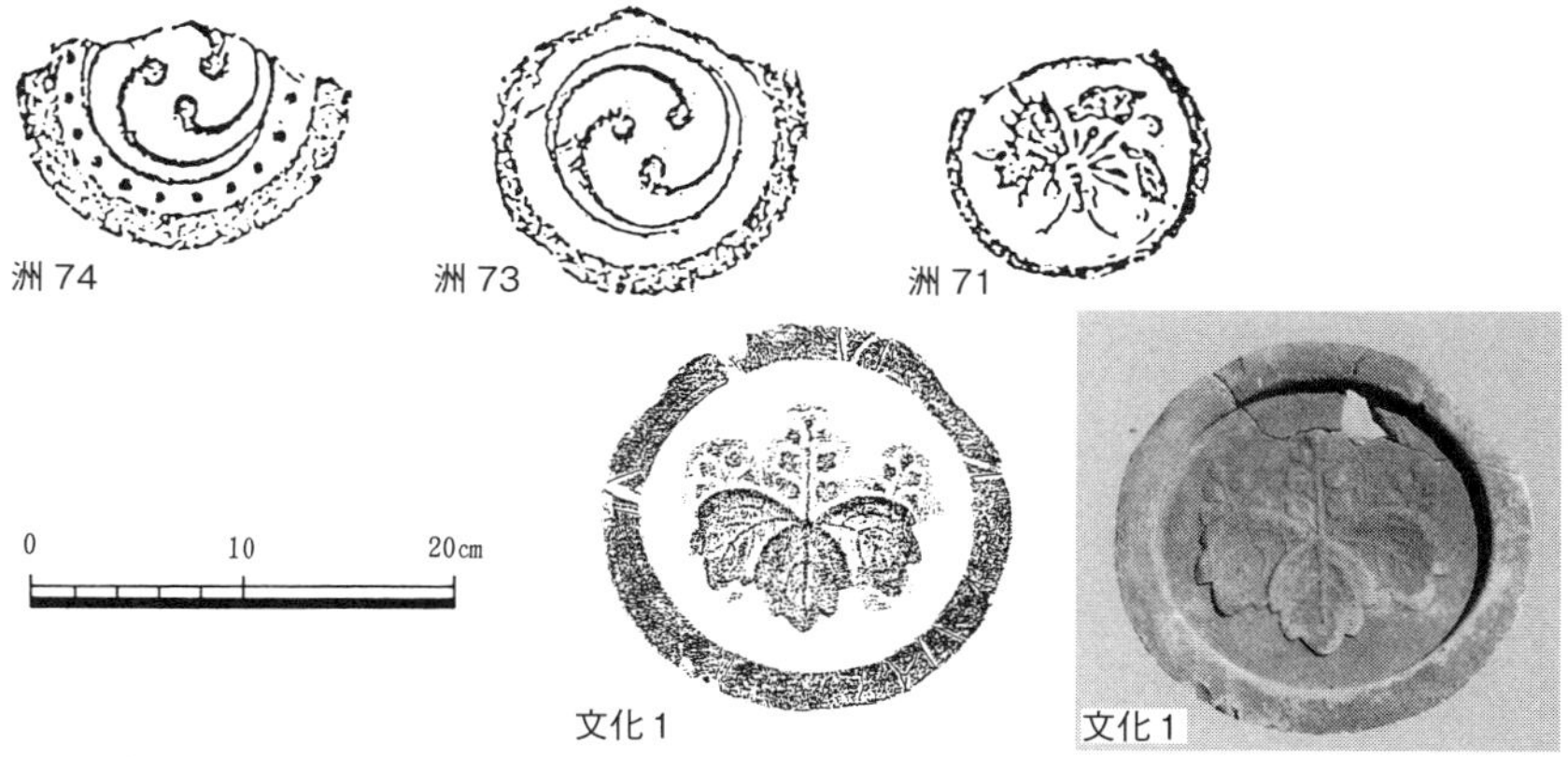

図1　岩屋城跡出土瓦拓影・写真

く五七桐紋を配している。葉脈は三葉ともに主脈と三対の支脈が認められる。笵の彫り込みは非常に浅い。

◯揚羽蝶紋軒丸瓦……洲71（図1）　軒丸瓦として分類したが、瓦当の直径からすると、小菊瓦（棟飾瓦）として用いられたものと考えられる。中央に配された揚羽蝶文は正面を向く。頭部は一対の眼と触角およびぜんまい状に巻く口器が認められる。翅は前翅、後翅各一対計四葉を表現し、前翅部にそれぞれ四個の斑紋を付している。なお、前翅部の先端には唐草状の細線が認められる。

②軒平瓦　軒平瓦については唐草紋1型式、桐紋1型式、揚羽蝶紋1型式が認められる。

◯唐草紋軒平瓦……新1、洲75（図2）　中心飾が七葉で、旭日状を呈し、中央の五葉には花萼《かがく》がつく。両端の子葉は唐草状となる。唐草は三反転し、中心部に近い一転目の唐草は二重唐草となる。

◯桐紋軒平瓦……洲70（図2）　桐紋軒平瓦は倒三角型状の形状を呈する、滴水瓦である。瓦当中心に配された桐紋は五三桐紋で、三枚の桐の葉は縦長で、両脇の葉は外方へ開く。葉脈は三枚ともに主脈と三対の支脈が認められる。瓦当の下端部周縁は水切りとして欠いている。平瓦部と瓦当部との接合角度は不明であるが、同型のものは一二〇度となっていることより、本例も同様の角度と考えられる。

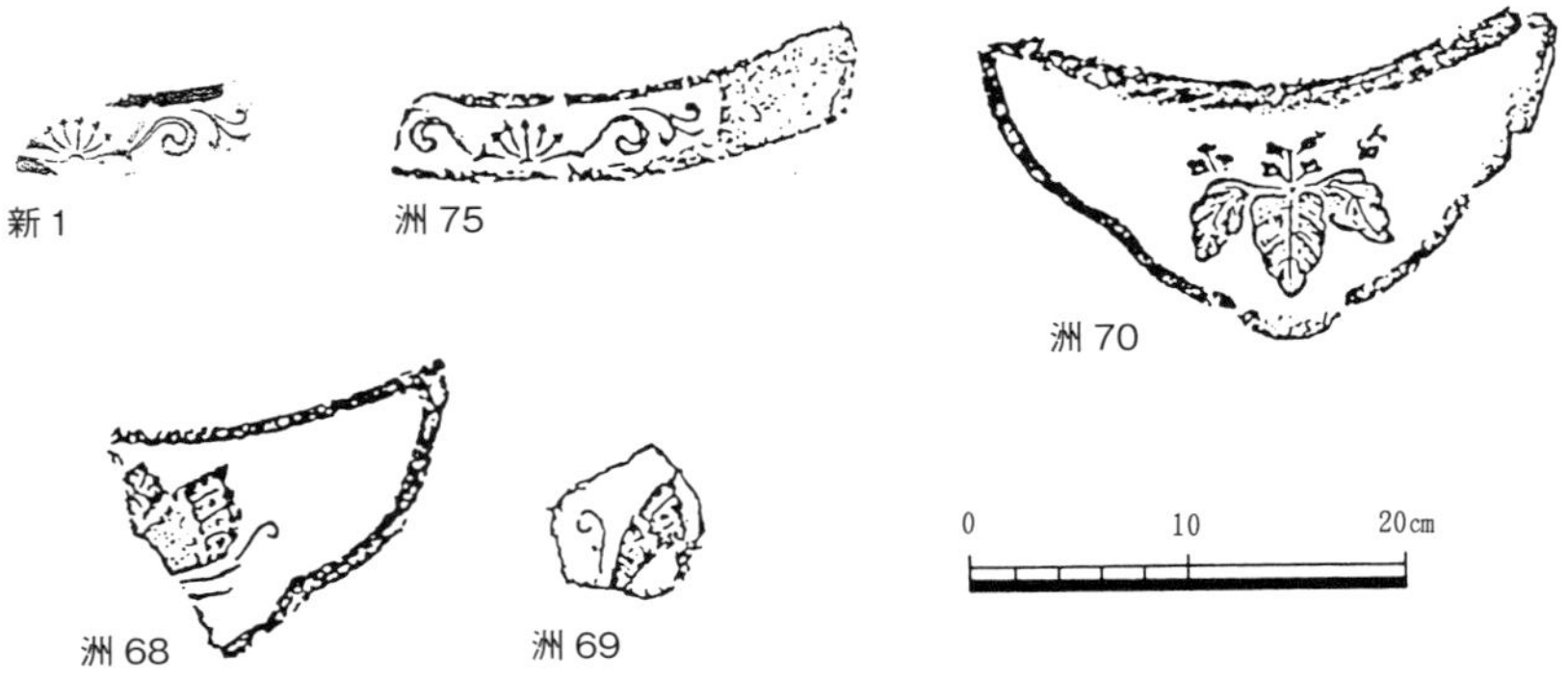

図2　岩屋城跡出土瓦拓影

○揚羽蝶紋軒平瓦……洲68、洲69（図2）　いずれも倒三角形状を呈する滴水瓦で、瓦当中央に揚羽蝶紋を配している。揚羽蝶紋は左側面を向く。前翅・後翅ともに端部に斑紋を表現し、左右に長く、触角を唐草のように表わしている。平瓦との接合角度は不明であるが、同型のものは一二〇度を測る。

(2)由良城跡　慶長十八年（一六一三）に池田輝政が没し、忠雄は淡路を直接支配するため、由良成山に築城を開始する。岩屋城は忠雄の淡路支配の拠点とはいえ、忠雄自らが入城するためのものではなく、姫路本藩から家臣を差し向けただけの支城的性格の城郭であり、地勢的にも大規模な城郭や城下町が形成できるようなところではなかった。これに対し、忠雄自らが入島し、独立した藩の拠点として由良に築城したものと考えられる。

由良城のある成島は本来、淡路島と地続きであったが、明和二年（一七六五）に「新川口」の掘抜きによって由良から分離してしまい、この間の遺構は知ることができない。さらに、成山頂上部は明治二九年（一八九六）に開設された由良要塞司令部によって砲台が構築され、城郭遺構はすべて破壊されてしまい、その構造を地表面から探ることはできない。また、石垣石材も幕末に構築された高崎台場へ持ち運ばれてしまい、城跡斜面に栗石と考えられる礫群とわずかに点在する矢穴を有する石材から、石垣によって構築されていたことがうかがえるのみである。なお、城

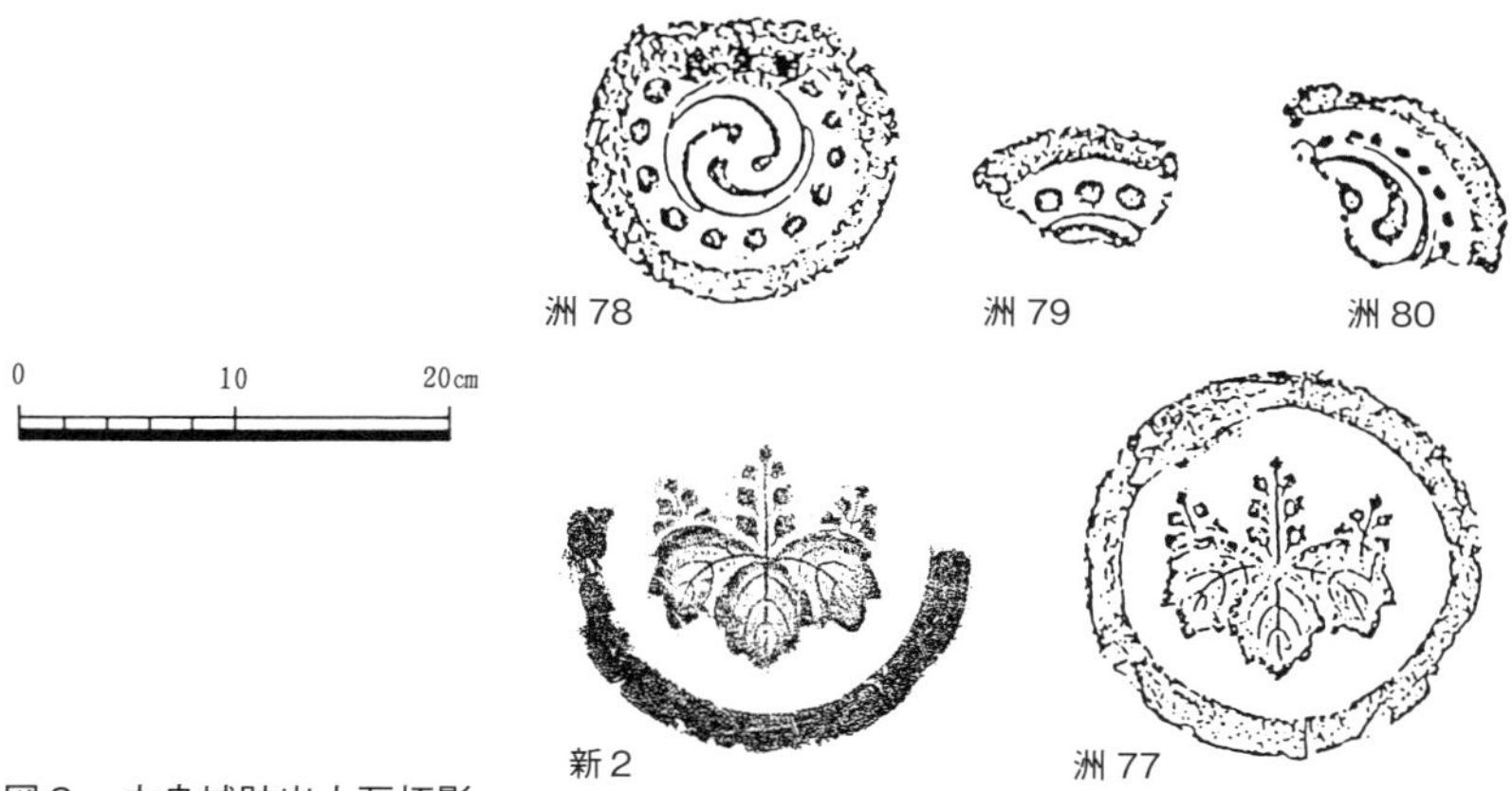

図3　由良城跡出土瓦拓影

跡西麓の海岸には石垣列が残存しており、山麓部分も石垣による普請がおこなわれていたようである。

瓦は城跡東斜面を中心にかなり広範囲にわたって分布しており、海岸部石垣列付近にも認められることから、城郭建物の大半は瓦葺であったと考えられる。

①軒丸瓦　現在、由良城跡から採集された軒丸瓦については巴紋2型式、桐紋1型式、揚羽蝶紋2型式が知られている。

○巴紋Ⅰ類……洲78、洲79（図3）　左巻きの三つ巴紋で、巴の頭部は小さく、尾部は細長く、次の尾部に接している。珠文は大きく十四個を配している。

○巴紋Ⅱ類……洲80（図3）　左巻きの三つ巴紋で、巴の頭部は大きくなり、尾部は短く、次の尾部とは接していない。珠文は小さく密に配されている。

○桐紋軒丸瓦……新2、洲77（図3）　新2の桐紋軒丸瓦は直径一九・〇cm、周縁幅二・〇cmを測るもので、瓦当中央に大きく五七桐紋を配している。三枚の桐の葉には、いずれも主脈と三対の支脈が認められる。笵の彫り込みは非常に浅い。

○揚羽蝶紋軒丸瓦Ⅰ類……洲76、文化2（図4）　文化2は直径一八・八cm、周縁幅二・四cmを測り、桐紋軒丸瓦とほぼ同じ大きさで、揚羽蝶

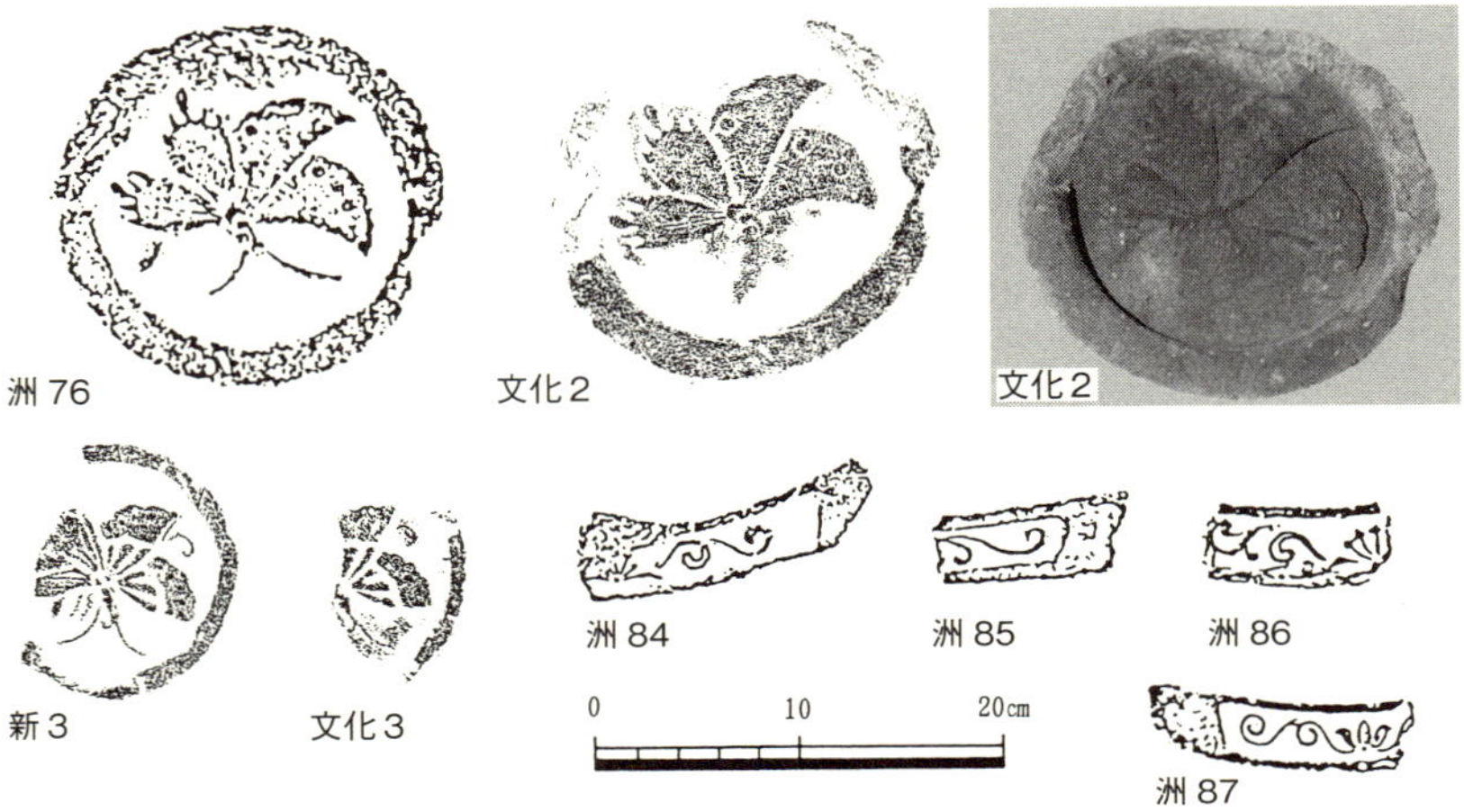

図4　由良城跡出土瓦拓影・写真

は右側を向く。頭部には右側の眼と、二本の触角が表現されている。翅は前翅、後翅各一対計四葉が認められ、右方二葉が前翅で三個の斑紋があり、左方二葉の後翅には尾状突起が見事に表現されている。

○揚羽蝶紋軒丸瓦Ⅱ類……新3、文化3（図4）直径一二・一cm、周縁幅〇・九cmを測る小型の瓦で、小菊瓦（棟飾瓦）として用いられたものである。揚羽蝶紋は正面を向き、頭部に一対の眼と触角および口器を表現している。翅は前翅、後翅各一対計四枚を表現し、前翅に四個づつの斑紋が認められる。

②軒平瓦　軒平瓦については唐草紋4型式、桐紋3型式、揚羽蝶紋2型式、桔梗紋1型式が認められる。

○唐草紋軒平瓦Ⅰ類……洲84（図4）洲84は中心飾七葉で、唐草が二反転する。中心飾に近い唐草は二重唐草となる。

○唐草紋軒平瓦Ⅱ類……洲85（図4）洲85は中心飾は不明。二反転の唐草と考えられる。

○唐草紋軒平瓦Ⅲ類……洲86（図4）洲86は中心飾七葉で、うち五葉に花萼がつき、旭日状をなす。唐草は三反転し、中心飾に近い唐草は二重唐草となる。

○唐草紋軒平瓦Ⅳ類……洲87（図4）洲87は中心飾が太い三葉で、

二反転する唐草を伴う。

○桐紋軒平瓦Ⅰ類……文化4、新4、洲83（図5）　瓦当中央に大きく桐紋を配した滴水瓦で、桐紋は五三桐紋である。三枚の桐の葉は縦に長く、両脇の葉は外方へ開く。葉脈は三枚ともに主脈と三対の支脈が認められる。瓦当下端部周縁は水切りとして欠いている。瓦当と平瓦部の接合角度は一一〇度を測る。

○桐紋軒平瓦Ⅱ類……新5（図5）　Ⅰ類と同じ滴水瓦で、形状、大きさもほぼ同一である。中央に配された桐紋は五七桐紋と見られ、後出のⅢ類の桐紋に似る。葉は三葉ともに先端を鋭く尖らせ、葉脈は主脈と三対の支脈からなる。

○桐紋軒平瓦Ⅲ類……文化5、洲82（図5）　Ⅰ・Ⅱ類と同じく滴水瓦であるが、その形状は扁平となる。桐紋は中央やや下方に配され、Ⅰ・Ⅱ類に比べ小さい。桐紋は五七桐紋で、桐の葉は三枚ともに先端部を鋭く尖らせている。葉脈は三枚ともに主脈と三対の支脈からなる。瓦当下端部にも周縁がめぐる。

○揚羽蝶紋軒平瓦Ⅰ類……新6（図5）　中央に揚羽蝶紋を配する滴水瓦である。揚羽蝶は左側面を向く。翅部分だけであるが、端部に斑紋を表現しており、由良藩邸出土（図6、洲95）と同笵である。平瓦部との接合角度は一二〇度を測る。

○揚羽蝶紋軒平瓦Ⅱ類……洲81（図5）　揚羽蝶は右側面を向く。頭部付近のみの破片であるが、由良藩邸出土（図6、洲96）と同笵である。洲96からすると、扁平の滴水瓦で、下端部にも周縁のめぐるものとなる。平瓦部との接合角度は不明。

○桔梗紋軒平瓦……新7（図5）　下端部の周縁を水切りのため欠く滴水瓦である。中央に桔梗紋を配し、左右にそれぞれ三反転する唐草が展開する。中央の花紋は一応桔梗としたが、紋帖のいずれの桔梗紋にも対応しない。先端を三つに尖らせた花弁五葉と中心に五つの花蕚からなる紋で、桜の可能性も考えられる。平瓦との接合角度

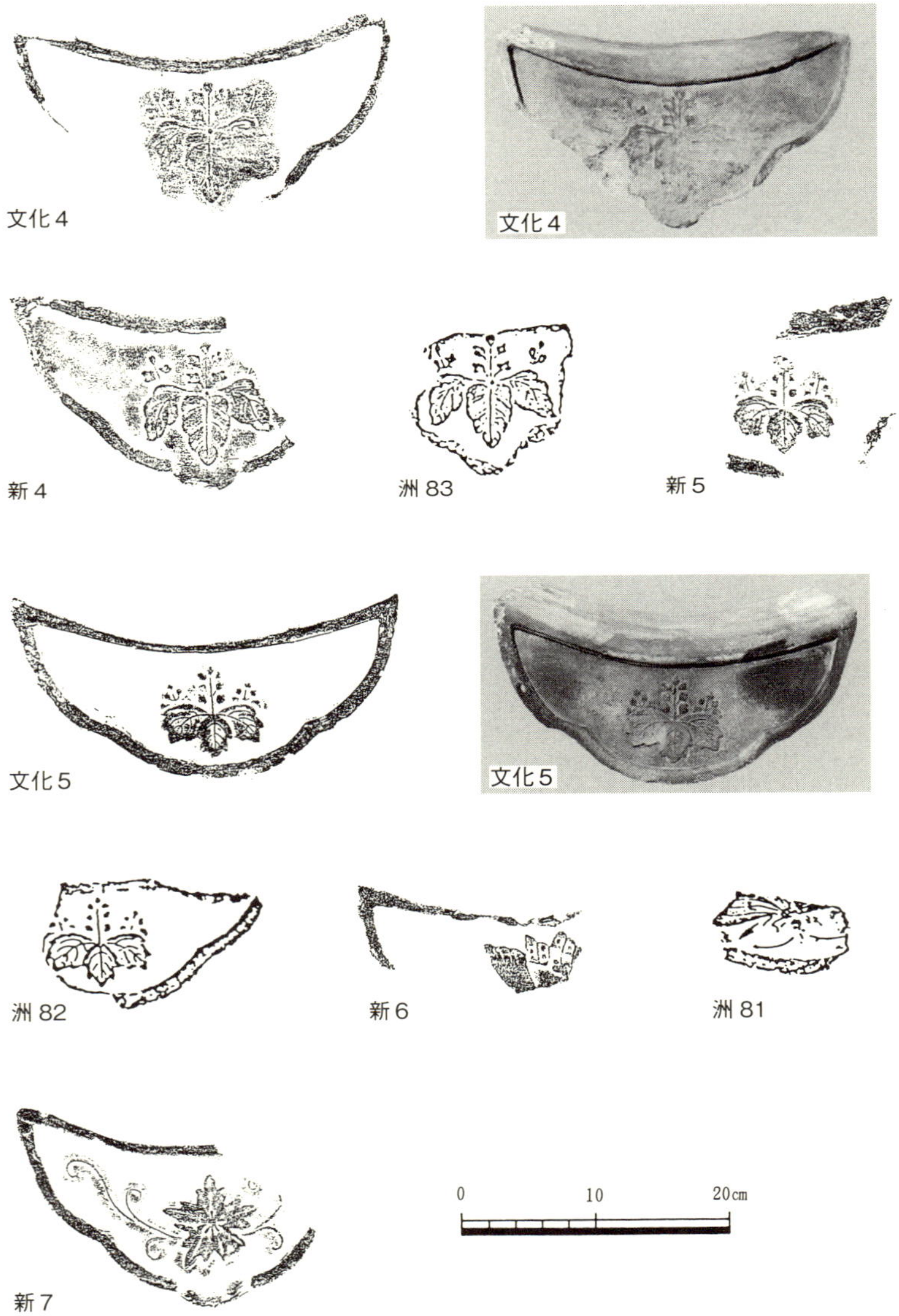

図5　由良城跡出土瓦拓影・写真

は一二〇度を測る。

(3)由良藩邸跡　由良城跡の対岸、現在の由良小学校の地に設けられた蜂須賀氏の藩邸で、『洲本』には、この藩邸から採集された瓦が収録されている。藩邸の存続期間は元和元年（一六一五）から寛永七年（一六三〇）の十五年間であった。

①軒丸瓦　軒丸瓦については卍紋1型式が認められる。

○卍紋軒丸瓦……文化6、洲93（図6）　瓦当中央部に大きく蜂須賀氏の家紋である卍紋を配している。文化6は滴水瓦で、丸瓦との接合角度は一二〇度を測る。直径二〇・〇㎝、全長四五・三㎝の大型の瓦である。凸面はていねいにナデ仕上げ、凹面には棒状工具で押さえつけた痕跡が認められる。洲3とは同笵である。

②軒平瓦　軒平瓦については桐紋1型式、揚羽蝶紋2型式、卍字紋3型式が認められる。

○桐紋軒平瓦……洲92（図6）　瓦当中央に桐紋を配する滴水瓦で、周縁部の屈曲があまりなく、半月形に近い。下端部にも周縁がまわる。桐紋は五七桐紋で、葉部は三枚ともに先端部が尖っている。葉脈は三枚いずれも主脈と三対の支脈からなる。

○揚羽蝶紋軒平瓦Ⅰ類……洲95（図6）　瓦当中央部に揚羽蝶紋を配する滴水瓦である。揚羽蝶紋は左側面を向くもので、翅は尾状突起が認められず、いずれが前翅か後翅かは判別がつきにくいが、形状から見て、左側から後翅、前翅、前翅の三枚を描き、前翅間にわずかに見えるのが、もう一枚の後翅と考えられる。頭部は正面を向き、一対の複眼とぜんまい状にまいた口器が表現されており、体部は節部と脚をていねいに表している。触角は左右に唐草状に展開させている。瓦当下端部は水切りのため周縁を欠いている。平瓦との接合角度は不明であるが、新6と同笵であることから、一二〇度と考えられる。

○揚羽蝶紋軒平瓦Ⅱ類……洲96（図6）　Ⅰ類に比べて扁平な滴水瓦で、屈曲もほとんどなくなる。瓦当中央に揚羽蝶紋を配する。揚羽蝶紋は右側面を向く。前翅二枚には斑紋および翅脈を表現している。後翅は一枚に尾状突起と翅脈を表し、いま一枚は前翅の後に、尾状突起のみを見えるようにしている。頭部には小さく複眼と口器と長い触角があり、体部は表現していないものの、脚は「く」の字状に表している。さらに、前翅部に唐草状の細線が一対表現されている。水切りはなく、下端部にも周縁がめぐる。平瓦との接合角度は不明。

○卍紋軒平瓦Ⅰ類……洲89（図6）屈曲が少なく、下端部が広くなる。半月形に近い形状の滴水瓦で、瓦当中央に円形の周縁に囲まれた卍紋を配している。下端部に水切りはなく、周縁がめぐる。平瓦部との接合角度は不明。

○卍紋軒平瓦Ⅱ類……洲90、文化7（図7）瓦当中央に卍紋を配した滴水瓦で、水切りのないもの（Ⅱ類1）と、水切りのあるもの（Ⅱ類2）に細分できる。洲90はⅡ類1で、下端部にも周縁がめぐっている。文化7はⅡ類2で、瓦当幅二七・〇cm、全長三四・四cmを測り、軒丸瓦文化6と対になるものである。洲90と同笵と考えられるが、周縁下端部を欠き、水切りとしている。平瓦との接合角度は一二〇度近くを測る。

○卍紋軒平瓦Ⅲ類……洲91（図7）形状はⅡ類と同様であるが、瓦当中央に配された卍紋はやや小さい。下端部の周縁を欠き、水切りとしている。

⑷洲本城　洲本城は、古く室町時代に安宅氏の手によって築城されたと伝えられている。詳細は不明であるが、この時期にすでに存在していたとしても、土づくりの山城であったことはまちがいない。

天正十年（一五八二）、菅平右衛門、仙石秀久らが城主となるが、石垣造りで瓦葺建物を備えた拠点的城郭へと整備したのは、天正十三年に入封した脇坂安治の段階であろうと考えられる。脇坂氏の洲本在城は、慶長十四年（一六〇九）に伊予大洲城へ転封となるまで二十四年間におよんでいる。脇坂氏の後、一時期藤堂高虎領となるが、翌年には淡路一国が池田忠雄領となり、本拠は岩屋へ移ってしまった。こうした状況からも、脇坂氏在城二十四年間のうちに近世城郭としての洲本城が完成したことはまずまちがいないであろう。

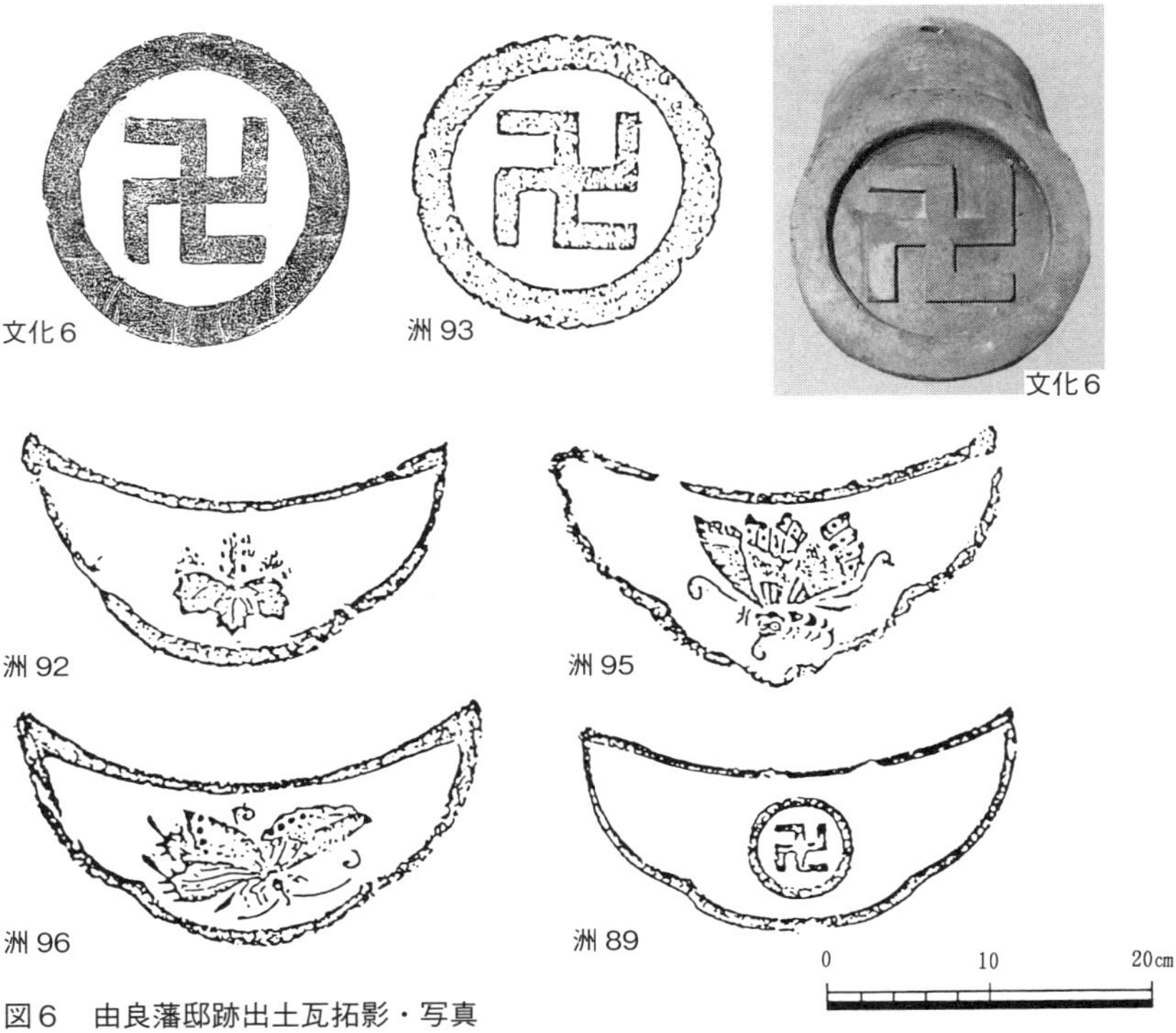

図6　由良藩邸跡出土瓦拓影・写真

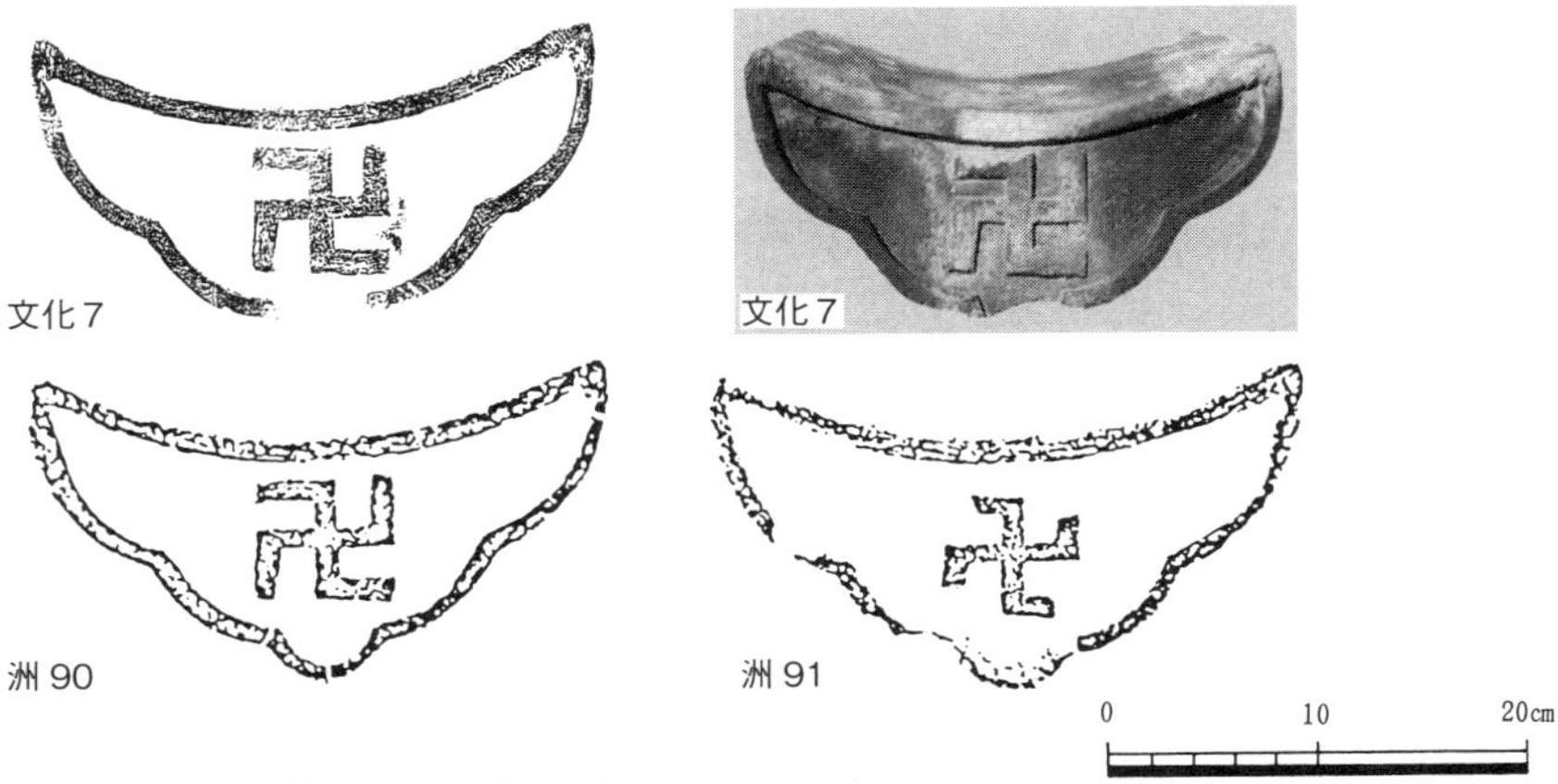

図7　由良藩邸跡出土瓦拓影・写真

池田氏時代の淡路における居城は岩屋から由良に移り、洲本は廃城となった。元和元年（一六一五）に備前へ移封された池田氏に替って、阿波の蜂須賀氏が淡路一国を加増されたが、当初は由良城および由良に藩邸を設けて淡路支配の拠点とした。寛永七年（一六三〇）、蜂須賀氏は幕府へ洲本普請を申し出て、二十年間廃城となっていた洲本城を修築し、改めて淡路支配の中心地とした。山麓の居館部分はこのときに築かれたものである。

このように、洲本城は長期間にわたり多くの城主の変遷があったため、採集されている瓦の量も多い。ここでは三熊山に位置する山城（上ノ城）と山麓に位置する居館（下ノ城）に分けて分析をおこないたい。

〈上ノ城〉　洲本城で最も注目されるのは、脇坂氏の家紋である輪違い紋を配した瓦の一群である。軒瓦については軒平瓦、文化８（洲33と同じもの〈図８〉）が一点のみ認められる。滴水瓦の形状を呈しているが、倒三角形とはならず、下端部がやや突出しているだけである。他にも多くの輪違い紋瓦が採集されているが、いずれも鬼瓦、飾り瓦ばかりである。文化９〈図８〉は一見、軒丸瓦に見えるが、飾り瓦の中心部で丸い周縁に囲まれた輪違い紋である。文化10（洲27と同じもの〈図８〉）はそうした鬼瓦のうち、もっとも大きいものである。

軒瓦は数多く採集されており、詳細に観察する紙面もないので、とりあえず分類のみしておく。

①軒丸瓦　軒丸瓦には巴紋４型式が認められる。

○巴紋軒丸瓦Ⅰ類……洲15（図９）左巻きの三つ巴紋で、巴の頭部は扁平で、全体に太いもの。室町時代の製作と考えられる。

○巴紋軒丸瓦Ⅱ類……洲５（図９）左巻きの三つ巴紋で、頭部はＶ字状になり、尾部は細く、次の尾部に接している。室町時代の製作と考えられる。

○巴紋軒丸瓦Ⅲ・１類……洲13（図９）左巻きの三つ巴紋で、巴の尾部が非常に細くなり、あたかも圏線をなすかのように次の尾部に接している。珠文は二〇を数え、小さく密である。

○巴紋軒丸瓦Ⅲ・2類……洲14（図9）　左巻きの三つ巴紋で、巴の形状、珠文は1類と同じであるが、尾部は接していない。

○巴紋軒丸瓦Ⅳ・1類……洲16、洲19（図9）　均整のとれた左巻きの三つ巴紋で、シャープで長い尾部を持つ。珠文は十四個配されている。

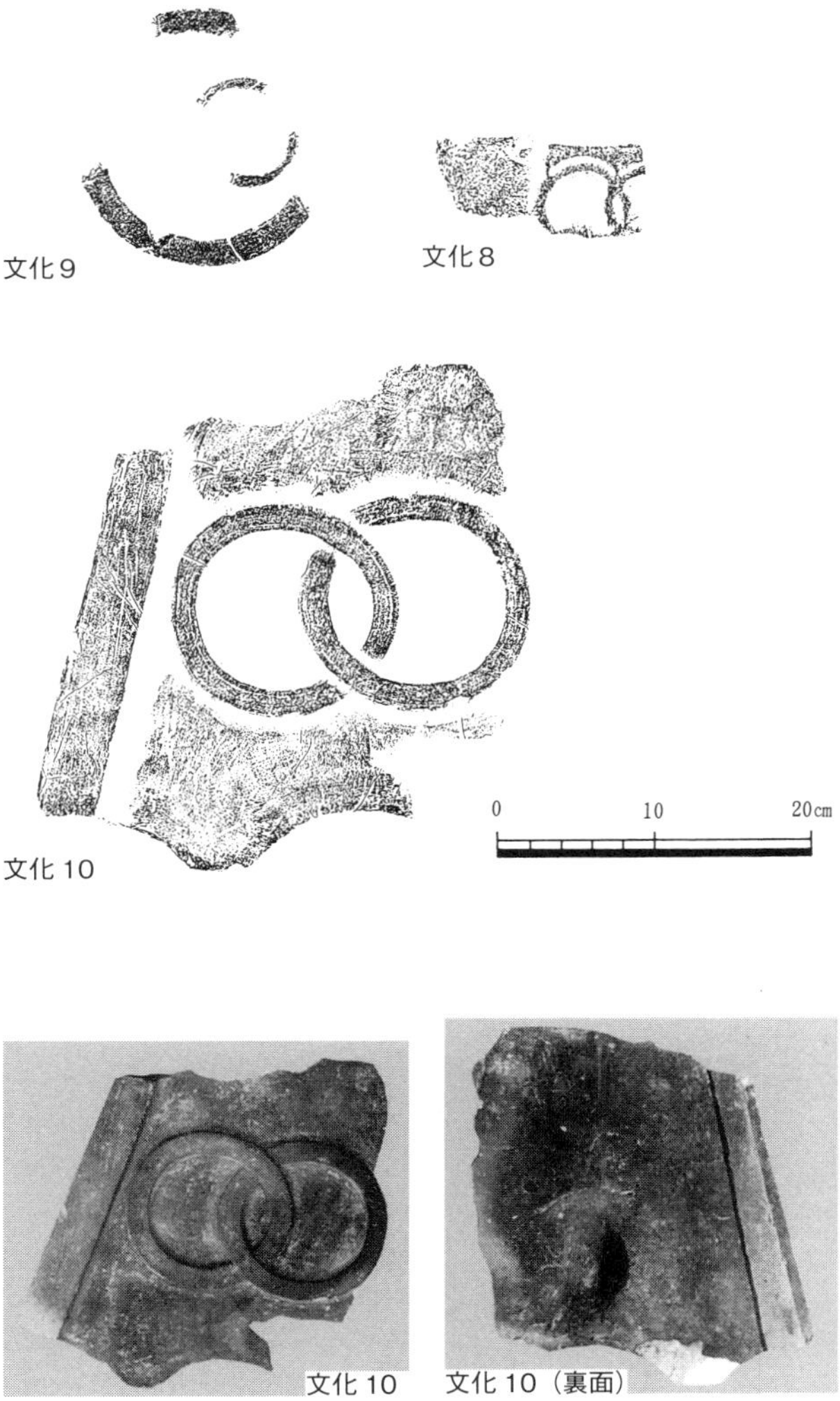

図8　洲本城跡（上ノ城）出土瓦拓影・写真

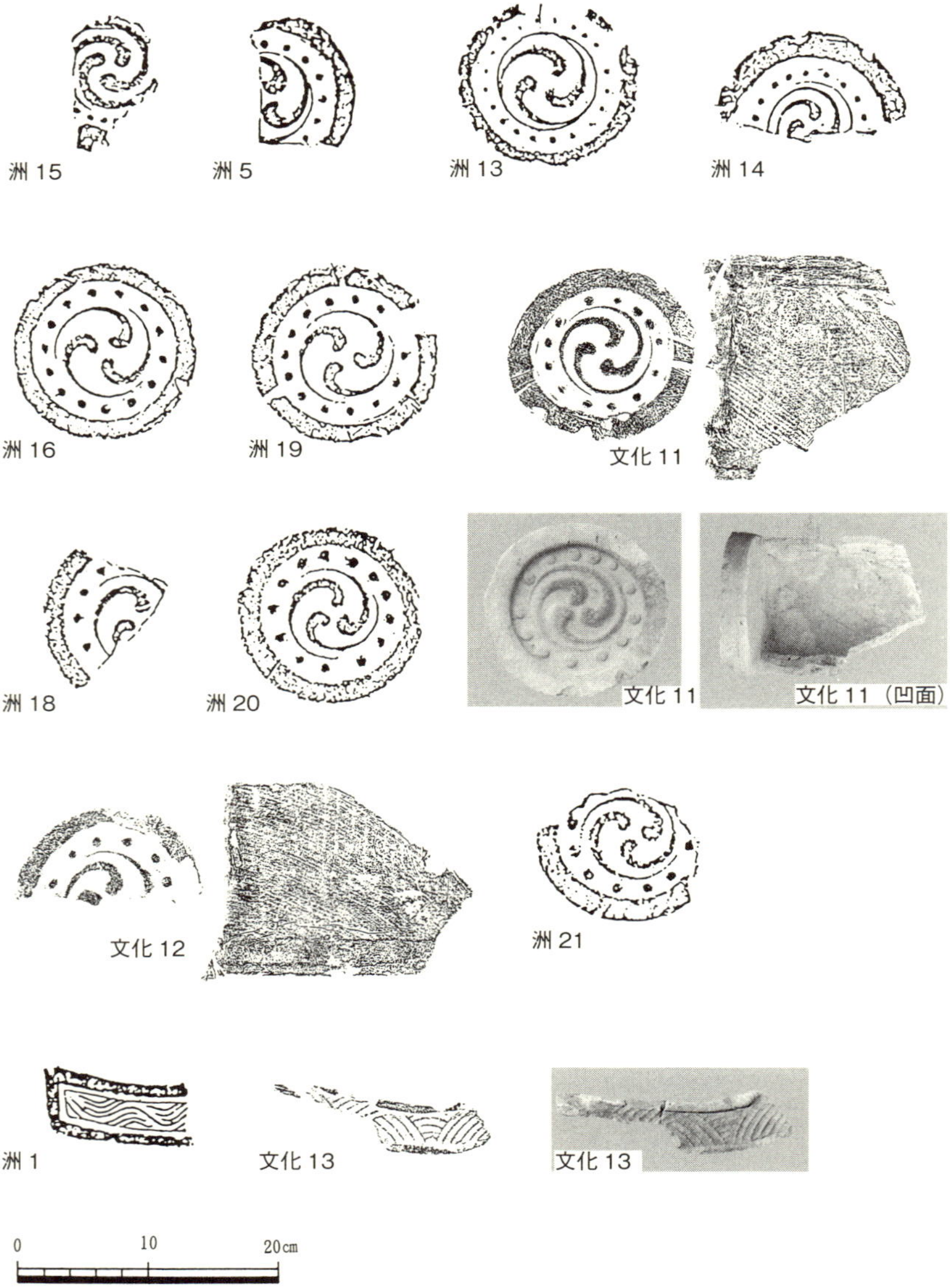

図９　洲本城跡（上ノ城）出土瓦拓影・写真

○巴紋軒丸瓦Ⅳ・2類……文化11（洲17と同一のもの）、洲18、洲20（図9）左巻きの三つ巴紋で、形状はほぼ1と同じであるが、珠文が十三個となる。文化11の丸瓦部凹面にはコビキA痕が認められる。

○巴紋軒丸瓦Ⅳ・3類……文化12、洲21（図9）左巻きの三つ巴紋で、やや尾部が太くなる。文化12の丸瓦部凹面にはコビキA痕が認められる。

②軒平瓦　軒平瓦には波状紋2型式と唐草紋5型式が認められる。

○波状紋軒平瓦Ⅰ類……洲1（図9）瓦当面に圏線をもち、その内側に扁平に流れる波状紋を施すもの。

○波状紋軒平瓦Ⅱ類……文化13（洲10と同じもの）（図9）圏線をもたず、中心に上向きの波状を配し、左右へ均整のとれた波状紋を転回させるもの。

○唐草紋軒平瓦Ⅰ類・1……洲23（図10）中心飾りが五葉で、連結する唐草が三反転するもの。

○唐草紋軒平瓦Ⅰ類・2……洲24（図10）1と同じ形態であるが、連結する唐草の向きが1と反対となるもの。

○唐草紋軒平瓦Ⅰ類・3……文化14、文化15、洲26（図10）中心飾りが五葉で、唐草が四反転するもの。

○唐草紋軒平瓦Ⅰ類・4……文化16（洲25と同じ）（図10）中心飾りは不明である。唐草は連結して四反転し、それぞれ1の連結部に子枝をつけるもの。ていねいなナデを施し、焼成も堅緻で、唐草も非常にシャープである。

○唐草紋軒平瓦Ⅱ類……文化17（洲22と同じもの）（図10）中心飾りは太い三葉で、唐草は三反転する。唐草の断面は三角形となるシャープなもので、焼成も堅緻である。

○唐草紋軒平瓦Ⅲ類……文化18（図10）中心飾りはチューリップ状に開く五葉で、唐草は三反転する。

○唐草紋軒平瓦Ⅳ類……洲9（図10）中心飾りは巻き唐草となり、左右に連結する唐草を転回させている。

○唐草紋軒平瓦Ⅴ類……文化19（洲8と同じもの）（図10）中心飾りは不明であるが、横一文字に細長い唐草を配し、唐草は先端で二股に分かれている。

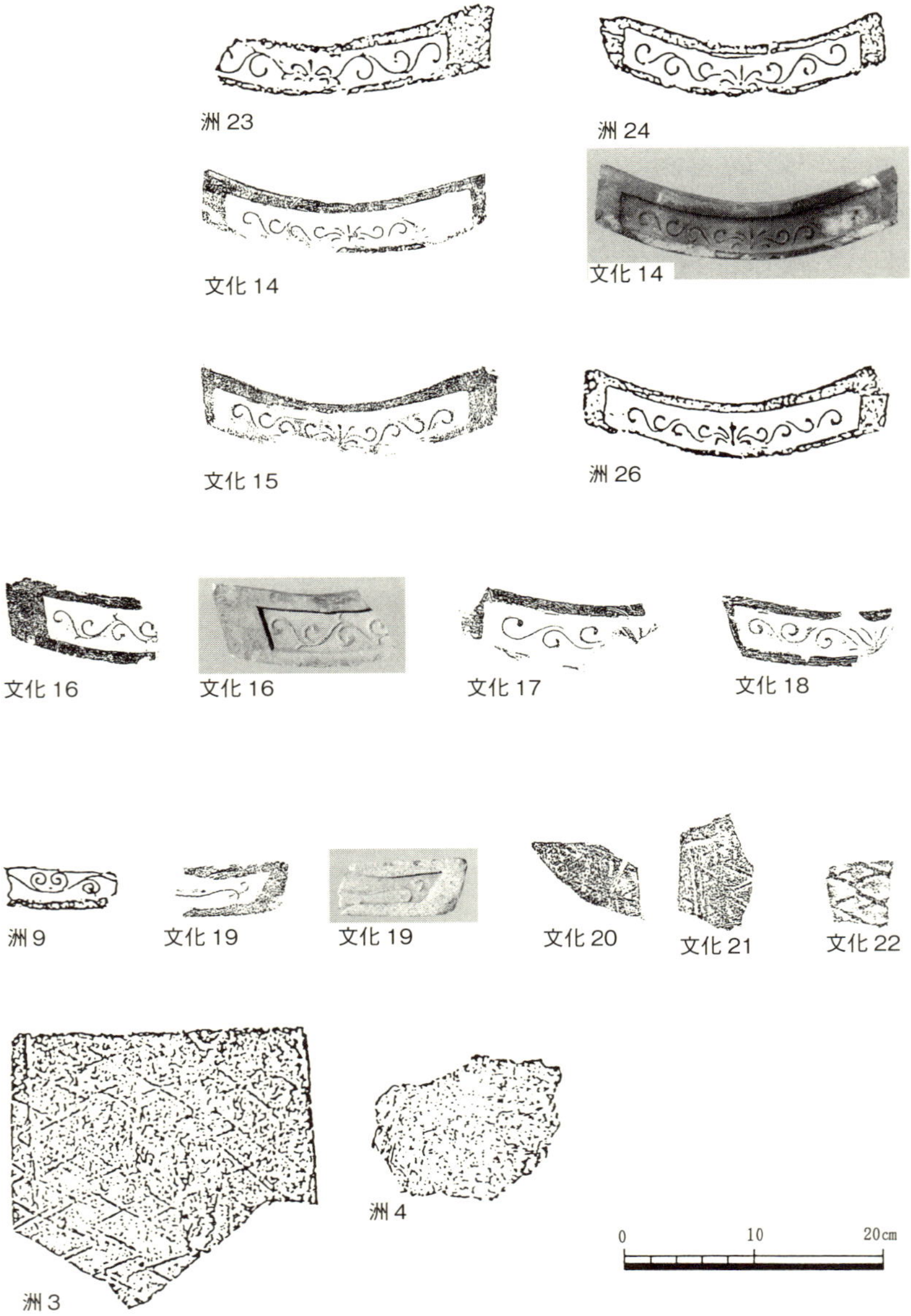

図 10　洲本城跡（上ノ城）出土瓦拓影・写真

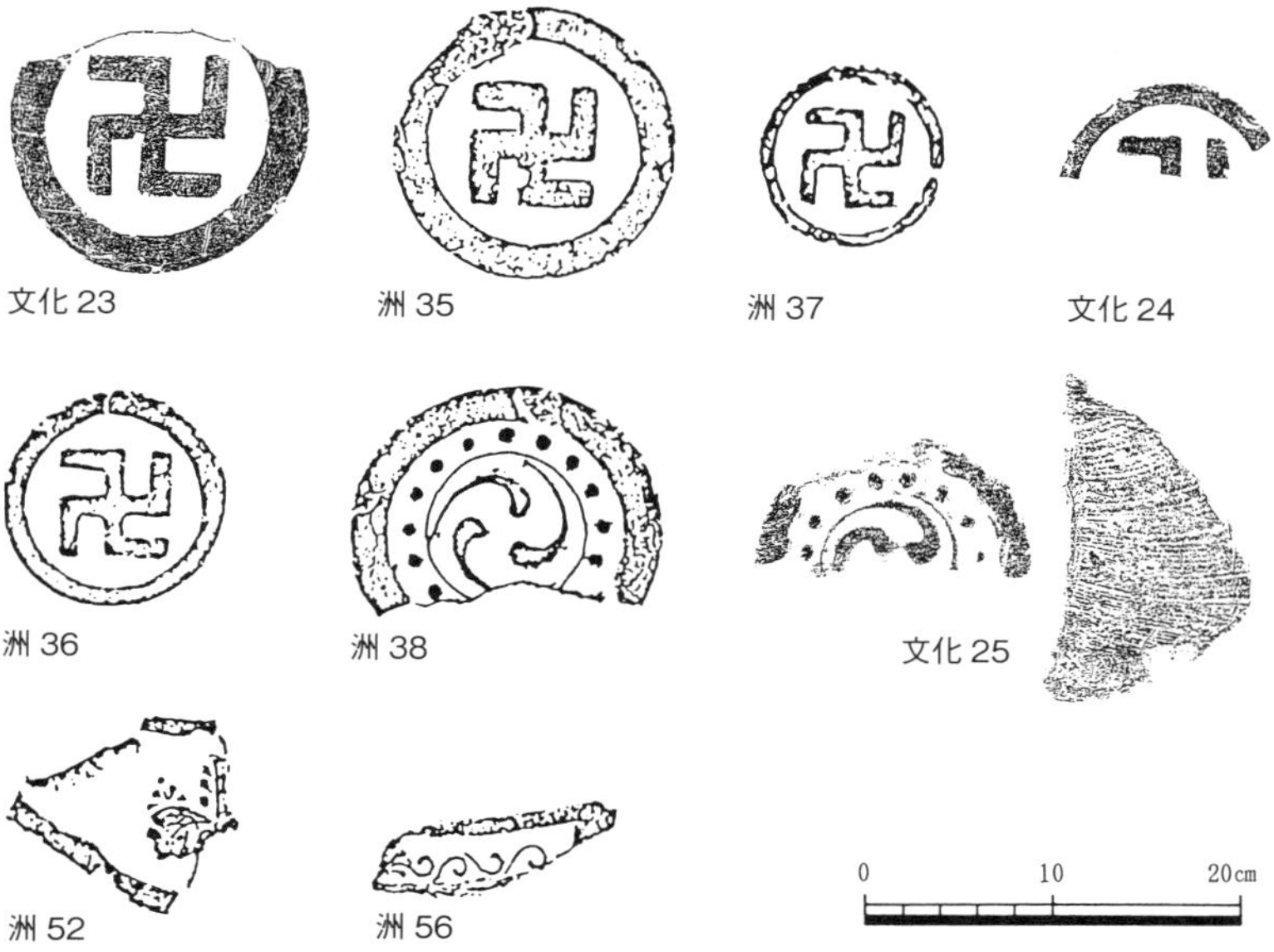

図11　洲本城跡（下ノ城）出土瓦拓影

③平瓦、磚《せん》　洲本城の上ノ城で軒瓦以外に注目できるものに格子目タタキの施された平瓦（文化20・21・22、洲3・4）（図10）や、磚が出土している。

〈下ノ城〉　下ノ城跡からは、上ノ城跡以上に多種多様な瓦が採集されている。ここでは、特徴的なものについて観察しておきたい。

軒丸瓦で注目されるのは、卍紋軒丸瓦である。文化23（洲34と同じもの）（図11）、洲35（図11）は直径一六・四cmを測る。これに対して、洲37（図11）は直径が九・六cmと小さく、小菊瓦（棟飾瓦）に用いられたものと考えられる。文化24、洲36（図11）は直径が一二・〇cmと両者の中間に位置しており、塀などに用いられた瓦であろう。

巴紋軒丸瓦については多様な型式が認められるが、注目すべきは洲38（図11）のように圏線のめぐるものや、文化25（洲46と同じもの）（図11）のように丸瓦部凹面にコビキA痕が残る、明らかに寛永七年以前の瓦が認められることである。

軒平瓦も同様に、洲52（図11）のような五七桐紋滴水瓦や、洲56（図11）のような中心飾りが五葉で四反転する唐草をもつもののように、やはり寛永七年以前の瓦が採集されていることは注目される。

考　察

さて、岩屋・由良・洲本の各城跡から採集された瓦について個々に観察してみたが、次にいくつかの点について考察を加えてみたい。

(1)同笵瓦について　まず最初に、各城跡から採集された瓦の同笵関係から各城の築城過程を考えてみたい。軒丸瓦では、岩屋城跡の五七桐紋軒丸瓦（文化1〈図1〉）と由良城跡の五七桐紋軒丸瓦（新2〈図3〉）が同笵である。また、小菊と考えられる岩屋城跡の揚羽蝶紋軒丸瓦（洲71〈図1〉）と由良城跡の揚羽蝶紋軒丸瓦（新3、文化3〈図4〉）が同笵である。さらに、このタイプの揚羽蝶紋は姫路城からも同笵が出土している（図20―18）。

軒平瓦については、岩屋城跡の五三桐紋軒平瓦（洲70〈図2〉）と由良城跡の五三桐紋軒平瓦（文化4、新4、洲83〈図5〉）が同笵である。揚羽蝶紋では、岩屋城跡の（洲68、洲69〈図2〉）と由良城跡の（新6〈図5〉）および由良藩邸跡の（洲95〈図6〉）が同笵である。さらに、この左側面の揚羽蝶紋の滴水瓦は姫路城からも出土している（図20―20）。唐草紋軒平瓦では、岩屋城跡の（新1、洲75〈図2〉）と由良城跡の（洲86〈図4〉）が同笵である。

こうした同笵関係から、岩屋城と由良城には強い相互関係が認められる。慶長十八年における池田忠雄の由良築城について、岩屋城の櫓・城門・塀などを運び込んで資材にあてたと伝承されていたが、従来、その確証はないといわれていた。しかし、こうした同笵瓦を見るかぎり、由良築城に際して新たに同じ笵の瓦を生産したと考えるより、岩屋城に用いられていた瓦を転用したと考えたほうが妥当であろう。

さらに、姫路城と岩屋城に同笵が認められるということは、岩屋築城に際して笵木を淡路に持ち込んで生産したのではなく、姫路で生産された瓦が淡路へ持ち運ばれたものと考えられよう。姫路城天守に葺かれている揚羽蝶紋滴水瓦が慶長十四年の生産であることから、翌十五年に築城された岩屋城とは年代も合致する。しかも、池田忠雄が幼少であるため、父輝政が直接築城に参与していたことは確実であり、輝政の姫路築城に用いられた瓦そのものが岩屋築城にも用いられたのである。こうした事実は、関ヶ原合戦以後の本藩と支藩における関係を示す資料として重要である。先に筆者は、同時期における本城と支城における家紋瓦使用の有無を明らかにしたことがあるが、[6]岩屋城は単なる池田氏領における支城（たとえば利神城）ではなく、幕府より正式に認められた藩であり、そこでは本藩からの家紋入りの瓦が供給されているのである。

さて次に、由良藩邸について同笵関係をみてみよう。（洲95〈図6〉）が岩屋城跡の（洲68、洲69〈図2〉）、由良城跡の（新6〈図5〉）や姫路城（図20―20）と同笵であることは前述した通りであるが、さらに（洲96〈図6〉）と由良城跡の（洲81〈図5〉）も同笵である。また、五七桐紋では（洲92〈図6〉）が由良城跡の（文化5〈図5〉）と同笵である。由良藩邸は蜂須賀氏の淡路支配の中心として、元和元年から「由良引け」の寛永八～十二年頃まで機能していたと考えられる。由良城跡との同笵については、池田氏段階からすでに由良城の山麓の居館部として築かれた瓦、もしくは蜂須賀氏が藩邸を構えるにあたって、由良城跡の瓦を転用したもののいずれかが考えられる。

なお、このように藩邸からは池田氏の揚羽蝶紋が出土するが、由良城跡からは蜂須賀氏の瓦はまったく出土していない。これは蜂須賀氏にとって、淡路加増の当初段階から由良城という山城跡を修築する意志のなかったことを示している。

(2)洲本城の瓦　さて、洲本城の上ノ城からは波状紋軒平瓦や格子目タタキの平瓦が出土しており、岡本稔・山本幸夫両氏は、こうした瓦が成相寺（南あわじ市）や安住寺（南あわじ市）、河上神社（洲本市）の瓦と同笵であることをつきとめられた。そして瓦の生産年代より、室町時代の安宅氏時代の洲本城に持ち運ばれてきて葺かれたものだと考えられた[7]。しかし、たとえ安宅氏時代に洲本城が築城されたとしても、土づくりの城であり、瓦が葺かれた建物の存在は考えられない。持ち運ばれてきたとするならば、やはり脇坂氏の時代であろう。また、文献資料には見あたらないが、あるいは安宅氏の築城以前に小規模な社寺の存在したことも考えられる。

いずれにせよ、洲本城で明らかに瓦が葺かれだすのは天正十三年の脇坂安治の段階である。脇坂氏の家紋である輪違い紋を配した瓦は数多く採集されているが、一点の軒平瓦を除いて、すべて鬼瓦もしくは飾り瓦ばかりである。さらに軒平瓦（文化8〈図8〉）は、文禄、慶長年間以前の定形化しない滴水瓦であり、極めて特殊なものである。こうした状況から、脇坂氏段階の洲本城では鬼瓦や飾り瓦にのみ家紋瓦を用い、軒瓦には家紋瓦を用いなかったと考えられる。天正期の城郭では、ほとんど家紋瓦が用いられていない状況と一致している[8]。脇坂氏段階の洲本城の軒を飾っていたものは軒丸瓦Ⅲ、Ⅳ類であり、天正十一年を境として消滅していくコビキA痕も、畿内の先進地より一歩おくれてまだ存在しているようである[9]。軒平瓦については、唐草紋Ⅰ・Ⅱ・Ⅲ類とセットになろう。

さて、『淡路草』に「池田氏古瓦所々士屋敷にもあり図の如し」とあり、揚羽蝶紋を配した滴水の軒丸瓦を掲載している（図12）。現在、洲本で揚羽蝶紋瓦が採集されたことは報告されていない。『淡路草』の記述を立証することはできないが、洲本で揚羽蝶紋が用いられたとするならば、池田氏が改修したのではなく、やはり「由良引け」によって由良城から転用された瓦と考えられよう。

ところで、洲本城の下ノ城や由良藩邸からは、蜂須賀氏の家紋である卍字紋を配した瓦が数多く採集されている。にもかかわらず、寛永八年から大改修をおこなったといわれる上ノ城跡からは、一片も出土していない。従来、上ノ城の大部分が蜂須賀氏の改修によるものといわれてきたが、蜂須賀氏の家紋瓦が採集されないことや、現在上ノ城で採集された瓦が慶長年間頃までに整合するものばかりである点、寛永の洲本普請は下ノ城に重点が置かれたものであり、上ノ城では作事はおこなわれなかったようである。

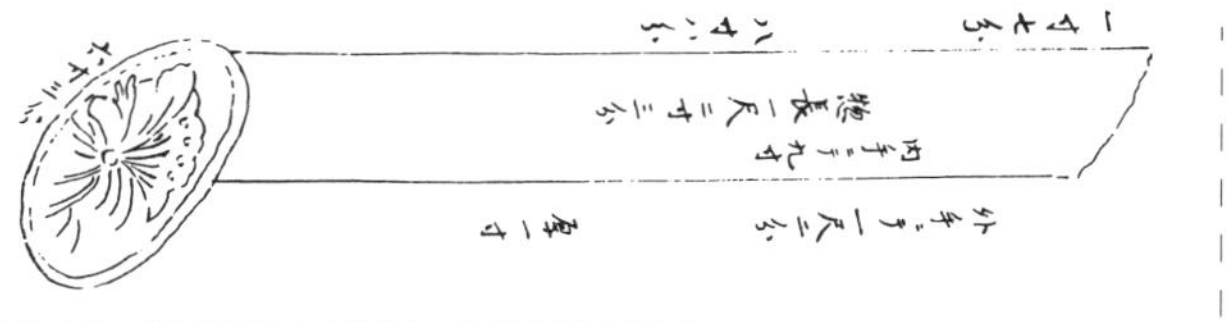

図 12　『淡路草』所収の揚羽蝶紋軒丸瓦

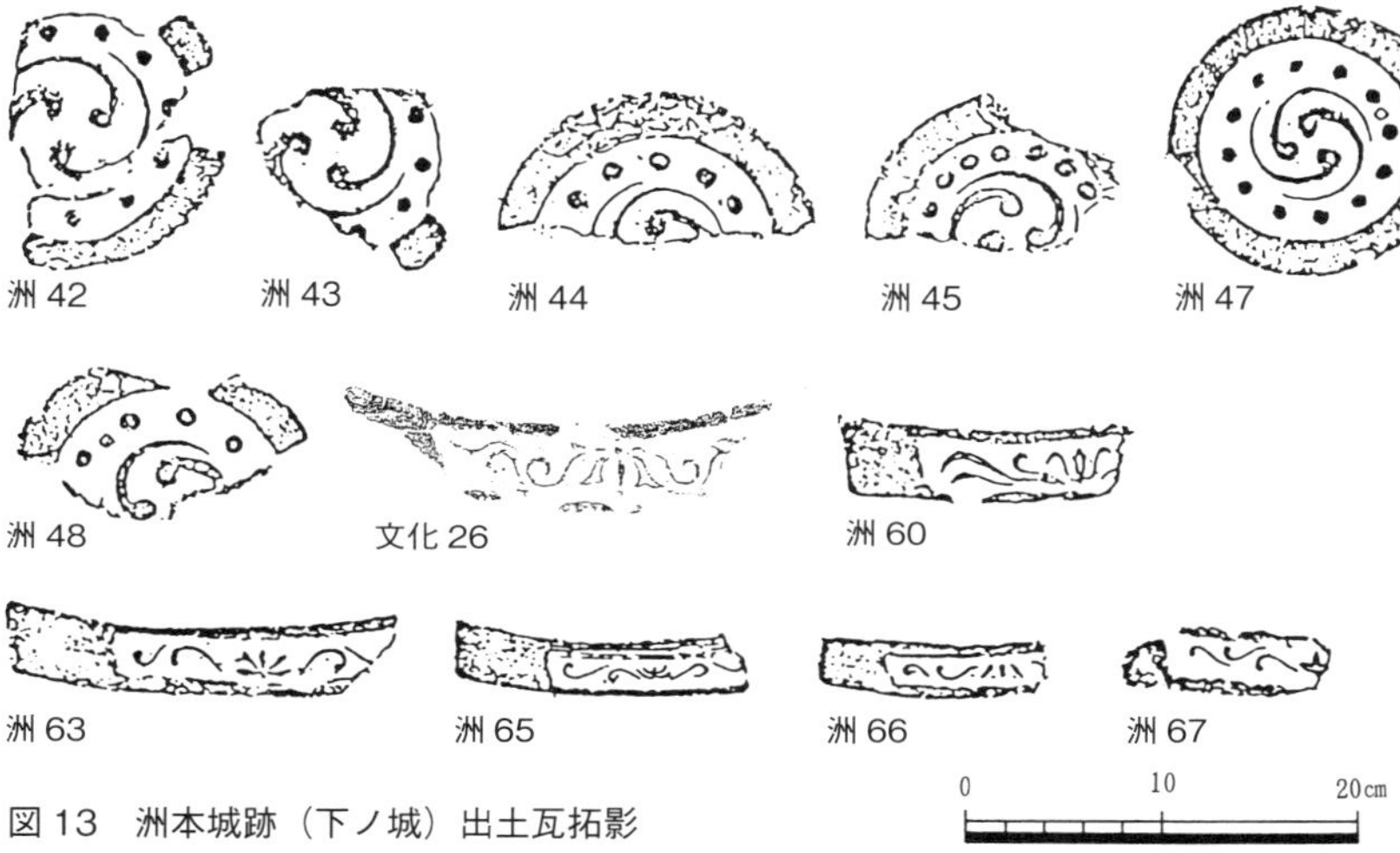

図 13　洲本城跡（下ノ城）出土瓦拓影

下ノ城については卍紋軒丸瓦〈文化22〈図10〉、洲35、洲36、洲37、文化24〈図11〉〉が出土しており、寛永八年の蜂須賀氏の築城を裏づけるものである。さらに軒丸瓦については〈洲41、洲42、洲43、洲44、洲45、洲47、洲48〈図13〉〉や、軒平瓦については〈文化26〈洲59と同じもの〉、洲60、洲63、洲65、洲66、洲67〈図13〉〉のように明らかに寛永以降の瓦が採集されている反面、コビキA痕の残る〈文化25〈図11〉〉や、圏線のめぐる洲38の軒丸瓦〈図11〉、洲52の五七桐紋滴水瓦〈図11〉や、上ノ城採集洲26と同笵である洲56〈図11〉などが採集されている。これは寛永八年に下ノ城を築城するにあたって、上ノ城や由良城などからも瓦を集めたことを物語っている。

(3)滴水瓦について　岩屋城跡と由良城跡および由良藩邸からは、かなりまとまった滴水瓦が採集されている。こうした滴水瓦に二〜三の興味深い点が認められる。

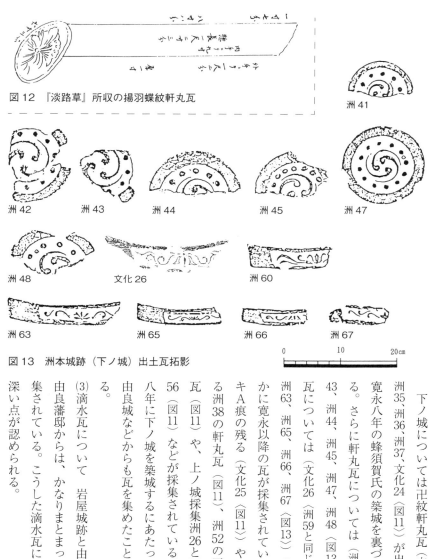

まず、形状の問題である。周縁に屈曲をもつ優美な倒三角形を示す、たとえば岩屋城跡（洲70〈図2〉）、由良城跡（文化4、新4、新5、新7〈図5〉）、由良藩邸（洲95〈図6〉）では下端部の周縁を欠き、水切りとしている。[10]ところが、屈曲が少なく半月形を示す、たとえば由良城跡（洲82、文化5〈図5〉）、由良藩邸（洲92、洲96〈図6〉）では水切りがなくなり、下端部にも周縁がめぐるようになる。（文化5〈図5〉や（洲92〈図6〉）の桐紋は非常にシャープとなり、（洲70〈図2〉）や（文化4、新4〈図5〉）に比べて後出するものと考えられる。岩屋城跡からはこうした後出するタイプが採集されていないことから、あるいは扁平で半月形となる滴水瓦は、慶長十八年の由良築城にともなって新たに生産された可能性も考えられる。

次に、卍紋の滴水瓦であるが、特徴の一つに丸、平部と瓦当の接合角度が一二〇度前後となる点があげられる。ところが、熊本城の事例では、慶長四年（一五九九）に製作されたものは一〇七度の傾斜が認められるが、文政十三年（一八三〇）に製作されたものは、瓦当の形状は踏襲して倒三角形になるものの、平瓦部との接合角度は九〇度となってしまっている。[11]こうした報告から、当初藩邸で採集された滴水瓦の角度も九〇度へもどったのではと考えていたが、（文化6、7〈図6、7〉）を測ったところ、一二〇度であることが確認できた。藩邸からは蜂須賀氏以前の池田氏の滴水瓦も転用されていることを考えれば、池田氏段階のものが一二〇度であることから、蜂須賀氏も一二〇度にしなければ軒先がばらつき、波打つ結果となってしまう。そうしたことから一二〇度に接合したのであろう。

なお、慶長十八年と考えた滴水瓦には水切りがすでに認められないとしたが、卍字紋については元和元年の生産と考えられるにもかかわらず、（文化7〈図7〉）や（洲91〈図7〉）では水切りを設けている。角度の問題については時代が下がると九〇度となるが、これは時期的な問題だけではなく、軒先をすべて葺き替えることによってはじめて実現するのであり、慶長年間に葺かれた滴水瓦を葺いているかぎり、部分的には九〇度の接合角度を有する瓦は用いられなかったのであろう。

(4)稲田氏の家紋瓦について　洲94（図14）は、稲田氏の家紋矢羽根紋を配する軒丸瓦である。出土地については触れられておらず不明であるが、武徳殿の軒丸瓦ではないかと考えられる。武徳殿は下ノ城の堀をへだてて向かいにあった稲田氏の向屋敷の遺構である。建物は昭和三十九年の台風で倒壊し、現在は残っていない。

さて、元和元年（一六一五）に池田氏に代わって淡路を領した蜂須賀氏は、由良城に城番を置いた。寛永七年（一六三〇）、再び城代として来島した稲田修理亮示植のとき、由良引けがおこなわれて四代植栄《たねひで》は洲本御城代となり、淡州御仕置方も仰せ付けられている。以後、稲田氏が代々洲本御仕置、洲本御城代を世襲している。しかし、その立場は大名格であっても、あくまでも蜂須賀氏の家臣である。下ノ城は藩邸であり、藩主が領内巡視のとき宿泊する施設であって、稲田氏のものではなかった。こうした状況が、下ノ城から蜂須賀氏の卍紋瓦は出土するが、稲田氏の矢羽根紋は用いられなかった理由である。稲田氏が私的な家紋を用いることができるのは、あくまでもその私邸だけだったのである。

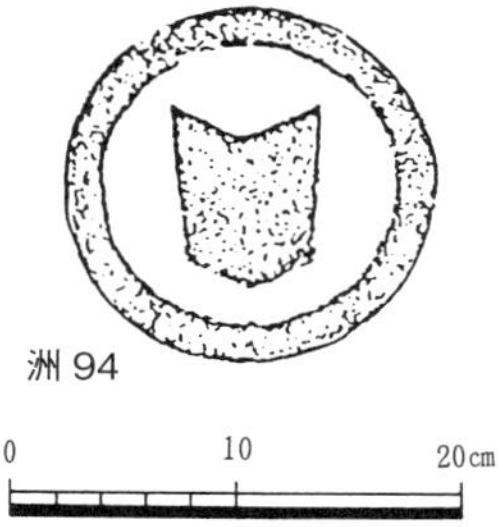

図14　武徳殿の瓦拓影

慶長から元和にかけての大名領国内における本支城体制における家紋瓦については、以前、播磨の事例を検討したことがある。[12] 本城については藩主の家紋瓦が用いられることはあっても、支城については城代の家紋や本藩の家紋は用いられることなく、軒丸瓦についてはすべて三つ巴紋瓦だったのである。慶長五年（一六〇〇）以後、芸備二ヶ国を領した福島正則《まさのり》は領国内に六ヶ所の支城（端城）を築いているが、そのうち小方《おがた》城跡（亀居城跡、広島県大竹市）、鞆《とも》城跡（広島県福山市）、神辺《かんなべ》城跡（広島県福山市）では発掘調査が実施されているが、やはり三つ巴紋軒丸瓦しか出土していない。このように、本支城体制においては、瓦にも明確に規制があったようである。

元和一国一城令によって、領国内に支城を有する藩は極端に少ないが、洲本城跡や米子《よなご》城跡（鳥取県米子市）などのように、本藩の藩主の家紋は用いられることがあっても、城代の家紋を配する瓦を用いる城は存在しない。ただし、慶長期の支城でも認められるが、鬼瓦には城代の家紋も用いられているようである。たとえば、慶長期では利神城跡（兵庫県佐用町）の鬼瓦に揚羽蝶紋が、元和以降では犬山《いぬやま》城跡（愛知県犬山市）の鬼瓦に片喰《かたばみ》紋が、新宮《しんぐう》城跡（和歌山県新宮市）の鳥衾《とりぶすま》瓦に沢瀉《おもだか》紋が認められる。

稲田氏の矢羽根紋は、まさにこうした元和以降の本支城体制を示すもので、城代であっても決して私邸以外には家紋を用いることはできなかったのである。

いま一つ、直接洲本城には関係ないが、近世城郭の瓦で興味深い事例に触れておこう。それは、譜代大名は家紋瓦をあまり用いないということである。徳川宗家の江戸城でも、鬼瓦以外に三葉葵紋はあまり認められないし、井伊家の彦根城でも鬼瓦にしか井桁紋、橘紋は認められない(13)。この問題については稿を改めて論じてみたい。

(5)揚羽蝶紋瓦について　淡路の城郭において最も注目されるのは、岩屋城跡、由良城跡に認められる揚羽蝶紋瓦である。本支城関係でも幕府から認められた藩では家紋瓦が葺かれ、さらに同笵から姫路本藩からの供給であることを立証した瓦である。ここでは全国の事例を紹介してみたい。現在管見で揚羽蝶紋瓦の出土する城は、姫路城跡・山崎城跡・岩屋城跡・由良城跡・岡山城跡・鳥取城跡・米子城跡・鹿野《しかの》城跡である。これらの城は、すべて池田氏に関わる城ばかりである。

揚羽蝶紋を定紋、替紋にしている大名は池田氏、織田氏（大和松山・丹波柏原・大和芝村・大和柳生）、関氏（備中新見）、谷氏（丹波山家）があるが、池田氏以外の諸大名の城跡からは、現在のところ揚羽蝶紋瓦の出土は報告されていない。

池田氏の定紋揚羽蝶紋は、輝政の父恒興《つねおき》が十歳のとき、織田信長より麻上下を拝領して着用した際、織田信秀《のぶひで》より、よく似合いたりと誉められてより、上下の染められた揚羽蝶紋を定紋として用いられるようになったという(14)。岡山の池田氏は、定紋揚羽蝶紋（備前蝶）のほかに替紋に祇園守《ぎおんもり》紋（池田守）、尻合わせ三つ笹竜胆《ささりんどう》があるが、揚羽蝶紋以外

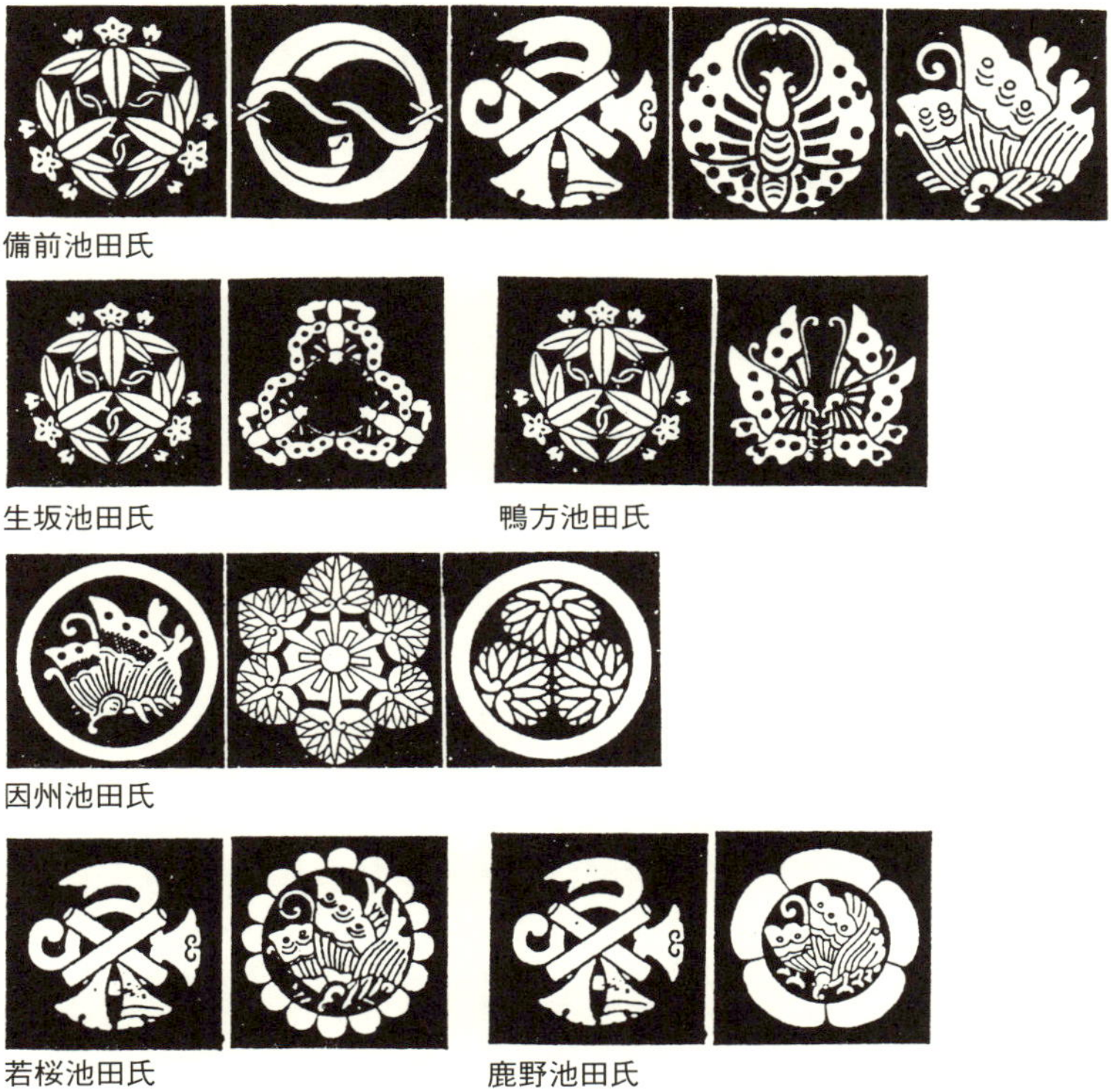

図 15　池田氏の家紋（高橋賢一『大名家の家紋』による）

は瓦には用いていない。生坂池田氏は定紋池田三つ蝶、替紋三つ竜胆で、いずれも瓦には用いられていない。因州池田氏は輝政の二男忠継にはじまるが、生母良正院が徳川家康の娘にあたることから松平姓を賜り、慶長八年（一六〇三）には家康に拝謁し、葵紋も賜った。こうした事情から、定紋は三つ葵紋、六つ葵紋、揚羽蝶紋（因州蝶）がある。鳥取城跡からは揚羽蝶紋のほか、三つ葵紋の軒丸瓦が出土している。鹿野池田（松平）氏は定紋五葉木瓜《もっこう》の内揚羽蝶紋、替紋に祇園守紋（因州守）がある。鹿野城跡からは揚羽蝶紋瓦の出土があったという。若桜池田（松平）氏は定紋を菊輪を輪郭とした揚羽蝶紋、替紋に祇園守紋（因州守）がある。いずれも瓦には用いられていない。

　ところで、城跡から出土する揚羽蝶

紋はかなりのバラエティーに富んでおり、単に定紋を瓦当に配しただけでなく、意匠を凝らしていることがわかる。ここで、各城跡より出土している揚羽蝶紋を概観してみよう。

○鳥取城跡（鳥取市）　慶長五年（一六〇〇）、輝政の弟備中守長吉《ながよし》が入城し、同七年に大改修を行なった。元和三年（一六一七）には池田光政《みつまさ》が因伯の太守として鳥取城に入城する。寛永九年（一六三二）には岡山の池田光仲《みつなか》と交換転封となり、以後、光仲の子孫が明治まで藩主として続いた。鳥取城跡出土の揚羽蝶紋は、元和三年から明治までのものである。

光政系と光仲系の違いはあるものの、近世鳥取城は明治まで池田氏の世襲であった。にもかかわらず、出土する揚羽蝶紋は十種類にもおよんでいる。こうした豊富さは時代差を表すものであろう。1（図17）は左向きで前翅二枚、後翅一枚と前翅背後に尾状突起をのぞかせている。斑文下部に二条の突線を付す。両眼と口器・触角・脚部を表現するが体部は表わさない。2（図17）もほぼ同じであるが、斑紋下部の突線は認められない。3（図17）もほぼ同様である。尾状突起の先端が二又に別れている。4（図17）は体部を表現し、斑文が凹となる。5（図17）は頭部がオタマジャクシ状となり眼部が消失している。6（図17）は5と同様であるが、翅部は従来のものと異なり、美しい曲線を描く。7（図17）は体部を節ごとに表現する唯一の例で、翅の形状は1と同じく斑文下部に二条の線を描く。ただし、この7は斑文、翅脈を陰刻する。8（図17）は左向きであるが、1〜7にくらべ斑文が小さく、尾状突起も左側は二又に別れない。9（図17）は右向きで前翅二枚、後翅二枚の計四枚を表わし、それぞれに斑文を配している。脚部も左向きのものはすべて「く」の字に屈曲していたのに対し、9はほとんど屈曲しない。触角も先端が蔓手状とならず、ほぼ横一文字となる。10（図17）もほぼ9と同様の形状をなすが、翅脈が9に比べて長くなっている。[15]

鳥取城では、こうした揚羽蝶紋軒丸瓦に対応する、中心飾りを桐紋とする軒平瓦が出土しており、あるいはいずれかの揚羽蝶紋瓦と対になる可能性がある。

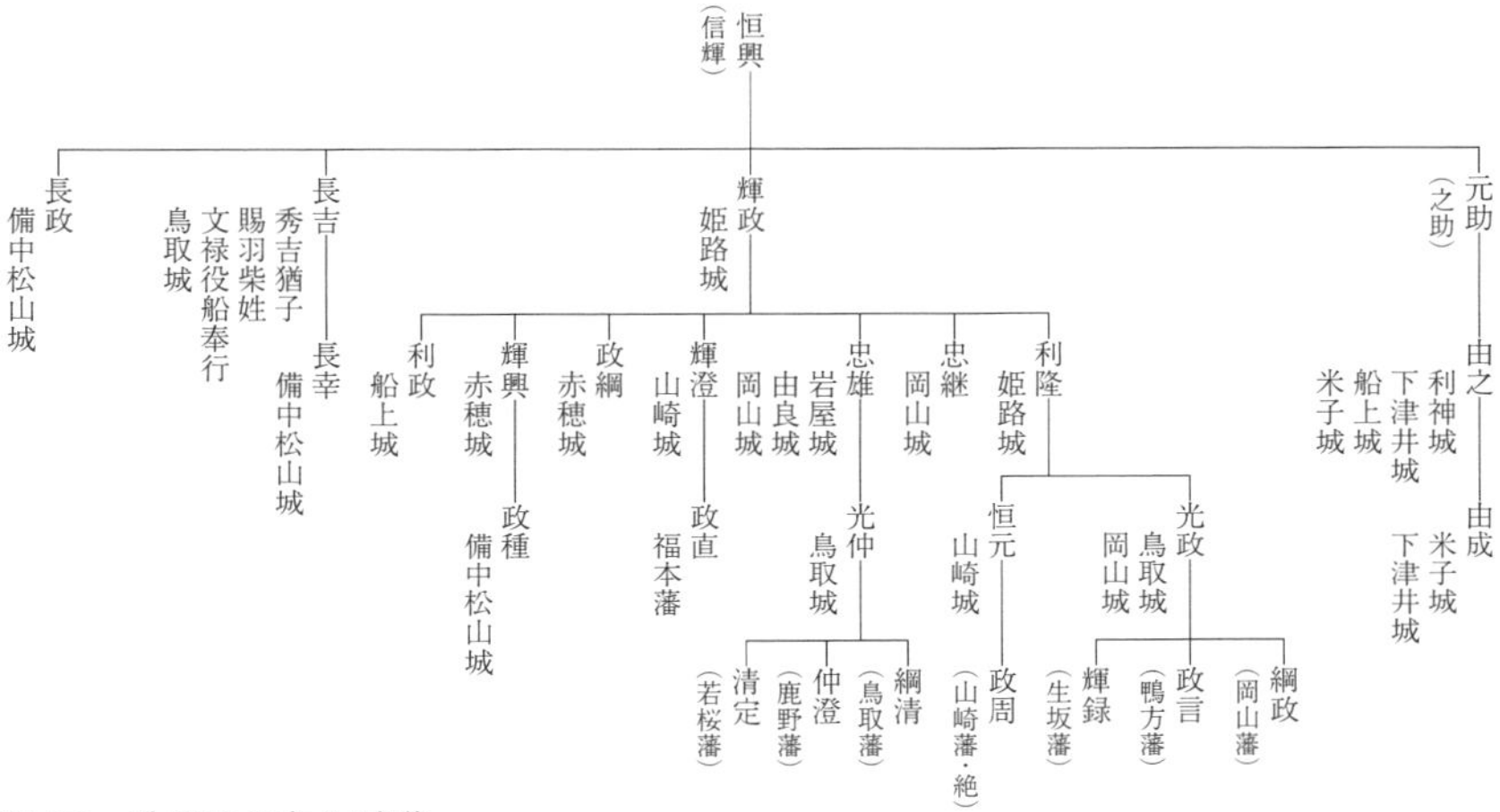

図 16　池田氏の主な系譜

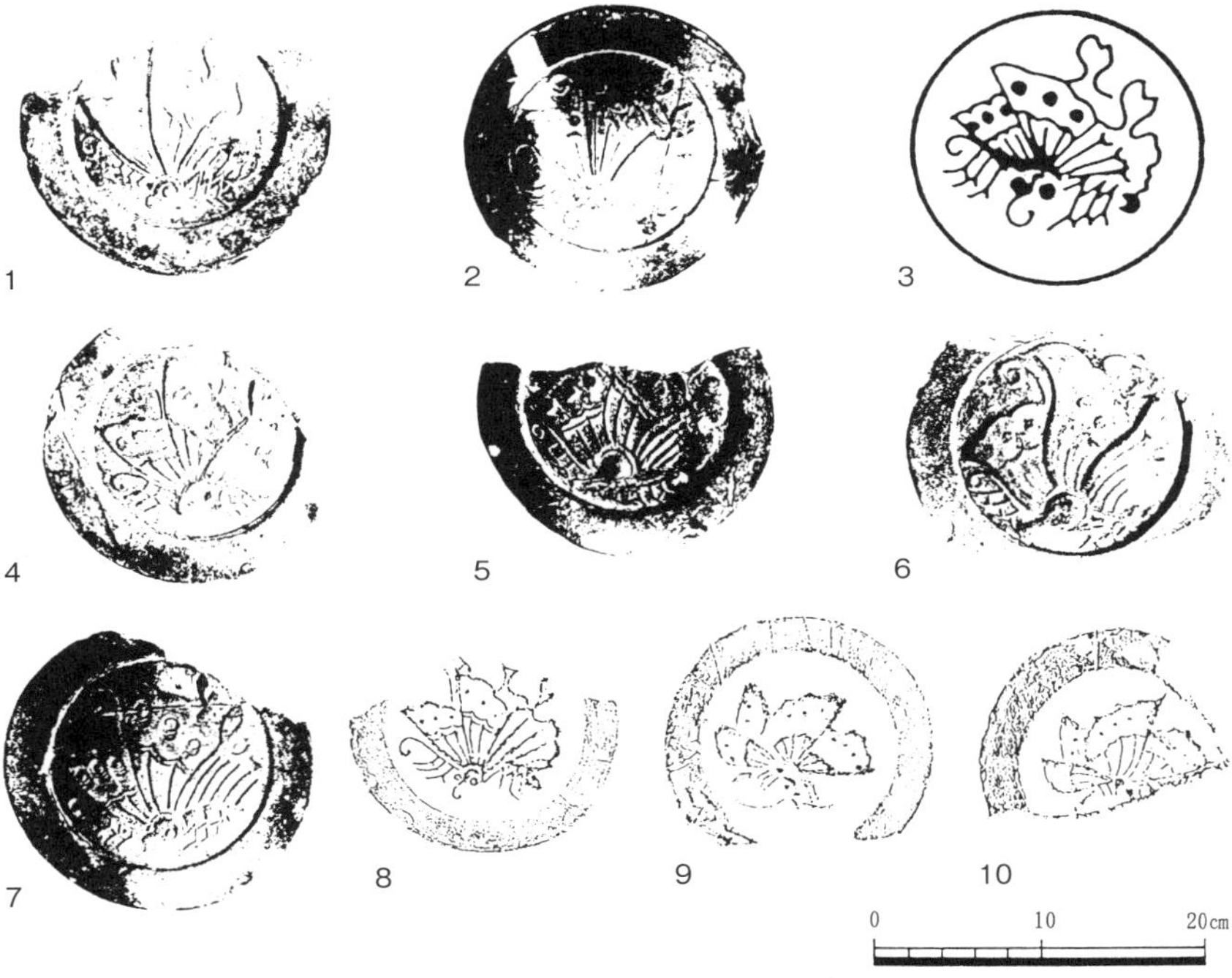

図 17　鳥取城跡出土揚羽蝶紋瓦拓影・写真（註 15 文献より）

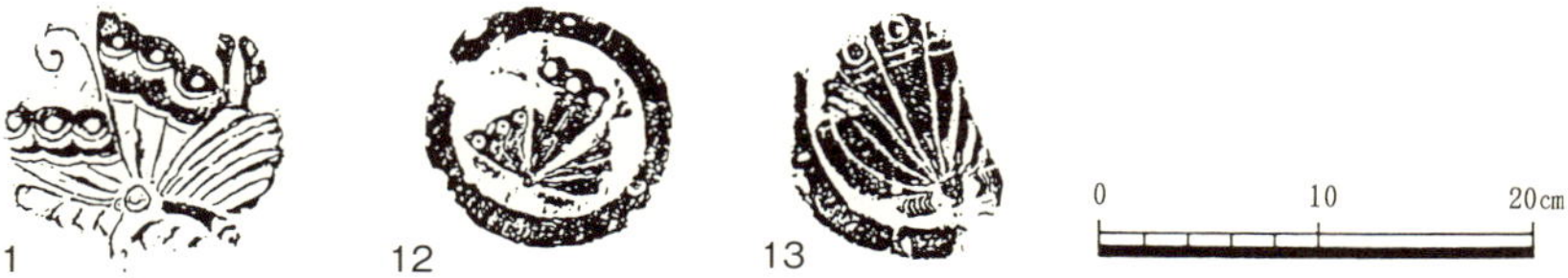

11　12　13

図18　米子城跡出土の蝶紋瓦

○米子城跡（鳥取県米子市）　元和四年（一六一八）に池田光政が因伯の太守として鳥取城へ入城すると、米子城は池田出羽守由之の預かりとなる。洲本城と同様、元和の一国一城令以後も存続した数少ない支城の一つである。寛永九年（一六三二）以降は池田光仲が因伯へ交替転封となり、家老荒尾氏の居城として、「自分手政治」と称する西伯耆の半独立的統治の拠点となり、明治に至った。

ここで出土する揚羽蝶紋瓦は、時期は不明であるが、洲本城で卍字紋瓦が出土しているのと同じく、本藩鳥取城の城主、池田氏の支城ということで用いられたものである。

11（図18）は左向きの揚羽蝶紋で前翅二枚、後翅一枚からなり、後翅部頂部に斑文を配した尾状突起を有している。前翅部の斑文は陰刻し、下部は大きく二条の陰刻された波状文を施す。頭部も陰刻され、体部は節を有していない。12（図18）は前翅二枚、後翅一枚からなり、尾状突起は後翅部頂部に退化して付けられている。左側前翅部は極端に小さい。頭部・体部・脚部ともに退化した表現となっている。13（図18）は巨大な翅部と小さな頭部、脚部からなる。[16]米子城跡出土の揚羽蝶紋は他の城跡出土のものと比べ、紋様の表現は稚拙であり、とくに本藩鳥取城からは多種の揚羽蝶紋が出土しているが、紋様に類似性を求めることはできず、本藩からの供給とは考えがたい。本藩の定紋を使用するものの、瓦の製作は米子でおこなわれたのであろう。

○岡山城跡（岡山市）　慶長十八年（一六〇三）、姫路城主、池田輝政の五男忠継が岡山城主となる。忠継が幼少であったために兄利隆《としたか》が岡山城に入り、西ノ丸等を拡張した。同二十年、忠継の病没後に忠雄が城主となり、本丸等を改修した。寛永九年（一六三二）に忠雄が急死すると、光仲がその跡を継ぐが、幼少のために鳥取城主の従兄光政と国替となり、明治に至る。

近年、本丸・二ノ丸で発掘調査が実施され、本丸では揚羽蝶紋瓦も出土している。詳細は不明で

図19　岡山城跡出土の蝶紋瓦拓影（14･15、「岡山城跡本丸Ⅲ次発掘調査現地説明会資料）1995　16、註15文献　17、註16文献より）

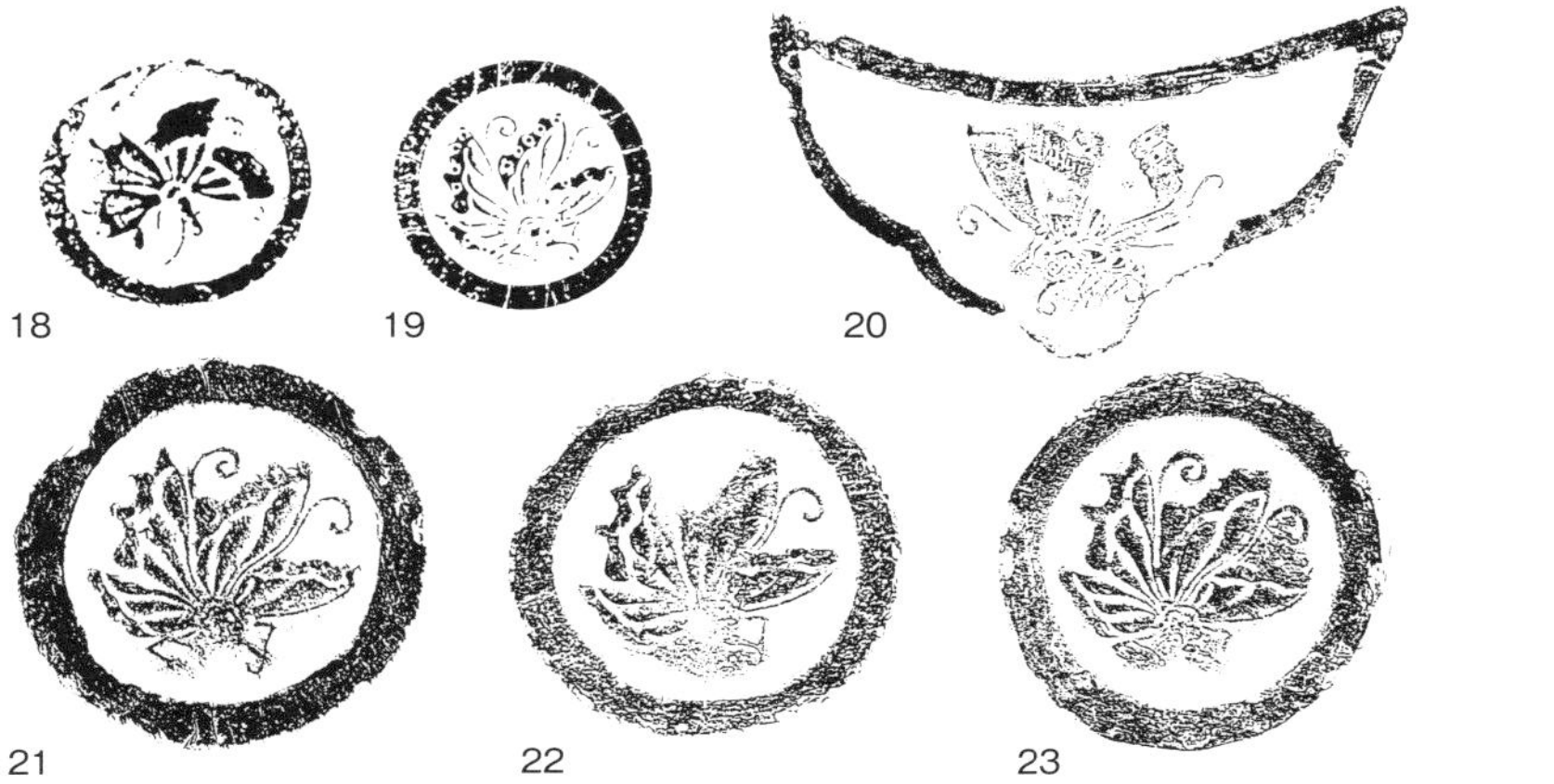

図20　18～21姫路城跡出土の蝶紋瓦拓影（18･19、『姫路市史』第14巻　20、渡辺誠「日本・琉球への近世初期の滴水瓦の伝播」　21、黒田慶一氏提供　22･23高砂出土の蝶紋瓦拓影（22、川口番所跡　23：観音寺　2枚とも田中幸夫「高砂城周辺について」より）

あるが、14（図19）は小形の瓦で小菊瓦と考えられ、右向きの揚羽蝶紋が、15（図19）は軒丸瓦で、左向きの揚羽蝶紋が配されている。16、17（図19）は過去の採集資料で、16は前翅二枚と後翅一枚を表現し、かくれた後翅は尾状突起で表わしている。左向きの揚羽蝶で体部は表現されておらず、頭部と脚部からのみなる。斑文はハート状を呈している[17]。17は16とほぼ同じであるが、触角や口器に若干の相違が認められる[18]。

○姫路城跡（兵庫県姫路市）　慶長五年（一六〇〇）、関ヶ原合戦の論功で播磨五十二万石に封ぜられた池田輝政は、豊臣秀吉の姫路城を大改修し居城とした。大天守の完成は慶長十四年である。池田氏は元和三年（一六一七）に鳥取へ移封となり、姫路在城は三代十七年間である。姫路城出土の揚羽蝶紋瓦は、この時期に収まる。

18（図20）は岩屋城跡・由良城跡と同笵の小菊瓦である。19（図20）は右向きの揚羽蝶紋で、前翅、後翅に大きく翅脈を表している。20（図20）は由良城跡・由良藩邸跡と同笵の滴水瓦で、中央に左向きの揚羽蝶紋を配している。有本隆氏は、姫路城出土揚羽蝶紋瓦を分類され、軒丸瓦四種、軒平瓦四種、棟込飾瓦（小菊瓦）二種、計十種存在することを報告されている。(19)

○岩屋城跡　軒平（滴水）瓦一種と小菊瓦一種が出土しているのは前述した通りである。軒平瓦は姫路城・由良城・由良藩邸と同笵で、小菊瓦は姫路城・由良城と同笵である。

○由良城跡　軒平（滴水）瓦二種、軒丸瓦一種、小菊瓦一種が出土しているのは前述の通りである。軒平および小菊瓦は姫路城・岩屋城・由良藩邸と同笵である。

○由良藩邸跡　軒平（滴水）瓦二種が出土している。姫路城・岩屋城・由良城と同笵である。

○山崎城跡（兵庫県宍粟市）　元和元年（一六一五）、池田輝澄《てるずみ》によって築城された播磨山崎城からも、揚羽蝶紋瓦の出土が知られている。(20)その形状や文様については、未調査のため詳細は不明である。

○鹿野城跡（鳥取市）　元和三年（一六一七）に因伯へ転封となった池田光政は重臣日置氏を城主とし、寛永十七年（一六四〇）から寛文二年（一六六二）までは池田輝澄が預かっていた。この鹿野城からも揚羽蝶紋瓦が出土したといわれているが、詳細は不明である。(21)

＊　　　＊　　　＊

このように、揚羽蝶紋瓦は池田氏の城郭には必ずといってよいほど採用されているが、紋様には非常に多くのバリエーションのあることがわかる。そうしたなかで、姫路・岩屋・由良の各城跡から出土するものだけが同笵であるということは、岩屋・由良城の瓦が本藩から提供されたものであることを如実に示しているのではないだろうか。

おわりに

淡路島内の岩屋・由良・洲本城跡から出土した瓦を観察し、若干の考察を加えてみた。岩屋・由良両城については同笵の存在することから、従来伝承されていた、岩屋城の廃材で由良城を築いたことが立証できたと考える。さらに、由良と洲本城に桐紋の同笵が認められることから、いわゆる由良引けも、考古学的に立証できたものと考えている。

また、姫路城まで視野に入れることによって、本藩からの瓦提供の可能性も充分に考えられることを推論してみた。いずれも瓦という考古資料からのアプローチであり、文献史との間にギャップが存在するかもしれない。しかし、こうしたことは決して偶然ではなく、強い相互関係の存在したことは確実である。そうした意味において、もはや瓦は単なる遺物ではなく、文献以上に歴史の真実を提供してくれる資料なのである。この点についてすでに十数年前に着目された岡本稔・山本幸夫氏の炯眼には敬服させられる。両氏の研究がなければ拙稿は成らなかったであろう。

なお、前回の拙文では、支城には家紋瓦を採用しなかったと述べたが、米子城や、未確認ではあるが鹿野城では揚羽蝶紋瓦が出土している。この点、混乱をさけるために明確にしておきたい。前回取り扱ったものは元和以前の支城であり、そこでは本城の城主の家紋すら用いられていない。ところが、元和以後の支城では本藩の城主の家紋瓦が用いられる。一国一城令以前の支城と、以後の幕府公認の支城で瓦に家紋を用いるか用いないかが別れるようであり、こうした点についても、瓦に重要な政治的役割を認めることができそうである。

淡路では、今回報告した城跡以外の叶堂城跡や志知城跡からも瓦の出土が報告されている。この点について報告できなかった点や、さらに文献の検討や瓦工人の問題、あるいは近世以降の淡路瓦との関連など、課題は山積みである。こうした点については、今後稿を改めて論じてみたい。

【註】

（1）城郭に用いられた瓦について、考古学の立場から、単なる建物に葺かれたものではなく、きわめて強い政治的背景を検討する目的で、織豊期城郭研究会によって研究集会がおこなわれている。同研究会からはすでに、『織豊城郭創刊号―特集織豊期城郭の瓦―』（一九九四年）や『織豊期城郭資料集成Ⅰ・織豊期城郭の瓦』（一九九四年）が刊行されている。同研究会の提唱により、現在各地でこうした城郭の瓦研究が盛んになされつつある。

（2）北山学「第二編歴史第四章近世一三　淡路瓦と清水吉右衛門」（『五色町史』、一九八六年）。

（3）岡本稔・山本幸夫『洲本城案内』（ＢＯＯＫＳ成錦堂、一九八二年）。

（4）中井均「淡路岩屋城跡採集瓦について」（『大阪歴史懇談』、大阪歴史懇談会、一九九三年）。

（5）中井均「利神城跡採集瓦について―池田氏支配の播磨国における利神城の考古学的位置付け―」（『播磨利神城』、城郭談話会、一九九三年）。

（6）前掲註（5）。

（7）前掲註（3）。

（8）桐紋、菊紋という特別な家紋を除くと、城郭に家紋瓦が出現するのは天正十一年（一五八三）の豊臣秀吉の大坂築城頃と考えられる。しかし、大坂城や聚楽第などでも城郭部分は三つ巴紋が主体で、さまざまな家紋瓦は城下町（武家屋敷地）からであり、城郭中心部に家紋瓦が葺かれだすのはさらに下がって文禄、慶長期頃と考えられる。

（9）加藤理文氏によると、遠江では天正十八年（一五九〇）でコビキＡ痕が認められるという（『久野城Ⅳ』、袋井市教育委員会、一九九三年）。また、米子城では天正十九年まで認められる（筆者実見）。さらに黒田慶一氏によると、大坂城では慶長三年（一五九八）まで認められるという。鷹取城跡では慶長六年でもＡ痕が認められ、今後年代決定には充分留意すべき問題である。

（10）こうした形状から、滴水瓦と称される以前は、高麗瓦とともに水切瓦とも呼ばれていた。

（11）渡辺誠「高麗瓦の製作技法について―韓国における考古民族学的研究・Ⅲ―」（『名古屋大学文学部研究論集ＣⅠ史学34』、一九八八年）

(12) 前掲註(4)
(13) 最近、彦根市教育委員会が調査を実施した武家屋敷地からは、家老庵原氏の家紋を配した鬼瓦が出土しており、家臣でも家紋瓦を葺いていることが明らかとなった。
(14) 『池田家履歴略記』。
(15) 鳥取城跡出土瓦については、前田均ほか『史跡鳥取城跡附太閤ケ平天球丸発掘調査報告書』(鳥取市教育委員会、一九九二年)、および『里仁一号墳発掘調査報告書・鳥取城二ノ丸走櫓跡』(鳥取市教育委員会、一九八二年)による。
(16) 『きんかい』創刊号(財団法人米子市教育文化事業団埋蔵文化財調査室、一九九三年)。
(17) 橋本多聞「城とその瓦に憑かれて」(『城』七八号、関西城郭研究会、一九七三年)。
(18) 『日本城郭全集』十巻(人物往来社、一九六七年)。
(19) 有本隆『姫路城小論集第14号、姫路城桐紋瓦蝶紋瓦資料』(有本隆、一九八二年)。
(20) 宍粟市教育委員会に保管されている。
(21) 高橋正弘氏は「鹿野城」(『探訪ブックス城6・山陰の城』、小学館、一九八一年)で、「最近城址から揚羽蝶紋の瓦片が採集されたという」と記している。

【参考文献】

(A) 高橋賢一『大名家の家紋』(秋田書店、一九七四年)
(B) 白水隆監修『原色日本蝶類図鑑』(保育社、一九七六年)
(C) 高橋昭他『カラー自然ガイド4・日本の蝶Ⅰ』(大阪保育社、一九七三年)
(D) 『織豊期城郭資料集成Ⅰ、織豊期城郭の瓦』(織豊期城郭研究会、一九九四年)

〈付記〉 拙稿脱稿後、高砂(兵庫県高砂市)周辺で揚羽蝶紋瓦が出土していることを、田中幸夫氏が「高砂城周辺について」(『東播磨―地域史論集―第2号』、東播磨地域史懇話会、一九九五年）で発表されていることを、黒田慶一氏より御教示賜った。ここで付記として若干触れておきたい。

慶長五年（一六〇〇）、池田輝政は播磨入封にともない、利神・三木・赤穂・龍野・高砂に支城を配し、高砂城には家臣中村正勝を郡代として置いたと伝えられている。

城跡は現在の高砂神社周辺と考えられているが、城跡の痕跡は認められない。田中幸夫氏によると、江戸時代の川口番所周辺も城域と考えられるとし、番所の石垣も慶長期の池田氏高砂城の石垣である可能性が高いとされている。しかし、残念ながらこの遺構も昭和四十年代に埋められてしまった。

この川口番所から出土した揚羽蝶紋瓦が(図20―22)である。また、(図20―23)は高砂市荒井町の観音寺本堂に葺かれていた瓦である。いずれも右向きの揚羽蝶紋であり、前翅二葉、後翅二葉からなる。翅脈は太い陰刻となり、斑文は表現されていない。これらは同笵であり、さらに姫路城跡出土揚羽蝶紋瓦（図20―21）と同笵である。これらはいずれも丸瓦との接合角度が直角ではなく、鈍角となるもので、明らかに倒三角形の形状をなす軒平瓦とセットとなる滴水瓦であり、慶長初年段階に生産された瓦であることはまちがいない。さらに、高砂城に葺かれていたものが、何らかの理由で川口番所や観音寺に転用されたものであると考えられる。

淡路由良城跡でも廃城後、揚羽蝶紋瓦が民家等に転用されている実例もあり、この場合も、元和の高砂廃城によって転用されたのだろう。

丸瓦との接合角度は鈍角とはいうものの、姫路城跡の（図20―21）に比べると、その角度は九〇度に近いものであり、軒に対して垂直にはならない。むしろ和瓦の軒に近い。

さて、問題は何度も記したように、元和以前の支城には本藩の藩主の家紋瓦も鬼瓦等の飾瓦に限られるとした点である。この場合、高砂城は当てはまらなくなる。この点については、高砂城は他の支城のように軍事的目的だけではなく、姫路城の外港としての高砂港を守り、荷を揚げる、池田家にとって台所的性格を有していること、城主を置かず、池田家の直接的支配であった点などから、他の支城とは違い、池田家の、それも姫路城と同笵の瓦を葺いたのではないだろうか。

なお、丸瓦との角度の相違については今後検討する必要があろう。

最後になりましたが、お忙しい中、収蔵庫から瓦を出して下さり、採拓まで御許可下さいました洲本市立淡路文化史料館の浦上雅史氏、二度の調査で寝食を共にした黒田慶一氏、さらには織豊期城郭研究会の畏友加藤理文、木戸雅寿、戸塚和美、松井一明の各氏をはじめ、髙田徹、角田誠、宮田逸民の諸兄には種々御教示を賜りました。記して感謝の意を表する次第です。

Ⅲ　池田氏の桐紋瓦の再検討
―加藤得二・有本隆氏説への疑問―

黒田慶一

はじめに

豊臣時代の城郭では、軒丸瓦・軒平瓦・鳥衾・隅巴《すみともえ》などの瓦当文様や、鬼瓦や棟込みの飾瓦に、桐紋をよく使用する（以下、これらを桐紋瓦と総称する）。池田氏の築城にかかる姫路城・高砂城・岩屋城・由良城では、揚羽蝶紋の瓦とならんで、桐紋瓦が現在も建物の軒先にみられたり、地表で採集されたりする。また、池田氏の城郭や屋敷が移築されたといわれる明石城や洲本城でも、過去に城内で出土している。

日本の紋章学の泰斗・沼田頼輔氏(1)の言を俟つまでもなく、桐紋瓦の桐は家紋であって、古代の蓮華文(2)、中世の巴文、近世の棟込みの菊丸瓦の菊文(3)などのように、習慣的に使用される文様ではない。池田氏姫路城の当初、瓦の桐紋は、当時、桐紋が池田氏の家紋だったことを伝える。一般的に家紋には、苗字の目印である定紋（本紋・正紋）と、その他の紋章である替紋（副紋・裏紋・別紋・控紋）があり、武家は武勲の由緒を伝えるものや、権門勢家《けんもんせいか》から賜与された名誉あるものを定紋に選ぶので、とくに豊臣時代、豊臣氏の家紋である桐紋・菊紋を拝受した場合には、それを定紋とした可能性が高い。たとえば、豊臣氏大坂城の三ノ丸や惣構出土の金箔押の家紋瓦の多くが桐紋・菊紋であり、他の家紋瓦に金箔を施したものが稀なのは、そのためであろう。

姫路城の現存する建築遺構には、多種類の桐紋瓦が使用されている。大天守だけでも八万枚近い瓦が必要で、軒丸瓦千八百五十本、軒平瓦千八百枚が使われていたといわれるから(4)、池田時代に姫路城全体の軒瓦を作るのに、かなりの数の瓦笵が用意されたであろうことは容易に想像される。

しかるに、数年前に刊行された、姫路城研究の集大成ともいえる『姫路市史』第十四巻では、多種類ある桐紋軒瓦を、担当の有本隆氏は、[5]赤松氏にはじまり酒井氏に終わる歴代の姫路城主に割り振っているのである。

いうまでもなく同書は、石田善人氏説[6]を容れ、従来の姫路城赤松氏築城説を退け、黒田重隆《しげたか》の築城とする新基軸をとったことで、夙《つと》に有名である。有本氏がなぜ、赤松氏築城に固執されたか文面からは読み取れないが、仮に赤松築城の可能性を残すとしても、後進の赤松政則《まさのり》でも一五世紀後半の守護であるから、時期的に家紋瓦など期待できない、と筆者は思う。

また、加藤得二氏[7]にもいえることだが、秀吉の姫路築城は天正八年（一五八〇）で、当時、秀吉は信長の一武将にすぎないから、羽柴時代の桐紋瓦など存在しようがない。秀吉が朝廷から桐・菊紋を下賜されるのは、天正十四年と考えられるからである。江戸時代の歴代姫路藩主は、越前家松平氏を除いて家紋に桐紋をもたないのに、各藩主に桐紋瓦が割り振られているのも不審である。

両氏の説に疑問をもち、日本城郭研究センターに保管されている瓦の現物を調べてみると、[8]図1に示したように、瓦そのものに加藤得二氏が、「本多時代」・「榊原時代」などと書いたラベルを貼っておられることがわかった。有本氏は加藤説を踏襲しながら、加藤氏が時期不明とされた瓦に他の歴代城主を割り当てられたようである。

加藤氏は、昭和二十六年から姫路城の昭和大修理に関わられ、姫路城の瓦を熟知されているので、もし、本多氏なり榊原氏なりが桐紋瓦を作っていたという確実な証拠があるなら、取り下げなければならないのは筆者の「桐紋は家紋」という考えのほうだが、思うに両氏とも、「封建時代にあって従五位下以上の官位にのぼると桐紋の使用が許されている。したがって自己の官位を表す意味から桐紋を家紋と併用する風潮となった」[9]という、主客転倒したお考えに捕らわれているようだ。

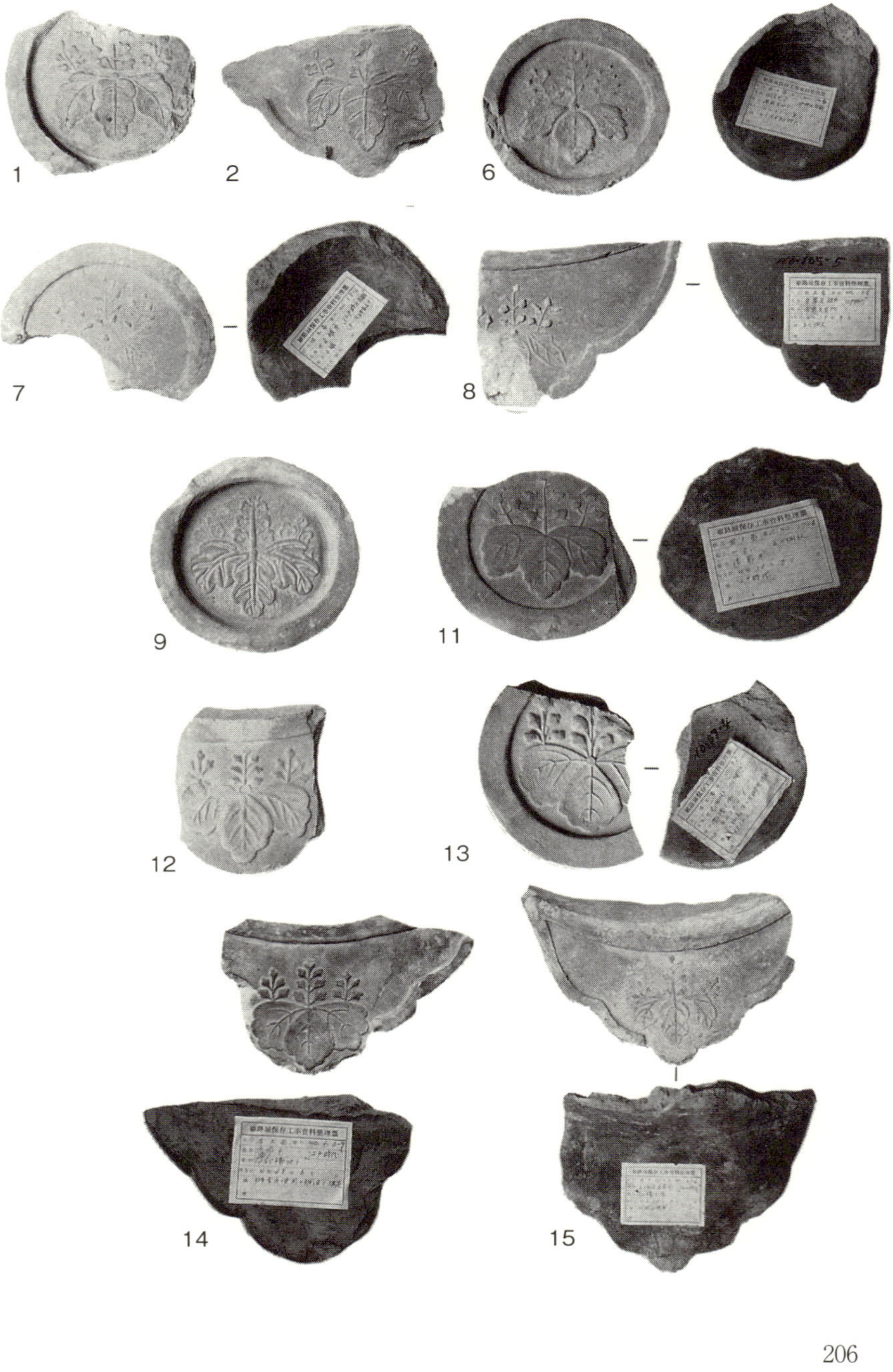

1　2　6

7　8

9　11

12　13

14　15

24

25

26

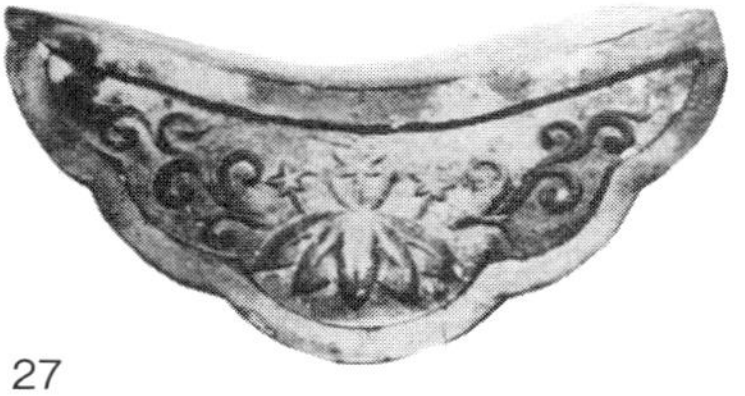

27

28

29

図1　姫路城の桐紋瓦

本稿の目的は、豊臣～江戸時代にあっても、「桐紋は家紋」であることを実証することにある。したがって、家紋に桐紋を採用してない歴代藩主が、桐紋瓦を作ったという説に検討を加える。次章で『寛政重修諸家譜』（以下、『寛政譜』と略す）をみる限り、家紋としての桐紋をもたない池田氏の桐紋瓦の意義について触れたい。

池田氏の家紋

初代姫路藩主の池田輝政は尾張清洲《きよす》の生まれで、信長の死後は羽柴秀吉に仕え、天正十二年（一五八四）の長久手《ながくて》の戦においては、父恒興と兄元助《もとすけ》を一時に亡くすなど辛酸をなめたが、秀吉の取り立てで翌十三年には美濃岐阜城（岐阜市）十万石の大名となり、同十五年には羽柴の苗字を、翌十六年には豊臣姓を賜り、従四位下侍従《じじゅう》に叙任された。秀吉没後、慶長五年（一六〇〇）の関ヶ原の戦では、東軍徳川方に属し、岐阜城を攻略するなど功績大なるものがあり、戦後、この殊勲によって、播磨五十二万石の太主となり、本城の姫路城のほか、領国内に三木・明石（船上）・高砂・龍野・赤穂・平福（利神《りかん》）の六つの支城をもつに至った。また、弟長吉もこのとき鳥取城主に封ぜられ、因幡四郡の内六万石を領した。その後、慶長八年には家康の息女の督姫腹である次男忠継に備前二十八万石、同十五年にはやはり督姫腹の三男忠雄に淡路六万石が与えられたから、池田氏は九十二万石を領有する大勢力にのし上がった。

表1は、『寛政譜《かんせいふ》』をもとに作成した各時代の池田氏の家紋である。『寛政譜』は文化九年（一八一二）の成立であるから、慶長年間当時の真の姿を伝えているとはいえない。この表をみる限り、池田氏は桐紋を家紋としていない。目立つのは、揚羽蝶をあしらった紋と十字架に似た祇園守、それに笹龍膽と菊水の紋である。

桐紋と菊紋は言うまでもなく、皇室の文様である。桐は聖王の出《いづ》るを待って出現する瑞禽鳳凰《ずいきんほうおう》の集まる嘉木で、瑞祥的意義から、嵯峨《さが》天皇（在位八〇九～八二三年）の頃には皇室の衣服の文様に採用されていた。桐の文様は天皇・上皇に限って用いられたものではなく、廷臣や武臣もしばしば使っていたが、紋章の使用が盛んになる鎌倉時代以後、

関ヶ原直前（1600 年）

	国名	藩名	居城名	大名	官職名	官職国	官位	石高	出自	家紋
1	三河		吉田	池田輝政			従四位下・正四位下	152000	清和源氏頼光流	輪蝶・笹龍膽・星蝶・祇園守
2	近江			池田長吉			従五位下	30000	清和源氏頼光流	丸に蝶・揚羽蝶・三笹龍膽

大坂の陣直前（1614 年）

	国名	藩名	居城名	大名	官職名	官職国	官位	石高	出自	家紋
1	因幡	鳥取	鳥取	池田長幸			従五位下	60000	清和源氏頼光流	丸に蝶・三笹龍膽
2	播磨	姫路	姫路	池田利隆			従四位下	420000	清和源氏頼光流	輪蝶・笹龍膽・星蝶・祇園守
3	備前	岡山	岡山	池田忠継			従四位下	100000	清和源氏頼光流	丸に揚羽蝶・祇園守・菊水・揚羽蝶
4	淡路	洲本	洲本	池田忠雄			従四位下	63000	清和源氏頼光流	丸に揚羽蝶・祇園守・菊水・揚羽蝶

江戸時代前期（1664 年）

	国名	藩名	居城名	大名	官職名	官職国	官位	石高	出自	家紋
1	因幡	因州	鳥取	池田光仲	侍従・左少将	相模守	従四位下	320000	清和源氏頼光流	丸に揚羽蝶・祇園守・菊水
2	播磨	福本	福本	池田政直		信濃守	従五位下	10000	清和源氏頼光流	喰蝶・笹龍膽
3	播磨	山崎	山崎	池田恒元		越後守	従五位下	30000	清和源氏頼光流	揚羽蝶
4	備前	岡山	岡山	池田光政	侍従・左少将		従四位下	315000	清和源氏頼光流	輪蝶・笹龍膽・星蝶・祇園守

江戸時代中期（1732 年）

	国名	藩名	居城名	大名	官職名	官職国	官位	石高	出自	家紋
1	因幡	因州	鳥取	池田吉泰	右衛門督・侍従・左少将	相模守	従四位下	325000		丸に揚羽蝶・祇園守・菊水
2	因幡	若桜新田	若桜	池田定賢	式部	近江守	従五位下	15000		瓜の内に蝶・祇園守・菊水
3	因幡	鹿奴新田	鹿野	池田仲央	酒造正	豊前守・摂津守	従五位下	30000		瓜の内に蝶・祇園守・菊水
4	備前	岡山	岡山	池田継政	主税・大炊頭・侍従・左少将		従四位下	315000		輪蝶・笹龍膽・星蝶・祇園守
5	備中	岡山支	生坂	池田政晴		丹波守	従五位下	15000		輪蝶・笹龍膽・星蝶・祇園守
6	備中	岡山支	鴨方	池田政倚	内匠・内匠頭		従五位下	25000		喰蝶・笹龍膽

表 1　『寛政重修諸家譜』にみる池田氏の家紋

足利尊氏が後醍醐天皇（在位一三一八～三九年）から桐紋を拝賜され、家紋としたように、康暦元年（一三七九）に赤松氏も朝廷から桐紋を賜り、家紋とした。

しかし、足利義昭が織田信長に桐紋を与えたように、将軍が有功の諸将に下賜する慣習ができ、信長も足利氏にならって、臣下の稲葉・松平氏に桐紋を与えている。秀吉は天正十四年、太政大臣《だじょうだいじん》の位と豊臣朝臣の姓を賜る。史料の裏づけはないが、このときに桐・菊紋を拝領したと考えられる。沼田頼輔氏は、有功の武将に豊臣姓を与えるとともに、桐・菊紋を家紋として下賜したと述べられ、「姓を与えると同時に、家紋を与えるという先例を開いた」とされた[10]。

桐紋・菊紋を家紋にすることは、豊臣時代でこそ意味があった。徳川の世になり、弊履を棄つるがごとく苗字の羽柴を捨て、松平に飛びついた諸大名の行状を考え合わせれば、おのずと家紋としての桐紋の遺棄が想像される。慶長十六年（一六一一）、徳川家康が朝廷から桐・菊紋の恩賜の申し出を拝辞した事件は、桐紋・菊紋を尊ぶ諸大名を牽制するに、十分であったと思われる。

姫路城大天守の棟上げは慶長十三年十二月で、桐紋瓦はその頃に生産がピークに達していたと考えられる。慶長十六年の家康の拝辞事件を遡ること三年前である。姫路城で桐紋があれほど多用されたのは、家康の政治的牽制以前であったからで、それ以降に池田氏は桐紋を家紋から排除したのであろう。

次章で、姫路城の歴代城主の桐紋瓦使用説の是非を検討したい。

姫路城の桐紋瓦に対する加藤・有本両氏の見解

表2に示したように、本多氏以降、酒井氏に至る歴代藩主の中で桐紋を家紋とするのは、越前家松平氏のみである。越前家松平氏は、家康の次男結城秀康《ゆうきひでやす》を祖とする。秀康は天正十二年（一五八四）の小牧《こまき》・長久手の戦の講和に際し、

	歴代	藩主名	領有期間	万石高	出自	家紋
1	池田氏	輝政― 利隆―光政	慶長5～元和3 1600　1617	52 42	清和源氏頼光流	丸に揚羽蝶・祇園守・菊水
2	本多氏［一次］	忠政―政朝―政勝	元和3～寛永16 1617　1639	15	藤原氏兼通流	丸に立葵・一本杉・丸に本の字
3	松平氏（奥平）	忠明 ―忠弘	寛永16～慶安1 1639　1648	18 15	清和源氏義家流	軍配団扇の内松竹・九曜
4	松平氏（越前家）［一次］	直基―直矩	慶安1～慶安2 1648　1649	15	清和源氏義家流	三葉葵・六葉葵・五三桐・右三つ巴
5	榊原氏［一次］	忠次―政房―政倫	慶安2～寛文7 1648　1667	15	清和源氏義家流足利支流	車輪・九曜
6	松平氏［二次］	直矩	寛文7～天和2 1667　1682	15	清和源氏義家流	三葉葵・六葉葵・五三桐・右三つ巴
7	本多氏［二次］	忠国―忠孝	天和2～宝永1 1682　1704	15	藤原氏兼通流	丸に立葵・一本杉・丸に本の字
8	榊原氏［二次］	政邦―政祐―政岑―政永	宝永1～寛保1 1704　1741	15	清和源氏義家流足利支流	車輪・九曜
9	松平氏［三次］	明矩―朝矩	寛保1～寛延1 1741　1748	15	清和源氏義家流	三葉葵・六葉葵・五三桐・右三つ巴
10	酒井氏	忠恭―忠以―忠道―忠実―忠学―忠宝―忠顕―忠績―忠惇―忠邦	寛延2～明治 1749	15	清和源氏義家流松平別流	剣鳩酸草・丸に剣鳩酸草・中黒・丸に花沢瀉・篆書日文

表2　歴代姫路藩主の家紋（『寛政重修諸家譜』に拠る。ただし、越前家松平氏の家紋は文化元年『武鑑』に拠る）

大坂に赴いて秀吉の養子となり、羽柴三河守秀康と名乗る。豊臣一族大名として頭角を露わしたが、関ヶ原以後は松平に復した。『武鑑《ぶかん》』にみえるように、五三桐紋を替紋として使用したのは、豊臣一族に列した縁からと考えられる。寛保二年（一七四二）銘の大天守四重東南隅の五七桐紋鬼瓦（図1―28）は、この松平氏の屋根瓦修理にともなうものである。

加藤得二氏は、昭和大修理の工事主任を務められた。建物が消滅した遺跡の発掘で、新旧混ざって出土する考古資料を分類・編年するのではなく、現存する建物を、過去の修理についての墨書や文献史料で時期を確定しながら解体していくのであるから、葺き直しを受けた瓦の情報も多く、確実である。たとえば加藤氏は、大天守の貞享四年（一六八七）の本多忠国《ただくに》の修理について触れられ、西大柱継木面の同年の墨書銘から「軸部の補強修理に加えて、屋根瓦の葺替えも併せ行われている」[11]と指摘するなど具体的であり、外部の者の異論が入り込む余地はないかにみえる。

加藤氏の大天守の瓦の見解で、重要だと思うものを『国宝・重要文化財姫路城保存修理工事報告書』Ⅲ（以下、『報告書』と略す）と御著書[12]から抜き出して箇条書きにし、対象にされた瓦を図2を使って示す。

①当初の葺き立て形式は、軒丸・軒平瓦とも、池田家の揚羽蝶紋（図2―3・4）と桐紋（同1・2）を交互に配置する。歴代の修理で乱れていたが、妻の掛瓦は原則を墨守していた。

②元和～寛永の本多氏の補足瓦は、内面に布目を有し、「菊花」とみられる刻印と㋡印をもつ。立葵紋の軒丸瓦にも同様の刻印がある。

③素朴な九七桐紋軒丸瓦は、松平氏（奥平）のものと推定される（図2―7か？　ただし、ラベルは第一次榊原氏とする）。

④榊原氏の桐紋（五七の江戸桐）（図2―13）と認められる軒丸瓦の丸瓦部凹面と同形式の凹面をもつ丸瓦に、《の刻印がある。

⑤池田氏当初の平瓦は谷の深さが四・五cm、口幅二八・二cm、全長三四・八cm、厚さ二・一cmを標準とし、本多氏・榊原氏の補足瓦は谷の深さが四cm、厚さ二・二五cm、酒井氏のは谷の深さ三・六cm、厚さ二・四cm、幕末の補足瓦に至っては谷の深さ二・四～三cmと漸次、谷が浅くなる傾向にある。また、焼成温度も江戸中期～末期が最も低温で焼かれている。

⑥軒平瓦に「何れの城主に属すか不明の素朴味を帯んだ五七桐文、桐葉部が豊満味を帯んだ五七桐文（酒井氏と推定）」があり、「桐文の意匠は時代が降るに従って花茎が垂直に配備される傾向」を示す[13]。

⑦図2―9・10の軒丸瓦は小天守と渡櫓に使用され、揚羽蝶紋は大天守のものに比べて図案化され、やわらかな味を帯びた形式に変わっている。

⑧図2―6の九七桐紋軒丸瓦は本多氏のものである。

⑨榊原氏の桐紋はどれかわからないが、断面の粘土の粒度から推定すると、図2―13の五七桐紋軒丸瓦がそれであ

1
KM2b
2
KMⅡ2b
3
AM21
4
AMⅡ21
5
KM1a
6
KM2b
7
KM3c
8
KHⅡ3c
9
KM2a
10
AM2r
11
KM1a
12
KHⅡ2a
13
KM1a
14
KHⅡ1a
15
KHⅡ2a
0
10
20cm

図2　姫路城の軒瓦

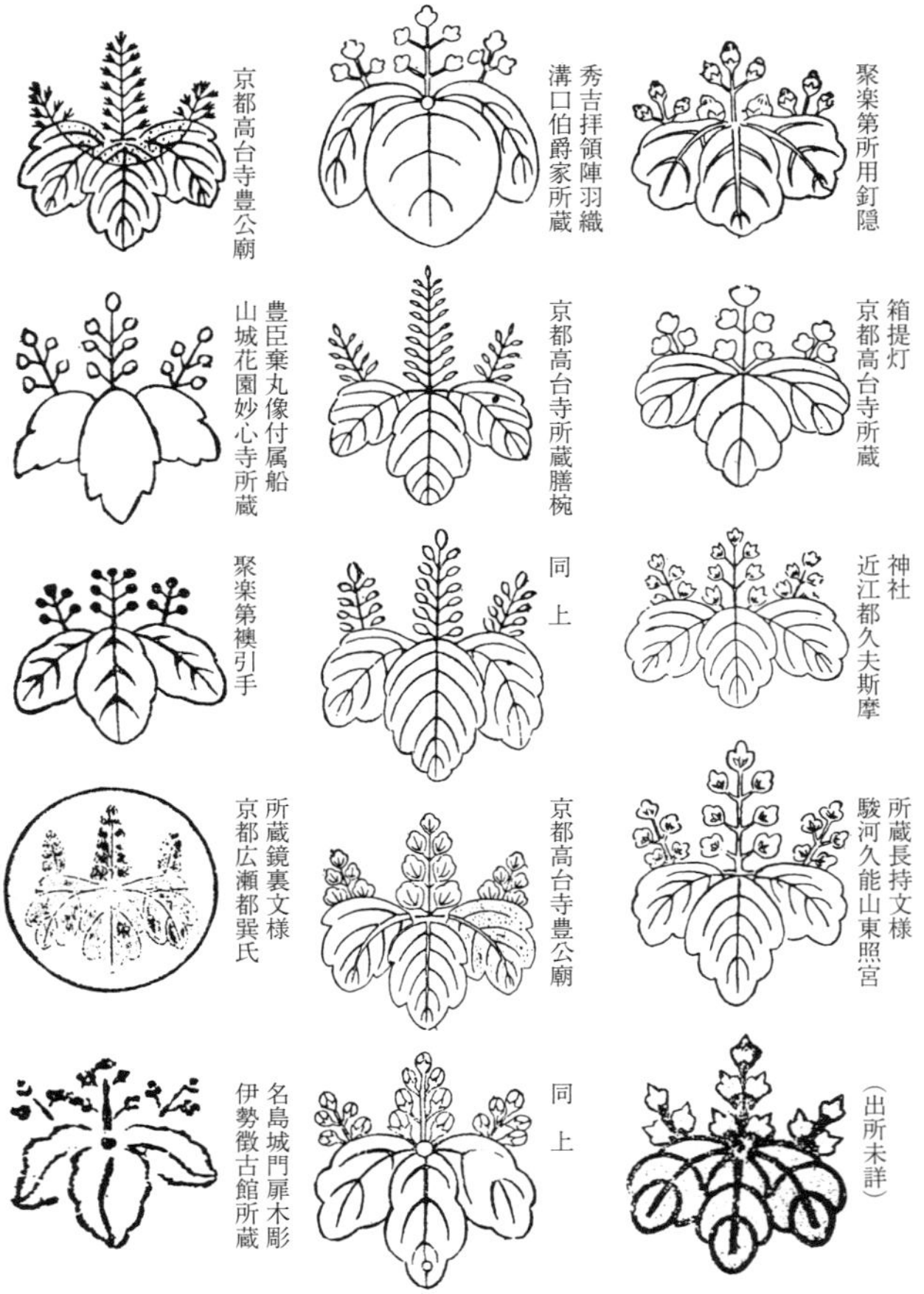

図３　太閤桐の種類（沼田頼輔『日本紋章学』より）

ろう。

⑩図２―11の五三桐紋軒丸瓦は酒井氏のものである。

筆者が気付いた点を記すと、加藤氏は『報告書』で①の桐紋軒瓦を「五七桐文」とされたが、実際は軒丸瓦が五七桐紋で、軒平瓦は五三桐紋である。この二つは組み合わせになるので、当時は後世のように、桐紋の花蕾《からい》の数を厳格に限定して呼称とするのではなく、大雑把に下向きの三葉と上向きの三本の花筒（花梗）をもつ姿に描けば、桐紋と認めたのであろう。沼田頼輔氏が採集された「太閤桐の種類」（図３）にあっても、京都高台寺の例のように、中央の花筒に十以上の花蕾がある桐紋がみられる。

②と⑧で本多氏の軒丸瓦に触れられたが、本多氏の補足瓦に付けられた「菊花」や㋡の刻印は、図２―６の九七桐紋軒丸瓦には認められないようである。図１に示したように、ラベルでは第一次本多時代とされている。姫路藩主の

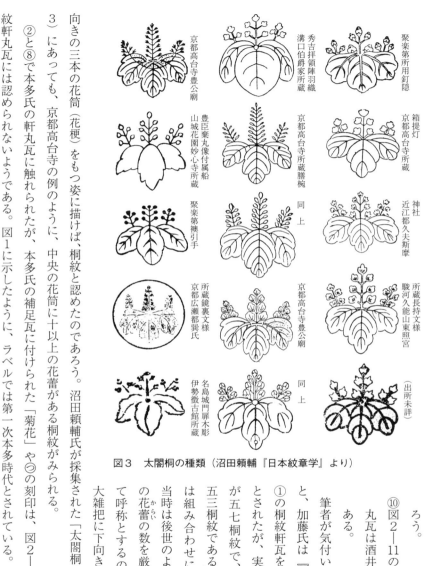

本多氏の立葵紋軒丸瓦と同笵と思われる瓦が、姫路市書写山円教寺《しょしゃざんえんぎょうじ》の本多家墓所に使われているが、同墓所には桐紋瓦はまったくない。本多氏が桐紋瓦を使った証拠はないものと思う。

③で図2―7の九七桐紋軒丸瓦を松平氏（奥平）の瓦とするが、先にみた図2―6と非常によく似た文様の構成なので、同時期のものと考えられる。7の出土地は不明だが、組み合わせになると思われる8が備前丸の出土であり、6も備前丸で検出されているので、備前丸の建物のために彫られた文様と思われる。備前丸は天守の南、天守台下に位置し、本丸御殿があったと思われる曲輪である。[14] 池田氏の転封後に入った本多忠政《ただまさ》は、三ノ丸に御殿を整備し、主要な機能をそれに移すので、瓦は池田氏の時代のものである可能性が高い。

④と⑨では、図2―13の肉の厚い五七桐紋の軒丸瓦を榊原氏とされた（ラベルでは第二次榊原時代）。13は帯の櫓瓦塚の出土で、組み合わせになると思われる14の軒平瓦は、後にみるように伝・安芸《あき》郡山《こおりやま》城出土の軒平瓦（図7）と同笵で、一八世紀まで下らせる理由は見当たらない。

⑥で酒井氏とされた五七桐紋瓦はどれを指すのか不明だが、⑩で酒井氏のものと述べられた図2―11の五三桐紋軒丸瓦（ラベルでは江戸時代とのみ記す）は、花蕾の萼《がく》が長く描かれるという特徴をもつ。ついでに記すなら、後述する有本説は、これを羽柴氏の桐紋とされている。

このほか、加藤氏は御著書[15]で、桐紋鬼瓦についても納得しがたい比定をされている。『報告書』で池田氏当初瓦とされた大天守一重東南隅鬼瓦と似た大天守五重所用の鬼瓦を「羽柴氏桐紋」とされ、同じく『報告書』で当初瓦とされた図1―25の大天守三重南面東千鳥西降り鬼瓦と、葉の表現が酷似する大天守使用鬼瓦を「木下氏桐紋」、図2―7と似た華奢な花筒をもつ桐紋鬼瓦を「榊原氏」とされている。

筆者は一章で、羽柴氏の桐紋は矛盾していると述べたし、7は池田氏ではないかと既述したので、榊原氏の鬼瓦についても承認できない。木下氏時代にはたしかに、慶長四年（一五九九）の墨書を有するリノ門などが建てられたの

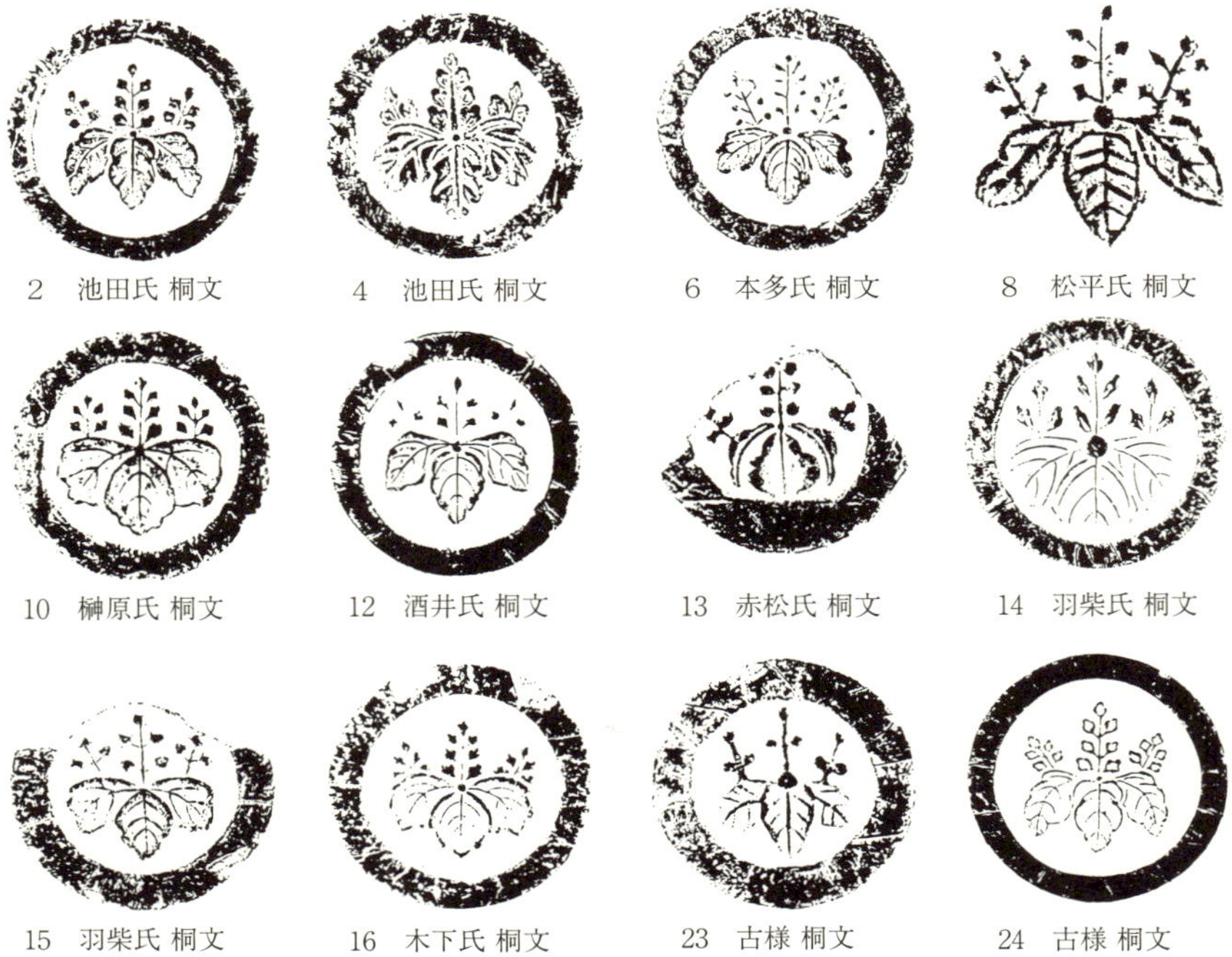

図4　有本氏の姫路城の桐紋瓦の藩主への比定（『姫路市史』第14巻より桐紋瓦のみ抽出、番号も同書のもの）

は事実だが、石田善人氏[16]が述べられたように、城主家定《いえさだ》は石高一万千三百石の小大名にすぎず、自身も文禄三年（一五九四）からは大坂城の留守居役を務めるなど姫路に落ち着かないから、姫路城での業績を過大に評価できない。

以上みてきたように、桐紋瓦に関しては、加藤氏は解体修理時に掴んだ事実を報告されているわけでも、造瓦技法の編年によって藩主を特定したわけでもないことがわかった。たしかに④や⑨のように瓦の観察に基づく類推もあるが、それらも憶測に留まる。

有本氏は、図4のような桐紋瓦の藩主への比定を行われた[17]。氏も断わられているように、「当時のものを忠実に再現したものである」ことを理由に、復古瓦も図中に使用されている。図4―2と24は同じ瓦であろう。復古瓦の拓本を用いたゆえに気付かれなかったと思われる。

筆者は、図4―10・12・13・14を実見していない。しかし既述したように、赤松氏・羽柴氏の桐紋瓦は成り立たないと思う。筆者が提示した瓦番号との対比を行うと、図4—2・4・6・8・15・16はそれぞれ、図2の1・9・6・8・11・5である。

有本氏は池田氏当初瓦を含めて、おおむね加藤説を踏襲されているようである。すなわち、図4—8は図2—7と組み合わせになると判断して松平氏とされたようであるし、図4—10は厚肉の桐紋で、伝・安芸郡山城の軒丸瓦（図7）とよく似ており、図2—13と雰囲気に類似点があるから榊原氏とされたようだ。なお、図4—16を氏は木下氏とするが、姫路城のほか、明石城・岩屋城・由良城で同笵瓦が確認されているので、池田時代のものに間違いない。

表3は、関ヶ原の合戦直前の大名のうち、『寛政譜』から桐紋使用が明確な者の一覧表である。徳川政権下に桐紋を棄てた者を入れると、その数はもっと増えるものと思われる。官位がわかっている者は皆、従五位下以上である。江戸時代においても大名は従五位下を叙位されているから、おそらく加藤氏は、『寛政譜』に家紋としての桐紋をもたない池田氏の桐紋瓦を整合的に説明するため、従五位下以上なら慣習的に桐紋を使える、と附会されたのであろう。加藤氏の理解が正しければ、建築遺構の残る諸城郭に桐紋瓦がもっとみられてしかるべきだが、実際はそうではない。

本多・松平（奥平）・榊原・酒井の諸氏が桐紋瓦を用いた積極的な根拠のない今、姫路城の桐紋瓦は一部の木下氏所用瓦[18]を除いて、池田氏と越前家松平氏に限定して考えるべきだと思う。

池田氏の諸城郭からみた桐紋瓦の編年

慶長五年（一六〇〇）、播磨五十二万石を領有する大大名となった池田輝政は、すでに触れたように、姫路城のほか、三木・明石（船上）・高砂・龍野・赤穂・平福（利神）の六つの支城をもった[19]。また、同十五年には三男忠雄に淡路六万石が与えられたことによって、輝政はまず岩屋城を築き、同十八年には由良城を築くため、岩屋城を壊して建築資材を由良に運んだ。

	国名	居城名	大名	官位	石高	出自	家紋
1	陸奥	若出山	伊達政宗	従五位下～従三位	580000	藤原氏山蔭流	桐・菊・三引両・竹に雀・九曜
2	陸奥	会津若松	上杉景勝	従四位下・従三位	1200000	藤原氏良門流	桐・菊・竹に飛雀
3	陸奥	岩城平	岩城貞隆		120000	平氏繁盛流	五七桐・角引両・丸引両
4	出羽	山形	最上義光	従五位下～従四位上	240000	清和源氏義家流足利支流	五七桐・十六葉八重菊・丸に二引両筋・丸の内竹雀
5	陸奥	牛久	由良国繁		5000	清和源氏義家流新田支流	五七桐・二引両・丸の内葵に水
6	下野	大田原	大田原晴清	従五位下	7000	丹治氏	五三桐・朧月・輪の内釘抜・九曜
7	下野	喜連川	喜連川頼氏		3500	清和源氏義家流足利流	桐・菊・二匹龍
8	上総	佐貫	内藤政長	従五位下・従四位下	20000	藤原氏秀郷流	桐・下藤の丸・額の内藤の文字・巻絹
9	下総	古河	小笠原秀政	従五位下	30000	清和源氏義光流	五七桐・三階菱
10	上野	大胡	牧野康成	従五位下	20000	清和源氏支流	五七桐・十六葉菊・丸に三葉柏・九曜・登梯
11	武蔵	岩槻	高力清長		20000	平氏維将流	桐・鳩二羽・保屋・蔦にむかい鳩・丸に横木瓜・丸に鳩文字・燕子花
12	武蔵	本庄	小笠原信之	従五位下	10000	清和源氏義光流	五七桐・松皮
13	遠江	横須賀	有馬豊氏	従五位下・従四位下	30000	村上源氏赤松支流	五七桐・左巴・笹龍膽・釘抜三巴
14	遠江	久能	松下重綱	従五位下	16000	宇多源氏佐々木庶流	五七桐・十六葉菊・丸に四目結
15	三河	岡崎	田中吉政・吉次	従五位下・従四位下	100000	橘氏	七九桐・左三巴
16	尾張	清洲	福島正則	従五位下・従四位下	240000	藤原氏支流	五七桐・菊・沢瀉・巴・中白爪十文字・牡丹
17	美濃	郡上八幡	稲葉貞通	従五位下	40000	越智氏河野支流	桐・角折敷に三文字
18	信濃	小諸	仙石秀久	従五位下	57000	清和源氏頼光流土岐支流	五三桐・永楽銭・丸に無の字・桔梗花・桜・九曜
19	信濃	飯田	京極高知	従四位下	100000	宇多源氏佐々木庶流	五三桐・十六葉菊・平四目結・二引龍・雪薺
20	信濃	川中島	森　忠政	従五位下～従四位上	137000	清和源氏義隆流	桐・舞鶴・根笹・二鶴
21	越中	富山	前田利長	従四位下～贈正二位	320000	菅原氏	桐・菊・剣梅輪内
22	能登	七尾	前田利政	従四位下	215000	菅原氏	桐・菊・剣梅輪内
23	加賀	金沢	前田利長	従四位下～贈正二位	835000	菅原氏	桐・菊・剣梅輪内
24	越前	大野	織田秀雄	従四位下・従三位	50000	平氏清盛流	桐・菊・木瓜・揚羽蝶・引両筋・永楽通宝銭・無の字
25	越前	不明	上田重安	従五位下	10000	清和源氏義光流小笠原支流	五七桐・笹龍膽・左三頭巴・三階菱・釘抜
26	若狭	小浜	木下勝俊	従五位下・従四位下	62000	豊臣氏	五七桐・きり菊・沢瀉
27	若狭	高浜	木下利房	従五位下	20000	豊臣氏	五七桐・きり菊・沢瀉・沢瀉胡馬
28	近江	大津	京極高次	従五位上～従三位	60000	宇多源氏佐々木支流	五三桐・角四目結・寄懸四目・丸に角四目結・蔦
29	近江	朽木	朽木元綱	従五位下	20000	宇多源氏佐々木庶流	五七桐・五三桐・四目結
30	伊勢	長島	福島高晴	従五位下	10000	藤原氏支流	五七桐・沢瀉
31	伊勢	神戸	滝川雄利	従五位下	20000	村上源氏北畠庶流	五七桐・竪木瓜に二引両・丸に竪木瓜花菱・丸に花沢瀉

	国名	居城名	大名	官位	石高	出自	家紋
32	志摩	鳥羽	九鬼守隆	従五位下	30000	藤原氏支流	三七桐・七星・裏銭
33	紀伊	新宮	堀内氏善		27000	藤原氏師尹流	五三桐・菊桐・鳳凰の丸
34	大和	不明	織田信雄	従五位下～正二位	17000	平氏清盛流	桐・菊・木瓜・揚羽蝶・引両筋・永楽通宝銭・無の字
35	摂津	有馬	有馬則頼		10000	村上源氏赤松支流	五七桐・左巴・笹龍膽
36	丹波	亀山	前田秀以・茂勝		50000	菅原氏	五七桐・花橘・瞿麦
37	丹波	山家	谷　衛友	従五位下	16000	宇多源氏佐々木支流	五三桐・揚羽蝶・円餅
38	丹波	園部	別所吉治	従五位下	15000	村上源氏	五七桐・裏菊・三頭左巴・龍膽車・二引
39	丹後	宮津	細川忠興	従五位下～従三位	17000	清和源氏義家流足利庶流	桐・松蓋菱・二引両・九曜・桜
40	丹後	不明	細川藤孝	従四位下・二位法印	43000	清和源氏義家流足利庶流	桐・松蓋菱・二引両・九曜・桜
41	播磨	三木	有馬則頼		10000	村上源氏赤松支流	五七桐・左巴・笹龍膽・釘抜三巴
42	播磨	姫路	木下家定	従五位下・従四位下	25000	豊臣氏	五七桐・きり菊・沢瀉・沢瀉胡馬
43	播磨	不明	木下延俊	従五位下	25000	豊臣氏	五七桐・五三桐・十六葉菊・沢瀉・胡馬
44	美作		宇喜多秀家	従五位下・従三位		三宅氏	桐・児文字・剣鳩酸草
45	備前	岡山	宇喜多秀家	従五位下・従三位	574000	三宅氏	桐・児文字・剣鳩酸草
46	阿波	徳島	蜂須賀家政	従五位下	177000	清和源氏支流	五三桐・丸に卍字・柏丸
47	豊後	隈府	毛利高政	従五位下	20000	藤原氏支流	五三桐・矢羽図・鶴丸
48	肥前	佐賀	鍋島直茂	従五位下	357000	藤原氏秀郷流	桐・嚢荷丸
49	日向	高城	島津豊久		28000	清和源氏為義流	桐・丸に十文字・牡丹
50	薩摩	鹿児島	島津義弘	従五位下・従四位下	609000	清和源氏為義流	桐・丸に十文字・牡丹
51	大隈		島津義弘	従五位下・従四位下		清和源氏為義流	桐・丸に十文字・牡丹
52	対馬	府中（厳原）	宗　義智	従四位下	10000	平氏清盛流	桐・菊・丸に四目結・四目結・蛇の目・二引両

表3　豊臣時代の桐紋使用の大名一覧（ただし、関ヶ原直前）

播磨の高砂城[20]（図5―16・17）と淡路の二城から、桐紋と揚羽蝶紋の瓦が出土する。また元和元年（一六一五）、淡路一国を加封された阿波の蜂須賀至鎮は由良城に入るが、寛永八年（一六三一）、洲本城（下の城）を新築して由良から洲本に移る。いわゆる「由良引け」（～寛永十二年）で、城下町ぐるみ由良城の建物を移したので、洲本城からも池田氏の桐紋・揚羽蝶紋の瓦が出土する。

元和三年に明石藩主になった小笠《おがさ》原忠政《わらただまさ》は、元和の一国一城令で廃城になった三木城・船上《ふなげ》城・高砂城などの建築部材を運んで明石城を築く。その明石城跡からも、図5―18～23のような揚羽蝶紋と桐紋瓦が検出されている。[21]島田清氏は明石城で

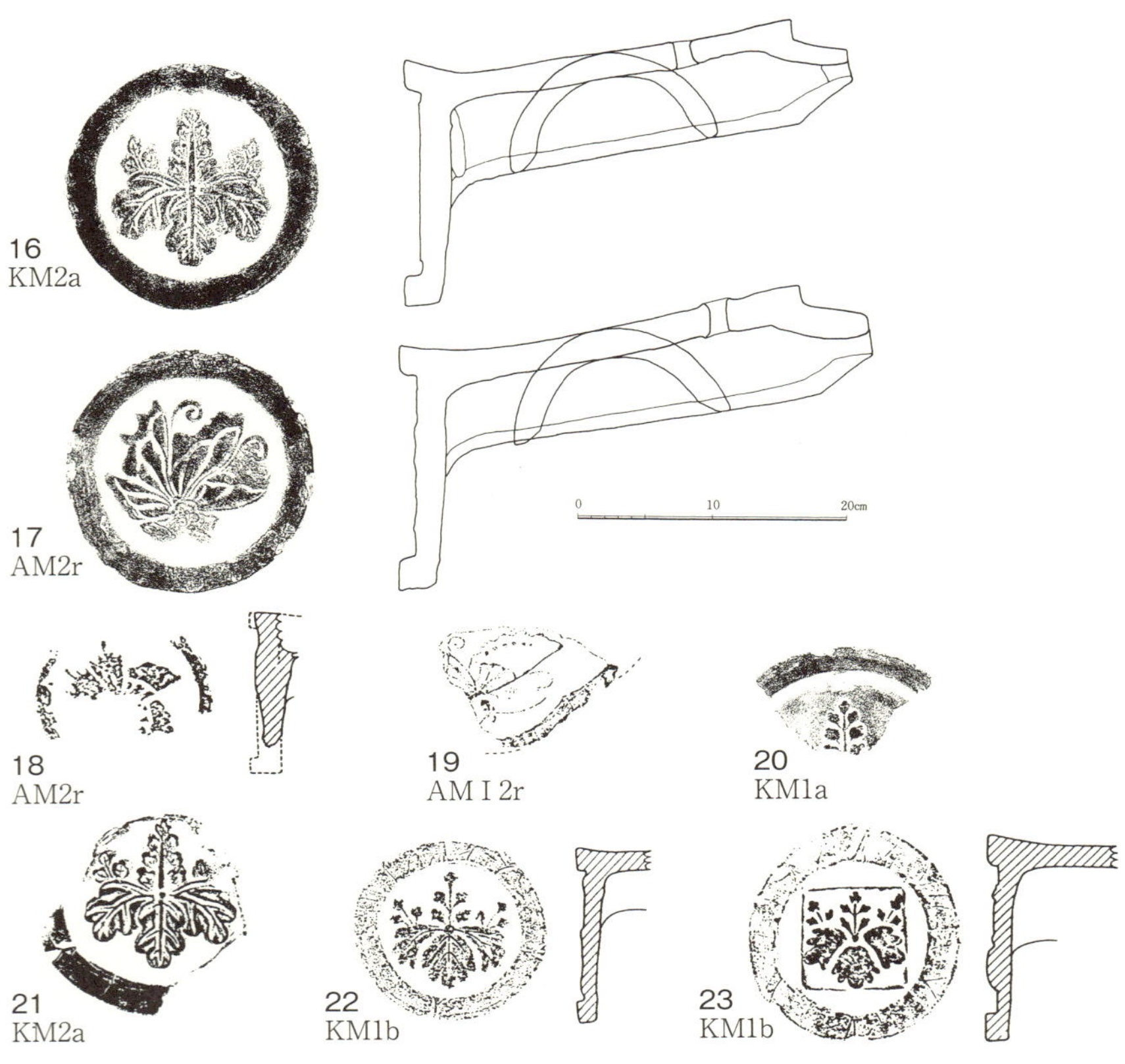

図5　高砂城・明石城の軒瓦と菊丸瓦（16・17は高砂市観音寺本堂の葺瓦、18～23は明石城跡出土）

四点の桐紋軒丸瓦を採集された。御著書[22]に図5―22の同笵瓦と21のみを掲げられ、姫路城と同笵の「九五の桐で、茎も花もたいへん弱々しく感じられるもの」と、姫路城からは出ない「瓦当面に四角形を浮き出させ、その上に半肉彫の五三の桐紋をつけているもの」を得たことを記述されている。後者は23の同笵瓦と思われ、前者は花蕾の数が違うが、姫路城の6か7ではないかと思う。

図6は、伝・安芸郡山城出土の桐紋瓦である[23]。軒平瓦31は、すでに触れたように姫路城14と同笵で、軒丸瓦30も姫路城の図4―10とよく似ている。郡山城は広島県安芸高田市に所在し、前期・後期の二時期の山城よりなる。この二

点の軒瓦は、後期郡山城の姫丸壇出土と伝えられ、天正十九年（一六九一）の広島移転以降、関ヶ原の合戦頃までの、毛利氏による広島城の詰めの城としての改修にともなうものと考えられている。(24) 関ヶ原の合戦以降は福島正則が広島に入府し、元和五年（一六一九）の転封まで広島藩主を務める。小都隆氏によるとその後、郡山城ではこの種の瓦は検出されていないということなので、真偽を含めて慎重に取り扱わなければならないが、毛利時代では早すぎるのではないかと思う。ちなみに、福島氏は『寛政譜』の家紋（表3）に五七桐がみえている。

図に掲げた筆者の本稿使用の分類記号について説明しておくと、頭文字のAとKは、Aが揚羽蝶紋、Kが桐紋を示す。次のMとHⅠ・HⅡは、Mが軒丸瓦、Hが軒平瓦を示す。よく知られるように、池田氏の諸城郭の軒瓦は、瓦当面を地面と垂直の方向にするため、丸瓦・平瓦と瓦当の接合を鈍角に処置した、いわゆる滴水瓦(25)である。軒平瓦の瓦当は逆三角形を呈する。形態的に文様部分（内区）の水切りのため、周縁（外区）の顎部を欠いたHⅡと欠かないHⅠに分けられる。

次のアラビア数字は、文様の表現方法を示す。すなわち1は厚肉、2は薄肉、3は突線を用いた表現である。桐紋に限っていえば、1は葉部の膨らみが高いもので、2は文様部の打ち出しが低いものといえる。

最後のアルファベット小文字は、揚羽蝶紋では蝶が右向きならばr、左向きならばl、桐紋では主葉と二枚の側葉の重なりを、主葉の肉を一段と盛り上げて重複を表すならa、主葉・側葉の肉の高さを変えずに、主葉の輪郭で側葉に凹線の溝を彫るならb、主葉・側葉が小さくまったく重ならないならcとした。cは、主葉・側葉とも木の葉状を呈する。桐紋の描写も写実的なものから、時代が進むにつれて次第に紋章化していく。葉縁の

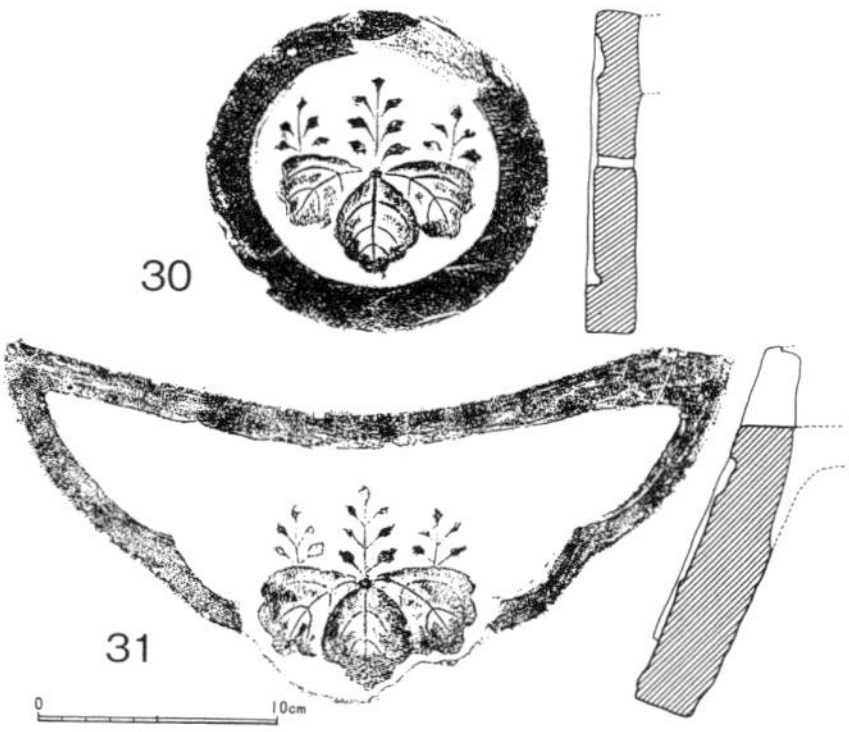

図6　伝・安芸郡山城出土の桐紋瓦（註23文献に加筆）

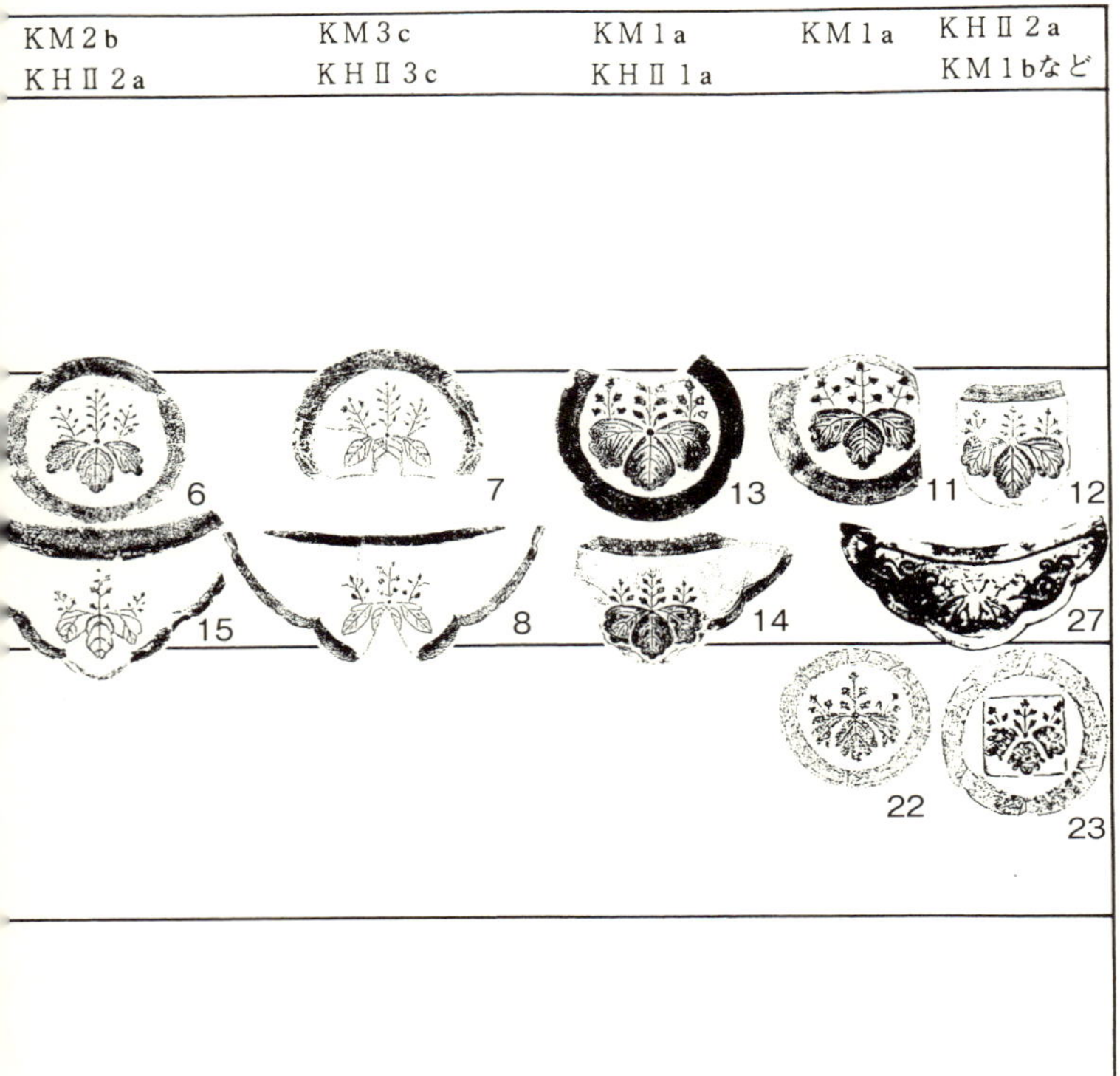

欠刻・葉脈の数・花筒の方向・花蕾の数で編年が可能だと沼田氏は説く[26]が、ここでは煩雑になるので触れない。

図7は、池田氏諸城郭の軒瓦をまとめたもので、図の左側に同笵瓦を有するものを配した。同笵瓦の分布をみると〔1〕姫路城と淡路の諸城にみえるもの、〔2〕播磨だけ、〔3〕明石城と淡路の諸城だけ、の三つの同笵関係が浮か

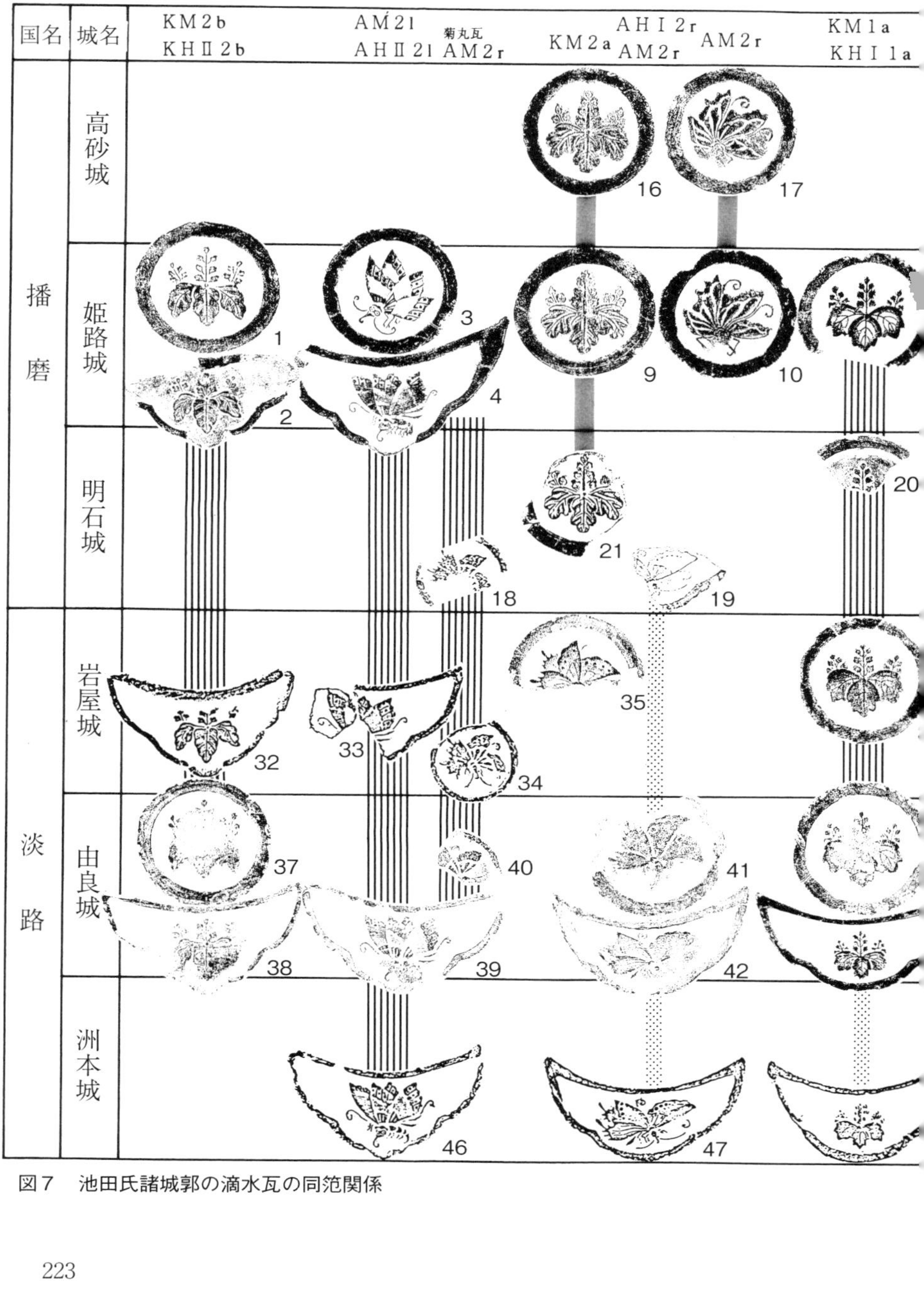

図7　池田氏諸城郭の滴水瓦の同笵関係

び上がった。

［1］は、姫路城大天守の軒瓦で慶長十三～十五年に盛んに使われた瓦笵であろう。［2］は、姫路城乾小天守や備前丸に使われた瓦で、乾小天守の解体時に一階間仕切長押裏面に「慶長十四年三月朔日…」の墨書が発見され(27)、大天守に続いて作事されたことがわかっている。高砂築城に関する史料はないが、慶長九年、輝政は滝野川の川筋を付け替え、高砂に堀川を造って米穀の輸送を行うなど(28)、経済面に力を入れているので、姫路城に続いて普請・作事が行われた可能性が高い。

［3］は、軒平瓦がＨＩ、すなわち周縁部が一周するという特長がある。姫路城でも27のようなＨＩのものもあるが、稀である。明石・淡路に分布することから、『古茂江瓦師理兵衛素性并御書物写』にみえる、明石瓦の名工清水理兵衛と息子の弥右衛門の移動(29)を反映している可能性がある。慶長十五年、池田輝政は明石瓦の名工理兵衛と弥右衛門を淡路に連れて行き、岩屋城・由良城の城普請に当たらせ、理兵衛は滞在四年にして国元に帰るが、弥右衛門は残って淡路瓦の生産を始めた、というものである。管見では、ＨＩ―42・44は姫路城にみられない。将来変更を余儀なくされるかもしれないが、可能性の一つとして清水理兵衛の造瓦を指摘しておきたい（瓦は五三桐）。

明石城22・23は図5の実測図をみてもわかるように、普通の軒丸瓦で適水瓦ではない。島田氏は22を「姫路城に全く同型の瓦が出ています」(30)とされるが、筆者は実見していない。22・23ともＫＭ１ｂであり、桐紋の構成は似ているので、両方とも小笠原忠政の瓦と考えられる。小笠原氏は表3にもあるように、五七桐を家紋にする（瓦は五三桐）。明石築城においても、小笠原忠政の義父に当たる姫路藩主の本多忠政が、自ら明石城の縄張りを行うなど、両城は一方ならぬ関係にあるから、明石城用の瓦の一部が姫路城にいった可能性はある。

図7でもわかるように、加藤・有本氏が本多・松平（奥平）・榊原・酒井氏に比定された桐紋瓦は、他の城郭からは検出されていない。しかし、前章で検討したように、桐を家紋としない彼らに比定する根拠もない。本丸御殿が予

想される備前丸出土という状況を考慮し、池田氏が御殿用に多量に作った瓦と考えたい。

むすびにかえて

加藤氏は、『寛政譜』では桐紋をもたない池田氏が、家紋の揚羽蝶紋の瓦と並んで、姫路城で桐紋瓦を多用している姿を理解する手段として、「従五位下以上の官位にのぼると桐紋の使用が許され」るというテーゼをもち出されたのであろうが、テーゼはいつのまにかドグマになり、御自身も歴代藩主に、多種類ある桐紋を割り振らなければならなくなり、後進の我々も、その呪縛から逃れるために足掻いてきたように思う。残念ながら本稿も、加藤説を完璧に覆す決定的な証拠を提示することはできなかったが、近い将来、考古学的に個々の桐紋瓦を検討することによって、解決の糸口を掴むことができると確信する。

最後に、「桐紋は家紋である」ことを、声を大にして宣言し、擱筆したい。

【註】

（1）沼田頼輔『日本紋章学』（新人物往来社、一九七二年）、以下、断わらない限り、家紋に関する記述は本書に拠る。

（2）筆者は家紋と認めたときに「紋」を、それ以外の文様は「文」を用いて記述する。

（3）法隆寺の菊丸瓦の出現（昭和資財帳15『法隆寺の至宝・瓦』（小学館、一九九二年）による）は、江戸前期Ｉ（大坂城でいう豊臣時代）になっており、家紋として採用された菊紋が短期間の間に、単なる文様と化した可能性をうかがわせる。姫路城の池田氏当初の菊丸瓦には、揚羽蝶紋とともに菊文があり、池田氏が菊紋も家紋にしていた可能性はある。

（4）加藤得二『姫路城の建築と構造』（日本城郭史研究叢書、名著出版、一九八一年）。

（5）有本隆「姫路城の瓦文様」（『姫路市史』第十四巻、姫路市、一九八八年）。

（6）石田善人「中世の姫路城」（『姫路市史』第十四巻、姫路市、一九八八年）。

（7）前掲註（4）。
（8）同センター内、姫路市立城郭研究室の山本博利氏の御助力を得た。
（9）前掲註（4）一九七頁。
（10）前掲註（1）三六六頁。
（11）加藤得二ほか『国宝・重要文化財姫路城保存修理工事報告書』Ⅲ（文化財保護委員会、一九六五年）、一〇四頁。
（12）前掲註（4）
（13）以上⑥までが、前掲（11）。以下は前掲（4）。
（14）内藤昌ほか「姫路城の建築」（『姫路市史』第十四巻、姫路市、一九八八年）。
（15）前掲註（4）。
（16）前掲註（6）。
（17）前掲註（5）。
（18）現在、姫路城大天守の陳列ケース内に、酒井氏の家士の子孫である五百旗頭敏郎氏が寄贈された、ヘラ書きの天正十四年銘を有する、円形桐紋飾瓦が展示されている。出土地不詳とのことで、大坂城や聚楽第出土の遺物の可能性もあるが、木下家定を城主とする時代の姫路城の遺物としてもおかしくない。
（19）池田氏の本城・支城の瓦については、中井均氏の考察がある（「利神城跡採集瓦について」『播磨利神城』城郭談話会、一九九三年）。
（20）図5―16・17は、高砂市荒井町にある観音寺本堂の屋根に一九九四年の七月まで葺かれていた瓦で、現在、鹿間安生氏が所蔵されている。17と同笵の揚羽蝶紋軒丸瓦は、高砂城跡に比定されている高砂神社の隣接地である川口番所跡からも出土し、船津重次氏が採集されている。田中幸夫「高砂城周辺について」（『東播磨』第二号、東播磨地域史懇話会、一九九五年）。
（21）一九九五年一月十七日の阪神・淡路大震災では、明石城も大きな被害を受けた。図5の20の軒丸瓦は震災直後、二ノ丸北面石垣の崩れた下から、宮本博・西口圭介両氏によって検出されたもので、他に数片の巴文・三階菱紋軒丸瓦・菊丸瓦などと共に焼壁片が出土している。公表を許された両氏に感謝したい。

(22) 島田清『明石城』(一九五七年)。

(23) 前川要ほか「戦国期城下町研究ノート」(『国立歴史民俗博物館研究報告』第三二集、一九九一年)。

(24) 前掲註(23)八四頁。

(25) 渡辺誠「滴水瓦の製作技法について」(『名古屋大学文学部研究論集』一〇七、一九九〇年)、同「日本・琉球への近世初期の滴水瓦の伝播」(『王朝の考古学』大川清博士古稀記念論文集、雄山閣出版、一九九五年)。

(26) 前掲註(1)三七二〜三七六頁。

(27) 前掲註(14)。

(28) 北垣聰一郎ほか『日本城郭大系』十二巻　大阪・兵庫(新人物往来社、一九八一年)。

(29) 北山学「淡路瓦と清水吉右衛門」(『五色町史』、五色町史編纂委員会、一九八六年)。

(30) 前掲註(22)九二頁。

〈付記〉諸先学に対して礼儀を失する記述があったかもしれない。今や池田氏築城の姫路城は「世界文化遺産」に指定され、全人類の宝として内外に認められたのであるから、学術研究においてもいささかの瑕疵があってはならない、という逸り心のゆえんと御理解いただき、御寛恕をお願いしたい。

また、昭和大修理で得られた瓦資料の全貌は、外部のものにはうかがい知れない面があり、思わぬ誤りを犯したかもしれない。御海容の程をあわせてお願いし、日本城郭研究センターによる、さらなる瓦の整理・公表を期待したい。姫路城を含む池田氏の瓦の研究に、この小稿が何らかのはずみをつけるとすれば、筆者望外の幸せである。

なお、家紋の表の作成に当たっては、大阪府文化財調査研究センターの鋤柄俊夫氏の御協力を得た。記して感謝したい。また、本稿を掲載していただくに当たり、城郭談話会各位の御高配に与った。感謝を込めて狂歌を一首。

洲本城　瓦に訪ぬる　いにしえの　家紋は輪違い　桐は場違い(おそまつ!)

【瓦の出典など】

	所蔵	検出場所	引用文献など
1	小林平一氏	大天守	田中幸夫氏拓本
同	日本城郭研究センター	帯の櫓瓦塚	黒田慶一撮影
2	日本城郭研究センター	備前丸石垣根元	黒田慶一拓本・撮影
3	日本城郭研究センター	備前丸天井石垣足元地下	土橋健二郎氏拓本
4	小林平一氏	大天守	田中幸夫氏拓本
5	日本城郭研究センター	西ノ丸	土橋健二郎氏拓本
6	日本城郭研究センター	備前丸	黒田慶一拓本・撮影
7	日本城郭研究センター	不明	黒田慶一拓本・撮影
8	日本城郭研究センター	備前丸	黒田慶一拓本・撮影
9	日本城郭研究センター	小天守乾三重	田中幸夫氏拓本
同	日本城郭研究センター	備前丸	黒田慶一撮影
10	日本城郭研究センター		土橋健二郎氏拓本
11	日本城郭研究センター	備前丸	黒田慶一拓本・撮影
12	日本城郭研究センター	チの櫓下石垣	黒田慶一拓本・撮影
13	日本城郭研究センター	帯の櫓瓦塚	黒田慶一拓本・撮影
14	日本城郭研究センター	帯郭櫓地下	黒田慶一拓本・撮影
15	日本城郭研究センター	帯の櫓瓦塚	土橋健二郎氏拓本 黒田慶一実測・撮影
16	鹿間安生氏	高砂市・観音寺本堂	田中幸夫「高砂城周辺について」『東播磨』第二号
17	鹿間安生氏	高砂市・観音寺本堂	同右
18	兵庫県教育委員会	本丸・二ノ丸	県教委『明石城』
19	兵庫県教育委員会	大手門・本丸間	県教委『明石城跡』Ⅱ
20	宮本博氏	二ノ丸北面石垣下層	黒田慶一拓本
21	島田清氏？		島田清『明石城』
22	兵庫県教育委員会	本丸・二ノ丸	県教委『明石城』
23	兵庫県教育委員会	本丸・二ノ丸	同右
24	日本城郭研究センター		黒田慶一撮影
25	姫路城？	大天守三重南面東千鳥西降り	文化財保護委員会『姫路城保存修理工事報告書』Ⅲ
26	姫路城？	大天守二重東面大千鳥南降り	同右
27	姫路城？		同右
28	姫路城？	大天守四重東南隅（寛保二年銘）	同右
29	日本城郭研究センター	帯の櫓瓦塚	黒田慶一撮影
30	吉田町歴史民俗資料館	伝・安芸郡山城	前川要ほか「戦国期城下町研究ノート」『国立歴史民俗博物館研究報告』第三二集
31	吉田町歴史民俗資料館	伝・安芸郡山城	同右
32	山本幸夫氏？		山本幸夫ほか『洲本城案内』（BOOKS成錦堂）
33	山本幸夫氏？		同右
34	山本幸夫氏？		同右
35	土橋健二郎氏		土橋健二郎氏拓本
36	淡路文化史料館		黒田慶一拓本
37	淡路文化史料館		黒田慶一拓本
38	淡路文化史料館		黒田慶一拓本
39	濱岡きみ子氏		土橋健二郎氏拓本
40	淡路文化史料館		中井均氏拓本
41	淡路文化史料館		中井均氏拓本
42	濱岡きみ子氏		土橋健二郎氏拓本
43	濱岡きみ子氏		土橋健二郎氏拓本
44	淡路文化史料館		黒田慶一拓本
45	高田徹氏		中井均氏拓本
46	山本幸夫氏？		山本幸夫ほか『洲本城案内』
47	山本幸夫氏？		同右
48	山本幸夫氏？		同右

第四章　誌上復元の試み

作画：吉田順一

洲本城の誌上復元について

吉田順一

はじめに

織豊期以後、淡路の国を領有・支配したのは脇坂安治・蜂須賀氏と、代々続くが、今回、洲本城を描くにあたって、城（山城）は脇坂時代（一六〇九年頃）を念頭に置き、城下町は文政年間（一八二〇年頃）の蜂須賀氏の城代（代官）稲田氏時代とした。

石垣の高さ・曲輪の広さ・登り石垣・竪堀等の防御手段、海・山・川と城をとりまくスケールの大きさ、山城と城下町との構図を考えながら、複雑な地形をスケッチし、当時を想像しながら一枚一枚描くことから始めた。全体として屋根は本瓦葺とし、小さな門の一部と館の一部のみ柿《こけら》葺き、壁は白塗り一部板張り、石垣上は土塀・柵・板塀・櫓等を築くこととし、狭間を適宜設けることとした。

参考とした絵図は、①洲本城下絵図（文政年間頃）、②洲本御城指図、③洲本城下絵図（文政年間戌寅十月二十九日）、④淡路国名所絵図、⑤御城の図（蜂須賀家文書）ほか数枚を用いた。とくに④⑤を中心に参考とした。

本丸と天守

城下町の内町からは、三熊山の山上の中央付近に山城の石垣が望める。城下町南側の正面つきになる。その一番高い所が本丸で、本丸の北面の西の端に天守台、それにつながった小天守台が東端へと続いている。

天守を描く資料として、絵図・図面・調査による礎石の発見、昔からの言い伝えなどがあれば考えることなく描けるが、天守台はあっても天守のない城が多く、規模についても根拠が難しく、悩むことも多い。

今回は絵図に天守の文字がはっきりと見られ、脇坂安治の居城として実力・格ともに不足がないように表現する。そして、洲本から移転した脇坂の領国となった大洲城を明治期に写した写真と洲本城の天守台付近の形、とくに天守から多聞櫓で小天守へつなぐ部分などが、非常によく似ている。さらに、元和元年の一国一城令以前であることなどから、今回の洲本城には、白塗の三層の天守を描いてみた。

屋根棟の向きは、天守台の形から南北方向に通してもよいが、城下町からみて大きく見える東西方向に通した。また、小天守とは多聞櫓で結び、二階部分を北寄りに置く二層の櫓を築くものとした。しかし、蜂須賀時代は天守が撤去された後で、現在の姿に近い閑散とした城跡が二百年以上も続いていたものと思われる。城壁は白壁の漆喰いか板張り、あるいは二つを共用したものが考えられるが、この時代の城では姫路城や明石城のほかに、先に書いた大州城も白壁姿が美しい。ただし、蜂須賀家の阿波徳島城は板張りの壁面であったようだが、今回の洲本城は白壁とした。

本丸の出入り口は二ヶ所あり、大手は南東隅から西に向いて石段を上がり、登りきった所に一の門、入ってつき当たり、多聞櫓を前に見て右、石段を六段登り、左に二の門があって、本丸に入る。小さな門を入った所で、周囲を多聞櫓で囲った枡型虎口のタイプは江戸城にも多く見受けられる。本丸内部は全体のうち西側を空き地として残し、東側部分に本丸御殿を作り、廊下で小天守とつなぐ形をとった。また、本丸の外郭ラインは塀または櫓で囲み込むが、隅櫓が想定されるのは①本丸の南東隅、②南西中央部石段を登って正面角部、③南西角の三ヶ所である。①のみを隅櫓として、③は多聞櫓上にのせる形とした。天守以外の一段高く積み上げた石塁上は多聞櫓を築き、本丸の石垣上のみ塀をとした。

今回描いた図2と図3の復元図では、同じ本丸でも共通していない部分がある。これは、現在のデータでは城郭の

図１　洲本城縄張り俯瞰図　作画：吉田順一

確定が難しいためで、色々なパターンが想定できることから、あえて統一した図に仕上げることを避け、曖昧性をもたせている。その他に本丸内部の建物として、本丸東辺部の石垣の横矢部分に平屋一棟を作り、本丸中央の御殿とつないだ。また、天守から小天守へつなぐ石塁の本丸内側が、本丸の地盤高よりも窪んで低く、不自然なことに疑問をもった。城絵図には青色で着色してあり、水と判断できたので、池として描き入れた。絵図などで本丸内に井戸が確認できなかったが、水の確保と庭園の役目を合わせもつものと考える。

城全体で、門を大小合わせて二十六ヶ所作った。そのうち十二ヶ所はほぼ確実で、10・17等では内枡形虎口の門も考えられるが、外郭ラインを直線的な平面で塞ぐ平虎口の門を採用した。門の構造などは、絵図や発掘調査などの資料が必要であるが、これらは私案として御理解いただきたい。

その他の曲輪について

B曲輪は、尾根伝いで西の丸に一番近く、門は西から

図２　洲本城の本丸復元図（口絵参照）　作画：吉田順一

入る冠木門とした。つき当たりに近い石垣上には土塀を築いたが、木柵程度でよかったかもしれない。大手は図1—①と考え、ここを大手門とした。この大手に一番近い曲輪がCである。大手門を入って左に折れ、すぐに右（南側）につき当たり門を入るとCになる。曲輪の中は建物は作らず平地のままとしたが、絵図からは上級家臣の屋敷であることがわかる。

C曲輪の東側で一段低い曲輪がDである。曲輪の北側は、本丸南側通路に面して低い石垣を積む。また、曲輪の東側石垣は高い。曲輪の内側は南辺部が地面より一段高く、C曲輪から石塁が伸びてきている。

脇坂時代と思われる城絵図には蔵屋敷と墨書きされているため、この曲輪には数棟の倉を配置してみた。また、曲輪の南東隅部には、一層の隅櫓を建てた。ここは南東への備えとして石塁の幅も広いので、敵を充分に威嚇できる建物を配置した。

F曲輪は、城全体から南に天狗が鼻を出したように突き出た形の部分で、由良方面を望める最高の見晴らしをもった曲輪である。伝承として馬場と呼ばれていること

図３　洲本城の全体復元図（口絵参照）　作画：吉田順一

から馬屋を建ててみたが、城絵図では人名が書き込まれており、家臣の屋敷として使用されたようである。曲輪は、東の丸から一段低い位置にあって石垣も低いことから、曲輪の周囲は柵で固める程度にして、見栄えを落とした。この曲輪の付け根部分㉑が大手という伝承をもつことから、ここに門を作った。

Gは、水の手曲輪（池）の西に位置する。この日月池は谷筋を堰き止めて池を作り、さらに井戸を掘り、この城の最も重要な水の確保をしている。この水の手を守る曲輪をGとした。常駐用の建物として、G曲輪の東面にそって多聞櫓を作った。

Hは、水の手曲輪の北側、本丸の東南部にある。G曲輪と池を隔てた小高い所で、方形の二段の曲輪からなる完結した曲輪であり、洲本城の東南部を守る要となっている。H曲輪の東辺部から⑰にかけて高い石垣を積み、内側には石塁を巡らしている。ここの石垣は洲本城で最も高い。復元図では、石塁上の東南隅に隅櫓を置き、そのまま石塁にそって塀を築いた。曲輪内の建物としては、倉庫と下級武士の居住区を仮定し、屋根は板葺き、塀も木柵を多くし、一部を土塀とした。

Ｉは、城域の東端に位置する一番面積の広い曲輪で、武者溜と呼ばれている。尾根を平らに広げて、東に向かって海に突き出すような曲輪となっている。曲輪の東南部には、南から入る虎口が作られている。ただし、一折れで入る平虎口で、城の東側の先端部をまもる虎口としては大変貧弱である。現在、Ｊ曲輪寄りの位置に気象観測所が建っている。

曲輪の役割としては、緊急時に援軍を駐屯させるキャンプサイトと考えて、図上では空き地として扱った。しかし、城絵図では主水という墨書があり、家臣団の屋敷とも考えられる。

Ｊは現在、竹藪や雑木林の中に埋もれている曲輪で、東の丸曲輪の中でも一段高い位置にある。方形プランの二段の曲輪で、復元図では周囲に土塀を用いた。曲輪の北面の石垣は全体に低く、登り石垣と竪堀で守られた内側であるためか、防御を徹底した作りではない。使用目的が理解しにくいので、曲輪の中に建物を描かなかった。また、東の丸曲輪の北東隅の先端部に、北側に突き出た石塁がある。そこに隅櫓を置き、防御を固めた。

Ｋは、本丸東下にある台形をした曲輪である。入口は南から入るもので、方向的にも東と南を受けて居住性のよい場所である。城の中央部になることから、城主の館を想定した。ここから輪違いの脇坂氏の家紋瓦が採集されていることも注目される。

洲本城下町の復元

洲本の城下町は、洲本川（塩屋川）とその支流である物部川（千草川）を外堀とし、その内側に松の木を植えた土塁（土手）を築く。南に洲本城があり、東を海、南と西は川で城下町を取り囲んだ総構えの防御ラインを築いている。そして、城下町を東西に二分するように中堀が作られ、西側を外町、東側を内町とする。

図４　洲本城の城下町の復元図（口絵参照）　作画：吉田順一

外町は、城下町の入口に近い西側を寺院や下級の武家屋敷で囲んで防御している。外町は、東西方向に長方形の街区を整え、碁盤状の街路を作る。一方の内町は、丁字路の道路が多い。また、山下の中央部に陣屋を作り、そこから北側に伸びる道路にそって両側に街が並び、但馬出石城下と似たような町並みをもっている。さらに、内町を防御するため、中堀の東面と洲本川の南面にそった土塁（土手）部分は石垣で固めたかったが、堅固になりすぎるので、枡形部分と北西隅部のみを石垣とした。そして、他は下部を石垣として上部を土塁にし、その上に松の木を植え、土塁の補強と風や潮から町を守るように考えた。

城下町から外に出るには、物部口と塩屋口、寺町の北端付近（上物部口）と蓮池方面への口、山下ノ城の東海岸沿いの道、千草方面の道の六ヶ所あり、木戸を閉じれば船以外の出入りを遮断できる。これらの各口には門、あるいは木戸を小さく描いてみた。

三熊山の山下にあたる部分に、白塀で囲まれた山下ノ城（城主館・陣屋）を書いた。建物の北面にそって、内堀が東西方向に八幡神社南側まで伸びている。山下ノ城の内部の建物割り付け図が残っているが、複雑であるため今回は簡略にした。陣屋内の裏側東端から山上へ通じる道がある。また、陣屋と同じ並びに稲田家屋敷をはじめ六戸ほか、全体としてや百十五戸の武家屋敷を絵図にみられるだけ描いた。屋敷内の建物、立木等は少なめにしている。

塀については、物部口から入って館へ至る道や大型の武家屋敷、寺院等は白塀とし、他の町屋などは木塀とした。屋根は当時、町屋を含めて瓦屋根ばかりではなかったと思われるが、名所図絵では内町が瓦葺き、外町が茅葺きとなっているため、名所図絵の通りとした。また、武家屋敷の門の向きは、ほぼ絵図にある通りに従った。

海に近い藩の船倉付近には、倉屋敷などもあるものと思われるが、描き入れていない。また、船倉も千石船級が入れるような船屋を想像されるが、大きさや形が絵には不釣り合いで、船溜まりとして広場のまま残すことにした。このあたりは洲本川河口に近く、入江を掘削して港としたと思われる。平成七年一月に現地調査で洲本を訪問したときには、船溜まりの埋め立て工事を実施していた。絵図にみられる港の形が少しでも見られたことは幸いであったが、公共事業としての工事と思われるので、当然のことながら発掘調査などの対応が必要であると思われるが、実施されたのであろうか。ここは城下町の中でも重要地点であろう。

物部川の橋は木造りの太鼓橋、中堀は中央が土橋で石垣を用いた枡形へつなぎ、その北側が農人橋で木橋とした。洲本川の左岸は、材木置場や一部船（漁師を含む）を置き、他に百姓の家を数件描いた。さらに、物部川の西側には瓦屋根の商家のほか、大半は茅葺きの農家を建ててみた。また、神社は三、寺院は十一、その他火の見櫓、常火燈、的場、射場などを描きいれた。

あとがき

仕事がら、土日に休みが取れなくて休日が平日になるため、城跡に一人で登ることが多い。数年前秋、私の家の前の楽々前城《ささのくま》という、但馬守護代である垣屋《かきや》氏ゆかりの山城に登った。暗くなりかけて帰宅を急ぎながら、支えにもった枯れ木が折れて、一気に十数m下まで落ちてしまった。幸い怪我がなかったが、一人の山歩きは気を付けなければと反省した。しかし、曲輪の急激な斜面を堀切の底まで落ちて、昔の武者の攻撃時の災難を、身をもって体験することができた。

一人で山城に登って色々なことを考えている。たとえば、この山城にどのような人がいたのか、言葉は何弁で人数はどのくらいか、有事の際にはどのくらいの人数が集められるのか。そして、緊急的な戦いの準備の場合、昼夜を通して食料や武器の調達・山城への運搬・水の確保などなど。こうした仕事に対しては、武士は当然として、近隣の百姓・女・子供まで動員して敵を迎え撃つ態勢を整え、夜は松明・焚き火・かがり火などの照明を使っただろうと想像をふくらませてしまう。また、虎口・堀切の向こう側、曲輪の物見櫓の上などには、槍を持った色黒の武者が命令に従い、目を見すえて立っていただろうと想像して楽しんでいる。

洲本城には、はたしてどのくらいの人数が詰めていたのか。また、本丸や対面所内には何名ぐらいの人がいたのか。城下町の人口は？　武士と町人の比率は？　こんな資料があれば、復元図の作成にも大いに参考となるわけである。

今回の復元図の作成にあたって、多くの方から助言をいただいた。基礎となる図面は、本田昇氏が作成された縄張り図を利用させていただいた。谷本進氏にはとくに多くの助言を得た。また、洲本市立淡路文化史料館の浦上雅史氏には貴重な資料の提供も受けた。さらに、城郭談話会の数名の方からは、洲本城の復元図に対して、次のような疑問点の指摘もいただいた。

①本丸の破風の方向を変えるほうがバランスがとれる。
②稲田時代の山下ノ城には、建物を多くしたほうがよい。
③竪堀は強調しないほうがよい。

④本丸は多聞櫓をのせ、櫓門としたほうがよい。
⑤天守の壁は、時代的にも板張りのほうがよい。
⑥天守以外にも二層の櫓があってもよいのではないか。
⑦虎口の門は平虎口ではなく、内枡型になるのではないか。
⑧登り石垣と山下ノ城との連結具合を見やすくする。

同意できる部分は取り入れて、復元図の修正に生かした。

いずれにしても今回は、洲本城跡に建物を推定してみた初めての復元図であり、歴史的な根拠の上にたってどの程度の妥当性があるのか。自問自答を重ねながら、より内容の濃いものへと検討を行ったが、結果的には二通りの建物復元図を提示することになった。

縄張り図を歴史学の資料として活用するためには、城郭の縄張りを深く読み込む作業が必要であると言われている。この洲本城の復元図は、本田氏が書かれた洲本城の縄張り図を基礎に、現地の地形を私なりに読み込んだ成果である。この意味では、今後、より精度の高い歴史的な裏づけを備えた復元図への踏み台となればありがたいと願っている。

こうした復元図は、城郭の全体構造を一目で理解できる優れた表現方法であるが、実物を写した写真のように、無批判に受け入れられやすい側面も多い。復元図は、個々の城跡の学問的な研究の進歩に合わせて絶えず変化すべきものと理解したい。つまり、復元図もまた城郭研究の土台や肥しにすべきものであり、絶えず見解の基礎を見つめながら進歩させるべき性格をもつものと考えている。皆様からのご意見やご批判を期待いたします。

第五章　進展した洲本城研究

I

近世における洲本城の存在形態

―山上・山麓の城郭のあり方―

高田　徹

はじめに

近世初頭の洲本城は、歴史的に複雑な経緯・変遷をたどっている。慶長十四年（一六〇九）時までは淡路一国を領した脇坂安治の本城（居城）であったが、同十五年に池田忠雄が淡路国を領するようになると、本城たる地位を失う。すなわち、岩屋城（淡路市）が築かれ、次いで由良城（洲本市）が同十八年に築かれて池田領の本城となる。洲本城が廃城になったのかどうかははっきりしないが、少なくとも淡路一国の本城ではなくなった。

ところが、大坂夏の陣後に淡路国を領した蜂須賀氏は、寛永十一年（一六三四）に拠点を由良城から洲本城へ移している。つまり、近世城郭としての洲本城のスタートは、寛永十一年に下るのである。蜂須賀氏の本城は天正十四年（一五八六）以来、阿波国徳島城（徳島市）であったから、寛永十一年以降の洲本城は阿波藩の支城にすぎなかった。しかも当初は「御番所」と呼ばれ、江戸中期になって「御殿」、その後ようやく「洲本城」と呼ばれるにいたった。[1]よって、洲本城は近世初頭に新規築城されたわけでも、中世城郭が順当に発展・継続して近世城郭となったわけでもなかった。そして慶長十四年以降は、本城ではなく支城としての地位に止まったのである。一次史料で変遷を詳細に確認していく必要はあるが、「城」としての呼称さえ不確定な状況にあった。

縄張りによる年代評価についても、揺れがある。かつて、山上（上の城）の石垣による縄張りのほとんどは、蜂須賀氏によって大改修されたものであるとの考えが地元では支配的であった。[2]一次史料による裏付けやさしたる根拠なく、かかる説が唱えられていたようである。一部の石垣に古式穴太積みが認められ、脇坂氏の家紋である「輪違い」紋瓦が出土することから、脇坂氏による築城痕跡を止めると指摘されてはいたのだが……。

縄張りや石垣を通じて、山上の城郭のほとんどが脇坂氏によって築かれたことを明確に指摘したのは、平成七年に発刊された城郭談話会『淡路洲本城』である。以降、諸史・資料を再検討した結果であろうと推察するが、地元でも同様の見解が次第に唱えられるにいたる(3)。それはともかく、脇坂氏によって築かれた山上の城郭は、江戸期にはほぼ石垣だけの状態となり、めぼしい作事は存在しなかった。

これに対し、門・塀・番所、そして御殿等の作事を備えていたのは山麓部の城郭である。山麓部の城郭は二五〇ｍ四方の規模で、堀・石垣を備えていた。前面（北側）のみに水堀を設け、側面（東・西側）は石塁によって区画されていた。そして背後（南側）は、竪石垣（登り石垣）と古城の如き山上の城郭によって囲い込まれた形となる。山麓部城郭の石塁を隔てた西側には、城代であった稲田氏屋敷が並列するかのように構えられていた。

このような縄張りに止まった理由を、洲本城の歴史経緯をからめて理解しようとする見方があるかもしれない。たとえば、支城であるがゆえ、本城である徳島城に比べ、居館タイプの城郭に止まらざるをえなかった、あるいは成立時期が遅れたので幕府から新規築城の許可が得られなかった、といった見方等である。

先に結論を述べれば、洲本城のような縄張りを有する城郭は、少なからず類例が認められる。洲本城ならではの歴史経緯を念頭におく必要はあるが、近世城郭全般の中での一類型としてその縄張りを理解することが肝要と考える。その上で、なぜ近世城郭においてこのような縄張りの城郭が存在したのか、それで事足りる、あるいはそれで許容せざるをえなかったのかといった点を、類例を踏まえて解明を計らねばならない。本稿で明確な結論を得ることはできないけれども、とりあえず洲本城の類例となる近世城郭を取り上げ、若干の検討を行ってみる。

類例検討

①鹿児島城（鹿児島市）　鹿児島城は、慶長七年（一六〇二）に島津家久《いえひさ》によって築かれた。江戸期を通じて薩摩・大隅国、日向国の一部を領した島津氏の居城であった。

比高約一〇〇mの城山の西山麓に屋形（本丸）を構え、南側に二ノ丸を構えた造りである。本丸は三方向に堀・石垣を構えるが、背後の城山側には堀・石垣を設けていない。本丸には御楼門と呼ばれる櫓門、多聞、櫓（一層二階）を設けていたが、天守や重層的な櫓は存在しなかった。

城山には、戦国期に築かれた上山城があった。東京大学史料編纂所所蔵の「元禄九年鹿児島城絵図」によれば、城山に「本丸」「二丸」と記され、山麓部に「居所」を記す。築城時には山麓とともに、この山上の城郭も修復が行われて防御が固められていた。慶長十九年以降は山上の城郭は機能を停止していたらしく、絵図の多くは全体が樹木で覆われた状態に描いている。つまり、古城と化していた。ただし、その限りでも山麓部の「居所」に対して本丸・二ノ丸という上位の曲輪として位置づける意識は存在しており、山上には番所が置かれて維持・管理が及んでいた(4)。

②佐伯城（大分県佐伯市）　佐伯城は慶長七年（一六〇二）、あるいは同九年に毛利高政《たかまさ》によって築城された山城である。寛永十四年（一六三七）になると、山麓にある三ノ丸に居館が移されている。

宝永六年（一七〇九）から享保十三年（一七二八）にかけて山城が修復されることになるが、石垣の修築、建物の再建に約二十年を要したのであった(5)。その前の寛永十四年から享保十三年までの間は、山麓の三ノ丸が城郭の中心となっていた。その間に山城は「大破」し、荒廃したままであった。当時の絵図は残されていないが、山城は石垣だけを残す古城の如き景観であったと想像される。再興された山城の二ノ丸は、藩主が家臣に対して役職の任命を行う等、儀礼の場となっている。

山城は、山頂部に設けられた天守台から三方に延びた細尾根上に曲輪を連ねた構造である。山麓の三ノ丸は山側を除いて石垣を巡らし、内部に御殿が構えられていた。三ノ丸正面の虎口には櫓門が設けられており、現存している。ただし、この櫓門は宝永六年に建設されており、それ以前は冠木門であった。

つまり享保十三年以降は山上・山麓ともに城郭が機能していたが、宝永六年以前は山麓の御殿と山上の荒廃した城郭が並列した姿になっていた。

③杵築城（大分県杵築市）　杵築城は、戦国期に築かれた木付《きつき》城が前身であり、織豊期には早川長敏《ながとし》、細川忠興《ただおき》が城主となっている。当時は台山と呼ばれる丘陵上に主要部が存在し、天守も設けられていた。元和元年（一六一五）の一国一城令により、細川領の支城となっていた当城は破却の対象となる。寛永九年（一六三二）に小笠原忠知《ただとも》がこの地を領するようになると、台山の北麓に新たに御殿を設けた。さらに正保二年（一六四五）には（能見）松平氏が城主となり、その後城主が替わることなく明治を迎えている。

前述のように、ほぼ江戸期を通じて、麓に構えられた御殿が実質的な城郭として機能していた。ただし、絵図の多くは御殿のある場所を「居所」と記し、台山の上は「本丸（跡）」「二ノ丸（跡）」として、木々が茂った状態を描く(6)。御殿のある「居所」の四方は、石垣あるいは堀によって囲い込んでいる。台山との間にも堀が巡らされているが、注意すべきは土塀の設けられた位置・方向である。居所の台山側には土塀が描かれないが、他の三方には描かれている。土塀が設けられていない台山側は、「居所」よりも上位であったことの表れである。「居所」も含め、江戸期の城内には櫓がみられず、櫓門が存在するに止まったようである。

④松山城（愛媛県松山市）　松山城は、加藤嘉明によって慶長六年に築城が開始された。五層の天守も構築されたといわれる。その後、城主は蒲生氏を経て、寛永十二年（一六三五）になると松平（久松）定行《さだゆき》が城主となる。定行は天守や石垣の改修を幕府に願い出、同十六年になって許可を得た上で、大規模な改修を進めた。これが今に残る松山城

の遺構である。

近年、甲賀市水口図書館所蔵「与州松山本丸図」が注目を集めるようになった。同図では、天守のある本壇を現状とは大きく異なる、多角形となった石垣造りで、土塀と複数の建物が建ったものとしている。また、愛媛県歴史文化博物館蔵「蒲生家伊予松山在城之節郭中屋敷之図」では、本丸に二棟しか櫓と思われる表記がなく、山腹に位置する曲輪には蔵らしき建物を六棟描き、山麓にある二之丸を「城」と記す。こうした描写から、二ノ丸が実質的な城郭として機能し、山上部は一部の建物しか建たない状況になっていたと考えられる。(7) 筆者は、前記絵図は何らかの理由で天守以下の主要建物が破却された加藤期のある時期の状況を描くと考える。そして、後に城主となった松平氏は加藤期の天守の存在を前提に、幕府への申請・許諾を得た上で再建を進めたと推定している。具体的な変遷過程についてはさらなる検討が必要ながら、近世初頭のある時期、松山城では山上の本丸が荒廃し、山麓の二ノ丸が中心的に機能していた時期があったのは間違あるまい。

⑤出石城（兵庫県豊岡市）　出石城の歴史は、天正二年（一五七四）に山名祐豊《すけとよ》が有子山城を築いたことに始まる。有子山城は、天正八年に羽柴秀吉によって落城し、以降、羽柴秀長《ひでなが》（城代青木勘兵衛）、前野長康《ながやす》、小出義政《よしまさ》が城主となった。慶長九年（一六〇四）頃、小出吉英《よしひで》は有子山城の北側山麓に出石城を築いたとされ、その後松平氏、仙石氏が城主となり、明治を迎えている。

有子山城は比高約三〇〇ｍの山上にあり、天正～文禄期に成立したとみられる石垣遺構を残す。一部には、江戸期に入って積み直された部分を含むという。(8) これに従えば、山上部は全く放置されたままではなかったことになる。

一方の出石城は最上段に稲荷曲輪、次いで本丸、二ノ丸の順に階段状に曲輪を連ねた構造である。稲荷曲輪の背面には石垣・堀がない。ただし、出石城の両脇を固めるように山上から竪堀が延ばされ、あたかも有子山城に囲い込まれたような構造となっている。(9)

⑥豊岡陣屋（兵庫県豊岡市）　豊岡陣屋の前身の豊岡城は、天正八年（一五八〇）に入城する宮部継潤《けいじゅん》以降、木下重堅《しげかた》、尾藤知定《ともさだ》、明石則実、福原直高《なおたか》、杉原長房《ながふさ》と織豊大名が城主となっている。比高約三〇mの神武山《じんむさん》上に石垣をともなう城郭が築かれた。その後、天領期を経て寛文八年（一六六八）には京極高盛《たかもり》が入城する。しかし、享保十一年（一七二六）に嗣子がなく、京極氏はいったん改易された。そして、京極氏は大幅な減封の上、家名を存続させ再び豊岡に陣屋を構えた。

京極氏の時代は、いずれも北側山麓に居館を構え、その周囲に家臣団屋敷を配置していた。(10)居館は石垣に囲い込まれていたが、南側の山城側には特段囲いを設けていた形跡がない。山上には不整形の天守台、石垣による虎口を備えていたが、作事は存在しなかったようである。

⑦龍野城（兵庫県たつの市）　龍野城は、戦国期には赤松氏の居城であったが、天正九年（一五八一）に入城する蜂須賀正勝《まさかつ》以降は、織豊大名が代々城主となっている。当初は比高約一七〇mの鶏籠山《けいろうざん》上に築かれていたが、元和三年に入城する本多政朝は南側山麓に新たに城郭を築いている。

山麓に築かれた城郭は三方に石垣を巡らしているが、背後の鶏籠山側には石垣・土塀等を設けていなかった。ただし、鶏籠山側からは竪堀が延ばされ、山麓の城郭を囲い込んでいた。(11)山麓部の城郭とともに、石垣だけとなった山上部の城郭を表現する絵図も存在している。(12)山麓の城郭は多門・櫓門を構えていたが、天守や重層的な櫓は備えていなかった。

⑧田丸城（三重県玉城町）　田丸城は南北朝期以来存在したが、天守・石垣等を完成させたのは、慶長五年（一六〇〇）に城主となる稲葉道通《みちとお》期ではないかと考えられる。(13)元和五年（一六一九）以降は紀州和歌山藩領の支城となり、後に家老久野氏が城代として管轄するようになる。

当城は小山を水堀で囲い込み、山麓に代官屋敷、山腹に御殿、そして頂部に本丸・二ノ丸・北之丸を構えていた。

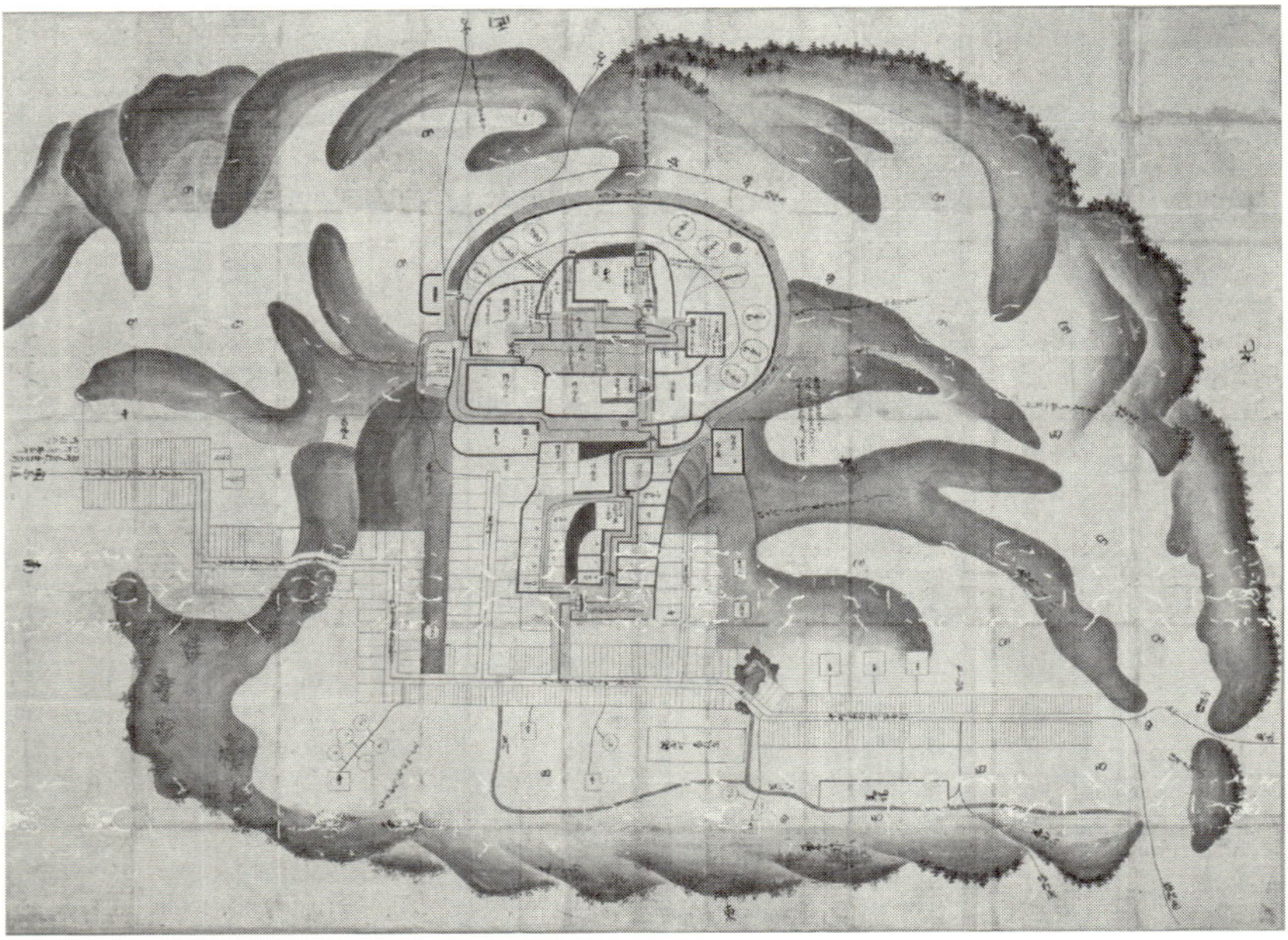

図１　会津郡二本松城之図　国立国会図書館蔵

代官屋敷・御殿は明治初頭まで存続していたが、山上部の曲輪は早くから荒廃が進んでいた。慶安二年（一六四九）には天守が倒壊し、延宝二年（一六七四）段階では山上のほとんどの建物は失われていた(14)。

同じく和歌山藩領の支城であった松坂城（三重県松阪市）でも、早くに本丸周辺は天守以下が失われ、寛政六年（一七九四）に構えられた二ノ丸の陣屋御殿が実質的な城郭として機能するに止まっていた。

⑨二本松城（福島県二本松市）　二本松城は嘉吉年間に、畠山氏によって築かれたという。織豊期から近世にかけては、天正十八年（一五九〇）に入封する蒲生氏郷《うじさと》、慶長三年（一五九八）に入封する上杉景勝《かげかつ》、同五年に入封する蒲生秀行《ひでゆき》・忠郷《たださと》、寛永四年（一五二七）に入封する加藤氏二代、の各時期の支城であった。寛永二十年に入封する丹羽氏は当城を居城とし、明治初頭を迎えている。

丹羽氏が城主であった時期に作成された『正保城絵図』では、山腹に夥しい数の「侍屋敷」、山麓に石垣で囲まれた居館部を描く。山麓から山上の「本丸」に向かって朱線が引かれており、両者は一体的に機能し、居館部の上位に「本丸」が存在していたと判明する。ところが、「本丸」は石垣のみで、何ら建物が描かれていない。一方、居館部の石垣上には土塀、虎口には門が描かれている。もっとも、加藤期以前の二本松城を描いたとされる国立国会図書館蔵「会津郡二本松城之図」（図1）では、「本丸」や「二ノ丸」等には櫓や門が描かれ、山腹には侍屋敷が並ぶ。描写に従えば、加藤期以前には、山上〜山腹〜山麓の城郭がいずれも機能していたことになる。二枚の絵図を通じて山上の「本丸」は、石垣と建物が存在した状況から石垣だけが存在した状況へと、変遷したとみられる。

現存する石垣に関する調査では、「本丸」の石垣は慶長・元和期の痕跡を止めるが、大半は寛永期に築かれたものであると考えられている。[15] これに従えば、山上の城郭は寛永期に石垣が整備されたが、作事はほとんど設けられなかったということになる。

考　察

以上、九城を取り上げたが、他にも森陣屋・角牟礼《つのむれ》城跡（大分県玖珠町）、吉田陣屋・郡山城（広島県安芸高田市）、大聖寺《だいしょうじ》陣屋・大聖寺城（石川県加賀市）、佐貫《さぬき》城（千葉県富津市）等の類例がある。旗本領の陣屋においても、鹿野陣屋と鹿野城（鳥取市）、山家《やまが》陣屋と甲ケ峯《こうがみね》城（京都府綾部市）等の類例が挙げられる。居館・陣屋の背後に古城が存在する事例については、従来からも古城の潜在的な軍事性を踏まえた選地であると説かれることがあった。

その点はいったん措くとして、背面の古城側に特段の防御施設を持たない居館、あるいは屋形タイプの城郭は大名の石高に関係なく点在している点はまず注意される。鹿児島城（島津氏）の七十七万石は飛び抜けているとしても、二本松城（丹羽氏）の十万石、龍野城（本多氏）の五万石、出石城（小出氏）の五万石、豊岡陣屋（京極氏。ただし当初）の三万五千石と、決して小大名の居城とは言えない城郭にも同様の状況が認められる。また、鹿児島城主の島津氏は外様だが、龍野城の本多氏は譜代であり、外様・譜代といった区分が働いていたとも思えない。洲本城と田丸城・松坂城は、支城という点で同等の位置づけが可能となる。

　鹿児島城の縄張りが居館を中心とした簡素な造り（屋形造り）であった点は、従来、外城《とじょう》制度との関わり、[16]島津家中の複雑な権力体制による影響を受けたとみる見解がある。[17]たしかに島津氏の家中や城郭制度、特殊事情を考慮すべき点もあるが、類例の存在を踏まえれば、むしろ近世城郭の一存在形態として捉えるべきである。洲本城の場合は、山上は規模の大きな織豊系城郭であったが、鹿児島城の場合は、土造りの南九州型の城郭であった。これも地域性・地質、あるいは築城主体の嗜好性の違い等に反映しているのではないだろうか。

　洲本城は阿波藩の支城であったが、松坂城・田丸城も支城である。支城であっても鳥取藩の米子城（鳥取県米子市）、和歌山藩の新宮城（和歌山県新宮市）のように、山上部の城郭が江戸期を通じて存続している例もある。したがって、阿波藩の洲本城のみを支城ということだけで特別視することは正しくない。

　佐伯城や松山城は、近世初頭には山城が整備されたが、その後、荒廃あるいは人為的な破壊（城破り）が及んでいる。それが後の城主によって再興され、以後、明治まで山城として機能し続けたのである。再興されるに至るのには、荒廃あるいは破壊される以前に山城が存在するという既成事実が必要であった。江戸期の城郭は、幕府に申請し、許諾を得ることができたのならば、修復（含む再建）を行うことが可能となった。ただし、先にあった状態（有来）に戻すというのが原則であり、新たに作事を加えることは原則禁じられていた。

　佐伯城や松山城の例に準拠すれば、洲本城とて脇坂氏段階の詳細が判明する絵図類や諸記録が残っていれば、山上の城郭を再興することが可能となったはずである。実際、国文学研究資料館の「蜂須賀家文書　一二二〇」の城絵図（口絵参照）は、脇坂氏段階の洲本城を描いたものである。こうした絵図の存在は、蜂須賀氏が脇坂氏段階の洲本城絵図を入手し、修理・整備・管理する上での基礎資料としようとした表れともみなせよう。寛永十一年以降に、洲本城が山上・山麓とも整備される余地は十分あったと言える。もっとも、洲本城の山城を再興しようとすれば、必然的に本城たる徳島城を凌駕する。そこまでの再興・整備を、蜂須賀氏・阿波藩は当時の洲本城に求めていなかったのであろう。

一方、佐伯城では寛永十四年、杵築城では寛永四年、豊岡陣屋では寛文八年、二本松城では寛永二十年、そして洲本城では寛永十一年と、一七世紀前半に集中して同タイプの城郭が出現している点も注意される。[18]軍事的な要請が後退した状況下にこれら城郭が少なからず出現している。洲本城の山麓部には櫓・櫓門が存在しなかったが、初期の佐伯城、『正保城絵図』段階の二本松城も、ほぼ同等の造りであった。重層的な櫓・櫓門を築いていないのも、洲本城に限った話ではないのである。

このように、洲本城のようなタイプは、近世城郭における一類型に数えられるもので、類例も少なくない。ただし、一般的と言えるほどではない。類似したタイプに萩城（山口県萩市）が挙げられるが、こちらは山麓には天守を備え、複数の曲輪が連なっており、山上には小規模な山城が設けられていた。また、江戸期を通じて山城を維持していた城郭も少なくないし、佐伯城や松山城のように、後に山城の再興を果たす城郭も存在していた。同タイプの城郭であっても、歴史的な変遷はさまざまであったのは、本稿で確認したとおりである。

【註】

（1）　岡本稔・山本幸夫『洲本城案内』（BOOKS成錦堂、一九八二年）二四～二五頁。

（2）　一例を挙げると、『洲本城案内』一四三頁の「洲本城歴史年表」寛永十二年の項目には、「上の城の石垣はほとんど寛永以降の構築とみられ、慶長期の石垣は部分的に残る」と記されている。

（3）　たとえば、岡本稔ほか『史跡洲本城』（淡路文化史料館、一九九九年）三四頁には、「現在見られる総石垣の洲本城は（中略）そのほとんどは二十四年間在城した脇坂安治が完成させたものと思われる」としている。ただし、従来の説を全面的に改めた理由・背景を詳述した書籍・報告書等を筆者は目にしたことがない。

（4）五味克夫「鹿児島城の沿革―関係史料の紹介―」（鹿児島県教育委員会『鹿児島（鶴丸）城本丸跡』、昭和一九八三年）。
（5）白峰旬「豊後国佐伯城の大修築（宝永六年～享保十三年）について」（別府大学史学研究会『史学論叢』34、二〇〇四年）。
（6）吉田和彦『木付城・藩主御殿、そして城下町『杵築』のはじまり』（きつき城下町資料館、二〇一六年）所収の絵図を参照した。
（7）拙稿「加藤期・伊予松山城に関する一考察―本壇の構造を中心に―」（戦乱の空間編集会『戦乱の空間』12、二〇一五年）。
（8）北垣聰一郎「此隅山城・有子山城の保存と活用」（出石有子山城・此隅山城の保存を進める会『此隅山城を考える第5集　此隅山城と有子山城』、一九九四年）。
（9）西尾孝昌ほか「有子山城調査報告書」（『此隅山城を考える第3集　此隅山城と有子山城』、一九九〇年）。
（10）瀬戸谷晧ほか『但馬豊岡城―豊岡城とその城下―』（豊岡市立郷土資料館、一九九三年）。
（11）多田暢久「播磨　龍野城の大竪堀について」（仮称城館学会『城館研究論集』発刊準備号、二〇〇一年）。
（12）龍野市歴史文化資料館『描かれた龍野―絵図の世界―』（一九九一年）。
（13）拙稿「田丸城採取の屋根瓦について」（織豊期城郭研究会『織豊城郭』創刊号、一九九四年）。
（14）金子延夫「田丸城跡」（三重県教育委員会『三重の近世城郭』、一九八四年）。
（15）根本豊徳ほか『二本松城址Ⅱ―二本松城址本丸石垣修復・復元事業報告書―』（二本松市教育委員会、一九九七年）。
（16）三木靖ほか『日本城郭大系』十八巻（新人物往来社、一九七九年）。
（17）木島孝之「鹿児島城の縄張り構造と島津氏権力との相関」（中世城郭研究会『中世城郭研究』9、一九九五年）。
（18）他の城郭での成立が寛永期に下る中、慶長九年に成立したとする出石城はかなり早いものである。史料上の確認はさることながら、有子山城の廃絶時期についても再考の余地があるのではないかと考える。

Ⅱ　洲本城保存・整備上の課題等について

定本義広

はじめに

洲本城というと、本丸天守台に建てられた「天守閣」が知られている。いわゆる模擬天守＝城郭風建築物の展望施設（以後模擬天守と記述する。写真1、6）であるが、観光客等からは、「遠くから見て期待していたが、間近で見ると小さくて期待はずれだ」という趣旨の感想をよく耳にする。筆者は、洲本城が公益財団法人日本城郭協会の日本一〇〇名城に選ばれなかったのは、この模擬天守の存在が大きな要因ではないかと考えている。

写真１　洲本城模擬天守

同じ兵庫県内にある姫路城（姫路市）は、江戸時代初期に建てられた天守や櫓等の主要な建築物が現存し、国宝・重要文化財に指定されている。主郭部を含む中堀の内側は、国特別史跡に指定されているほか、日本一〇〇名城に選ばれていることはもちろん、ユネスコの世界遺産リストにも登録されている。

一方、こちらも同じ兵庫県内にあり、日本一〇〇名城に選ばれている竹田城（朝来市）は、城郭研究者や城郭愛好家の間では昔から有名であったが、晩秋のよく晴れた早朝に発生する朝霧が雲海を思わせ、「雲海に浮かぶ山城」、「天空の城」として近年有名となり、また、山上の石垣遺構は、ペルーのインカ帝国時代の遺跡マチュ

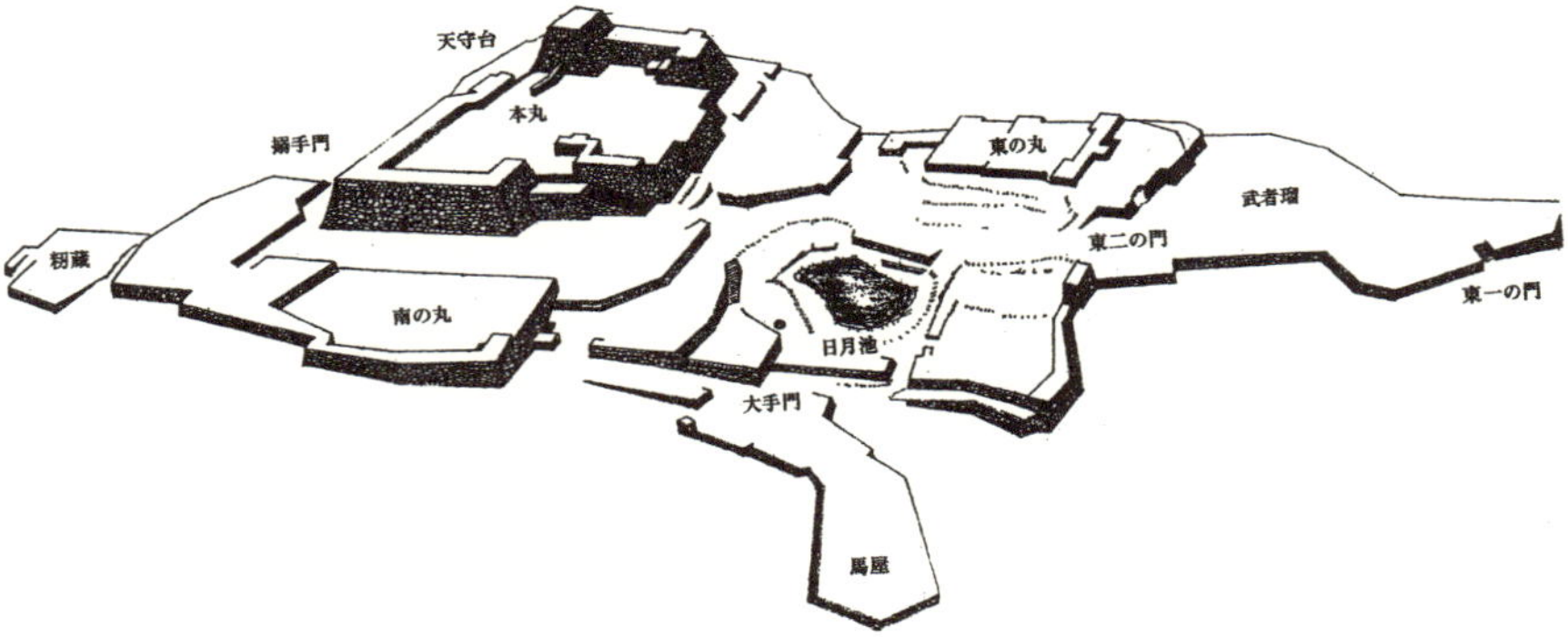

図1　洲本城鳥瞰図　作図：山本幸夫

上：写真2　整備前の二段の郭
下：写真3　整備後の二段の郭

ピチュを連想させることから「日本のマチュピチュ」とも呼ばれ、テレビCMや映画のロケ地として取り上げられている。

洲本城は、姫路城および竹田城と比べると地味で目立たない城であるが、世界遺産や国宝の城であろうと、山の中の名もなき土の城であろうと、どの城にもそれぞれに価値や魅力があり、甲乙つけがたいのではないであろうか。

洲本城は、東西約八〇〇×南北約六〇〇mにおよぶ広大堅固な縄張りを持ち、模擬天守が建つ天守台や階段状の登り石垣等、天正・文禄・慶長各時代の変遷が見られる石垣が、比較的良好な状態で現存している。このことから、平成十一年に国史跡に指定されている。

筆者は、洲本城まで車で約十分の距離である洲本市内に居住し、洲本城の調査研究や洲本城に関連するイベント・事業の実施、ボランティアでのガイドを目的とする洲本城友の会の会員である。洲本城友の会では、洲本城を所管する洲本市および洲本市教育委員会に対して、洲本城の整備について要望・提言をするとともに、平成二十六年度から三ヶ年計画で、洲本城周辺の森林整備を実施中である。平成二十六年度は東の丸の二段の郭（写真2、3）、平成二十七年度は西の丸の森林整備を完了した。

東の丸の二段の郭は長年放置されていたために、竹類の繁茂によってジャングル化し、足を踏み入れることすら困難な状態となっていたが、洲本市役所商工観光課および洲本城友の会による森林整備や、淡路広域水道事業団による水道施設＝ポンプ小屋の解体・撤去が実施され、容易に見学できる状態に漕ぎ着けている。

本稿では、城郭研究者であるとともに、城好きの地元住民の立場から、洲本城の保存・整備上の課題等について述べてみたい。

洲本城保存・整備上の課題

①本丸東側の石垣　城郭建築物が存在しない洲本城（蜂須賀期のいわゆる「下の城」の建物の一部であり、洲本八幡神社の境内に移築された「金天閣」を除く）にとって、石垣は最大の見所・魅力である。しかし、築かれてから約四百年が経過した現在、至る所で崩落のおそれがある、いわゆる「孕《はら》んだ」状態が認められ、また、石垣の間には、巨木化した樹木が突き出た箇所が散見される。これらは石垣崩落の危険性をさらに増加させている。

洲本市教育委員会では、平成二十六・二十七年度に南の丸、平成二十八年度に東の丸の「日月の井戸」南側の石垣の修復を実施している。毎年の修復箇所や範囲が限定されるのは、財政上の理由であり、どの部分の石垣を修復する

上：写真４　本丸東側の石垣
下：写真５　洲本城東の登り石垣

かや修復方法については、専門家の指導を受けながら進めているので、後まわし、放置された形になる箇所が出てくるのは致し方ない。

洲本城は城郭の範囲が広大であり、その大部分に石垣が存在することから、まずは詳細な現状調査＝「石垣診断」を実施の上、「石垣カルテ」を作成し、崩落の可能性や危険度の高さによって優先順位を判断し、真に保存のために必要最小限の修復を継続していくしかない。本丸東側にある「中務母義」の曲輪に面した石垣（写真４）は、崩れかかった箇所や樹木が突き出た箇所が一目瞭然になってしまっているほか、石垣下部に瓦礫類が散乱したままの状態である。大至急、「石垣診断」を実施の上、崩落が確実な危険箇所は保存のための修復を実施し、石垣の保存上悪影響を及ぼす樹木は伐採の上、瓦礫類は撤去すべきであろう。

②登り石垣　洲本城の山腹に築かれた東西二条の登り石垣（写真５）は、朝鮮半島に出陣し、現地でいわゆる倭城を築いた経験を有する脇坂安治が、帰国後、洲本城を大改修した際に築いたものであると考えられている。安治が登り石垣を築いた本来の目的や用途等は、いまだ十分に解明されていない。階段状に築かれた登り石垣は、洲本城だけに見られるものである。登り石垣は、洲本城の他、松山城（愛媛県松山市）、彦根城（滋賀県彦根市）、竹田城、米子城（鳥取県米子市）等で確認されている。

洲本城の登り石垣は、江戸時代の地誌『味地草』に、「西二十二段、東三十段」と記されているが、そもそもどれだけの段数があったのかは、不明である。山裾のちょうど居館との接続箇所と推定される箇所が相当破壊されていることもあり、現在では『味地草』に記された数の約半数程度しか確認できない。現存箇所については、約四百年の風雪を受けている上に、山肌の急峻な地にあるため、かなり崩壊が進んでおり、大変危険な状態にある。そのため、一部に崩落防止のための金属製ネットを被せているのが現状である。保存のための措置を施すべきであると考えるが、立地上、重機類が使用できず莫大な費用を要するため、修復等は非常に困難と思われる。

また、登り石垣のある三熊山北側斜面は国立公園第二種地域であり、「三熊山のスダジイ林」として特定植物群落に選定されている。学術的に貴重な植物の宝庫となった保安林であることからも、樹木の伐採等は困難である。しかし、登り石垣の重要性に鑑み、保存措置の具体的方法や法令上クリアしなければならない問題点を検討・研究し、長期的なスパンで保存計画を策定の上、保存措置に着手しなければならない。

写真６　西方から見た洲本城模擬天守

③模擬天守　洲本城の模擬天守（写真1、6）は、一九二八年（昭和三）に昭和天皇御大典記念として、当時の洲本町が町民や企業等から広く寄付金を募り、本丸天守台上に建築した、鉄筋コンクリート製の城郭風展望施設である。そもそも洲本城は、江戸時代初期にいったん廃城となっており、天守の詳細ははっきりしない。いわゆる「復元」「復興」したものではないが、もともと天守が存在していたと考えられる場所に建てられた現存模擬天守では、日本最古のものである。また、洲本市民にとっては、長年にわたって洲本市街地の背景、ランドマーク的存在である。

全体が老朽化するとともに、二〇一三年四月十三日発生の「淡路島地震」では、屋根瓦が落下する等の損傷を受けたことから、耐震補強工事の実施および瓦の葺き替え

上：写真７　洲本測候所
下：写真８　洲本城馬屋（月見台）

等による「お色直し」が施された。外観はきれいになったものの、強度的に危険であるため、階段が取り外され、人の出入りはできなくなっている。そのため、展望施設としての役割を終え、オブジェあるいはシンボル的な存在となっており、夜間はライトアップされている。

事実上、鉄筋コンクリート製の建築物としてはすでに寿命を迎えており、現在は延命措置を施している状態である。最終的には、冷静かつ現実的な決断を下さなければならない。

建築物の「復元」ができない洲本城にとって、同じ石垣が残る城として、近年、注目を集めている竹田城の存在は、今後の大きなヒントを与えてくれているものと考える。

④東の丸東側～武者溜　東の丸東側の高石垣と武者溜にある測候所（現在の正式名称は、神戸地方気象台洲本特別地域気象観測所。以後、洲本測候所と記載する。写真7）の間には、記録には残らないが、明治～昭和期に何らかの瓦葺きの建物が存在していたらしい。比較的新しい瓦が散乱するが、その中には、脇坂時代と思われる古い瓦片が混在している。また、全体的に樹木が繁りすぎているため、昼間でも薄暗く、高石垣が見えにくい状態である。

洲本測候所は現在無人であるが、自動気象観測装置による業務は継続している。移転の話しがあったが、東日本大震災の復興優先のため予算がつかず、移転話しは立ち消えになった。将来的には、史跡にある測候所は、移転・撤去し、その西側、東の丸東側の高石垣との間の部分の樹木の間伐・枝打ち等の環境整備が必要である。

⑤馬屋（月見台）および便益施設等　馬屋（月見台ともいう。写真８）は、通称「上の駐車場」と呼ばれ、現在、駐車場として利用されている。しかし、史跡内に車両が立ち入ることは危険であり、将来的には、駐車場としての利用は停止するべきであろう。城域外の通称「下の駐車場」に車両を駐車し、坂道を歩いて登城するのがベターながら、高齢者等には酷な話しとなる。

また現在、洲本城には大石段南側および東の丸二段の郭南側、通称下の駐車場の三ヶ所にトイレがあり、日月の池（写真９）付近には東屋が建てられている。このうち、大石段南側以外の二ヶ所のトイレは老朽化が進む上に、簡易水洗式のために使用が不便である。観光客や見学者が多く訪れる山城にトイレがないのは現実的ではなく、「下の駐車場」に集約して建て替えるべきであろう。その際には、観光客用休憩施設（飲料水等の自動販売機の設置）や洲本城の案内・説明施設＝ガイダンス施設の併設も検討してみてはどうだろうか。

上：写真９　日月の池
下：写真 10　洲本城古屋敷の井戸

駐車場は、城外ではあるが国立公園内であり、規制が厳しいことから撤去は困難である。しかし、本丸や東の丸等史跡内の建築物は、将来的にはすべて撤去しなければならないものと考える。また、日月の池付近は、国史跡に指定される以前に、現代的な日本庭園風に改変されてしまっている。今後、復旧を検討する必要がある。

⑥古屋敷　三熊山山麓、ちょうど籾蔵北側直下の通称「古屋敷」は、これまであまり注目されることがなかった。

足元が悪く危険で、立ち入ることすら困難である。古屋敷は、脇坂安治在城初期の家臣団の住居跡との説もあり、石垣や井戸（写真10）が現存する。いまだ十分に調査研究されていない謎の多い曲輪であり、まったく手つかずの状態であることから、詳細な調査を先行して進め、保存・整備をすることが必要である。

洲本城の歴史的景観

現在、洲本市では「洲本城まつり」や「城下町洲本レトロな町歩き」等のイベントの実施によるまちづくりを進めている。筆者は、情緒的であるが、城や城下町は日本人の原風景であり、歴史的景観が最も大切であると考える。

現在の洲本城は、国立公園であることにより自然保護が優先されており、全体的に樹木が繁りすぎて石垣が見えづらく、場所によっては樹木により石垣が崩れかかっている。洲本城にとって、石垣が見えづらいことや石垣の崩落は、死活的かつ致命的である。筆者は、国立公園としての自然・植生保護と史跡・文化財としての歴史的景観保護のバランスをとることは相当難しいものの、決して不可能ではないと考える。「管理された自然」とは、言いえて妙であるかもしれないが、国立公園とは人が自然に親しむことを目的とした「公園」であり、「放置された自然」つまりはジャングルでも原生林でもない。間伐や枝打ち等、適宜適切な森林整備は必要であろう。国立公園の一部であり、国史跡でもある洲本城の魅力を高めることによってこそ、洲本城の歴史的景観を活かせるものと考える。

おわりに

筆者は、ボランティアで洲本城のガイドをする際に、模擬天守を見た観光客から「小さな可愛らしい天守閣ですね」とか、「石垣の上に石垣とは、変わった天守閣ですね」と言われるたび、現存模擬天守では日本最古である旨を説明する。そして必ず、縄張りと石垣にも注目してほしいとお願いしている。城というと、一般的にはどうしても天守や櫓等の建築物に目がいってしまうのであるが、最近では竹田城によって建築物がない城に対する関心が高まっているためか、「立派な石垣ですね」「これが穴太積みですか」と質問される観光客も、徐々にではあるが増えてきている。

今後、洲本城では、

①城域全体の測量調査および赤色立体地図の作成による、縄張り・城郭遺構の解明と把握。

②石垣の詳細な現状調査～「石垣カルテ」の作成。

③石垣、瓦の編年・分類調査。

④他の城郭との比較研究や表面観察および発掘調査による建築物の想定。

⑤①～④の調査研究を総括的にまとめた報告書や見学者・観光客向けの案内用冊子等の刊行、ガイダンス施設の設置。

が必要であると考える。

また、同じ洲本市内の山城である炬口《たけのくち》城や白巣《しらす》城、猪鼻《いのはなやま》山城、その他兵庫県内各地の山城との比較研究や関係機関団体との連携や意見・情報交換も重要であることから、洲本城友の会では、「すもと山城サミット」や「ひょうご山城サミット」の開催を考えている。

今後洲本城は、天正・文禄・慶長各時代の変遷が見られる石垣を活かし、「石垣の変遷を見る城」「石垣を学ぶ城」として、保存・整備を進めていくとともに、「石垣や瓦片から城を学ぶ城」「どのような建築物があったかを考える城」としても、活用していくことができるのではないかと考える。

【参考文献】

（1）岡本稔・山本幸夫『洲本城案内』（ＢＯＯＫＳ成錦堂、一九八二年）
（2）城郭談話会編『淡路洲本城』（一九九五年）
（3）加藤理文『日本から城が消える』（洋泉社、二〇一六年）

Ⅲ

絵葉書から見た近代の洲本城跡

高田　徹

淡路島の中ほど、大阪湾に面した洲本は、風光明媚な地である。現在も変わらないが、戦前にも多くの観光客が観光地として訪れていた。どこの観光地でも、土産用に実に多くの絵葉書が印刷・販売されていた。テレビやインターネットもない時代であるから、絵葉書はそれぞれの観光地の風景・情報を第三者に伝え、また、訪れた人間の記念品として蒐集の対象とされることが多かった。洲本城跡に関する絵葉書も、何枚か発行されている。ここでは、筆者の所蔵する絵葉書のうち、洲本城跡に関わるものの一部を取り上げることにする。

①「淡路洲本町三熊山上」絵葉書　この絵葉書は、表面（宛名書きを記す面）の制式から大正七年から昭和八年の間の発行と推定されるものである。絵葉書では、表面の制式の変遷からおよその発行時期が推定できる（ただし例外もある）。さらに、絵葉書の消印や文面、あるいは絵葉書の写真を通じて、発行時期が絞り込める場合が多い。この絵葉書は、洲本城跡に建つ模擬天守を南側の本丸より撮影している。模擬天守（昭和三年に完成）が写っていることから、絵葉書はさらに昭和三年から昭和八年の間に発行されたという具合に年代が絞り込める。なお、画像を示すことができないが、表面には「淡路

①「淡路洲本町三熊山上」絵葉書

三熊山登山記念　本丸　茶家　13．4．22」のスタンプが押印されている。おそらく、本丸にある茶屋（現在もある天主茶屋であろう）で絵葉書を購入した人が、記念に押したものだと考えられる。この場合、購入日が昭和十三年四月二十二日であったとみられる。この手のスタンプも、絵葉書の発行時期を絞り込む際に有益な情報となる。

　ところで、この絵葉書には「由良要塞司令部検閲済」と印刷されている。洲本南部の由良には、明治二十九年に由良要塞司令部が開設された。その周辺部は要塞地帯法の対象となり、一般人による写真撮影等が禁止・規制されたので、絵葉書は要塞司令部の検閲を経た上で、発行されていることが明記されているわけである。

②「淡路洲本三熊山天主閣」絵葉書　この絵葉書も、表面の制式、模擬天守が写っていることから、昭和三年から昭和八年の発行と絞り込める。これにも「由良要塞司令部許可済」と印刷されている。絵葉書は、洲本市街地から南側にある三熊山上の模擬天守を仰いでいる。

③「（淡路名所）三熊公園天主台下」絵葉書

　この絵葉書は、表面の制式から大正七年から昭和八年の間の発行と推定される。「天主台下」とあるが、実際は、本丸の南側虎口を南東側から撮影している。現在は見通しが良くなっているが、絵葉書の写真撮影当時は木々がかなり茂っていたことが知られる。三熊公園は洲本城跡の山上に加え、山麓の海浜

上：②「淡路洲本三熊山天主閣」絵葉書
下：③「（淡路名所）三熊公園天主台下」絵葉書

上：④「（淡路名所）洲本城濠の蓮」絵葉書
下：⑤「大浜公園ヨリ三熊山古城趾ヲ望ム」絵葉書

部まで広がっていた。

④「（淡路名所）洲本城濠の蓮」絵葉書　この絵葉書は、表面の制式から明治四十年から大正七年の間の発行と推定される。山麓の城郭の堀・櫓台を北西外側から撮影している。原版は、コロタイプ印刷に絵の具で着色を施した手彩色となっている。現在は見られないが、絵葉書では堀の水面が蓮で覆われている。各地の城郭の堀では、明治になって士族授産等を目的として蓮が植えられることが多かった。洲本城でも同様であったのだろうか。櫓台裾に見える建物は、三熊公園内の茶屋と思われる。

⑤「大浜公園ヨリ三熊山古城趾ヲ望ム」絵葉書　この絵葉書は、表面の制式から明治四十年から大正七年の間の発行と推定される。さらに、表面には大正四年十一月十七日の消印が押印されているので、明治四十年から大正四年の間の発行と絞り込める。絵葉書は、北側から山麓・山上の城郭を撮影している。山上にはまだ模擬天守が存在しない。正面に見えるのは、山麓の城郭の東側にある櫓台である。右手に見える門は、現在の洲本念法寺の場所にあたる。旧武家屋敷の門・土塀であったのではないかと思われる。

⑥「三熊公園グラウンド」絵葉書　この絵葉書は、表面の制式から大正七年から昭和八年の間の発行と推定される。ただし、「大正十三年七月　由良要塞司令部許可済」と印刷されているから、大正十三年の発行と考えられる。絵葉書は、

上：⑥「三熊公園グラウンド」絵葉書　下：⑦「（淡路名所）洲本三熊山測候所ト洲本本町ノ一部」絵葉書

現在の淡路文化史料館前付近から南側を撮影している。正面の土橋・開口部は廃城後に設けられたものであり、往時の虎口ではない。よく見ると、開口部に面した石垣が間知石《けんちいし》となっていることがわかる。戦前の絵葉書の多くはコロタイプ印刷されており、画像が精細となる傾向がある。石垣の積まれ方も確認しやすく、現状との比較も可能となる。

⑦「（淡路名所）洲本三熊山測候所ト洲本本町ノ一部」絵葉書　この絵葉書は、表面の制式から大正七年から昭和八年の間の発行と推定される。絵葉書は山上の城郭の東側尾根続きから、東之丸跡の測候所を撮影している。右下に洲本市街地が見え、正面後方にかすんで見えるのは先山である。

以上、洲本城跡に関する絵葉書七枚を取り上げた。絵葉書の写真を撮影した同じ場所にいま立ってみると、変化していない部分もある一方、ずいぶんと変化した部分があることにも気づく。樹木の茂り具合、町並み、石垣等である。

石垣については、絵葉書の写真撮影後に積み直されている状況も考えられ、撮影時点での現状を知ることができる。改変前の石垣が写っていれば、石垣の調査・研究上からも資料として活用できる。

かつては土産物にすぎなかった絵葉書であるが、近代から現代までの城跡の変遷を確認する上で、極めて有益な資料となるのである。

あとがき（旧版）

平成七年一月十七日の阪神・淡路大震災は、関西在住の私たち執筆者一同にとっても、忘れることのできない出来事でした。私たちのうち何名かは家屋、家財等に被害を被りましたが、被災者全体から見れば幸いにして比較的軽微であり、当初の予定よりは遅くなりましたが、本誌『淡路洲本城』を発行することができました。これもひとえに、日頃から城郭談話会の活動に御理解をいただいている皆様のご支援のお陰と、改めて心から感謝を申し上げます。

実は、私たち執筆者一同は、震災の前日まで（一月十四日から十六日にかけて）淡路洲本にて、本書作成を目的とした現地研究会を行っておりました。そこで各人が抱える問題点等について、昼間は城跡などの現場で、夜は宿舎で盃を交わしながら、白熱した議論を展開させておりました。本書はその成果を踏まえて、さらに執筆者各自が独自に研究を進めた結果をまとめあげたものです。

本書の構成として、二部構成を採用しました。第一部は「淡路洲本城」で、第二部を「淡路の城」（編集部註、本書では未掲載）としました。これは、城郭談話会が発行してきました一連の個別城郭図書の目的の一つが、「地域史に結びついた城郭研究」であり、今回はこの命題に正面から取り組んでみたということです。

第一部の最初の三編は、洲本城の遺構面からの研究報告であり、ミクロからマクロな視点の順に編集しています。すなわち、本田論文は、氏が二十五年前に洲本城を調査して描いていた遺構図（未発表）を、今回ヴァージョンアップし、城郭を構成する最も重要な要素について、解説と考察を試みています。谷本論文は、洲本城の主要な曲輪や虎口を正確に計測し、城郭全体としての防御性などの観点から築城者の意図を読み取るとともに、それらに時代観を与えようとしています。西尾論文は、竹田城や利神城の大きな竪堀や登石垣とも比較して洲本城にも評価を与え、古屋敷を天正期の脇坂氏の家臣団屋敷と認定し、さらに城下町にも検討を加えています。髙田論文は、脇坂氏時代の洲本城と、池田氏や蜂須賀氏の本支城体制の中での洲本城の位置付けを、城郭構造の変遷や他の支城との構造比較から検討を加えています。

次の二編は、洲本城の建築物および石垣遺構を技術的な視点も含めて捉えています。松岡論文は、城下に現存する往時の建築物の構造解析と、城と城下町の絵図面史料の解読によって、各建築物の機能や格式などを検討し、そこから洲本城の位置付けを行なおうとしています。堀口論文は、洲本城の石垣を観察・測量し、場所によって技法の違いが存在することを指摘し、それらの技術内容を解説するとともに編年を試み、築造背景に言及しています。

そして次の三編は、洲本城跡から採集されている遺物について、考古学的な視点から論じています。山上論文は、洲本城と城下町および由良成山城のこれまでの考古学的な調査と成果を整理し、それぞれの中に中世遺構も存在する可能性を指摘することによって、今後の計画的な調査の重要性を説いています。中井論文は、洲本城跡で採集されている瓦と、岩屋城跡、由良成山城跡、由良藩邸跡で採集されている瓦を、同笵関係や家紋瓦使用などの観点から検討して、城史や政治的背景を読み取ろうとしています。黒田論文は、洲本城跡、岩屋城跡、由良成山城跡で桐紋瓦が採集されていることに注目し、これらと各地の城跡で採集されている桐紋瓦と比較検討して、桐紋瓦の使用が池田氏に係わるものとしています。

洲本城最後の一編は、近年、賛否両論のある鳥瞰復元図に関するものです。吉田論文は、本誌に掲載した洲本城鳥瞰復元図を描くに際しての、調査研究の内容や経緯、視点、問題点などを正直に述べることによって、復元鳥瞰図を描く場合の今後のルールづくりを提案しています。

引き続いて第二部の三編は、淡路の中世城館についての遺構調査からの研究報告です。宮本論文は、淡路島内で現在、遺構が確認できる全中世城館跡を踏査し、それらの位置、比高分布などや構造分類を試み、戦国時代末期の淡路の在地構造を論じています。高橋論文は、淡路の著名な中世城郭が三好軍団の傘下に属したものと考えて、これらと三好本国阿波の著名なものとの構造の比較検討を行い、淡路のほうが前線基地であり、防御性を意識していることを指摘しています。小山論文は、同じく淡路島内の著名な中世城郭についての検討ですが、淡路島内についてのみ比較しても構造においてほとんど共通性が見られず、中央集権的な権力構造が存在しなかったと考えています。最後の一編は、時代がずっと下がった幕末の海防築城を論じたものです。角田論文は、淡路に築かれた巨大な台場が、淡路国あるいは阿波国を防御するためのものではなく、国家事業としての大阪湾防御が目的であり、明治維新の頃まで改修工事が継続されていた可能性を指摘しています。

以上のように、城郭研究においては、同じ素材を基にして論を進めてみても、いろいろなアプローチが存在し、多くの結論の導き出されることが理解いただけたことと思います。個々の検討結果から、総合的に結論を出すのは早急すぎますが、あえて総括するならば、「淡路国は大阪湾という要衝にあるがゆえに、見かけ上は常に近隣の属国となっていたが、中央の干渉も手伝って、被支配地的意識は比較的小さかった」といえるのかもしれません。

今回も本誌の作成に際しまして、多くの方々にお世話になりました。前記の現地研究会に参加していただき、検討会で有益な助言をいただいた方々には、研究会の親睦会の写真を掲載させていただくことで、謝辞にかえさせていただきます。

また、洲本市立淡路文化史料館、洲本市立図書館、洲本市教育委員会、洲本八幡神社、左海省吾氏、天羽文治氏、橋本渉氏（以上洲本市）、国文学研究資料館内史料館、岡山大学附属図書館、防衛庁防衛研究所図書館、日本城郭研究センターには、史料の閲覧や、図版、写真等の掲載の許可をいただきました。深謝いたします。

一九九五年十一月

執筆者一同

あとがき――新版の刊行に寄せて

本書の旧版となる『淡路洲本城』は、平成七年に刊行された。城郭談話会による個別城郭の論文集としては、『但馬竹田城』、『播磨利神城』に次ぐ三冊目となる。

本書旧版の「あとがき」にも記されているとおり、『淡路洲本城』の原稿執筆に先立ち、城郭談話会のメンバーでは二泊三日の合宿を行っている。昼は洲本城の縄張りや石垣・瓦の調査等を行い、夜は酒を酌み交わしながらあれこれ議論し、取り留めのない話も語り合った。もっとも、そのときに話した内容はとうに忘れてしまった。合宿の宴会時のスナップ写真を見返すと、自分も含めてみんな若かったと感慨深く思う。同時に、月日の経つ早さに驚かされる。残念なことに、角田誠さん、本田昇さんは鬼籍に入られた。

さて、合宿の最終日は、由良成山城・高崎台場の調査を行い、夕方に現地解散した。私は洲本発のフェリーで神戸に渡ってから、大阪市内の居宅に戻った。そして翌日の明け方前、阪神・淡路大震災が起こるのである。突然の揺れに、たまたま書棚の間で寝ていた私は、倒れてくる書棚を支えるのに慌てふためいた。今まで感じたことのない、凄まじいほどの揺れだった。テレビをすぐにつけたが、詳しい状況はわからない。空が次第に明るくなってくるとともに、惨状が次第に明らかになってきた。神戸・淡路方面の被害が甚大であることを知り、ゾッとした。合宿の参加者は、誰もが昨日までいた淡路島を思い浮かべ、同じ感覚を抱いたことであろう。

幸い、洲本城に関しては、地震による被害はそれほど大きくなかったようである。しかし、明石城（兵庫県明石市）では石垣がかなり崩れ、現存する櫓も、壁が崩落するなど大きな被害を受け、修復には約五年を費やした。また、我々の城仲間の中には、居宅に被害を受けた者もいる。そんなことで、洲本城と言うと阪神・淡路大震災、阪神・淡路大震災と言うと洲本城を連想してしまい、重い気持ちになってしまう。

もっとも、暗い話ばかりではない。平成十一年には洲本城の山上部（上の城）が国指定史跡となっている。漏れ聞くところでは、国指定史跡として申請する際に、旧版『淡路洲本城』も資料として添付されたようだ。地元当局・関係者の努力によって国指定史跡が実現したはずだが、旧版『淡路洲本城』がその一助になったのならば、喜ばしい限りである。

また、近年のお城ブームによって、洲本城を訪れる観光客も増えてきている。山上からの展望を目的に訪れる人もいるが、中には石垣をなめ回すように観察する城郭愛好家の姿もある。私も何度か洲本城を訪れているが、訪れるたびに天守台の大きさ、本丸南側虎口石段の幅の広さに興奮し、写真を撮りまくる。撮りたくなるほどの魅力に溢れているのだ。

もちろん、本書の定本論文に触れられているように、現状の洲本城にはクリアしなければならない問題点・課題も少なくない。大きな見所の一つである竪石垣（登り石垣）は、崩壊しかかった部分もあるうえ、足場が安定しない部分が多く、誰もが足を踏み入れられるようにはなっていない。模擬天守は史実に基づくものではないが、建設されて約九十年経過している。すっかり周辺景観にも溶け込んでいるし、国内最古の現存模擬天守として歴史的価値もある。マイナス面もあろうが、模擬天守が果たしたプラス面も、決して小さくないと私は考える。個人的には、今後も末永く洲本城の象徴として残してほしいが、今後どうあるべきか、広く議論の対象となってしかるべきではないか。

今回も、戎光祥出版代表取締役の伊藤光祥氏には、本書出版にあたって多大なるご理解のうえ、また髙木鮎美さんには、煩雑な編集作業を極めて迅速かつ的確に進めていただいた。この場をお借りして厚く御礼申し上げる。

平成二十九年三月

執筆者を代表して　髙田　徹

【執筆者一覧】

第一章

本田　昇　故人。

谷本　進　現在、養父市教育委員会職員。

西尾孝昌　現在、城郭談話会会員。

髙田　徹　現在、城郭談話会会員。

第二章

松岡利郎　元、大阪府立生野聾・堺聾・だいせん高等聴覚支援学校教諭。

堀口健弐　現在、朝来市教育委員会職員。

第三章

山上雅弘　現在、兵庫県立考古博物館。

中井　均　現在、滋賀県立大学人間文化学部教授。

黒田慶一　元、大阪文化財研究所主任学芸員。

第四章

吉田順一　現在、但馬歴史研究会会員。

第五章

定本義広　現在、城郭談話会・洲本城友の会会員。

【編者紹介】

城郭談話会（じょうかくだんわかい）

昭和59年創会。関西を中心とした在野の城郭研究会。毎月第2土曜日に、大阪府高槻市内にて例会開催。主な編著は『筒井城総合調査報告書』（大和郡山市教育委員会と共著）、『倭城の研究』1～6、『図解近畿の城郭』Ⅰ～Ⅲ（戎光祥出版、2014～2016年）、シリーズ城郭研究の新展開1『但馬竹田城』（戎光祥出版、2016年）ほか。

装丁：堀 立明

シリーズ・城郭研究の新展開2

淡《あわ》路《じ》洲《す》本《もと》城《じょう》

—大阪湾《おおさかわん》を見《み》下《お》ろす総石垣《そういしがき》の山城《やましろ》

二〇一七年四月一〇日　初版初刷発行

編　者　城郭談話会

発行者　伊藤光祥

発行所　戎光祥出版株式会社

東京都千代田区麹町一—七

相互半蔵門ビル八階

電　話　〇三—五二七五—三三六一㈹

FAX　〇三—五二七五—三三六五

編集協力　株式会社イズシエ・コーポレーション

印刷・製本　モリモト印刷株式会社

http://www.ebisukosyo.co.jp

info@ebisukosyo.co.jp

ISBN978-4-86403-235-3